Einführung in das Personalwesen

physica-paperback
herausgegeben von H.-J. Jaeck

Reinhard Schultz, Inhaber der Professur für Personalwesen am Fachbereich Pädagogik der Hochschule der Bundeswehr Hamburg; Dipl.-Kfm. Prof. Dr. rer. pol.

Reinhard Schultz

Einführung in das Personalwesen

– Betriebliche und gesellschaftspolitische Aspekte –

Physica-Verlag · Würzburg–Wien
1981
ISBN 3 7908 0238 7

CIP-Kurztitelaufnahme der Deutschen Bibliothek

Schultz, Reinhard:
Einführung in das Personalwesen : betriebl.
u. gesellschaftspolit. Aspekte / Reinhard
Schultz. – Würzburg ; Wien : Physica-Verlag,
1981.
Erscheint als: Physica-Paperback
ISBN 3-7908-0238-7

Composersatz und Offsetdruck „Journalfranz“ Arnulf Liebing GmbH + Co., Würzburg
Printed in Germany

ISBN 3 7908 0238 7

Vorwort

Die vorliegende Einführung will einen problemorientierten Überblick über jene grundsätzlichen Fragestellungen geben, die in der Arbeitswelt beim Einsatz der menschlichen Arbeitskraft – des Arbeitnehmers – als dem zweifellos wichtigsten *und* schwierigsten Produktionsfaktor entstehen. Dabei erhält das Aufzeigen grundlegender, praxisrelevanter Funktions- und Problemzusammenhänge Vorrang vor einer ausführlichen Darstellung von Instrumenten des betrieblichen Personalwesens.

Aus vielerlei im einzelnen noch aufzuzeigenden Gründen wird die betriebliche Personalarbeit zunehmend komplexer und schwieriger. Dazu trägt vor allem die Tatsache bei, daß in den Bereich des Personalwesens in immer stärkerem Maße auch gesellschaftspolitische Fragestellungen hineinstrahlen und eine befriedigende Antwort verlangen. Aus diesem Grunde werden bei der Behandlung grundlegender einzelwirtschaftlicher Personal-Problemstellungen auch die gesellschaftspolitischen Komponenten dieser Zusammenhänge mit aufgezeigt, wie überhaupt relativ stark interdisziplinär gearbeitet wird. Anders können zu den angesprochenen Themen befriedigende Ergebnisse kaum erwartet werden.

Erfahrungsgemäß ist das Interesse an der Beschäftigung mit grundsätzlichen Fragen, die die menschliche Arbeitskraft in der Arbeitswelt betreffen, allenthalben recht groß, nicht zuletzt bei Schülern, Lehrern und Studenten, aber auch bei den schon in der Praxis tätigen Menschen und ihren Vertretungen. Häufig zeigt sich dabei jedoch in den geführten Auseinandersetzungen, daß die tatsächlichen ökonomischen und politischen Grundlagen und Zusammenhänge unserer Gesellschaft nicht hinreichend bekannt sind. Dies führt dann entweder dazu, daß die in der Tat dringend behandlungsbedürftigen Dinge entweder zu stark vereinfacht diskutiert werden oder daß die Beschäftigung mit ihnen ganz unterbleibt. Für diese unbefriedigende Situation möchte die vorliegende Veröffentlichung eine Hilfestellung in der Weise leisten, daß sie in allgemeinverständlicher und abgewogener Form vielfältig verwertbare Informationen und Fragestellungen sowie mögliche Antworten aus der Arbeitswelt liefert, soweit es dabei um den Arbeitnehmer als Einsatzgut *und* als Mensch geht.

Bei der Durchsicht des Inhaltsverzeichnisses wird der Leser schnell feststellen, daß das umfangreiche Gebiet der (gesetzlichen) Mitbestimmung fehlt. Dieses wichtige Thema wird in der Reihe physica paperback in einem gesonderten Band mit dem Titel „Mitbestimmung und Unternehmensführung“ behandelt, der Anfang des Jahres 1982 erscheinen wird.

Bei der Anfertigung des vorliegenden Buches habe ich von zahlreichen Personen und Institutionen wertvolle Informationen bekommen. Dafür danke ich allen recht herzlich. Über weitere Anregungen, Stellungnahmen und kritische Hinweise würde ich mich freuen. Mein besonderer Dank gilt Frau Diplom-Sozialwissenschaftler Uta Böge sowie den Herren Dipl.-Kfm. Wolfgang Jäger und Dr. Goswin Voswinckel, die mit ihrer kritischen Durchsicht des Manuskripts und wertvollen Hinweisen die Darstellung wesentlich gefördert haben. Herr Dipl.-Soz. Gerhard Jeschke hat dankenswerterweise das Sachregister angefertigt.

Hamburg, den 1. Januar 1981 Reinhard Schultz

Inhaltsverzeichnis

1. Grundlagen

1.1 Charakterisierung des Personalwesens

Wenn *K. Hax* [1977, S. 21][1]) meint, daß „man den Gesamtbereich der das Personal berührenden Probleme und Einrichtungen als Personalwesen bezeichnet", so ist dazu ergänzend anzumerken, daß sich für die betriebliche Personalarbeit bisher weder in der Praxis noch in der Wissenschaft ein einheitlicher Begriff herausgebildet hat. Umschrieben wird dieser betriebliche Aufgabenbereich vielfach u.a. mit Personalwesen, Personal- und Sozialwesen, Personalwirtschaft.

Häufig wird der Terminus Personalwesen als Oberbegriff verstanden, der alle mit dem Personal im Betrieb verbundenen Funktionen umfaßt und in die Personalpolitik, die Personalführung und die Personalverwaltung untergliedert wird. Rein gedanklich ist eine solche Trennung ohne weiteres möglich, für eine Einführung in die grundsätzlichen Problemstellungen der betrieblichen Personalarbeit aber nicht zweckmäßig, weil die drei Aspekte zu sehr ineinander greifen. Hinzu kommt, daß sich in der Praxis hinter diesen drei Begriffen, soweit sie überhaupt anzutreffen sind, häufig etwas sehr Verschiedenes verbirgt.

Zweifellos ist mit dem Begriff Personalwesen im Moment wohl noch am ehesten die Gesamtheit aller betrieblichen Funktionen auf dem Gebiet des Personals zu fassen. Andererseits ist aber nicht zu verkennen, daß dieses Wort ein statisches, verwaltungsmäßiges Element in sich trägt und nicht so recht die aktive Seite der Personalarbeit zum Ausdruck bringt. Vor allem aus diesem Grunde wird zunehmend – insbesondere in der Literatur – den Begriffen Personalführung, Personalwirtschaft und Personalmanagement der Vorzug gegeben.

Im Interesse der Anschaulichkeit wird im folgenden überwiegend von der Personalarbeit in Unternehmen (Betrieben) ausgegangen, die in der Bundesrepublik Deutschland ansässig sind, also in einer Marktwirtschaft operieren, in der das Privateigentum an den Unternehmen vorherrscht und in der die Güterproduktion und -verteilung über einzelwirtschaftliche Initiative gesteuert wird. Bei der Behandlung praktischer Fragen der Personalwirtschaft wird allerdings recht schnell deutlich, daß die wichtigsten Personalführungsprobleme relativ unabhängig von den jeweiligen Eigentumsverhältnissen an den Produktionsmitteln sind. Im Hinblick auf besonders wichtige Fragestellungen werden auch Vergleiche mit anderen Wirtschafts- und Gesellschaftsordnungen angestellt und politische Aussagen bewußt nicht vermieden.

1.2 Zur zunehmenden Bedeutung des Personalwesens

Es besteht in Literatur und Praxis Übereinstimmung darüber, daß sowohl in der Arbeitswelt als auch in der Wissenschaft seit längerem dem Faktor Personal eine größere Beachtung geschenkt wird. Dies zeigt sich insbesondere

---

[1]) Zur Zitierweise: Im laufenden Text wird nur der Name des zitierten Autors sowie das Erscheinungsjahr und ggf. die Seite des betreffenden Werkes angegeben. Der vollständige Titel findet sich im alphabetisch geordneten Literaturverzeichnis am Schluß des Buches.

daran, daß das betriebliche Personalwesen kontinuierlich an Bedeutung gewinnt. Die Anforderungen an das betriebliche Personalwesen und an die in diesem Bereich Tätigen wachsen. „Dominierte noch Mitte der fünfziger Jahre die ‚Personalverwaltung', die sich im wesentlichen auf die administrative Abwicklung von Personalangelegenheiten beschränkte, so ist heute daraus eine vorwiegend gestaltende unternehmerische Aufgabe geworden, die gleichrangig neben die anderen Aufgaben der Unternehmensführung tritt und an diese höhere und andersartige Anforderungen stellt" [*Bundesvereinigung der Deutschen Arbeitgeberverbände*, 1978, S. 12]. Die Entwicklungsstufen des Personalwesens arbeitet recht eingehend *Friedrichs* [1978] heraus.

Insgesamt hat das betriebliche Personalwesen im Laufe der letzten Jahrzehnte einen immer höheren Stellenwert im Unternehmensgeschehen erlangt. Diese Entwicklung, die noch nicht abgeschlossen ist, wird im wesentlichen von folgenden Faktoren verursacht [s.a. *BDA*, 1978, S. 12f.]:

- Der Kostendruck durch steigende Bruttogehälter und Lohnnebenkosten, der anhaltende Mangel an qualifiziertem Personal (Facharbeitern) und ein größeres Selbstbewußtsein der Mitarbeiter drängen auf bessere Personalplanung und Veränderung der Führungsmethoden einschließlich der Lohnfindungsverfahren. Diese Entwicklungen machen es nötig, mehr als bisher für einen bestmöglichen Personaleinsatz zu sorgen und dabei verstärkt die Einflußfaktoren der Leistungsmotivation der Mitarbeiter zu beachten.
- Die Ausstattung der Arbeitsplätze mit Maschinen und anderen technischen Einrichtungen nimmt zu, d.h. ein Großteil der Arbeitsplätze wird kapitalintensiver. Dadurch wird es immer wichtiger, durch Personalplanung und Schulung dafür zu sorgen, daß die vorhandenen Arbeitsplätze ausreichend mit qualifiziertem Personal besetzt sind.
- Die technologische Entwicklung und die zunehmende Arbeitsteilung stellen steigende Anforderungen an einen Großteil der Arbeitnehmer, und zwar nicht nur in technischer, sondern vor allem auch in organisatorischer Hinsicht. Diese Anforderungen ändern sich infolge der Dynamik auf den Märkten und den Wandlungen in der Gesellschaft häufig relativ schnell. Damit die Mitarbeiter die an sie gestellten steigenden und wechselnden Anforderungen erfüllen können, bekommt die betriebliche Aus- und Weiterbildung ein größeres Gewicht. Sind die (neuen) Arbeitsprozesse mit besonderen Belastungen für die Arbeitnehmer verbunden (z.B. mit Monotonie und hohen psychischen Anforderungen), so ist die betriebliche Personalwirtschaft verstärkt gehalten, sich darum zu bemühen, daß die Auswirkungen dieser Belastungen soweit wie irgend möglich reduziert werden (Humanisierung).
- Auch der forcierte Ausbau der arbeits- und sozialrechtlichen sowie der tarifrechtlichen Bestimmungen gibt der betrieblichen Personalarbeit eine wachsende Bedeutung. Viele dieser meist recht komplizierten Regelungen können sinnvoll nur angewandt werden, wenn qualifizierte Personalfachleute zur Verfügung stehen. Dies gilt auch für den sich immer schwieriger gestaltenden Personalabbau.

Zusammenfassend ist festzuhalten: Als Folge der in vielen Sektoren nach wie vor vorhandenen Arbeitskräfteknappheit, der zunehmenden Befriedigung der eigentlichen materiellen (Grund)Bedürfnisse, des besser gewordenen Informationsstandes und der zunehmenden Mitwirkungsmöglichkeiten in zahlreichen Bereichen der Gesellschaft ist das Selbstbewußtsein der Mitarbeiter und ihr Anspruch an die Unternehmensleitung wie an die Vorgesetzten gestiegen. Es verstärkt sich ganz allgemein der Wunsch nach stärkerer Berücksichtigung (höherer) immaterieller Bedürfnisse in der Arbeitswelt. Die Mitarbeiter wollen mitdenken und mitgestalten, d.h. sie möchten auch in der Arbeitswelt wie mündige Bürger behandelt werden. Mit dieser Entwicklung kommen zwangsläufig vielfältige neue Anforderungen auf das Personalwesen zu. Auf diese Zusammenhänge ist insbesondere bei der Behandlung der Mitarbeitermotivation und der Personalführung sowie der neueren Humanisierungsansätze näher einzugehen.

1.3 Die Personalleitung und ihre Einordnung in die betriebliche Hierarchie

Die Institution, die sich auf Unternehmensseite mit den Funktionen des betrieblichen Personalwesens befaßt, wird repräsentiert durch den Personalleiter, der auch Personalchef und Personaldirektor und in bestimmten Fällen auch Arbeitsdirektor genannt wird. Mit der tatsächlichen Situation und Funktion von Personalleitern in Großunternehmen beschäftigt sich ausführlich ein Forschungsbericht von *Remer/Wunderer* [1979].

Die konkreten Aufgabengebiete eines Personalleiters sind in der Praxis naturgemäß zum erheblichen Teil abhängig von Größe, Art, Branche, historischer Entwicklung des Betriebes und der Belegschaftsstruktur. Der *Bundesvereinigung der Deutschen Arbeitgeberverbände* [1978, S. 15f.] zufolge läßt sich die Aufgabe eines Personalleiters generell wie folgt umschreiben: „Im Rahmen seines Arbeitsgebietes wirkt er an der Gestaltung der Grundsätze einer technisch, kaufmännisch und personell ausgewogenen Unternehmenspolitik mit und trägt zu ihrer Umsetzung in die Praxis bei. Das Besondere seiner Aufgabe besteht darin, den personellen Aspekt in die unternehmerische Zielsetzung und Entscheidungsfindung einzubringen. Er sorgt dafür, daß die personalpolitischen Unternehmensziele in praktische Richtlinien umgesetzt und verwirklicht werden".

Von Beckerath [1975, Sp. 1588] charakterisiert die Personalleiter als Spezialisten für die Interpretation der Gründe sozialen Verhaltens und macht zu Recht darauf aufmerksam, daß der Personalleiter häufiger als andere betriebliche Funktionsträger mit moralischen Fragen befaßt ist. Hiermit hängt wesentlich zusammen, daß der Erfolg des Personalleiters im allgemeinen recht schwer meßbar ist.

Die Art der organisatorischen Eingliederung des Personalleiters in die Unternehmenshierarchie kann als ein Indiz dafür angesehen werden, welchen Stellenwert das Personalwesen tatsächlich im Unternehmen hat. Zu dieser organisatorischen Eingliederung hieß es 1963 in einer Untersuchung des *Stu-*

dienkreises für sozialwirtschaftliche Betriebsformen e.V. mit dem Titel „Der Personalleiter im Betrieb" auf S. 18: „Für die Stellung des Personalleiters in der Hierarchie ist in der Praxis meist die historische Entwicklung des Unternehmens und die grundsätzliche Einstellung der Leitung zu personellen Fragen maßgebend, weniger die Betriebsgröße. Die breite Skala reicht vom gehobenen Lohnbuchhalter bis zum Vorstandsmitglied."

Seit längerer Zeit geht die Entwicklung eindeutig dahin, das Personalwesen stark an die Unternehmensspitze heranzuführen [s. *Bisani*, 1976]. Dabei kann die organisatorische Eingliederung des Personalleiters so geregelt sein, daß er einem bestimmten Vorstandsmitglied unterstellt wird, so z.B. dem Ressortleiter Fertigung, Finanzen oder Verwaltung, wie es das nachstehende Schaubild verdeutlicht.

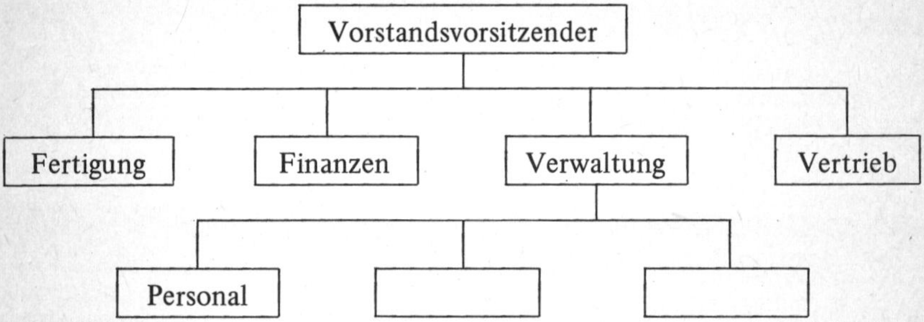

Möglich ist auch die folgende organisatorische Eingliederung, bei der der Personalleiter dem Vorstandsvorsitzenden direkt unterstellt ist.

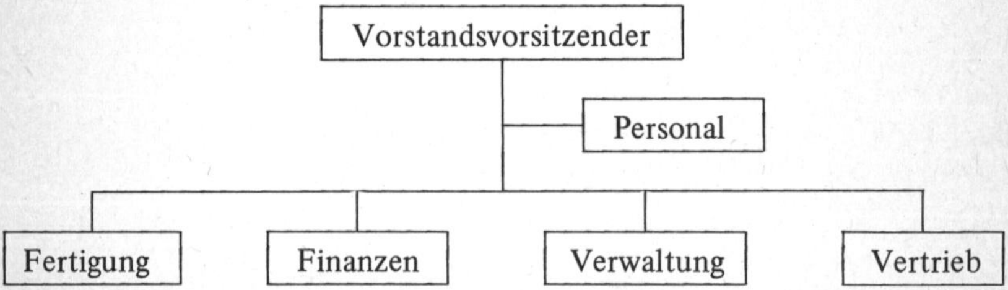

Mehr und mehr zeigt sich – nicht zuletzt verstärkt durch das Mitbestimmungsgesetz von 1976 – die Tendenz, das Personalwesen voll in die eigentliche Unternehmensleitung zu integrieren, und zwar als eigenständiges, gleichberechtigtes Ressort, so daß sich dann das folgende Bild ergeben kann.

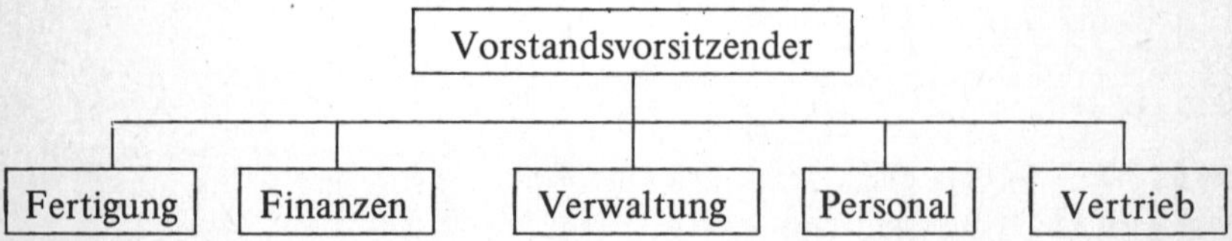

Sowohl nach dem Montanmitbestimmungsgesetz von 1951 als auch nach dem Mitbestimmungsgesetz von 1976 muß bei den unter den Geltungsbereich dieser beiden Gesetze fallenden Unternehmen dem gesetzlichen Vertretungs- und Leitungsorgan als gleichberechtigtes Mitglied ein „Arbeitsdirektor" angehören. Das Verfahren zur Bestellung des Arbeitsdirektors wird in den beiden Gesetzen unterschiedlich geregelt und der Aufgabenbereich dieses Vorstandsmitglieds nicht näher umrissen. Aus der Natur der Sache ergibt sich jedoch, daß der Arbeitsdirektor das für das Personal- und Sozialwesen zuständige Vorstandsmitglied sein soll. Der Arbeitsdirektor ist praktisch der oberste Personalleiter eines Unternehmens. Umstritten ist, ob er es im Hauptberuf sein muß oder ob er diese Funktion auch nebenamtlich ausüben kann.

1.4 Die organisatorische Untergliederung der Personalabteilung

Sobald der Aufgabenanfall in einer Personalabteilung den Einsatz einer Mehrzahl von Mitarbeitern erforderlich macht, stellt sich die Frage nach der organisatorischen Gliederung einer solchen Personalabteilung. Auch hier zeigt sich in der Praxis eine große Vielfalt. Die in der Praxis anzutreffenden Strukturen lassen sich nach *Lattmann* [1975b, Sp. 1435ff.] auf folgende Gliederungssysteme zurückführen.

Zunächst einmal kann die Gliederung nach *beruflichen Mitarbeiterkategorien* erfolgen, so daß folgendes Bild denkbar wäre.

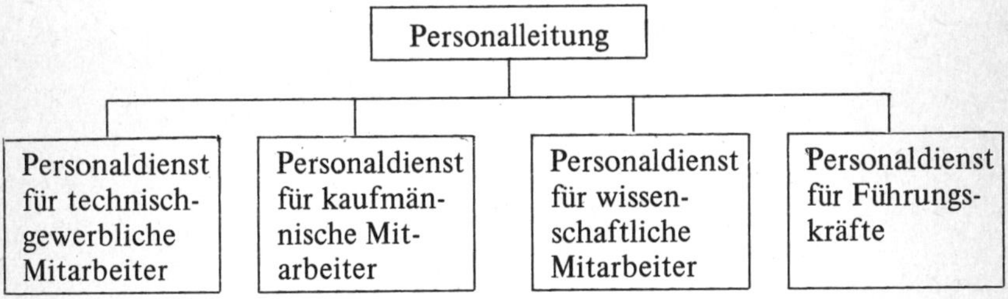

Weiterhin läßt sich eine Gliederung nach *Unternehmensbereichen* vornehmen, so zum Beispiel in folgender Weise.

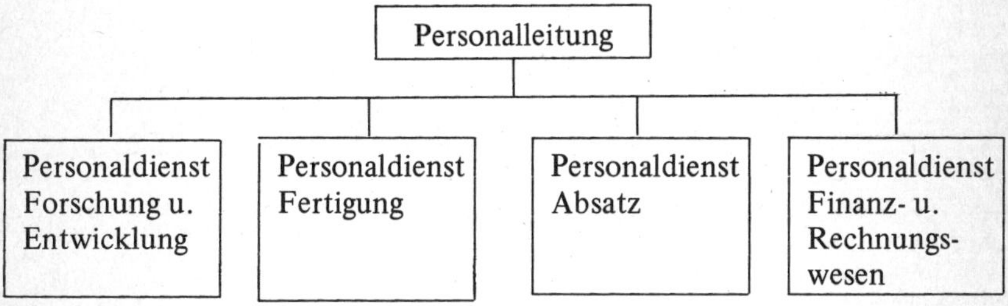

Stark verbreitet ist heute in Großunternehmen die Gliederung der Personalabteilung nach *Teilfunktionen*, so daß sich folgendes Bild ergeben kann.

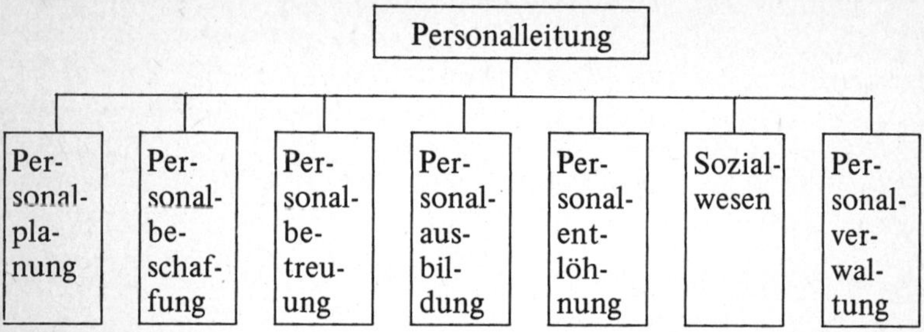

Eine Gliederung nach Teilfunktionen ist auch in dem nachstehenden Schaubild enthalten, das von einem Personalpraktiker stammt [*V. Grellert,* in: Blick durch die Wirtschaft, 17.9.79, S. 3]:

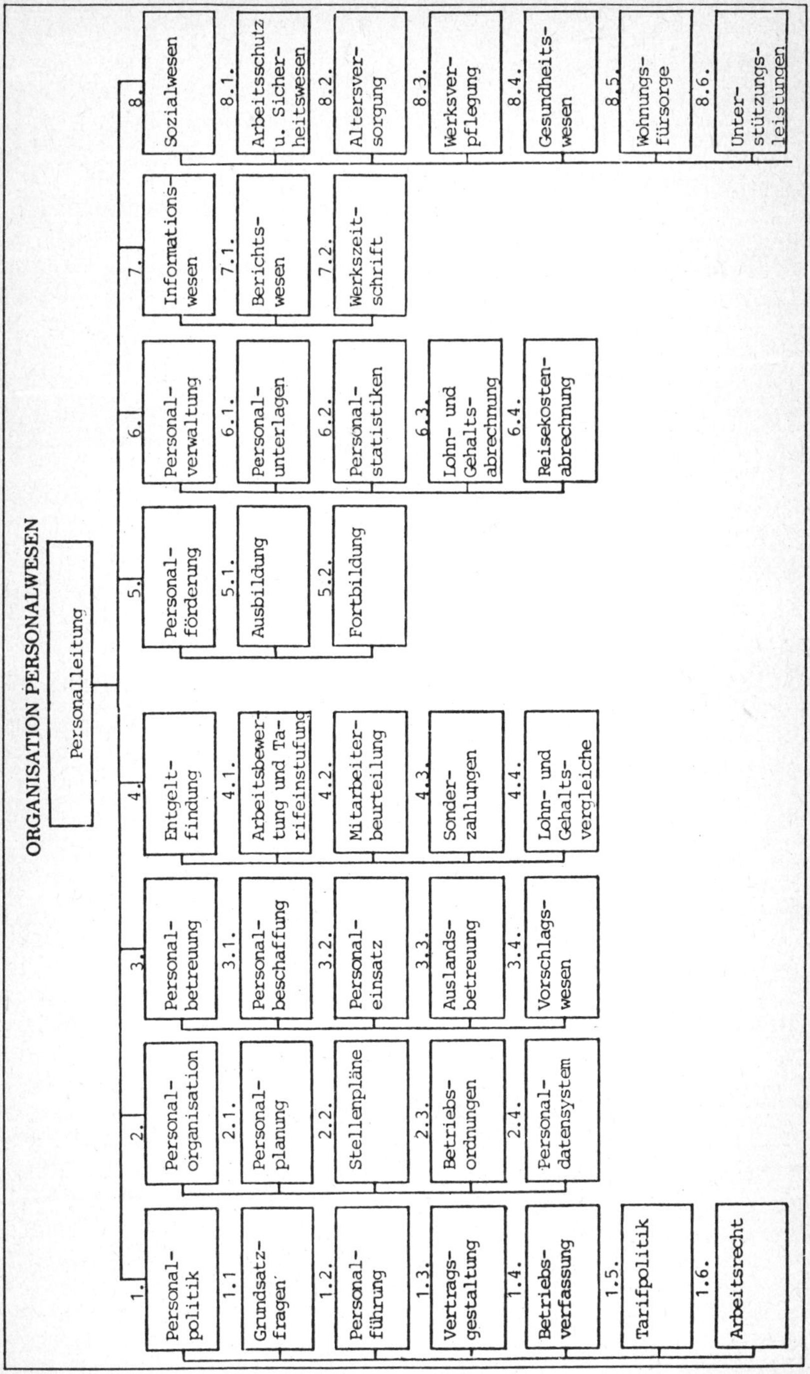
ORGANISATION PERSONALWESEN
Personalleitung
1. Personalpolitik
1.1 Grundsatzfragen
1.2. Personalführung
1.3. Vertragsgestaltung
1.4. Betriebsverfassung
1.5. Tarifpolitik
1.6. Arbeitsrecht
2. Personalorganisation
2.1. Personalplanung
2.2. Stellenpläne
2.3. Betriebsordnungen
2.4. Personaldatensystem
3. Personalbetreuung
3.1. Personalbeschaffung
3.2. Personaleinsatz
3.3. Auslandsbetreuung
3.4. Vorschlagswesen
4. Entgeltfindung
4.1. Arbeitsbewertung und Tarifeinstufung
4.2. Mitarbeiterbeurteilung
4.3. Sonderzahlungen
4.4. Lohn- und Gehaltsvergleiche
5. Personalförderung
5.1. Ausbildung
5.2. Fortbildung
6. Personalverwaltung
6.1. Personalunterlagen
6.2. Personalstatistiken
6.3. Lohn- und Gehaltsabrechnung
6.4. Reisekostenabrechnung
7. Informationswesen
7.1. Berichtswesen
7.2. Werkszeitschrift
8. Sozialwesen
8.1. Arbeitsschutz u. Sicherheitswesen
8.2. Altersversorgung
8.3. Werksverpflegung
8.4. Gesundheitswesen
8.5. Wohnungsfürsorge
8.6. Unterstützungsleistungen

2. Zum Wesen der menschlichen Arbeit

2.1 Der Inhalt des Begriffs „Arbeit“

Unter Arbeit wird heute überwiegend eine körperliche und geistige Tätigkeit verstanden, die in einem (Lohn)Arbeitsverhältnis erfolgt und damit der Einkommenserzielung dient. Begründet wird dieses Verhältnis durch einen Arbeitsvertrag (§§ 611ff. BGB), mit dem sich der Arbeitnehmer zur Leistung weisungsgebundener Arbeit verpflichtet und damit einen Lohnanspruch erwirbt. Nicht durch irgendwelche Merkmale der Tätigkeit, sondern durch die genannte Zielsetzung (Erwerb von Lohn und Gehalt) unterscheidet sich die Arbeit von Spiel und Sport.

Dieser wirtschaftliche Terminus der Arbeit hat nichts mit dem Begriff der Arbeit in der Physik (Arbeit = Kraft × Weg) zu tun. Im Sinne des physikalischen Arbeitsbegriffes leisten auch Maschinen und Tiere Arbeit. Hinzu kommt, daß es immer mehr Tätigkeiten gibt, bei denen es schwerfällt, die physikalische Situation „Kraft × Weg“ zu erkennen, so z.B. bei vielen sitzenden Tätigkeiten.

Definiert man Arbeit – wie gelegentlich anzutreffen – allein durch „Anstrengung“, dann wird es schwierig, sie von Freizeitbeschäftigungen abzugrenzen, die manchmal auch recht anstrengend sind. Andererseits werden auch in der beruflichen Tätigkeit vielfach Werte und Lustgewinne gefunden, die den Menschen auch dann bei seiner Arbeit lassen, wenn er sie zur materiellen Bedürfnisbefriedigung nicht mehr nötig hätte, so daß das Moment der Anstrengung bzw. Belastung einen anderen Stellenwert erhält.

Die obige Begriffsbestimmung der Arbeit führt zu dem zweifellos nicht befriedigenden Ergebnis, daß zahlreiche Tätigkeiten nur deshalb nicht als Arbeit gelten, weil für sie kein Lohn im rechtlichen Sinne gewährt wird, so zum Beispiel im Falle der Tätigkeit der Selbständigen, der Nur-Hausfrauen und der Auszubildenden. Nicht zuletzt um die psychischen Probleme bestehender oder drohender Arbeitslosigkeit und die Negativseiten der gelegentlich beklagten Arbeitssucht mancher Menschen abzubauen und um überhaupt mehr Möglichkeiten zu schaffen, für das eigene Dasein verstärkt Sinngefühl zu bekommen, scheint eine gesellschaftliche Umwertung des herkömmlichen Arbeitsbegriffs nötig, die in Ansätzen auch schon zu beobachten ist.

Für die Behandlung und Lösung konkreter Fragen und Probleme des Faktors „menschliche Arbeit“ ist die in der marxistischen Theorie einen breiten Raum einnehmende Frage, ob die Arbeitskraft den Charakter einer Ware hat oder nicht, relativ bedeutungslos. Eine solche Frage hat mehr dialektische als praktische Bedeutung, wie das nachstehende Zitat aus dem *Ökonomischen Lexikon* (Bd. I, Ost-Berlin 1978, S. 143) zeigt: „Infolge des gesellschaftlichen Eigentums an den Produktionsmitteln ist der Arbeiter im Sozialismus nicht mehr von den Produktionsmitteln getrennt und seine Arbeitskraft keine Ware . . . Im Kapitalismus sind die Produktionsmittel Eigentum der Kapitalisten. Da der Arbeiter selbst keine Produktionsmittel besitzt, ist er ökonomisch gezwungen, seine Arbeitskraft an die Eigentümer der Produktionsmittel zu verkaufen, um leben zu können. Er wird zum Lohnarbeiter und seine Arbeitskraft zur Ware."

Ohne große praktische Bedeutung ist auch die in politischen Diskussionen manchmal eine Rolle spielende Unterscheidung von entfremdeter und nicht-entfremdeter Arbeit. In *allen* modernen Industriestaaten vollzieht sich die betriebliche Arbeit insofern fremdbestimmt, als daß über die Arbeit des Einzelnen die Unternehmensleitung verfügt – sei es zum Zwecke der Erwirtschaftung einer Kapitalrendite für die privaten Eigentümer oder sei es im Interesse der Erfüllung zentraler staatlicher Pläne. Bei diesen Entscheidungen hat die (kapitalistische) Unternehmensleitung die den Arbeitnehmern im Laufe der Zeit zugewachsenen gesetzlichen Mitbestimmungsrechte und die sonstigen arbeitsvertraglichen Arbeitnehmerrechte zu beachten.

2.2 Kennzeichnung des Arbeitsmarktes

Wie bei anderen Gütern existiert auch für das Gut „Menschliche Arbeitsleistung" ein Markt. Mit dem Begriff *Markt* wird eine Stelle (Institution) gekennzeichnet, an der sich durch das Zusammentreffen von Angebot und Nachfrage die Preisbildung vollzieht; hier stoßen die Vorteilsstrebigkeit von Anbietern und Nachfragern zusammen, so daß der Preis eines Gutes von dem (mengenmäßigen) Verhältnis von Angebot und Nachfrage bestimmt wird.

Auf dem Arbeitsmarkt wird menschliche Arbeitsleistung (Qualifikation) angeboten und nachgefragt, und nicht – wie beim Sklavenhandel – die Person, die hier von einem Dritten angeboten wird und dessen Eigentum ist, das mit dem Verkauf auf den neuen Erwerber übergeht. Nicht zu übersehen ist jedoch die Tatsache, daß auf allen Arbeitsmärkten die angebotene und nachgefragte Arbeitsleistung untrennbar an die Person ihres Trägers gebunden ist. Dies gilt auch für das sog. Personalleasing, bei dem ein Arbeitgeber (Verleiher) einem Dritten (Entleiher) einen (Leih)Arbeitnehmer überläßt, der mit dem Verleiher ein Arbeitsverhältnis eingegangen ist. Wird eine solche Arbeitnehmerüberlassung gewerbsmäßig betrieben, so gilt für diesen besonderen Markt – dem Markt für Zeitarbeit – das Gesetz zur Regelung der gewerbsmäßigen Arbeitnehmerüberlassung (Arbeitnehmerüberlassungsgesetz) vom 18.11.1972.

Wenngleich – wie noch näher zu zeigen ist – die allgemeinen Marktzusammenhänge grundsätzlich auch auf dem Arbeitsmarkt gelten, so sind doch beim Arbeitsmarkt folgende wichtige *Besonderheiten* zu beachten:

- Für die menschliche Arbeitskraft existiert seit langem eine umfassende staatliche Schutzgesetzgebung, z.B. die Verpflichtung zur Kranken-, Renten-, Erwerbslosen- und Unfallversicherung, der Arbeitszeit- und der Kündigungsschutz sowie – von einigen eng begrenzten Ausnahmen abgesehen – das staatliche Arbeitsvermittlungsmonopol.
- Das Stabilitätsgesetz von 1967 hat die Vollbeschäftigung zu einem verpflichtenden Ziel staatlicher Wirtschaftspolitik erklärt; hierauf sind auch die Maßnahmen des Arbeitsförderungsgesetzes ausgerichtet.
- Für den Arbeitsmarkt gilt im Gegensatz zu den übrigen Märkten eine verfassungsgesetzliche Kartellgarantie: das Recht, Koalitionen zur Regelung

von Arbeits- und Wirtschaftsbedingungen zu bilden (Art. 9 Abs. 3 Grundgesetz). Mit anderen Worten: Anders als auf den übrigen Märkten sind auf dem Arbeitsmarkt wettbewerbsbehindernde Abreden und Verhaltensweisen zulässig. Dies hat in der Realität dazu geführt, daß sich auf dem Arbeitsmarkt im Hinblick auf die Vereinbarung von Rahmenbedingungen häufig zwei monopolartige Gebilde gegenüberstehen, nämlich Gewerkschaften und Arbeitgeberverbände.

Gelegentlich wird behauptet, eine Besonderheit des Arbeitsmarktes bestehe darin, daß der Arbeitnehmer – im Gegensatz zum Anbieter von Waren – ständig gezwungen sei, seine Arbeitskraft zu verkaufen, um Mittel für die Bestreitung seines Lebensunterhaltes zu erwerben. Daß ein solcher Zwang für die meisten Arbeitnehmer besteht, ist in der Tat nicht zu bestreiten. Eine ähnliche Zwangslage besteht auch für die andere Seite, die Unternehmen. Wollen die Unternehmen nicht den Zusammenbruch riskieren, können auch sie nicht mit dem Verkauf der erzeugten Güter warten, bis sich Marktdaten (insbesondere Preise) einstellen, die ihnen zusagen. Zudem sind auch die Unternehmen ständig gezwungen, Arbeitskräfte in ausreichender Zahl zu beschäftigen, wenn sie erfolgreich wirtschaften wollen, wobei diese Zahl auch durch Rationalisierung nicht beliebig verkleinert werden kann.

Insoweit sind beide Seiten durchaus aufeinander angewiesen. Offen ist allerdings, zu welchen konkreten Bedingungen der Austausch von Arbeitsleistungen gegen Lohn erfolgt. Im Hinblick auf die Vereinbarung dieser Daten zeigt sich in der Realität auf dem Arbeitsmarkt eine Situation, die auch auf anderen Märkten anzutreffen ist: Die Aussichten für den Arbeitnehmer, einen recht hohen Lohn und bestmögliche Arbeitsbedingungen zu erlangen, sind prinzipiell umso günstiger, je knapper die Arbeitskraft ist oder – was dasselbe ist – je größer die Nachfrage nach Arbeitskräften ist, d.h. je mehr sich die Volkswirtschaft im Stadium der Voll- oder Überbeschäftigung befindet.

Kennzeichnend für den Arbeitsmarkt ist außerdem eine relativ hohe Immobilität bei einem Großteil der Arbeitnehmer in dem Sinne, daß sie nicht bereit oder in der Lage sind, dorthin zu ziehen, wo sich ihnen die besten Arbeitsmöglichkeiten bieten. Eine ähnliche „Schwerfälligkeit" ist allerdings auch bei den meisten bestehenden Unternehmen vorhanden, wenn es gilt, ständig die besten Standortbedingungen zu realisieren. Vielfach wird die regionale Immobilität auf dem Arbeitsmarkt noch durch eine berufliche Immobilität ergänzt, d.h. die Bereitschaft zum Erwerb neuer Qualifikationen ist wenig ausgeprägt, so zum Beispiel häufig bei Ungelernten und Frauen.

2.3 Arten der menschlichen Arbeit

Die menschliche Arbeit läßt sich nach vielfältigen Kriterien unterscheiden. Für die Praxis haben solche Differenzierungen vor allem bei der Lohnfindung eine erhebliche Bedeutung.

Wenig sinnvoll ist die gelegentlich anzutreffende Unterscheidung von *Hand- und Kopfarbeit*. Im Regelfall stellt die Arbeit stets gleichzeitigen Einsatz von körperlicher und geistiger Kraft dar, wobei die eine Art stark überwiegen, aber kaum jemals ganz fehlen kann.

Von abnehmender Bedeutung ist auch die Unterscheidung der Arbeit danach, ob die Tätigkeiten im *Arbeiter- oder Angestelltenverhältnis* erfolgen. Als Angestellter wird nach herrschender Meinung derjenige angesehen, der kaufmännische, büromäßige oder sonst vorwiegend geistige Arbeit leistet. Für den Arbeiter ist die Schwere der körperlichen Beanspruchung das wesentliche Kriterium.

Durch die voranschreitende Mechanisierung und Automatisierung haben sich die Arbeitsbedingungen und Arbeitsanforderungen von Arbeitern und Angestellten herkömmlichen Typs immer mehr angeglichen. So wird die den Arbeiter bisher kennzeichnende schwere körperliche Leistung zunehmend substituiert durch höhere Anforderungen an das technische Einfühlungsvermögen, die Geschicklichkeit und Konzentrationsfähigkeit sowie das Dispositionsvermögen. Andererseits fallen im Büro oder ganz allgemein in der Verwaltung – der eigentlichen Domäne der Angestelltentätigkeiten – immer mehr Arbeiten an, die rein mechanischer Natur sind und daher keine nennenswerte geistige Beanspruchung erfordern.

Da „betriebswirtschaftliche Gründe für eine Trennung nach Arbeitern und Angestellten nicht gegeben sind und Status-Gründe dazu nicht legitimieren“ [*Braun*, 1969, S. 550], sind die seit einiger Zeit bei den DGB-Gewerkschaften vorhandenen Bemühungen um die Schaffung von gemeinsamen Tarifverträgen für Arbeiter und Angestellte zu begrüßen. Pionierarbeit auf diesem Gebiet hat die *Gewerkschaft Nahrung–Genuß–Gaststätten (NGG)* in der Brauwirtschaft mit dem Abschluß eines einheitlichen Bundesrahmentarifvertrages vom 18.2.1974 geleistet, der inzwischen einige Nachahmer gefunden hat [s. *Zander*, 1980b]. Einen wichtigen Beitrag zur Gleichbehandlung von Angestellten und Arbeitern hat das Lohnfortzahlungsgesetz vom 27.7.1969 gebracht. Auch von einzelnen Unternehmen gehen Bestrebungen aus, die herkömmliche Unterscheidung von Angestellten und Arbeitern aufzuheben. Bei uns ist seit einigen Jahren die Zahl der Angestellten und Beamten größer als die der Arbeiter.

Nach *Gutenberg* [1975, S. 3] ist die menschliche Arbeitsleistung im Betrieb in zwei grundsätzlich voneinander verschiedene Arbeitsleistungen aufzugliedern, und zwar in die *objektbezogenen* und in die *dispositiven Arbeitsleistungen*: „Unter objektbezogenen Arbeitsleistungen werden alle diejenigen Tätigkeiten verstanden, die unmittelbar mit der Leistungserstellung, der Leistungsverwertung und mit finanziellen Aufgaben in Zusammenhang stehen, ohne dispositiv-anordnender Natur zu sein . . . Dispositive Arbeitsleistungen liegen dagegen vor, wenn es sich um Arbeiten handelt, die mit der Leitung und Lenkung der betrieblichen Vorgänge in Zusammenhang stehen“.

Der dispositive Faktor, der die dispositiven Arbeitsleistungen erbringt, wird repräsentiert von der Person oder Personengruppe, die die Vereinigung der Produktionsfaktoren zu einer produktiven Kombination vollzieht und die von *Gutenberg* als Geschäfts- und Betriebsleitung bezeichnet wird. „Mit diesem Faktor wird versucht, jenes Zentrum betrieblicher Aktivität zu treffen, das planend und gestaltend das gesamtbetriebliche Geschehen steuert" [*Gutenberg*, 1975, S. 6].

Weil in der Praxis die beiden Leitungsfunktionen Planung und Organisation manchmal auf besondere Instanzen übertragen werden, gliedert Gutenberg den dispositiven Faktor in drei Faktoren: (1) die Geschäfts- und Betriebsleitung, (2) die Planung und (3) die Organisation. Diese Dreiteilung kommt durch eine Ausgliederung der Planung und Organisation aus der Geschäfts- und Betriebsleitung zustande. Deshalb sind Planung und Organisation auch nicht als originäre Produktionsfaktoren, sondern lediglich als von der Geschäfts- und Betriebsleitung abgeleitete, d.h. als derivative Faktoren, anzusehen.

„Planen bedeutet, eine Ordnung entwerfen, nach der sich bestimmte Geschehnisse vollziehen sollen ... Der Organisation obliegt es, die Ziele, die sich die Unternehmungsleitung gesetzt hat, und die Planungen, in denen diese Zielsetzungen ihren Niederschlag gefunden haben, zum praktischen betrieblichen Vollzug zu bringen" [*Gutenberg*, 1958, S. 47, 49].

Spaltet man den dispositiven Faktor in Einzelteile, sollte auch die Kontrolle (= Überwachung = Soll/Ist-Vergleich) ausdrücklich genannt und getrennt behandelt werden, da auch sie eine wichtige Führungsfunktion darstellt und wie die Organisation und die Planung auf besondere Stellen übertragen werden kann (interne Revision, Controller).

Für die Erklärung von wichtigen Zusammenhängen der betrieblichen Arbeitswelt ist die Gutenbergsche Einteilung der Arbeit in objektbezogene und dispositive Arbeitsleistungen gut geeignet. Hinzu kommt, daß sie auch für die Praxis relevant ist, wie ein Blick in geltende Tarifverträge zeigt.

Allerdings darf nicht übersehen werden, daß *Gutenberg* einen recht engen Dispositionsbegriff gewählt hat, nämlich die Disposition im Sinne von Lenkung und Leitung des betrieblichen Geschehens. Disposition kann aber auch so interpretiert werden, daß darunter Entscheidungsmöglichkeiten (Alternativen) verstanden werden, die dem Arbeitnehmer im Hinblick auf die Art und Weise der Arbeitsausführung (das „Wie" und „Wann") zur Verfügung stehen. Dieser Dispositionsaspekt spielt im Zusammenhang mit der Mitarbeitermotivation, dem Führungsstil und den Humanisierungsbemühungen eine zunehmende Rolle, weshalb insbesondere in den Kapiteln 5 und 6 auf diese Seite der Disposition näher einzugehen ist.

Die Gutenbergsche Einteilung läßt keine Aussage über die für die Ausführung der beiden Arbeitsarten erforderliche Qualifikation der Arbeitnehmer zu. Jedenfalls läßt sich nicht sagen, daß für die objektbezogenen Aufgaben keine besondere Qualifikation erforderlich sei. Es gibt zahlreiche, letztlich bloß ausführende Tätigkeiten, für die eine hohe Qualifikation erforderlich ist. Man denke zum Beispiel an die Arbeit von Expertenstäben ohne Dispositionsmacht und an ausführende Tätigkeiten an hochwertigen, komplizierten Aggregaten.

Der Praxis genügen die vorstehenden Einteilungen der Arbeitsleistungen in nur zwei Gruppen nicht, wie u. a. die Tarifverträge zeigen. So finden sich zum Beispiel in dem im Jahre 1975 abgeschlossenen einheitlichen Entgelttarifvertrag für Arbeiter und Angestellte der *Hamburger Hochbahn AG* zwanzig Arbeitskategorien (= Vergütungs- oder Lohngruppen). Die Tätigkeiten in der ersten, zehnten und neunzehnten Gruppe werden wie folgt umschrieben: (1) Einfache Tätigkeiten; (10) Höherwertige kaufmännische oder technische Fachtätigkeiten, die hohe Anforderungen an das Fachkönnen stellen und langjährige Berufs- oder Betriebserfahrung erfordern; (19) Besonders hochqualifizierte Tätigkeiten, die eine umfassende Fachausbildung oder eine abgeschlossene Fachhochschulausbildung oder eine umfassende betriebliche Ausbildung oder weitgehende Spezialkenntnisse erfordern . . .

Auf die Probleme der zum Zwecke der Lohnfindung (Lohndifferenzierung) praktizierten Arbeitsklassifizierungen ist im folgenden Kapitel insbesondere im Zusammenhang mit der Behandlung der Leichtlohnproblematik näher einzugehen.

3. Die betriebliche Entgeltfindung und die Sozialleistungen

Im vorliegenden Kapitel geht es darum, Wesen, Formen und Probleme der vom Unternehmen für die menschliche Arbeitsleistung zu erbringenden Gegenleistung, nämlich Lohn und Gehalt und die darüber hinaus vielfach zusätzlich gewährten betrieblichen sozialen Leistungen, aufzuzeigen.

3.1 Das Wesen des Lohnes und der Lohngerechtigkeit

Mit dem *Begriff des Lohnes* im weiteren Sinne wird überwiegend die Vergütung (Entgelt) für die Leistungen des Arbeitnehmers erfaßt. Im engeren Sinn wird mit dem Lohn vielfach nur das Entgelt des Arbeiters gemeint und die Vergütung des Angestellten als Gehalt bezeichnet. In den seit einigen Jahren aufkommenden, von den DGB-Gewerkschaften vorangetriebenen gemeinsamen Einkommenstarifverträgen für Arbeiter und Angestellte werden anstelle der sonst in Tarifverträgen üblichen Begriffe Lohn und Gehalt die beides umfassenden Termini Vergütung und Entgelt verwandt. Im folgenden wird der Lohnbegriff im weiteren Sinne benutzt.

Die *Lohnzahlungspflicht* ist die *Hauptpflicht des Arbeitgebers*. Sie wird durch den Abschluß des Arbeitsvertrages begründet (§§ 611ff. BGB) und regelmäßig durch Tarifverträge konkretisiert, deren Rechtsgrundlage das Tarifvertragsgesetz bildet (s.a. 10. Kapitel). Auf seinen Lohn erwirbt der Arbeitnehmer einen von der jeweiligen Ertragslage der Unternehmung unabhängigen Rechtsanspruch. Hierdurch unterscheidet sich der Lohn wesentlich vom Gewinn: Der *Gewinn* ist eine Differenzgröße (Erträge minus Aufwendungen), die mit der Ertragssituation schwankt und auch negativ sein kann (Verlust). Abgegolten werden mit dem Gewinn die Zurverfügungstellung von Eigenkapital und, falls die Eigenkapitalgeber das Unternehmen selbst leiten, zum Beispiel als Einzelunternehmer oder vollhaftender Gesellschafter einer Handelsgesellschaft, auch ihre persönliche Arbeitsleistung.

Der *Lohn* hat für Arbeitnehmer und Arbeitgeber grundsätzlich *verschiedene Aspekte*. Für den Arbeitgeber stellt er Ausgaben, Aufwendungen und Kosten dar und beeinflußt damit – isoliert betrachtet – die Erfolgs- und Liquiditätslage des Unternehmens negativ. Für den Arbeitnehmer bildet der Lohn im allgemeinen die einzige Einkommensquelle und damit die finanzielle Basis für seinen Lebensstandard.

Gleichzeitig ist der Lohn (die Höhe) als Vergütung für die erbrachte Arbeitsleistung ein wesentlicher Faktor der persönlichen Anerkennung und damit auch der Motivation. Dieser Aspekt (Lohngerechtigkeit) wird mit zunehmender Bildung, steigendem Wohlstand und damit verbundener Befriedigung der Grundbedürfnisse immer wichtiger. In Zukunft ist er sicher stärker als bisher bei der betrieblichen Lohnfindung zu berücksichtigen.

Wenngleich der Lohn in der Vergangenheit manchmal im Hinblick auf seine Anreizwirkung überschätzt worden ist, so zum Beispiel von *Taylor* (s. 5. Kapitel), so darf man ihn andererseits aber auch nicht – wie es gelegentlich von Theoretikern geschieht – für nahezu unbeachtlich halten. Sicherlich ist es so, daß Geld und damit auch der Lohn (wie der Gewinn) für verschiedene Menschen etwas Verschiedenes bedeutet; für den einen ist es Selbstzweck, für den anderen ein Mittel, um bestimmte Dinge kaufen zu können, für den dritten ein Symbol seiner Leistung; sein Einkommen ist für ihn ein Indiz seiner Wichtigkeit oder Fähigkeit, wobei diese drei Motive häufig auch noch irgendwie zusammenhängen werden [s.a. *McClelland*, 1966, S. 226ff.].

Daß der Lohn allein als Antriebskraft für die Erbringung einer hohen betrieblichen Leistung nicht ausreicht, ist heute weitgehend unbestritten. Hohe Löhne oder Lohnanreize wirken vor allem zusätzlich, das heißt nur dort, „wo andere Faktoren schon die Verantwortungsfreudigkeit geweckt haben . . . Lohnanreizgewährung wirkt dann leistungssteigernd, wenn die Bereitschaft zur besseren Leistung bereits vorhanden ist; in allen anderen Fällen bleibt sie wirkungslos, ja wirkt sie sich sogar schädlich aus“ [*Drucker*, 1970, S. 320]. *McClelland* [1966, S. 227f.] meint, daß es den Anschein habe, daß Personen mit hohem Leistungsniveau auf Geldanreize hin nicht fleißiger arbeiten, sondern eher weniger, während Personen mit niedrigem Leistungsniveau in dieser Situation mehr arbeiten. Auf den Motivations- und Führungskomplex ist näher im 5. Kapitel einzugehen.

Aus der aufgezeigten unterschiedlichen Bedeutung des Lohnes für Arbeitnehmer und Unternehmer ergibt sich ein prinzipieller *Interessengegensatz*, der bei einzelwirtschaftlicher Betrachtungsweise besonders leicht zu erkennen ist. Der Arbeitnehmer ist grundsätzlich an hohen und steigenden Löhnen interessiert, da er bei gleichbleibendem Preisniveau seinen materiellen Lebensstandard nur durch einen höheren Lohn verbessern kann. Das unternehmerische Gewinnstreben ist hingegen von dem Bemühen getragen, die Erträge (Leistungen) möglichst groß werden zu lassen und die Aufwendungen (Kosten) möglichst gering zu halten.

Aber auch unabhängig vom Gewinnstreben haben prinzipiell *alle* Unternehmen in den verschiedensten Wirtschaftsordnungen das *Wirtschaftlichkeitsprinzip* zu beachten, d.h. sie sind gehalten, sich um eine sparsame Verwendung der im allgemeinen knappen bzw. knapp zu haltenden Einsatzgüter zu bemühen. Nur so ist eine bestmögliche Leistungserstellung und damit eine optimale Güterversorgung der Verbraucher möglich. In marktwirtschaftlichen Ordnungen werden die Unternehmen vor allem durch den Wettbewerb zur Einhaltung des Wirtschaftlichkeitsprinzips gezwungen.

Ein solcher Zwang geht im Grunde auch von der gewerkschaftlichen Lohnpolitik aus, die sich mit ihren Lohnforderungen an der durchschnittlichen Leistungsfähigkeit der Branche orientiert, so daß die weniger ertragreichen Unternehmen von der Lohnkostenseite her unter einem starken Druck zur Senkung der Produktionsstückkosten ausgesetzt sind. Das konkrete unternehmerische Bemühen, die Kosten für die Leistungserstellung (Produktion) und Leistungsverwertung (Absatz) zu senken, wird üblicherweise als *Rationalisierung* bezeichnet. Aufgabe der Rationalisierung ist es somit für eine ständige Beachtung des Prinzips der Wirtschaftlichkeit zu sorgen.

Das Wirtschaftlichkeitsprinzip gilt für alle Einsatzgüter, also auch für die menschliche Arbeitskraft. Im Vergleich zu den anderen Produktionsfaktoren ergibt sich jedoch hinsichtlich des Faktors Personals eine Besonderheit, die aus dem Umstand resultiert, daß es sich bei diesem Faktor um ein menschliches Lebewesen handelt, das einen Anspruch auf würdevolle Behandlung hat. Dieser Besonderheit wird vom Gesetzgeber und von den Sozialpartnern in vielfältiger Weise Rechnung getragen, so daß Wirtschaftlichkeitsüberlegungen in den Hintergrund treten müssen. Hinzu kommt die Tatsache, daß das Ergebnis der menschlichen Arbeitsleistung nicht nur von den äußeren (technischen) Arbeitsbedingungen und einer zweckmäßigen Kombination der Produktionsfaktoren (Organisation) abhängt, sondern auch ganz erheblich von der Art der Personalführung, den Mitbestimmungsmöglichkeiten sowie dem Lohn beeinflußt wird. Diese drei (Behandlungs)Einflußfaktoren sind bei den Einsatzgütern Betriebsmittel und Werkstoffe nicht vorhanden.

Gelegentlich wird die Meinung vertreten, die Interessenlage der Arbeitnehmer und die der (kapitalistischen) Arbeitgeber sei in der Lohnfrage gleichgerichtet, da ein hoher Lohn eine größere Nachfrage schaffe und somit auch der Arbeitgeber von einer Lohnerhöhung profitiere. So meint *Böhrs* [1980, S. 25]: „Der Unternehmer hat eingesehen, daß die Bedeutung des Lohnes als Träger von Kaufkraft nicht weniger wichtig ist als die kalkulatorische Betrachtung des Lohnes als Kostenfaktor.“ Dieser Auffassung ist unter gesamtwirtschaftlichen Aspekten zuzustimmen. In einzelwirtschaftlicher Sicht gilt der behauptete Zusammenhang, der die Interessen der Arbeitnehmer und die der Arbeitgeber in der Lohnfrage aufeinander abstimmen soll, jedoch nicht.

Stellt man grundsätzliche Überlegungen zum Wesen des Lohnes an, so kommt man sehr schnell zur Frage der *Lohngerechtigkeit*. Dabei zeigt sich dann, daß der Gerechtigkeitsbegriff keineswegs eindeutig festlegbar und damit nur wenig operational ist. So bezieht *J. Hoffmeister* im „Wörterbuch der philosophischen Begriffe" (2. Aufl. 1955, S. 260) den Begriff Gerechtigkeit auf das „in objektiver Hinsicht zeitlos gültige Maß sozial richtigen Verhaltens". Der *Große Brockhaus* weist in der 16. Auflage (1954) darauf hin, daß sich die Gerechtigkeit inhaltlich nicht in einer allgemeinen Formel festlegen läßt, sondern nur, indem man ins Allgemeine zielende Einzelvorschriften aufstellt. Wohl im Hinblick auf diese Forderung unterscheidet *Kosiol* [1962, S. 21] fünf Arten von Lohngerechtigkeit:

(1) den ethisch gerechtfertigten Lohn,
(2) den sozialgerechten Lohn,
(3) den marktgerechten Lohn,
(4) den bedarfsgerechten Lohn und
(5) den betriebsgerechten Lohn.

Mit Ausnahme des betriebsgerechten Lohnes geht *Kosiol* auf die anderen von ihm genannten Arten der Lohngerechtigkeit nicht ein.

Im Vordergrund der lohnpolitischen Diskussionen steht im allgemeinen das Gerechtigkeitspostulat in zweifacher Form, nämlich in der Forderung nach bedarfsgerechter und nach leistungsgerechter Entlohnung. Der ausschließlich am individuellen *Bedarf* des einzelnen Arbeitnehmers orientierte Lohn ist in der Realität nicht anzutreffen. Dies hängt nicht nur damit zusammen, daß eine nur an die persönlichen Verhältnisse anknüpfende Lohnhöhe den Leistungsanreiz stark senken könnte. Erhebliche Schwierigkeiten würden sich auch aus der Tatsache ergeben, daß der Bedarf der einzelnen Arbeitnehmer sehr unterschiedlich ist, und zwar nicht nur im Hinblick auf den Familienstand, sondern vor allem auch in bezug auf das allgemeine Anspruchsniveau, das regelmäßig stark ausweitungsfähig ist und sich zudem ständig verändert. Die Tatsache, daß sowohl die Leistungen des einzelnen als auch seine Ansprüche und Motivationsstrukturen außerordentlich unterschiedlich sind, hat die in einigen Ländern gemachten radikalen Versuche, gleiche Löhne für alle einzuführen, scheitern lassen.

In entwickelten Volkswirtschaften steht in den Unternehmen die an der *Leistung* orientierte Entlohnung im Vordergrund. Soziale Faktoren, wie z.B. die Kinderzahl, werden von den Unternehmen grundsätzlich nicht bei der Lohnfestsetzung berücksichtigt. Sie werden vielmehr über eine steuerliche Differenzierung erfaßt, die sich auf den Nettolohn auswirkt, und beispielsweise durch das staatlicherseits gezahlte Kindergeld berücksichtigt. Die leistungsorientierte Entlohnung beseitigt die bei der Ermittlung des bedarfsgerechten Lohnes auftretenden Schwierigkeiten also dadurch, daß sie die sozialen Verhältnisse und das individuelle Anspruchsniveau der einzelnen Arbeitnehmer grundsätzlich außer acht läßt.

Aber auch bei einer Anknüpfung der Entlohnung an die Leistung ist eine wichtige Frage nur sehr schwer befriedigend zu beantworten, nämlich die, was „leistungsgerecht" konkret bedeutet. *Kosiol* [1962, S. 21] ist der Meinung, daß „vom betriebswirtschaftlich-ökonomischen Standpunkt aus . . . die menschliche Arbeitsleistung in der Unternehmung dann gerecht (unternehmungsgerecht) entgolten wird, wenn sie nach ihrem ökonomischen Wert für die Unternehmung bemessen wird und somit den Anteil erhält, den sie zum Ertrag bzw. Gewinn der Unternehmung beigesteuert hat". Damit ergibt sich die Aufgabe, diesen Anteil zu bestimmen. Um die hiermit verbundene betriebswirtschaftliche und soziale Problematik hinreichend verdeutlichen zu können, muß man sich folgende Daten vor Augen führen:

(1) Zum Zeitpunkt der Fertigstellung eines Produkts steht häufig noch nicht fest, wann das Produkt verkauft werden kann, welcher Erlös zu erzielen ist und wann der Erlös eingehen wird. Der in der Regel über kein nennenswertes Vermögen verfügende Arbeitnehmer kann aber den bei der Fertigstellung des Produkts noch unbestimmten Verkaufserlös nicht abwarten. Er fordert daher eine vom Verkaufserlös unabhängige Entlohnung und verzichtet damit praktisch auf die Gewinnchancen aus der Produktverwertung. Gleichzeitig wird er mit der Lohnzahlung vom Absatzrisiko befreit. Diese Annahmen finden ihren rechtlichen Niederschlag im Arbeitsvertrag.

(2) Auch in den Fällen, in denen der Arbeitnehmer warten kann bzw. die Leistungsverwertung (Absatz) sich recht schnell und kontinuierlich an die Leistungserstellung anschließt, bleibt das Problem der Aufteilung des aus dem Verkauf des Gutes erzielten Erlöses auf die an seiner Entstehung beteiligten Faktoren bestehen. Dies gilt für den Erlös des einzelnen Produktes genauso wie für den Gesamterfolg (Gewinn oder Verlust) der Unternehmung. Ein solches Aufteilungsproblem besteht nur dann nicht, wenn keine (fremden) Arbeitskräfte beschäftigt werden; eine Situation, die bei den weiteren Überlegungen außer acht bleiben kann. Das Aufteilungsproblem besteht unabhängig davon, wer Eigentümer der Produktionsmittel ist.

Der Erfolg einer Unternehmung wird von den betrieblichen Produktionsfaktoren gemeinsam erzielt, also von der menschlichen Arbeit (objektbezogene und dispositive Arbeitsleistungen) und von den sachlichen Mitteln (Kapital). Daneben beeinflussen naturgemäß die wechselnden Marktlagen den Unternehmenserfolg. „Die Frage, ein wie großer Teil (dieses Erfolges, R.S.) jeweils der Arbeit, dem Kapital und der Unternehmerleistung zuzurechnen ist, ist wissenschaftlich nicht zu beantworten. Das Produkt ist ein komplexes Ergebnis der Gemeinschaftsleistung aller Faktoren, und der Anteil etwa der Arbeit am Produkt ist genausowenig feststellbar wie etwa der Anteil des Regens am Wachstum der Pflanze" [*Arndt*, 1957, S. 12].

(3) Das geschilderte Zurechnungsproblem läßt sich nur in der Weise „lösen", daß die an der Produktentstehung und -verwertung beteiligten Faktoren bewertet werden. Es wäre also im Wege der Bewertung festzulegen, wie hoch der Anteil der sachlichen Mittel, der objektbezogenen Arbeitslei-

stung und des dispositiven Faktors (Unternehmensleitung) an dem erzielten Erfolg ist. Eine solche auf Schätzungen beruhende Zurechnung enthält naturgemäß erhebliche subjektive Momente des Bewertenden. Man denke in diesem Zusammenhang nur an das Problem der Bestimmung und Zurechnung von Abschreibungen, Rückstellungen und Betriebsbereitschaftskosten auf die einzelnen Produkte oder auf das Gesamtergebnis und an die Festsetzung des auf die eigentliche Unternehmerleistung entfallenden Erfolgsanteils. Diese praktisch nicht ausräumbaren Schwierigkeiten verhindern objektiv richtige oder gerechte Lösungen, so daß immer nur Kompromißregelungen möglich sind.

Die aufgezeigten Probleme der Zurechnung ergeben sich in allen Unternehmungen, in denen im Wege einer Kombination von sachlichen Mitteln und fremder menschlicher Arbeitskraft Produkte erstellt werden. Deshalb wirft die Zurechnungsfrage auch in den sozialistischen Ländern die gleichen grundsätzlichen Probleme auf.

Die aus jedem betrieblichen Leistungserstellungsprozeß zwangsläufig erwachsenen Zurechnungsschwierigkeiten machen deutlich, daß es eine objektive oder absolute Lohngerechtigkeit weder für den einzelnen Arbeitnehmer noch für die Gesamtbelegschaft geben kann, worauf auch im Zusammenhang mit der Behandlung der von einigen Unternehmungen praktizierten Gewinnbeteiligung der Belegschaft noch zurückzukommen ist. Es ist in der konkreten Arbeitswelt keine Lohnhöhe denkbar, von der man sagen könnte, sie sei im Hinblick auf das erzielte Gesamtergebnis des Betriebes für den einzelnen Arbeitnehmer oder für die Gesamtbelegschaft absolut gerecht. Zusammenfassend bleibt festzuhalten, daß „keine noch so genaue Bestimmung der technischen Arbeitsleistung, der Preisindices für die Lebenshaltung, der Produktivitätskoeffizienten usw. darüber hinwegtäuschen kann, daß der gerechte Lohn (ebenso wie der gerechte Preis, R.S.) nicht errechenbar, sondern das Ergebnis des verantwortungsbewußten Aushandelns durch die Tarifpartner (bzw. durch Arbeitgeber und Arbeitnehmer, R.S.) ist" [*Dörge*, 1969, S. 206]. Dieses kompromißmäßige Ergebnis wird stark von der jeweiligen Arbeitsmarktlage und damit auch von Machtfragen beeinflußt.

In der betrieblichen Arbeitswelt spielt die relative Lohngerechtigkeit eine weit größere Rolle als die ohnehin nicht ausreichend fixierbare absolute Lohngerechtigkeit. Mit der relativen Lohngerechtigkeit ist die Abstufung der Löhne innerhalb eines Unternehmens nach dem Schwierigkeitsgrad (den Anforderungen) der an den einzelnen Arbeitsplätzen zu verrichtenden Tätigkeiten gemeint (= innerbetriebliche Lohngerechtigkeit). Diese Frage führt hin zu der ebenfalls mit erheblichen Problemen belasteten Arbeits*platz*bewertung, die im übernächsten Abschnitt dieses Kapitels zu behandeln ist. Zuvor sollen die Lohnformen und ihre Entwicklungstendenzen dargestellt werden.

3.2 Die Lohnformen und ihre Entwicklungstendenzen

Fragt man nach den bei der Berechnung des Arbeitsentgeltes angewandten *Verfahrensweisen*, so lassen sich als die heute wichtigsten Lohnformen unterscheiden: Zeitlohn, Akkordlohn und Prämienlohn. Bei den Lohnformen geht es um die Frage, *wie* die regelmäßige Lohnermittlung für den einzelnen Arbeitnehmer erfolgt. Nicht berührt wird hier das Problem der relativen Lohngerechtigkeit, d.h. die Abstufung der Löhne nach dem Schwierigkeitsgrad der auszuführenden Arbeit. Dieses Problem stellt sich für alle Lohnformen in gleicher Weise; es ist grundsätzlich unabhängig davon, wie der Lohn berechnet wird.

In den Tarifverträgen ist die Anwendung einer ganz bestimmten Lohnform meist nicht zwingend vorgeschrieben; es wird vielmehr der Praxis überlassen, durch den Abschluß einer Betriebsvereinbarung zu einer befriedigenden Regelung zu kommen, die die betriebsindividuellen Verhältnisse berücksichtigt. Die drei wichtigsten Lohnformen sind nun zu behandeln und daran anschließend die Entwicklungstendenzen in der Lohnformenanwendung aufzuzeigen.

3.2.1 Zeitlohn

Beim Zeitlohn richtet sich die Lohnberechnung nach der *Dauer* der *Arbeitszeit*, d.h. hier bildet eine Zeiteinheit (z.B. Stunde, Woche, Monat) die Leistungseinheit. Die Tatsache, daß der Zeitlohn unabhängig von der jeweils konkret erbrachten Leistung immer gleich hoch ist, hat zu der in der Literatur und Wirtschaft vorherrschenden Einteilung der Lohnformen in Leistungslohn (Akkord- und Prämienlohn) und Zeitlohn geführt. Diese Unterscheidung ist jedoch nicht nur begrifflich sehr fragwürdig, sie ist vor allen Dingen auch für die Praxis außerordentlich problematisch.

Mit der Gegenüberstellung von Leistungslohn und Zeitlohn wird die Vorstellung suggeriert, dem Zeitlohn läge kein Leistungskriterium zugrunde. Daß dies nicht den Tatsachen entspricht, zeigen die wirtschaftlichen Verhältnisse recht eindeutig. Grundsätzlich ist auch der Zeitlohn an der Leistung orientiert, wenngleich auch nicht jedesmal bei seiner Berechnung und Auszahlung, so doch auf jeden Fall bei seiner Vereinbarung.

Bei der Vereinbarung eines bestimmten Zeitlohnsatzes hat das arbeitgebende Unternehmen durchaus eine Vorstellung davon, welche Arbeitsleistung der Arbeitnehmer für den fixierten Betrag erbringen soll. Dies wird besonders deutlich, wenn den Zeitlöhnern (erlaubt oder unerlaubt) Arbeitsstandards bekanntgegeben werden in der Erwartung der Erfüllung dieser Standards. Eindeutig sichtbar wird der Zusammenhang von Zeitlohn und Leistung auch dann, wenn von Zeit zu Zeit Mitarbeiterbeurteilungen durchgeführt werden, deren Ergebnisse Einfluß auf die Lohnhöhe haben. Ganz abgesehen davon, daß sich vielfach auch beim Zeitlohn – vor allem durch Kontrollen – ein bestimmtes, unter Umständen aber recht niedriges Mengenergebnis erzwingen läßt, ist ein Zeitlohn auf jeden Fall immer dann leistungsorientiert, wenn das

Arbeitstempo durch einen zwangsgeregelten Arbeitsablauf vorgeschrieben ist (Fließprinzip).

Das Gegenstück des Leistungslohnes kann also nicht der Zeitlohn, sondern nur der Sozial- oder Bedürfnislohn sein, bei dem sich die Lohnhöhe in erster Linie an den persönlichen Verhältnissen des Arbeitnehmers orientiert. Der reine Soziallohn ist in der Gegenwart – wie ausgeführt – ohne praktische Bedeutung. Da sich die Arbeitsentgelte im Prinzip an der Leistung orientieren, sollte der Begriff „Leistungslohn" für nur eine bestimmte Lohnform vermieden werden. Zweckmäßiger ist die Einteilung der Lohnformen in Zeitlohn, Akkordlohn und Prämienlohn.

Das an den Arbeitnehmer zu zahlende Entgelt ist beim Zeitlohn konstant, d.h. unabhängig von Leistungsschwankungen. Nicht konstant sind dagegen die auf die produzierten Einheiten bezogenen Lohnkosten. Sie verändern sich proportional zur in Anspruch genommenen Zeit. Diese Zusammenhänge soll das nachstehende Schaubild verdeutlichen, in dem von einem Stundenlohn von 8 DM ausgegangen wird.

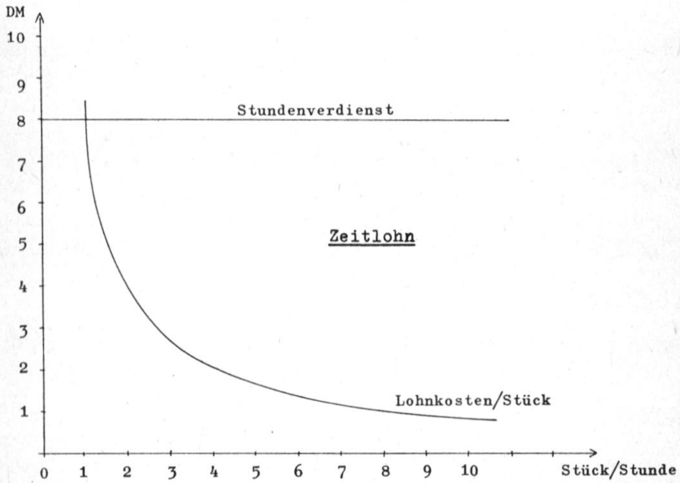

3.2.2 Akkordlohn

Beim Akkordlohn bildet eine konkrete *Sachmenge* (z.B. Stück, Meter, Liter, Kilogramm) die Grundlage der Lohnberechnung. Die eindeutig mengenmäßige Ergebnisorientierung bei der Akkordlohnermittlung führt dazu, daß der Akkordverdienst des Arbeitnehmers proportional mit der von ihm produzierten Menge variiert und die Lohnkosten je Stück unabhängig von der in Anspruch genommenen Zeit konstant bleiben. Der Akkordlohn hat im Hinblick auf seine Funktionsweise eine gewisse Verwandtschaft mit der Einkommensentstehung der Selbständigen.

Das nachstehende Schaubild verdeutlicht den Verlauf des Stundenverdienstes und der Lohnkosten je Stück, wobei angenommen wird, daß die „Normalleistung“ des Arbeitnehmers auf vier Stücke je Stunde festgelegt und ihm ein Mindeststundenlohn von 8 DM garantiert wird. Im Regelfall ist heute die Akkordentlohnung mit einem garantierten Mindestlohn verbunden, der immer dann gezahlt wird, wenn die festgelegte Norm vom Arbeitnehmer nicht erreicht wird, und zwar aus Gründen, die er nicht zu vertreten hat.

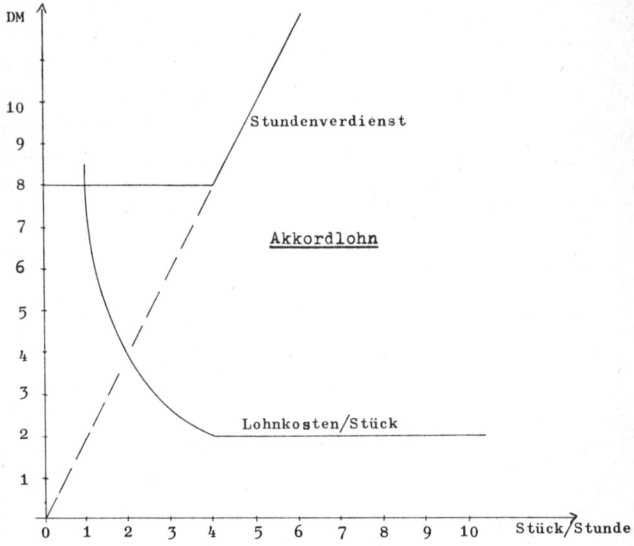

Nach *Goossens* [1974, S. 446] läßt sich der Akkordlohn bei nicht unfallgefährdeten Arbeiten überall dort anwenden, wo nachstehende Voraussetzungen *gleichzeitig* vorhanden sind:

1. Die Arbeiten wiederholen sich häufig.
2. Die Arbeitsergebnisse sind nach Mengeneinheiten leicht zu erfassen.
3. Die Mengenleistung kann namhaft vom Arbeitenden beeinflußt werden.
4. Die Arbeiten ändern sich nicht in relativ kurzen Abständen infolge wirtschaftlich-technischer Einflüsse.

Der beim Akkordlohn von der Proportionalität von Leistung und Lohn tendenziell ausgehende Leistungsanreiz kann dazu führen, daß Arbeitnehmer sich bei ihrem Arbeitseinsatz übernehmen und dadurch gesundheitliche Schädigungen oder Unfallgefährdungen hervorrufen. Aus diesem Grunde ist die Anwendung des Akkordlohnes in einigen Fällen *gesetzlich nicht erlaubt.*

– So enthält das Jugendarbeitsschutzgesetz (§ 23) ein allgemeines Verbot, Jugendliche mit Akkord- und Fließbandarbeit zu beschäftigen.

- Nach dem Mutterschutzgesetz (§ 4 Abs. 3) ist Akkord- und Fließbandarbeit für werdende Mütter verboten.
- Im Gesetz über das Fahrpersonal von Kraftfahrzeugen und Straßenbahnen heißt es im § 3: „Mitglieder des Fahrpersonals dürfen als Arbeitnehmer nicht nach den zurückgelegten Fahrstrecken oder der Menge der beförderten Güter entlohnt werden, auch nicht in Form von Prämien oder Zuschlägen für diese Fahrstrecken oder Gütermengen. Ausgenommen sind Vergütungen, die nicht geeignet sind, die Sicherheit im Straßenverkehr zu beeinträchtigen."

Aufgrund der beim Akkordlohn vorhandenen Proportionalität von Leistung und Lohn ist die *Normfindung* außerordentlich wichtig: Nur wenn eine Ausgangsleistung als Bezugsleistung oder Basis eindeutig fixiert ist, läßt sich eine Mehrleistung ermitteln und entlohnen. Es ergibt sich also die Notwendigkeit, eine Ausgangsleistung als Norm festzulegen. Eine solche der mengenorientierten Entlohnung zugrunde zu legende Bezugsleistung kann zum Beispiel sein: die Durchschnittsleistung, die Standardleistung bei Systemen vorbestimmter Zeiten, die REFA-Normalleistung oder die tarifvertragliche Normalleistung. Diese vier Basen sollen kurz charakterisiert werden.

Die *Durchschnittsleistung* wird in der Weise ermittelt, daß aus empirisch festgestellten Einzelleistungen mehrerer Arbeitnehmer ein arithmetisches Mittel gebildet wird. Eine so gewonnene Bezugsleistung ist relativ hoch, wenn die zur Zeit der Leistungsfeststellung vorliegende allgemeine Arbeitsintensität groß war; umgekehrt ist sie relativ niedrig, wenn die Arbeitsintensität nur ein geringes Niveau hatte. Zu diesen Schwierigkeiten kommt hinzu, daß evtl. vorhandene Extremwerte das Ergebnis der Durchschnittsrechnung verfälschen. Aus diesen Gründen ist die reine Durchschnittsleistung nicht besonders gut als Norm geeignet.

Die *Standardleistung der Systeme vorbestimmter Zeiten* – auch Kleinstzeitverfahren genannt – wird aus überbetrieblich gültigen Tabellenzeiten abgeleitet. Diese Systeme sind aufgrund von Zeit- und Filmaufnahmen und mit Hilfe statistischer Analysen von menschlichen Bewegungsabläufen entworfen worden. „Der Ausgangspunkt ist das Bestreben, für alle menschlichen Elementarbewegungen allgemeingültige Zeitwerte festzulegen, die jederzeit in jedem Betrieb und bei jeder Handarbeit anwendbar sind" [*Goossens*, 1974, S. 393]. Auf diese Weise will man bei der Bestimmung der Bezugsleistung in den einzelnen Betrieben ohne Stoppuhr auskommen. Die bekanntesten Verfahren vorbestimmter Zeiten sind das WF-Verfahren (Work-Factor) und das MTM-Verfahren (Methods-Time-Measurement).

In den Dienst der Ermittlung einer Bezugsleistung kann auch die Multimomentaufnahme gestellt werden. „Der Arbeitsstudienmann, der dieses Verfahren anwendet, beobachtet zu vorher festgesetzten Zeitpunkten auf Betriebsrundgängen die Art des Ablaufes bestimmter Arbeitssysteme (z.B. ‚Maschine läuft' oder ‚Maschine steht still'). Aufgrund vieler solcher Moment-Beobachtungen kann ein für verschiedene Zwecke aussagefähiges Abbild von Ist-Abläufen gewonnen werden" [*REFA*, 1978, S. 232].

Als eine weitere, recht verbreitete Bezugsleistung der Akkordentlohnung kann die *REFA-Normalleistung* dienen. Der Verband für Arbeitsstudien REFA e.V. [1978, S. 136] versteht unter einer Normalleistung „eine Bewegungsausführung, die dem Beobachter hinsichtlich der Einzelbewegungen, der Bewegungsfolge und ihrer Koordinierung besonders harmonisch, natürlich und ausgeglichen erscheint. Sie kann erfahrungsgemäß von jedem in erforderlichem Maße geeigneten, geübten und voll eingearbeiteten Arbeiter auf die Dauer und im Mittel der Schichtzeit erbracht werden, sofern er die für persönliche Bedürfnisse und gegebenenfalls auch für Erholung vorgegebenen Zeiten einhält und die freie Entfaltung seiner Fähigkeiten nicht behindert wird."

Von der REFA-Normalleistung abgeleitet, und zwar vielfach vereinfacht, gekürzt oder mit anderen Begriffen versehen sind die *Normalleistungsdefinitionen in Tarifverträgen*. So findet sich beispielsweise im Lohnrahmentarifvertrag vom 3.12.1974 (in der Fassung vom 5.2.1979) der Metallindustrie Hamburgs und Umgebung folgende Formulierung: „Unter Normalleistung versteht man jene Leistung, mit der ein Arbeitnehmer, der ausreichend geeignet, eingeübt und eingearbeitet ist und frei von solchen inneren Hemmungen oder äußeren Einflüssen arbeitet, die seine Wirksamkeit beeinträchtigen könnten, auf die Dauer und im Mittel der täglichen Schichtzeit ohne Gesundheitsschädigung arbeiten kann, wenn er die in der Vorgabezeit berücksichtigten Zeiten für persönliche Bedürfnisse und ggf. auch für Erholung einhält."

Um zur Vorgabezeit (Norm) in Form der Normalleistung zu kommen, kann nicht nur die tatsächliche Zeitinanspruchnahme gemessen werden, zuvor muß vielmehr beurteilt werden, mit welchem *Leistungsgrad*, d.h. mit welcher Intensität der betreffende Arbeitnehmer seine Arbeit verrichtet. „Das Beurteilen des Leistungsgrades besteht in dem Vergleichen des beobachteten Erscheinungsbildes des Bewegungsablaufes der eindeutig beschriebenen Arbeitsmethode mit dem Bild, das sich der Arbeitsstudienmann als normale Bewegungsausführung des beobachteten Arbeitsvorganges vorstellt. Dieser Vergleich führt zur Beurteilung, um welchen Prozentsatz die beobachtete Leistung über oder unter der REFA-Normalleistung liegt" [*REFA*, 1978, S. 139]. Die Problematik dieser Leistungsgradbeurteilung liegt somit darin, daß in gewissem Umfang als gegeben vorausgesetzt wird, was letztlich gesucht wird: die Normalleistung.

Um nach der Schätzung des Leistungsgrades zu konkreten Vorgabezeiten zu kommen, wird die tatsächlich in Anspruch genommene Zeit gemessen und dann zu dem Leistungsgrad ins Verhältnis gesetzt. Ein Beispiel mag diesen Weg verdeutlichen: Der Arbeitsstudienmann schätzt aufgrund seiner Beobachtung der von einem bestimmten Arbeiter zu verrichtenden Arbeit dessen Leistungsgrad auf 80 % und ermittelt durch Zeitmessung, daß dieser Arbeiter für die Fertigung eines Stückes eine Zeit von 10 Minuten benötigt. Die vorzugebende Zeit für die Fertigung eines Stückes wird dann nach der Formel berechnet

$$\frac{\text{Istzeit} \times \text{Leistungsgrad}}{100} = \frac{10 \times 80}{100} = 8 \text{ Minuten.}$$

Im Falle einer Schätzung des Leistungsgrades auf 120 % würde sich bei ebenfalls 10 Minuten Zeitinanspruchnahme folgende Vorgabezeitrechnung ergeben

$$\frac{10 \times 120}{10} = 12 \text{ Minuten.}$$

In der Praxis werden die so ermittelten Daten, weil die Norm ja für eine Vielzahl von gleichartigen Arbeiten als Orientierung gelten soll, über zum Teil recht komplizierte statistische Verfahren zu einem Durchschnittswert verdichtet. Dabei gehen in diesen Wert häufig arbeitsmarktpolitische Einflüsse mit ein. Auf die grundsätzlichen Schwierigkeiten einer jeden Normfindung menschlicher Arbeitsleistung ist noch zurückzukommen.

Das Normfindungsproblem hängt eng mit der sogenannten *Akkordschere (Akkordkorrektur)* zusammen. Ihre Wirkung besteht darin, daß bei überraschend hohen Verdiensten die Norm so geändert wird, daß diese Höhen nicht mehr oder nur noch bei höherer Leistung erreicht werden können. Die bei Akkordlohnarbeiten manchmal beklagte Leistungszurückhaltung (ein bestimmtes Maß an Intensität wird von den Arbeitnehmern nicht überschritten) und die mangelnde Beteiligung der Akkordarbeiter an Verbesserungsvorschlägen wird vielfach auf die Furcht vor einer solchen Vorgabekorrektur zurückzuführen sein.

Hilf [1957, S. 288] will den Begriff der Akkordschere nur für den Fall gelten lassen, daß die Akkordvorgaben durch bloßes Probieren und nicht durch systematische Untersuchungen zustande gekommen sind. Eine Akkordschere liegt nach seiner Meinung dagegen nicht vor, wenn die Normen „in ganz bestimmten Fällen geändert werden müssen. Nur in folgenden Fällen darf ein Stücklohn (= Akkordlohn, R.S.) geändert werden, ohne daß dies gegen Treu und Glauben einer Stücklohnvereinbarung verstößt:

1. Wenn eine Vorgabezeit als eine vorläufige erklärt wurde und nun nach Leistungsuntersuchungen endgültig vereinbart werden soll.
2. Wenn sich ein Irrtum in den Voraussetzungen oder ein Fehler in der Ermittlung des Stücklohns einwandfrei herausgestellt hat.
3. Wenn sich die Arbeitsbedingungen (z.B. das Verfahren infolge eines technischen Fortschritts) geändert haben. Wann ein Arbeitsinhalt sich so wesentlich geändert hat, daß eine Änderung der Vorgabezeit gerechtfertigt erscheint, muß nach Lage des Einzelfalles beurteilt werden. In manchen Fällen wurde (betrieblich, R.S.) vereinbart, daß eine Änderung von 5 % als wesentlich angesehen wird."

Umstritten ist die Revision der Akkordnorm, wenn sich im „Laufe der Zeit ein sog. heimlicher Rationalisierungserfolg herausstellt. Die Verfahren haben sich im ganzen nicht geändert, wohl aber haben sich kleinere Verbesserungen ergeben, die doch die Leistung über die ursprüngliche Ebene hinausgehoben haben. In solchen Fällen kann es zur Angleichung aller Leistungsbedingungen nicht zu umgehen sein, die Akkordlöhne auf eine neue Grundlage zu stellen. In diesem Falle kann der Belegschaft der Übergang durch eine einmalige Abfindung, durch die ihre Beteiligung an der Hebung der Leistung zum Ausdruck gebracht wird, erleichtert werden" [*Hilf*, 1957, S. 288]. Problematisch ist eine Änderung der Akkordvorgaben auch dann, wenn sich trotz systematisch durchgeführter Untersuchungen die Situation der „weggelaufenen" Akkordverdienste (überraschend hohe Verdienste) einstellt. „Die Ursache (hierfür) kann liegen in der erwähnten heimlichen Rationalisierung, in größeren Stückzahlen als ursprünglich angenommen wurde, in Änderungen des Materials, des Inhalts der Arbeit oder anderer nicht berücksichtigter Arbeitsbedingungen. Die Änderung der Stücklohnsätze in einem solchen Falle ist nicht unbestritten und bedarf daher einer ausreichenden Begründung und ausdrücklichen Vereinbarung, wenn sie das Vertrauen nicht stören soll" [*Hilf*, 1957, S. 288].

In den meisten Fällen wird das Davonlaufen der Akkordverdienste darauf zurückzuführen sein, daß die zu verrichtende Arbeit vor der Einführung des Akkordlohnes nicht hinreichend rationalisiert worden ist. „Wird die Arbeit nicht bestgestaltet und der Arbeiter nicht auf die beste Methode geschult, dann leistet er die vom Zeitstudienmann versäumte Rationalisierung selbst mit der Folge, daß jetzt im Akkordlohn nicht nur sein Arbeitsaufwand, sondern auch seine ‚Erfindung' abgegolten wird" [*Maucher*, 1968, S. 34]. Die Änderung von Akkordbedingungen ist ebenso wie die Akkordeinführung nur mit Zustimmung des Betriebsrats möglich (§ 87 Abs. 1 Nr. 10 u. 11 BetrVG). Auf die grundsätzliche Problematik von Normen für die menschliche Arbeit ist bei der Behandlung der Entwicklungen in der Anwendung der Lohnformen in diesem Kapitel noch einmal zurückzukommen.

3.2.3 Prämienlohn

Der seit einiger Zeit an Bedeutung gewinnende Prämienlohn wird meist charakterisiert als ein *Grundlohn*, der durch eine *zusätzliche Vergütung* (Prämie) für besondere Leistung ergänzt wird. Dabei kommen als Prämienbasen neben der Menge vor allem in Betracht: die Qualität der Arbeitsleistung, die Materialersparnis, die Pünktlichkeit (Termineinhaltung), die Unfallverhütung, die sorgfältige Behandlung von Betriebsmitteln und die Maschinenausnutzung. Da im Grunde alle Prämienarten sowohl mit einem Akkordlohn als auch mit dem Zeitlohn kombiniert werden können, handelt es sich beim Prämienlohn eigentlich gar nicht um eine selbständige Lohnform. Der Begriff „Prämienlohn" hat sich aber in Praxis und Literatur als eigenständiger Terminus neben dem des Zeitlohnes und des Akkordlohnes durchgesetzt. Sein Wesen ist allerdings außerordentlich schillernd. Dies gilt insbesondere im Falle der Mengenprämie, die keineswegs – wie *Maucher* [1968, S. 52] meint – als Ausnahmefall des Prämienlohnes anzusehen ist. Es gibt in der Praxis zahllose Prämienregelungen, die entweder ausschließlich oder doch in erster Linie an der Menge orientiert sind. Nach *Paasche* [1978, S. 113] ist der Prämienlohn „eine Sammelbezeichnung für einen Leistungslohn mit allen möglichen Sachleistung-Lohnbeziehungen je nach der vorliegenden Arbeitsaufgabe betriebsbezogen ‚maßgeschneidert' ".

Wird beim Akkordlohn für das Überschreiten einer bestimmten mengenmäßigen Mehrleistung eine zusätzliche Prämie gezahlt, so handelt es sich um einen sogenannten progressiven Leistungslohn, dessen Bedeutung in der Praxis aber gering ist. Baut die Mengenprämiierung – wie im Normalfall – auf einem Zeitlohn auf, so tritt die Frage nach dem *Unterschied zum Akkordlohn* auf. In der Literatur wird in diesem Zusammenhang vielfach auf eine unterschiedliche Abgeltung der Mehrleistung hingewiesen. So schreibt z.B. *Kilger* [1961, S. 29]: „Im Gegensatz zum Akkordlohn, bei dem der Lohnbetrag je Stunde proportional mit der Leistung steigt, teilen sich bei den Prämienlohnsystemen . . . Arbeitnehmer und Arbeitgeber den Mehrertrag.“ Diese Auffassung vertritt auch *Wöhe* [1978, S. 90].

Eine solche „Teilung“ der Mehrleistung führt dazu, daß der Arbeitnehmer zwar seinen Stundenverdienst steigern kann, wenngleich auch nicht so stark wie beim Akkordlohn, wodurch der Leistungsanreiz geringer ist; gleichzeitig fallen aber auch die Lohnkosten je Stück, während sie beim Akkordlohn konstant bleiben. Ein Beispiel mag den Prämienlohn verdeutlichen: Es wird von einem Arbeitnehmer erwartet, daß er in einer Stunde (Stundenlohn 8 DM) mindestens vier Stücke fertigt. Für die darüber hinausgehenden Stücke soll er eine Prämie von 50 % des Stücklohnes bei der Normalleistung von vier Stükken erhalten, d.h. in dem gewählten Beispiel, daß 50 % Mehrleistung (2 Stükke) mit 25 % Mehr-Lohn (2 DM) abgegolten werden, so daß sich folgendes Bild ergibt:

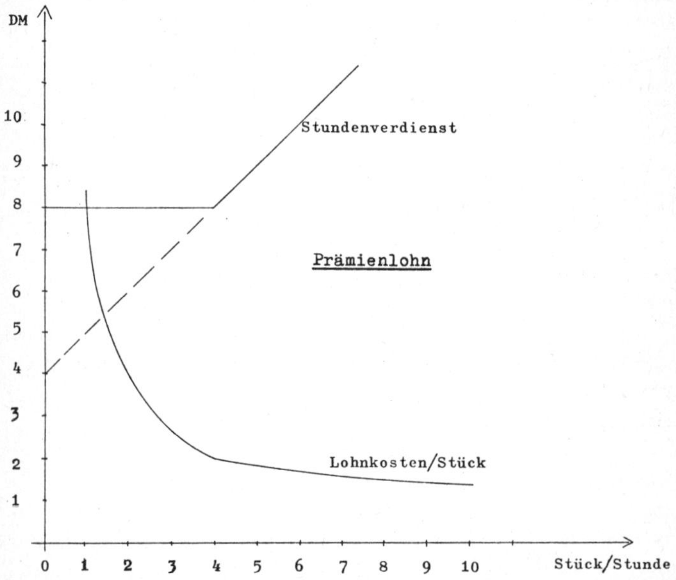

In dem vorstehenden Beispiel handelt es sich um eine lineare oder konstante

Prämie, weil für jede Mehrleistung eine Prämie in Höhe der Hälfte (50 %) der Mehrleistung gezahlt wird.

In der Praxis trifft man häufig auch auf fallende oder steigende Prämiensätze und auf vielerlei Kombinationen. Ein Fall steigender Prämiensätze läge zum Beispiel vor, wenn für die ersten 10 % Mehrleistung 50 % Prämie für die Mehrleistung und für die zweiten 10 % Mehrleistung 70 % Prämie der Mehrleistung usw. gezahlt werden. Um fallende Prämiensätze handelte es sich beispielsweise, wenn für die ersten 10 % Mehrleistung 50 % Prämie für die Mehrleistung und für die zweiten 10 % Mehrleistung 40 % Prämie auf die Mehrleistung usw. gewährt werden. Im Falle steigender Prämiensätze wird also von einer bestimmten Beschäftigungssituation an der finanzielle Leistungsanreiz vergrößert, d.h. diese Regelung soll die Arbeitnehmer anhalten, eine möglichst hohe mengenmäßige Leistung zu erbringen. Im Falle sinkender Prämiensätze wird der monetäre Leistungsanreiz in bestimmten Beschäftigungszonen gedrosselt, sei es daß andernfalls die produzierten Mengen zu groß werden könnten oder eine Qualitätsbeeinträchtigung oder eine gesundheitliche Überforderung der Prämienarbeiter befürchtet werden müßte.

In Tarifverträgen und Betriebsvereinbarungen wird zunehmend der Begriff Prämienlohn auch dann verwandt, wenn die auf einem Zeitlohn aufbauende Mengenprämie zu einer vollen Abgeltung der Mehrleistung – wie beim Akkord – führt. Der Grund dafür, auch in diesem Falle von Prämienlohn und nicht von Akkordlohn zu sprechen, wird vermutlich darin liegen, daß der Begriff der Prämie in der Arbeitswelt und in der Öffentlichkeit nicht so problemgeladen ist wie der des Akkordes. Durch diese Begriffsverwirrungen wird die Lohnformengestaltung über Gebühr undurchsichtig. Anstelle der Umbenennung emotional belasteter Lohnformen wäre Aufklärungsarbeit über die tatsächlichen Funktionsweisen der Lohnformen zweifellos zweckmäßiger. Dabei würde sehr schnell deutlich werden, daß der Akkordlohn keinesfalls die für den Arbeitnehmer negativste Lohnform sein muß, wie anschließend näher zu zeigen ist.

3.2.4 Entwicklungstendenzen der Lohnformen und zusammenfassende Betrachtungen zur Normproblematik

Fragt man nach neueren Veränderungen in der Anwendung der einzelnen Lohnformen, so läßt sich zunächst ganz allgemein die Beobachtung machen, daß der Akkordlohn als Folge der *zunehmenden Mechanisierung* und *Automatisierung* der betrieblichen Arbeitsprozesse an Bedeutung verliert. Die Akkordentlohnung hat von ihrer Grundkonstruktion her nur dort Sinn, wo der Arbeitnehmer das Arbeitstempo und damit den output wesentlich beeinflussen kann. Fällt diese Voraussetzung (Beeinflußbarkeit) weg, geht die betriebliche Praxis vielfach zum Prämienlohn über. Dabei werden dann zumeist die Prämienbasen so gewählt, daß die produzierte Menge nur eine geringe oder gar keine Rolle spielt, dafür aber andere Prämiengrundlagen ein besonderes Gewicht bekommen, z.B. die Ausschußquote und die Termineinhaltung.

Der Anwendungsbereich des Akkordlohnes wird weiterhin durch die gerade in neuerer Zeit in etlichen Wirtschaftszweigen anzutreffende relativ *schnelle Veränderung der Arbeitsbedingungen* als Folge des technischen und organisatorischen Fortschrittes eingeschränkt. Die Änderungen in den Arbeitsbedingungen machen regelmäßig eine aufwendige Korrektur der Vorgabezeiten erforderlich und verschärfen damit das ohnehin schwer lösbare Problem der Vorgabezeiten-Fixierung. Die Korrektur der Vorgabezeiten zieht wiederum regelmäßig Verärgerungen bei den betroffenen Arbeitnehmern nach sich. Dies kann zur Folge haben, daß auf die Einführung an sich möglicher Verbesserungen der Produktionsmethoden verzichtet wird, der Akkordlohn in diesem Fall also die Anwendung des technisch-wirtschaftlichen Fortschrittes hemmt. Um diese Schwierigkeiten zu beseitigen bzw. zu verringern, versucht man deshalb in Fertigungsbereichen, in denen der technische Fortschritt recht häufig zu Veränderungen der Produktionsmethoden drängt, vielfach vom Akkordlohn zum Prämienlohn überzugehen. Dabei scheint man sich nicht immer genügend klarzumachen, daß auch die Zahlung einer Prämie mit einer vorherigen Normenfixierung verbunden ist.

Relativ selten wird in der Bundesrepublik vom Akkordlohn zum reinen Zeitlohn übergegangen; jedoch finden sich neuerdings zunehmend Lohnregelungen, für die vielfach der Begriff *Festlohn* benutzt wird. Darunter versteht man die Zahlung des Lohnes in Höhe des bisherigen durchschnittlichen Akkordverdienstes, häufig allerdings nur solange, wie sich das bisher erreichte Arbeitsergebnis nicht wesentlich verringert. In diesem Zusammenhang ist auch auf die in jüngster Zeit an Bedeutung gewinnende Entlohnung in Form des *Pensumlohnes* hinzuweisen, der für eine sog. Pensumarbeit gezahlt wird, wobei für die Übererfüllung des Pensums manchmal eine Prämie gewährt wird bzw. für die Untererfüllung eine rücklaufende Prämie existiert, d.h. eine Lohnkürzung erfolgt. Allgemein läßt sich die Tendenz beobachten, daß neben die herkömmlichen Entlohnungssysteme, die eine *erfüllte* Leistung abgelten (Akkord- und Prämienlohn), mehr und mehr Entlohnungssysteme treten, die auf die Vergütung einer konkreten *erwarteten* Leistung abstellen, so z.B. beim Vertragslohn, Festlohn und Programmlohn [s. *Paasche*, 1978, S. 55–59, 148–156].

Eine weitere Tendenz in der Anwendung der Lohnformen zeigt sich in der gelegentlich anzutreffenden Orientierung der *Entlohnung* an der Leistung einer *Arbeitsgruppe*. Bei zahlreichen Fertigungsprozessen ist die wechselseitige Abhängigkeit der einzelnen Arbeitsplätze so groß, daß für den Betrieb in erster Linie das Gesamtergebnis der Gruppe und weniger die individuelle Leistung des einzelnen von Bedeutung ist, so daß eine Anknüpfung der Entlohnung an das Gruppenergebnis naheliegt. Bei einem solchen Gruppenlohn, der im Regelfall mit einem garantierten Mindestlohn ausgestattet ist, kann es sich um einen Gruppenakkord oder um eine Gruppenprämie handeln. Mit zunehmender Mechanisierung und Automatisierung gewinnt die Gruppenprämie gegenüber dem Gruppenakkord an Bedeutung.

Obwohl zweifellos eine Tendenz zu verminderter Anwendung des Akkordlohnes besteht, läßt sich daraus nicht folgern, daß die mengenorientierte Entlohnung bei uns insgesamt an Bedeutung verliert. Eher trifft das Gegenteil zu. Eine ständig wachsende Zahl von Arbeitnehmern erhält einen Prämienlohn der im Extremfall dem Akkordlohn recht nahe kommen kann. Die steigenden Personalkosten und die ebenfalls stark steigenden Kosten der Betriebsmittel sowie der Wettbewerbsdruck auf vielen Absatzmärkten lassen die Betriebe immer wieder nach Lohnformen suchen, die eine möglichst günstige Gestaltung der Produktionskosten je Leistungseinheit zulassen. Für die Erreichung dieses Zieles kann nicht nur der Akkordlohn, sondern auch der Prämienlohn gute Dienste leisten, der neuerdings auch in Bereiche vordringt, in denen eine eindeutige Mengenorientierung bei der Entlohnung bisher nicht üblich war, z.B. bei Instandhaltungsarbeiten und bei einem Teil der Büroarbeiten. Ob der Akkordlohn auch dadurch an Bedeutung verlieren kann, daß er wegen der in ihm enthaltenen starken Anreizfunktion zur Mehrleistung vielfach stark kritisiert wird, ist schwer zu sagen, aber gut vorstellbar. Dabei ist dann aber von vornherein zu bezweifeln, ob eine nur aus diesem Grunde vorgenommene Änderung in der Anwendung der Lohnform den Beteiligten tatsächlich Vorteile bringt.

Bei der grundsätzlichen Kritik am Akkordlohn wird vielfach übersehen, daß auch die anderen Lohnformen negative Auswirkungen für die Arbeitnehmer haben können. Dies gilt vor allen Dingen für den meist schwerer zu durchschauenden Prämienlohn, der ebenfalls eine sehr starke Anreizfunktion enthalten kann und zudem noch die Mehrleistung zwischen Arbeitgeber und Arbeitnehmer teilt.

Aber auch die Anwendung des Zeitlohnes, dem die Vorstellung einer normalen oder durchschnittlichen Arbeitsleistung zugrunde liegt, garantiert keineswegs das Fehlen von Leistungsdruck. Wird die Arbeitsaufsicht entsprechend scharf geführt und/oder mit sonstigen Zwängen gearbeitet, z.B. über einen für eine bestimmte Aufgabe relativ knapp bemessenen Personalbestand, so kann auch der im Zeitlohn tätige Arbeitnehmer zu einer außerordentlich großen Leistung gedrängt werden. Dies kann im Extremfall dazu führen, daß ein Arbeitnehmer, der einen Zeitlohn erhält, ein größeres mengenmäßiges Arbeitsergebnis erbringt als sein Kollege, der im Akkordlohn arbeitet. Im Gegensatz zum Akkordarbeiter erhält dieser Arbeitnehmer seine Mehrarbeit jedoch nicht voll vergütet, ein Problem, das von den Kritikern der Akkordentlohnung kaum gesehen wird, obgleich schon *K. Marx* [1959, S. 578] auf diesen neuralgischen Punkt des Zeitlohnes hingewiesen hat.

Den Kritikern der Akkordentlohnung ist außerdem die Tatsache entgegenzuhalten, daß der Zeitlohn, den sie meist als alternative Lohnform im Auge haben, mit einem die meisten Arbeitnehmer erheblich frustrierenden Kontrollproblem belastet ist. Dieses Problem ergibt sich zwangsläufig daraus, daß der Arbeitgeber das beim Zeitlohn entstehende Risiko einer mengenmäßigen Minderleistung durch Überwachungsmaßnahmen zu minimieren trachtet. Beim Akkordlohn besteht dieses Kontrollproblem nicht, da hier eine Proportionalität zwischen der jeweiligen geleisteten Arbeitsmenge und dem Entgelt besteht; dafür bekommt allerdings die Qualitätskontrolle ein größeres Gewicht.

Daß bei der Akkordentlohnung der Wegfall der Überwachung der mengenmäßigen Ergiebigkeit der menschlichen Arbeit von den Arbeitnehmern regelmäßig als positiv angesehen wird, übersehen die meisten Kritiker des Akkordlohnes. Dabei hat schon *K. Marx* [1959, S. 581] auf diesen Zusammenhang aufmerksam gemacht: „Der größere Spielraum, den der Stücklohn (= Akkordlohn, R.S.) der Individualität bietet, strebt einerseits dahin, die Individualität und damit Freiheitsgefühl, Selbständigkeit und Selbstkontrolle der Arbeiter zu entwickeln, andererseits ihre Konkurrenz unter- und gegeneinander."

Viel Zündstoff geht beim Akkord von den *Vorgabezeiten* aus. Dabei ist die Fixierung einer Leistungsnorm kein Spezifikum des Akkordlohnes, wenngleich ihr dort wegen der eindeutigen Beziehung von Leistungsergebnis und Entgelt besondere Bedeutung zukommt. Da sich die Vorgabezeiten sowohl auf die Höhe des effektiven Stundenverdienstes als auch auf die Stückkosten der Leistungseinheit auswirken, bestehen bei der Festlegung der Vorgabewerte naturgemäß unterschiedliche Auffassungen zwischen der Unternehmensleitung und der Belegschaft, und zwar unabhängig davon, wer die Produktionsmittelbesitzer sind.

Für die Normenfixierung der menschlichen Arbeit fehlen absolut verbindliche Maßstäbe. Auch die im Laufe der Zeit herausgebildeten, meist recht komplizierten Verfahren der Leistungsmessung und -vorgabe können hieran grundsätzlich nichts ändern. *Jede* Arbeitsnorm, ganz gleich, wer sie aufstellt oder vereinbart, kann letzten Endes immer nur recht allgemein umschrieben werden. In die Arbeitsnormen müssen in starkem Maße zeitabhängige Wertvorstellungen mit einfließen, so daß Arbeitsnormen weder objektiv richtig oder gerecht noch konfliktfrei sein können. Dies gilt naturgemäß auch für die Arbeitsnormen in den sozialistischen Ländern, wo z.B. in der DDR die Norm-Anhebung im Jahre 1953 den Aufstand vom 17. Juni ausgelöst hat. Seit dieser Zeit werden Normerhöhungen in der DDR bedeutend vorsichtiger gehandhabt. Es sei der Vollständigkeit halber erwähnt, daß der Akkordlohn in den sozialistischen Ländern (wenngleich meist unter anderem Namen) weiter verbreitet ist als in den westlichen Industriegesellschaften.

Die Unlösbarkeit des Normenproblems und die sehr unterschiedlichen betrieblichen Bedingungen machen es unmöglich, eine schlüssige Antwort auf die Frage nach *der* zweckmäßigsten Lohnform zu geben. Es ist nun einmal so, daß „allgemein gültige Regeln für die Wahl der günstigsten Lohnform bisher nicht bekannt sind" [*Euler*, 1965, S. 191]. Die behandelten Lohnformen sind zunächst einmal lediglich Instrumente, die nicht von vornherein gut oder schlecht sind. Erst die konkrete Ausgestaltung entscheidet über die Qualität der Instrumente, und die kann in der Praxis ein sehr unterschiedliches Bild aufzeigen.

Bei allen Lohnberechnungsverfahren ist es wichtig, dafür zu sorgen, daß sich die angewendeten Lohnformen in der betrieblichen Praxis bewähren und einen Beitrag zur innerbetrieblichen Lohngerechtigkeit leisten. Das können die Lohnformen in der Regel nur dann, wenn sie auf die konkreten Verhältnisse der Praxis abgestellt werden und ihre Gestaltung nicht ohne die Beteiligung der Arbeitnehmer bzw. ihrer Vertretungen erfolgt. Normen bzw. Lohnformen, die von der Belegschaft einhellig abgelehnt werden, sind heute wohl kaum noch durchsetzbar, ganz abgesehen davon, daß diese Fragen nach dem Betriebsverfassungsgesetz (§ 87) ohnehin der Zustimmung des Betriebsrates bedürfen.

Einen Überblick über die Entwicklung der Lohnformen von 1965 bis 1975 in Schweden, den Niederlanden und in der Bundesrepublik geben die nachstehenden von *Paasche* [1978, S. 70] entnommenen Tabellen.

Entlohnungssystem	**Schweden** (nach Lundgren)		**Niederlande** (nach Lohntechnisch. Dienst — A. J. van Bavel)	
	1965	1975	1966	1975
Akkordlohn	46 %	18 %	63 %	14 %
Prämienlohn und Zeitlohn *mit* Leistungsbewertung	24 %	40 %	8 %	32 %
Zeitlohn *ohne* Leistungsbewertung (Fester Lohn)	30 %	42 %	29 %	54 %
Lohnempfänger	100 %	100 %	100 %	100 %

Entlohnungssystem	**Bundesrepublik Deutschland** (nach IfaA)	
	1965	1975
Akkordlohn	~ 47 %	42 %
Prämienlohn	6 %	8 %
Zeitlohn	~ 47 %	50 %
Lohnempfänger	100 %	100 %

3.3 Die Arbeitsplatzbewertung unter besonderer Berücksichtigung der Leichtlohnproblematik und der Gleichbehandlung von Mann und Frau

Die vorstehend behandelten Lohnformen sagen nichts über eine anforderungsgerechte Entlohnung verschiedenartiger Arbeiten aus. Sie stellen lediglich Verfahren dar, die der Lohnberechnung zugrunde liegen. Anders verhält es sich mit der nun zu behandelnden Arbeitsplatzbewertung, die grundsätzlich unabhängig von den Lohnformen ist.

Mit Hilfe der Arbeitsplatzbewertung sollen die von den einzelnen Arbeitsplätzen ausgehenden *Anforderungen* (und Belastungen) an die Arbeitnehmer *erfaßt* werden, um zu einer *innerbetrieblichen Lohngerechtigkeit* für die jeweiligen Arbeitsplatzinhaber zu kommen. Die Arbeitsplatzbewertung strebt somit eine Abstufung der Löhne nach dem Schwierigkeitsgrad der zu verrichtenden Arbeit an. Da – wie gezeigt – die Unlösbarkeit des Ertragszurechnungsproblems die Erreichung einer objektiven oder absoluten Lohngerechtigkeit verhindert, muß es ein wichtiges Ziel der betrieblichen Lohnpolitik sein, eine relative (= innerbetriebliche) Lohngerechtigkeit zu erreichen. Mit anderen Worten: Es soll dem einzelnen Arbeitnehmer das Gefühl gegeben werden, daß er für seine Arbeitsleistung im Vergleich zu den Tätigkeiten seiner Kollegen angemessen entlohnt wird.

Da sich diese Bewertung der Anforderungen auf die Arbeitsplatzverhältnisse konzentriert und nicht von dem individuellen Arbeitsplatzinhaber ausgeht – es wird vielmehr mit der Fiktion eines „Normalarbeiters" gearbeitet –, sollte der in der Literatur und Praxis vorherrschende Begriff „Arbeitsbewertung" durch den Terminus „Arbeitsplatzbewertung" ersetzt werden. Dies erscheint schon deshalb besonders notwendig, weil seit einiger Zeit – wie noch näher zu zeigen sein wird – in den Betrieben verstärkt auch Beurteilungsverfahren praktiziert werden, die im Gegensatz zur Arbeitsplatzbewertung die Person des Arbeitnehmers und seine tatsächlich erbrachte Arbeitsleistung zu erfassen versuchen.

Das eigentliche Ziel der Arbeitsplatzbewertung richtet sich weniger auf die Fixierung der absoluten Lohnhöhe als vielmehr auf die Schaffung sinnvoller („gerechter") *Lohnrelationen* innerhalb eines Unternehmens. Das Bemühen um die Erreichung dieses Zieles ist besonders wichtig, da „Betriebssoziologen längst wissen, wie sehr es dem Arbeiter nicht allein auf seine absolute Lohnhöhe ankommt, sondern auf den Abstand zwischen ihm und den anderen Arbeitern. Die meisten Beschwerden treten auf, wenn die Lohnskala nicht den vom Arbeiter empfundenen Unterschied in der Bedeutung, Schwierigkeit usw. der einzelnen Arbeitsleistung zum Ausdruck bringt" [*Schoeck*, 1971, S. 216].

Wenn auch mit zunehmendem Einkommen und damit zunehmender Befriedigung der Grundbedürfnisse der *Lohn als Motivator* für betriebliche Mehrleistung an Bedeutung verliert, so muß andererseits aber auch beachtet werden, daß das Einkommen die relativ längste Wirkung unter den „Unzufriedenmachern" besitzt, worauf *Herzberg* [1967, 1968; s.a. 5. Kapitel] aufmerksam gemacht hat. Dies wird damit zu erklären sein, daß in der Lohnhöhe zunehmend ein Faktor der persönlichen Anerkennung gesehen wird. Die innerbetriebliche Lohngerechtigkeit gewinnt also mit zunehmender Befriedigung der Grundbedürfnisse an Bedeutung. M.a.W.: Es wäre also falsch zu glauben, daß dann, wenn die Arbeitnehmer im Durchschnitt einen recht hohen Lebensstandard haben, es nicht mehr so sehr auf eine feine Differenzierung der Löhne nach den Schwierigkeitsgraden ankomme. Der Drang nach Differenzierung (oder ihrer Aufrechterhaltung) scheint gerade in dieser Situation zuzunehmen.

Ein plastisches Beispiel für die Bedeutung der innerbetrieblichen Lohngerechtigkeit hat die Lohnrunde in der Stahlindustrie im Frühjahr 1973 geliefert. Ausgehend von der an der „Basis" populären Argumentation, daß das Brot für alle gleich teuer sei, hatte die IG Metall für die Arbeiter eine Stundenlohnerhöhung von 0,46 DM für alle Lohngruppen vereinbart. Diese Regelung brachte in den unteren Lohngruppen eine Verbesserung von 10,5 % und in den oberen von 6,5 %. In der Urabstimmung über die Tarifabkommen stimmten 52,2 % der in der IG Metall organisierten Mitglieder gegen den Abschluß. Es kam zu Meinungsverschiedenheiten in den Betrieben und zu einer Reihe wilder Streiks. Bei einer Würdigung des Urabstimmungsergebnisses ist zu beachten, daß in den oberen Lohngruppen im allgemeinen relativ mehr Arbeitnehmer gewerkschaftlich organisiert sind als in den unteren und daß in den untersten Lohngruppen insgesamt nur eine verhältnismäßig kleine Zahl von Arbeitnehmern anzutreffen ist.

Für die Angestellten hatte die IG Metall in der gleichen Lohnrunde eine prozentuale Gehaltsverbesserung von 8,5 % erreicht. Die Angestellten haben diese Erhöhung, die die innerbetrieblichen Lohnrelationen nicht verändert, mit großer Mehrheit gebilligt. Zu dem Urabstimmungsergebnis bei den Arbeitern äußerte sich der IG Metall-Vorsitzende *Loderer* dahingehend, daß sich der mit der (nivellierenden) Stundenlohnerhöhung von 0,46 DM erwartete Solidarisierungseffekt nicht eingestellt habe; „eine Forderung im Sinne einer abstrakten Gerechtigkeit mag sich nach außen gut anhören, aber in der Auswirkung, so wie bei Eisen und Stahl jetzt geschehen, hatte sie negative Folgen" (*Handelsblatt*, 16./17.3.1973, S. 2). Der damalige Tarifexperte und heutiges Vorstandsmitglied der IG Metall, *Mayr*, meinte in diesem Zusammenhang, es müsse dafür gesorgt werden, daß sich dieser Fehler beim nächsten Mal nicht wiederholt: „aus der Tarifbewegung haben wir die Lehre zu ziehen, daß man die Forderung nach einem gleichbleibenden Geldbetrag doch etwas anders sehen muß als die Parole: ‚Das Brot ist für alle gleich teuer'. Hervorgezauberte Beifallsstürme lösen noch keine Probleme" (*Handelsblatt*, 16./17.3.73, S. 2). Auf das in diesem Beispiel deutlich gewordene generelle Problem der innerbetrieblichen Lohngerechtigkeit ist im Zusammenhang mit der am Ende des vorliegenden Kapitels zu behandelnden Leichtlohnproblematik noch zurückzukommen.

Als die beiden *wichtigsten Methoden der Arbeitsplatzbewertung* sind das Lohngruppenverfahren und die analytische Arbeitsplatzbewertung anzusehen, wobei auch Kombinationen beider vorstellbar und anzutreffen sind, auf die im folgenden jedoch nicht näher eingegangen wird. Das jüngste Beispiel für eine solche Kombination ist der Tarifvertrag über die VW-Lohndifferenzierung „Lodi" vom 30.11.1979.

In der Praxis überwiegt bei der Differenzierung der Löhne bei weitem das *Lohngruppenverfahren*, das manchmal auch als Katalogverfahren bezeichnet wird. Beim Lohngruppenverfahren werden, ausgehend von meist recht allgemein gehaltenen Tätigkeitsmerkmalen, im Tarifvertrag einzelne Stufen (Lohngruppen) definiert, und den Betrieben verbleibt die Aufgabe, die einzelnen Arbeitsplätze bzw. Mitarbeiter in die so vorgegebenen Lohngruppen einzuordnen. Bei den meisten Lohngruppenverfahren der üblichen Branchentarifverträge werden die einzelnen Arbeitsplätze – insbesondere wenn nur sehr wenige Lohngruppen vorhanden sind – nur ganz global (summarisch) im Hinblick auf Arbeitsplatzanforderungen und -belastungen eingeschätzt und eingestuft. So gehören beispielsweise nach dem Lohntarifvertrag für gewerbliche Arbeitnehmer in der Margarine- und Kunstspeisefett-Industrie vom 3. März 1980 in die (unterste) Lohngruppe 5 „Arbeitnehmer mit Arbeiten einfacher Art, die ohne vorherige Kenntnisse des Arbeitsablaufs nur eine kurze Einweisung erfordern" und in die Gruppe 2 „Arbeitnehmer mit Arbeiten, deren Ausführung Fachkenntnisse erfordert".

Die *Zahl* der tarifvertraglich fixierten *Lohngruppen* ist im allgemeinen recht gering – vier bis sechs – und reicht in Betrieben mit sehr unterschiedlichen Arbeitsplätzen für eine sinnvolle Lohndifferenzierung nicht aus. In einer hochentwickelten arbeitsteiligen Wirtschaft, in der zudem der technische und organisatorische Fortschritt ständig neue Situationen schafft, verändern sich nicht nur die Bedingungen an den einzelnen Arbeitsplätzen, vor allen Dingen nimmt auch sehr stark die Differenzierung der Arbeitsplatzanforderungen zu. Daher ist es nicht verwunderlich, daß die Zahl der in den Betrieben verwendeten Lohngruppen häufig viel größer ist als die im Tarifvertrag festgelegte Anzahl. Die betriebliche Lohnpolitik ergänzt in diesen Fällen die tariflichen Lohngruppen durch betriebsindividuelle Zwischenlohngruppen und evtl. durch Aufstockung von Lohngruppen auf die oberste Tarifgruppe.

Im Hinblick auf die Angestellten-Tarifpolitik meinen *Bieding/Wendler* [1970, S. 18f.], daß in den Gewerkschaften die Tendenz erkennbar sei, die Zahl der tariflichen Gehaltsgruppen zu erhöhen, und einzelne Arbeitgeber dieser Entwicklung auch im Grundsatz zustimmten. Die Arbeitgeberverbände im allgemeinen seien aber noch nicht bereit, notwendige Erweiterungen der tariflichen Gehaltsgruppen zu vereinbaren; „die Mehrheit der Arbeitgeber möchte ihren aus der geringen Gruppenzahl resultierenden Gestaltungsspielraum bei der Festlegung der Gehälter nicht aufgeben".

Inzwischen zeigt sich in der Tarifpolitik – vor allem unter dem Druck der zunehmenden betrieblichen Lohngruppendifferenzierung und dem gewerkschaftlichen Bestreben zur Schaffung von gemeinsamen Einkommenstarifverträgen für Arbeiter und Angestellte – eine Tendenz zur Zunahme der Zahl der Lohngruppen. Neuere Tarifverträge mit acht bis zehn Lohngruppen sind keine Seltenheit mehr. Gleichzeitig gibt es allerdings auch eine gegenläufige Tendenz, d.h. eine Entwicklung zur Verringerung der Zahl der Lohngruppen, beispielsweise durch Streichung der unteren (Leicht)Lohngruppen, worauf noch zurückzukommen ist.

Aber auch mit einer vergrößerten Zahl von tariflichen Lohngruppen können die differenzierten (zwischen)betrieblichen Arbeitsverhältnisse nicht hinreichend erfaßt werden, zumal einer weiteren Vergrößerung der Zahl der Gruppen enge Grenzen gesetzt sind. Diese Grenzen ergeben sich einmal daraus, daß die Lohngruppen wegen der Großräumigkeit der Tarifverträge recht allgemein definiert werden müssen, da nur auf diese Weise die sehr unterschiedlichen betrieblichen Verhältnisse von einem Tarifvertrag erfaßt werden können. Zum anderen zeigt sich, daß es schon rein sprachlich außerordentlich schwierig ist, abstrakt eine Vielzahl von Lohngruppen so zu formulieren, daß diese hinreichend voneinander abgrenzbar bleiben und eine sichere Zuordnung der einzelnen Arbeitsplätze zu den richtigen Lohngruppen ermöglichen.

Wegen dieser mit jeder Lohngruppenmethode verbundenen Schwierigkeiten, die sich zwar durch die Schaffung von (betrieblichen) Richtbeispielen etwas verringern, aber nicht beseitigen lassen, hat mit der zunehmenden Differenzierung der Arbeitsplatzanforderungen die analytische Arbeitsplatzbewertung insbesondere in einigen Großunternehmen an Bedeutung gewonnen. Die analytische Arbeitsplatzbewertung ist zwar eher als andere Einstufungsverfahren in der Lage, das Ziel der innerbetrieblichen Lohngerechtigkeit zu erreichen, andererseits aber auch mit erhöhtem Aufwand verbunden.

Im Gegensatz zum Lohngruppenverfahren werden bei der *analytischen Arbeitsplatzbewertung* die Arbeitsplatzanforderungen nicht summarisch, d.h. als Ganzes, beurteilt, sondern die zu verrichtende Tätigkeit wird in einzelne Anforderungsarten (z.B. körperliche Belastung, Verantwortung usw.) zerlegt, die dann getrennt bewertet werden. Auf diese Weise will man zu einer feineren Differenzierung der Arbeitsplätze nach ihren Schwierigkeitsgraden kommen.

Das Bedürfnis nach einer differenzierten Bewertung der Arbeitsplätze mit ihren unterschiedlichen Aufgaben und Anforderungen zum Zwecke der Lohnfindung bildete sich in vielen Großbetrieben schon frühzeitig heraus. Mit dem Übergang von der handwerklichen zur industriellen Produktionsweise reichte die frühere Entgeltdifferenzierung nach der Berufsausbildung – Meister/Geselle/Lehrling – nicht mehr aus. Wichtiger wurde jetzt die Unterscheidung zwischen ungelernten, angelernten und gelernten Arbeitern. Einer angemessenen Lohnsatzdifferenzierung genügt auch diese Klassifizierung heute bei weitem nicht mehr. „Ob jemand ungelernt, angelernt oder gelernt ist, läßt in einer arbeitsteiligen Wirtschaft keine zweifelsfreien Rückschlüsse auf die Schwierigkeit seiner Arbeit zu“ [*Bieding/Wendler*, 1970, S. 9].

Im folgenden sollen kurz die wichtigsten, nur über einen Kompromiß lösbaren *Grundfragen* der analytischen Arbeitsplatzbewertung behandelt werden. Besonders schwer zu lösende Probleme der analytischen Arbeitsplatzbewertung sind: (1) die Auswahl der Anforderungsarten, (2) die Gewichtung der Anforderungsarten untereinander und (3) die Beurteilung der Beanspruchung innerhalb einer jeden Anforderungsart.

Im Grunde genommen stellt jeder Arbeitsplatz eine ganze Reihe von verschiedenartigen Anforderungen an den Arbeitsplatzinhaber, so daß prinzipiell eine Fülle von *Anforderungsarten* bei der analytischen Arbeitsplatzbewertung berücksichtigt werden müßte. Um jedoch das analytische Bewertungssystem praktikabel zu gestalten, muß sich das Verfahren notwendigerweise mit einer relativ kleinen Zahl von Anforderungsarten begnügen. Dabei ist die Auswahl der Anforderungsarten auf die typischen Bedingungen des Betriebes, dessen Arbeitsplätze bewertet werden sollen, abzustellen. Aus diesem Grunde ist es nicht möglich, einen allgemeingültigen Vorschlag für die generell auszuwählenden Anforderungsmerkmale zu machen.

Auf einer internationalen Tagung über Arbeitsbewertung in Genf im Jahre 1950 konnte lediglich über die grundlegenden Anforderungsarten Einigkeit erzielt werden. Das „Genfer Schema", auf dem viele bekannte Systeme der analytischen Arbeitsplatzbewertung aufbauen, unterscheidet vier Hauptanforderungsarten: (1) Fachkönnen, (2) Belastung, (3) Verantwortung und (4) Arbeitsbedingungen.

In der Praxis der Arbeitsplatzbewertung werden diese Anforderungsarten regelmäßig weiter unterteilt. Nach *Wibbe* [1966, S. 12] schwankt die Anzahl der Anforderungsarten bei den bekanntgewordenen Bewertungssystemen zwischen 4 und 32, wobei die meisten Verfahren zwischen 10 und 17 Anforderungsarten haben. *Paasche* [1978, S. 53] meint hierzu: „Bei der Entwicklung der analytischen Arbeitsbewertung sind zwei Strömungen zu erkennen. Während die Wissenschaft die Arbeitsanalysen immer differenzierter betreibt, streben die Anwender der analytischen Arbeitsbewertung auch international nach Einfachheit – möglichst mit nur den drei Anforderungsmerkmalen: Können, Verantwortung und Belastung." Auch die internationale Tagung über Arbeitsbewertung im Herbst 1969 in Amsterdam hat sich mit der Auswahl der Anforderungsarten beschäftigt und in den *„Amsterdamer Thesen"* [1970, S. 77] festgelegt, daß gerade so viele Bewertungs-Kriterien vorzusehen sind, daß

- die für andere Zwecke als die Gehaltsfestsetzung erforderlichen Informationen ermittelt werden können,
- das System praktikabel und verständlich bleibt,
- die Kriterien abgrenzbar und definierbar sind und nicht wesentlich korrelieren.

Bei den Überlegungen zur Auswahl der Anforderungsarten stellt sich die Frage, ob die in den praktizierten Bewertungsverfahren enthaltenen herkömmlichen Anforderungsarten ausreichen, um auch die neuen Tätigkeitsstrukturen mechanisierter und automatisierter Arbeitsprozesse, die ja an Bedeutung gewinnen, hierin aufzunehmen. *Braun* [1969, S. 548] empfiehlt in diesem Zusammenhang eine Erweiterung des Katalogs an Anforderungsarten. Für eine sinnvolle Erfassung der veränderten Tätigkeitsstrukturen ist die Berücksichtigung ganz neuer Anforderungsarten zweifellos notwendig. Dabei darf aber nicht übersehen werden, daß diese neuen Kriterien zum Teil noch schwieriger zu fassen und zu bewerten sind als die herkömmlichen.

Soweit die analytische Arbeitsplatzbewertung in Ausnahmefällen auch für Angestelltentätigkeiten angewendet wird, bedient sich die Praxis meistens getrennter Bewertungsverfahren für Arbeiter und Angestellte; dabei unterscheiden sich die beiden Systeme dann im wesentlichen in der Verwendung unterschiedlicher Anforderungsarten für Arbeiter und Angestellte. Aufgrund der zunehmenden Überschneidung von Arbeiter- und Angestelltentätigkeiten und der bewertungsmäßigen Interdependenz aller Arbeitsplätze in einem Betrieb sollte die Anwendung eines einheitlichen Bewertungsverfahrens für Arbeiter und Angestellte angestrebt werden. Die Anwendung eines einheitlichen analytischen Arbeitsplatzbewertungsverfahrens für Arbeiter und Angestellte ist Inhalt eines Tarifvertrages, den die *Gewerkschaft Nahrung–Genuß–Gaststätten (NGG)* am 2.7.1974 mit der *B.A.T. Cigaretten-Fabriken GmbH* geschlossen hat. Das hier vereinbarte Verfahren unterscheidet die folgenden sieben Anforderungsarten: (1) Kenntnisse, (2) Denkvermögen, (3) Verantwortung für Arbeitsergebnis, (4) Psychische Beanspruchung, (5) Körperliche Beanspruchung, (6) Verantwortung für Personalführung, (7) Geschicklichkeit im Umgang mit Menschen.

Sind die Anforderungsarten festgelegt, tritt die Frage nach der *Gewichtung der Anforderungsarten* untereinander auf, d.h. es ist beispielsweise zu klären, in welchem ziffernmäßigen Verhältnis eine hohe körperliche Belastung und eine hohe Belastung durch Umgebungseinflüsse bei der Bestimmung der Arbeitsschwierigkeit an einem Arbeitsplatz berücksichtigt werden sollen. Zwar läßt sich nicht wissenschaftlich beweisen, daß Anforderungsarten von unterschiedlichem Wert oder Gewicht sind. Ein Blick in die Praxis zeigt jedoch, daß dem so ist. Über das relative Gewicht der Anforderungsarten entscheiden vor allem die Bewußtseinsinhalte, die die Arbeitnehmer und die Tarifvertragsparteien im Hinblick auf die Anforderungsarten haben, wobei traditionelle Momente und die Arbeitsmarktlage naturgemäß eine bedeutende Rolle spielen. Daher ist es auch verständlich, daß das Gewicht der Anforderungsarten nicht nur von Land zu Land, sondern auch bei den in einem Land praktizierten Bewertungsverfahren sehr unterschiedlich ist.

In dem eben erwähnten Arbeitsplatzbewertungsverfahren der *B.A.T. Cigaretten-Fabriken GmbH* für Arbeiter und Angestellte ist für die genannten sieben Anforderungsarten das aus dem nachstehenden Schaubild ersichtliche Gewichtungsverhältnis – ausgedrückt in Punkten und Prozenten – festgelegt worden.

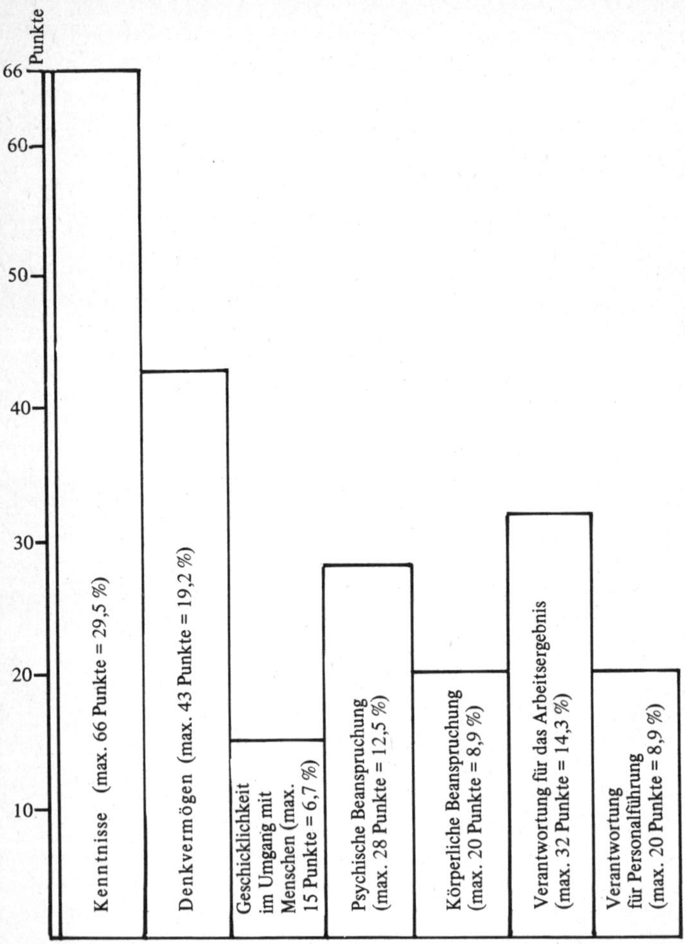

Auf den Internationalen Tagungen über Arbeitsbewertung in Genf (1950) und Amsterdam (1969) haben sich die meisten anwesenden Sachverständigen dafür ausgesprochen, das bestehende Lohngefüge zur Grundlage für die Gewichtung der Anforderungsarten zu machen. Die Praxis geht seit langem so vor. Naturgemäß genügt eine solche Ableitung der Merkmalsgewichtung nicht den strengen Anforderungen einer logischen Beweisführung. Erkennt man aber die vor allem mit dem Gewichtungsproblem zusammenhängenden Beschränkungen der Leistungsfähigkeit der analytischen Arbeitsplatzbewertung an und sieht man in ihr weniger ein Instrument zur Schaffung von etwas völlig Neuem, sondern mehr ein Mittel zur Harmonisierung der betrieblichen Lohnordnung, dann erscheint die Anlehnung der Gewichtung an die bestehenden Verhältnisse als ein annehmbares Verfahren.

Eine solche Vorgehensweise hat dann allerdings zwangsläufig zur Folge, daß es nur sehr langsam zu Veränderungen der bestehenden Lohnrelationen kommen kann, weil sich die Anschauungen der Beteiligten über das Gewicht der Anforderungsarten im allgemeinen nicht allzu schnell ändern. Andererseits ist eine Arbeitsplatzbewertung, bei der das festgelegte Gewichtsverhältnis nicht von der Belegschaft akzeptiert wird, praktisch weitgehend nutzlos. Dabei kann man allerdings wohl nicht so weit gehen wie *Bieding/Wendler* [1970, S. 36], die meinen, daß eine Gewichtung nur dann brauchbar sei, wenn sie von *allen* Beteiligten anerkannt werde.

Da sich sowohl die Ausbildungs- als auch die Arbeitsbedingungen immer schneller verändern und damit auch die Frage nach dem Gewichtsverhältnis berühren, ohne daß dies allen Beteiligten kurzfristig recht bewußt wird, tut sich hier eine große Bildungs- und Informationsaufgabe insbesondere für die Arbeitsmarktverbände (Gewerkschaften und Arbeitgeberorganisationen) auf. Wie anders als durch eine wirklich sachlich aufklärende Information könnte man sonst zu einer Änderung der vom Alva-Myrdal-Report der schwedischen Sozialdemokraten [*Menningen*, 1971, S. 58f.] kritisierten Situation kommen, wonach die theoretische Ausbildung, die heute mehr und mehr auf Kosten der Gesellschaft vor sich geht, zu hoch und die körperliche Belastung zu gering bewertet wird? Mit Recht wird in dem Bericht darauf hingewiesen, daß ein Studium viel persönliche Befriedigung mit sich bringen kann, vor allem dadurch, daß große Ansprüche an Wissen und Kenntnisse dazu beitragen, die Arbeit anregender zu machen. Wenn in dem Bericht verlangt wird, die körperliche Anstrengung stärker zu gewichten, so ist bei dieser Forderung jedoch zu beachten, daß die Bedeutung der körperlichen Arbeit an vielen Arbeitsplätzen absolut zurückgeht und daß die Leichtlohnproblematik, auf die am Schluß dieses Abschnitts noch einzugehen ist, gerade daher rührt, daß die körperliche (Muskel)Belastung sehr hoch angesetzt, d.h. stark gewichtet wird, wodurch (körperlich) leichte Arbeit ins Hintertreffen gerät.

Zusammenfassend ist zur Gewichtung der Anforderungsarten festzustellen, daß dieses Problem eine ausschließlich tarifpolitische und damit auch arbeitsmarktpolitische Frage ist, die sich nicht auf eine wissenschaftliche Ebene verlagern läßt, wie das beispielsweise vom *Deutschen Industrie-Institut* [Berichte, 1967, S. 40] gewünscht wird, indem es vorschlägt, „daß man die Gewichtung nicht ‚aushandelt', sondern weitestmöglich nach arbeits- und sozialwissenschaftlichen Erfahrungen und Erkenntnissen vornimmt". Diese Forderung ist genausowenig realistisch wie der in den *Amsterdamer Thesen* [1970, S. 77] aufgestellte Grundsatz, die analytische Arbeitsplatzbewertung sei unbeeinflußt von lohnpolitischen Überlegungen durchzuführen.

Im Gegensatz zur Frage der Gewichtung der Anforderungsarten zueinander wird der *Beurteilung der Beanspruchung innerhalb einer jeden Anforderungs-*

art in der Literatur meist nur geringe Beachtung geschenkt, obwohl auch hier erhebliche Probleme liegen, die sich einer objektiven Lösung weitgehend entziehen. Diese Probleme ergeben sich daraus, daß die Ermittlung der Beanspruchungsintensitäten der einzelnen Anforderungsarten an den Arbeitsplätzen durchweg nur im Beurteilungs- und damit im Schätzwege möglich ist. Exakte Messungen sind nur bei ganz wenigen Anforderungsarten möglich, z.B. bei einigen Umgebungseinflüssen; trotz solcher Meßmöglichkeiten bleibt aber die Frage zu beantworten, wie die verschiedenen Menschen ein bestimmtes Meßergebnis, z.B. eine Raumtemperatur von + 25°C, subjektiv empfinden. Bei den meisten Anforderungsarten ist die Arbeitsplatzbewertung gezwungen, den Weg der methodischen Schätzung zu gehen. Erleichtert wird die Erreichung befriedigender Bewertungsergebnisse durch eine zweckmäßige Zusammensetzung der Bewertungskommission, das Vorhandensein von Arbeitsplatzbeschreibungen, eine recht genaue Definition der möglichen Intensitätsstufen und die Bereithaltung von Einstufungsbeispielen.

Die zum Zwecke der Schaffung sinnvoller Lohnrelationen vorgenommene eingehende Analyse der Arbeitsplätze kann naturgemäß auch für eine Reihe weiterer betriebspolitischer Ziele nutzbar gemacht werden. So heißt es zum Beispiel in den *Amsterdamer Thesen* [1970, S. 76], daß das Ergebnis der Arbeitsanalyse außer für die Quantifizierung der Arbeitsschwierigkeit verwendet werden kann für

- Gestalten von Arbeitsabläufen, Arbeitsplätzen etc. (Rationalisierung),
- Durchsichtigmachen von Organisationsstrukturen,
- Ausarbeiten von Stellenbeschreibungen,
- Ausarbeiten der qualitativen Seite von Anforderungsprofilen als Grundlage für
  - Personalbeschaffung,
  - Personaleinsatz,
  - Ausbildung/Entwicklung,
- Bereitstellen der Grundlagen für das Festlegen von Standards of Performance, die Leistungsbeurteilung, d.h. ganz allgemein für die Konzeption von Führungssystemen.

In den *afa-Informationen* des Deutschen Gewerkschaftsbundes (1970, S. 76) wird „das Ausweiten des Begriffes ‚Arbeitsbewertung‘ auf alle ‚Nebenprodukte‘ der Arbeitsanalyse“ kritisiert und darauf hingewiesen, daß es sich hier wohl nicht nur um ein definitorisches Problem handele. Wenngleich die hinter dieser Kritik stehenden Befürchtungen sicherlich nicht grundlos sind, so muß andererseits aber auch Verständnis dafür gefunden werden, daß die mit der zum Zwecke der Arbeitsplatzbewertung vorgenommenen eingehenden Analysen der Arbeitsplätze anfallenden „Nebenprodukte“ auch von der Praxis genutzt werden.

Obwohl die analytische Arbeitsplatzbewertung, wie die vorstehenden Ausführungen deutlich gemacht haben, mit etlichen nur im Kompromißwege lösbaren Problemen belastet ist, bildet sie andererseits aber doch eine wichtige Grundlage für die Versachlichung der betrieblichen Lohnfindung, weil sie einer starken Individualisierung der Lohnfindung entgegenwirken kann. Gleichzeitig entzieht sich die analytische Arbeitsplatzbewertung der von dem Lohngruppenverfahren grundsätzlich ausgehenden Tendenz zur Lohnnivellierung und schafft ein gesteigertes Interesse der Arbeitnehmer, insbesondere des betrieblichen Nachwuchses, an höherwertigen Arbeitsplätzen. Außerdem führt die analytische Arbeitsplatzbewertung zur (Lohn)Gleichbehandlung von Frauen und Männern, soweit es sich um absolut gleiche Arbeitsplätze handelt.

Die Einführung der analytischen Arbeitsplatzbewertung unterliegt – sofern eine abschließende tarifvertragliche Regelung der Lohnfindungsmethode nicht besteht – der Mitbestimmung durch den Betriebsrat (§ 87 BetrVG). In den Bewertungskommissionen arbeiten regelmäßig auch Arbeitnehmervertreter mit. Bei den tariflichen Vereinbarungen über die analytische Arbeitsplatzbewertung handelt es sich überwiegend um Firmentarifverträge, wie überhaupt die Tendenz zum Abschluß von Firmentarifverträgen mit dieser Lohnfindungsmethode verstärkt wird. Gelegentlich findet sich die Regelung, daß den Unternehmen in den Tarifverträgen eine Wahlmöglichkeit zwischen der Praktizierung des herkömmlichen Lohngruppenverfahrens und der analytischen Arbeitsplatzbewertung eingeräumt wird. So beispielsweise 1967 in dem Tarifvertrag der Metallindustrie von Nordwürttemberg-Nordbaden, in dem die Unternehmen die Wahl zwischen einem zwölfstufigen Lohngruppenverfahren und einer analytischen Arbeitsplatzbewertung haben; hier entschieden sich Unternehmen mit 90 % der gewerblichen Arbeitnehmer für die analytische Arbeitsplatzbewertung.

Während einerseits die mit dem technischen und dem organisatorischen Fortschritt einhergehenden Veränderungen und Differenzierungen der Arbeitsbedingungen den Einsatz der analytischen Arbeitsplatzbewertung notwendiger denn je machen, darf andererseits nicht übersehen werden, daß sich die analytische Arbeitsplatzbewertung gerade dort, wo sich die Arbeitsbedingungen relativ häufig ändern, vor große Schwierigkeiten gestellt sieht. Dies gilt insbesondere für die Frage der Gewichtung, die sich bei strukturellen Veränderungen von Arbeitsprozessen mit aller Schärfe stellt, und für das Problem, daß bei neu auftretenden Anforderungsarten konkrete Anhaltspunkte weder für eine Gewichtung noch für die Bewertung innerhalb der neuen Anforderungsarten vorhanden sind, so zum Beispiel, wenn das Kriterium „Einsamkeit am Arbeitsplatz" mit in die Bewertung eingehen soll. Hinzu kommt, daß die Gewerkschaften – anders als die Arbeitgeberseite – der analytischen Arbeitsplatzbewertung zur Zeit eher ablehnend als fördernd gegenüberzustehen scheinen.

Von *Gewerkschaftsseite* wird verstärkt gefordert, zu einer Bewertung der Qualifikation des Arbeitnehmers anstelle der Bewertung der sich häufig ändernden Arbeitsplatzanforderungen zu kommen. Gegen die analytische Arbeitsplatzbewertung spricht aus der Sicht von DGB-Gewerkschaften, daß „den Methoden der traditionellen Arbeitsplatzbewertung bei der Formulierung der (nivellierenden, R.S.) Lohnstrukturziele äußerst enge Grenzen gesetzt sind" [*Pfromm*, 1978, S. 34; s.a. S. 54 der vorliegenden Einführung]. Die gewerkschaftliche Position zur analytischen Arbeitsplatzbewertung wird besonders deutlich in dem Sonderheft *Refa-Nachrichten* „Stand der analytischen Arbeitsbewertung in der Bundesrepublik Deutschland" (1980), insbesondere aus den darin enthaltenen Ausführungen von *Pornschlegel, Wieser* und *Paasche*; desweiteren sei verwiesen auf *Pornschlegel* [1979].

Mit der analytischen Arbeitsplatzbewertung wird – wie erwähnt – weder die Lohnform determiniert noch das individuelle Arbeitsergebnis der einzelnen Arbeitnehmer erfaßt. Soll neben den Arbeitsplatzanforderungen auch die tatsächlich erbrachte Arbeitsleistung bei der Entlohnung berücksichtigt werden, so ist dieses Ziel, sofern die allgemeinen Voraussetzungen dafür vorliegen, am einfachsten über eine Akkordentlohnung zu erreichen. Erfolgt die analytische Arbeitsplatzbewertung für Zeitlohnarbeiten, finden sich in der Praxis im Hinblick auf die Berücksichtigung der individuellen Leistung ganz unterschiedliche Regelungen. Zum einen gibt es vertragliche Vereinbarungen über die analytische Arbeitsplatzbewertung, die eine zusätzliche Berücksichtigung der individuellen Leistung bei der Lohnfindung ausdrücklich ausschließen, während in anderen Fällen vereinbart ist, daß die durch die analytische Arbeitsplatzbewertung ermittelten Lohnrelationen durch die Ergebnisse einer Leistungsbeurteilung der Mitarbeiter verändert werden können. Auf die im Zusammenhang mit einer solchen Beurteilung der persönlichen Leistung auftretenden grundsätzlichen Fragen und Probleme ist im folgenden Abschnitt näher einzugehen. Zuvor ist noch kurz die grundsätzliche Seite der Leichtlohnproblematik und damit auch die Frage der Lohngleichbehandlung von Mann und Frau anzusprechen.

Wenn im vorstehenden gesagt wurde, daß die analytische Arbeitsplatzbewertung zur (Lohn)Gleichbehandlung von Frauen und Männern an ein und denselben Arbeitsplätzen führt, so muß doch betont werden, daß die analytische Arbeitsplatzbewertung nicht das Problem der sog. *Leichtlohngruppen* lösen kann. In Tarifverträgen ist die unterste (niedrigste) Lohngruppe vielfach für „leichte" oder „einfache" Tätigkeiten vorgesehen. Deshalb wird diese Lohngruppe, die in der Praxis überwiegend mit Frauen besetzt ist, Leichtlohngruppe genannt.

Mit der *Charakterisierung „leichte Arbeit"* ist eine Tätigkeit umschrieben, die keinen großen körperlichen (muskelmäßigen) Einsatz und/oder keine nennenswerte geistige Anforderung verlangt. „Leichtlohngruppen werden für Arbeitskräfte vereinbart, die leichte (meist körperlich leichte) Hilfsarbeiten verrichten" (*Bundestagsdrucksache* 7/3267, S. 1). Solche Tätigkeiten werden lohnmäßig gering bewertet, im Gegensatz zu schwerer körperlicher Arbeit, die herkömmlicherweise von den (stärkeren) und im Schnitt besser ausgebildeten Männern verrichtet wird.

Hierbei wird leicht übersehen, daß die fehlende starke muskelmäßige Anstrengung an den Leichtlohnarbeitsplätzen durch andere anspruchsvolle Anforderungsarten kompensiert oder sogar überkompensiert werden kann, zum Beispiel durch große Geschicklichkeit und Schnelligkeit, hohe Konzentration, starke Beanspruchung der Sinnesorgane und damit hohe nervliche Belastung, Abwechslungsmangel (Monotonie), Bewegungsarmut und eine starke einseitige körperliche Belastung. Zu dieser komplexen Problematik sei u.a. verwiesen auf das im Auftrage des Bundesministers für Arbeit und Sozialordnung im Jahre 1975 von *Rohmert* und *Rutenfranz* erstellte Gutachten.

Die Entwicklung zu den in den Tarifverträgen enthaltenen Leichtlohngruppen ist stark durch ein *Urteil des Bundesarbeitsgerichts* vom 15.1.1955 beeinflußt worden. In Tarifverträgen war lange Zeit eine Regelung üblich, derzufolge weibliche Arbeitskräfte nur 75 Prozent des für die jeweilige Tätigkeit festgelegten Lohnes zu beanspruchen hätten. Solche generellen und schematischen geschlechtsspezifischen Lohnabschlagsklauseln hat das Bundesarbeitsgericht als mit dem Gleichheitsgrundgesetz des Art. 3 Abs. 2 und 3 Grundgesetz nicht vereinbar erklärt und gleichzeitig festgestellt, daß die Arbeit der Frau auch nicht wegen der zu ihren Gunsten erlassenen Schutznormen geringer entlohnt werden darf. In seinem Urteil hat das Gericht angeregt, genauere Lohnkategorien zu bilden, insbesondere auch für leichtere und schwerere Arbeiten; solche näher zu bezeichnenden Lohngruppen müßten aber für Männer und Frauen gleich sein.

Inzwischen gibt es keine Tarifverträge mit gesonderten Frauenlöhnen mehr. In den in gewisser Weise an ihre Stelle getretenen sog. Leichtlohngruppen sind Frauen *und* Männer anzutreffen. Nach einer in der Bundestagsdrucksache 7/90 vom 31.1.1973 anhand der Ergebnisse der Gehalts- und Lohnstrukturerhebung vom Oktober 1966 zusammengefaßten Übersicht waren im Durchschnitt der dort erfaßten Wirtschaftszweige von 100 Arbeitern in den Leichtlohngruppen jedoch 67 Frauen und 33 Männer. Ende 1976 wurden in der Industrie noch rd. 400 000 Personen in Leichtlohngruppen beschäftigt, darunter rd. 300 000 Frauen und 100 000 Männer (*Bundestagsdrucksache* 8/547, S. 2).

Vielfach wird gefordert, die *Leichtlohngruppen* bzw. die untersten Lohngruppen überhaupt *abzuschaffen* und die in ihnen befindlichen Arbeitnehmer in die nächsthöhere Lohnkategorie aufzunehmen, wofür es in der Praxis Beispiele gibt. Streicht man kurzerhand am unteren Ende des Lohnkatalogs ein oder zwei Lohngruppen, so wird dies mehr oder weniger zwangsläufig folgende Situationen schaffen:

– Mit dem Wegfall der unteren Lohngruppen steigt die Gesamtlohnsumme des Unternehmens. Dadurch wird der monetäre Unternehmenserfolg kleiner. Kann oder soll dies nicht hingenommen werden, ist die Möglichkeit einer
– Preiserhöhung in Betracht zu ziehen, die unter Umständen die Wettbewerbsfähigkeit einschränkt. Kann eine Preiserhöhung nicht durchgesetzt

werden, stellt sich die Frage einer

- Lohnumverteilung innerhalb der Gesamtlohnsumme, d.h. innerhalb der Belegschaft. Die körperlich schweren oder anderweitig anspruchsvolleren Arbeiten müßten dann niedriger eingestuft und geringer entlohnt werden. Diese Umverteilung wird bei den Betroffenen (überwiegend Männer) auf Ablehnung stoßen, zumal sie sich durch den Wegfall der unteren Lohngruppen möglicherweise ohnehin schon relativ schlechter eingestuft fühlen und deshalb versuchen werden, durch übertarifliche Zulagen wieder die alten Abstände zu erreichen; „ ‚ungerechte' Verschiebungen der anforderungsabhängigen Relationen zwischen den einzelnen Lohngruppen durch die Tarifpolitik erzwingen häufig eine zweite Lohnrunde auf betrieblicher Ebene zur Wiederherstellung der ursprünglichen Relationen" (*Ringenberg*, in: der arbeitgeber, 1980, S. 588). Die (Lohn)Zufriedenheit des Arbeitnehmers wird zweifellos auch davon beeinflußt, daß sie sich mit möglichst vielen Kollegen vergleichen können, die weniger als sie verdienen. Mit der Abschaffung von unteren Lohngruppen wird diese Zahl immer geringer. Wie die potentiell Betroffenen werden sich auch die Gewerkschaften gegen die skizzierte Umverteilung wenden, nicht zuletzt deshalb, weil in den oberen Lohngruppen der gewerkschaftliche Organisationsgrad regelmäßig höher ist als in den unteren. Sind größere Umverteilungen innerhalb der Gesamtlohnsumme nicht möglich, bleibt die Überlegung einer
- Substitution der teurer gewordenen, gering qualifizierten Arbeitskraft durch erhöhten Sachmitteleinsatz (Rationalisierungsinvestition), wodurch Arbeitskräfte freigestellt werden. Solche Rationalisierungsinvestitionen, die möglicherweise ohnehin vorgenommen worden wären, können durch relativ starke Lohnkostensteigerungen beschleunigt werden. Sind von der Art der Leistungserstellung her Rationalisierungsinvestitionen nicht durchzuführen, wird man verstärkt versuchen, die
- Arbeitsintensität über arbeitsorganisatorische Maßnahmen zu erhöhen. Auch dies führt zu Entlassungen, wenn der Absatz nicht ausgeweitet werden kann. Die so Freigestellten sind, da sie meist über keine besondere berufliche Qualifikation verfügen, auf dem Arbeitsmarkt besonders schwer vermittelbar. Unter den Erwerbslosen ist die Gruppe der Ungelernten ohnehin besonders groß.

Ein Teil der vorstehend aufgezeigten Wirkungen kann auch eintreten, wenn die unteren Lohngruppen nicht gestrichen, sondern bei den regelmäßigen (jährlichen) Tariflohnerhöhungen überproportional (zum Beispiel durch Mindest- oder Sockelbeträge) angehoben werden, worauf einige Gewerkschaften zeitweilig großen Wert legen. *Pfromm*, Leiter der Grundsatzabteilung beim Vorstand der IG Metall, plädiert nachdrücklich für eine solidarische Lohnpolitik nach schwedischem Muster, d.h. „für eine Tarifpolitik, die breit angelegt eine gewisse Nivellierung der Lohn- und Gehaltsstruktur anstrebt" [1978, S. 8].

Gesehen werden muß in diesem Zusammenhang auch das Problem, daß mit einer relativ starken Heranführung der unteren Lohngruppen an das Entgelt der eigentlichen Facharbeiter der Anreiz sinkt, sich über eine Lehre zum Facharbeiter ausbilden zu lassen oder die Meisterprüfung abzulegen. Gerade an qualifizierten Facharbeitern besteht aber vielfach ein ausgesprochener Mangel.

Wenn in der öffentlichen Diskussion von der Lohndiskriminierung der Frauen die Rede ist, so ist damit regelmäßig nicht nur das Problem der Leichtlohnverdienste gemeint, die überwiegend von Frauen bezogen werden. Auch in anderen Tätigkeitsbereichen ist es vielfach so, daß das *durchschnittliche Einkommen der Frauen geringer* ist als das der Männer. Die nachstehende Grafik aus dem Informationsdienst des Instituts der deutschen Wirtschaft vom 24.4.1980 (S. 1) zeigt, wie hoch das durchschnittliche Arbeitseinkommen der Frauen in Prozent des Durchschnittseinkommens der Männer in verschiedenen Ländern in den Jahren 1968 und 1977 war (s.a. *Bundestagsdrucksache* 8/4156, S. 5).

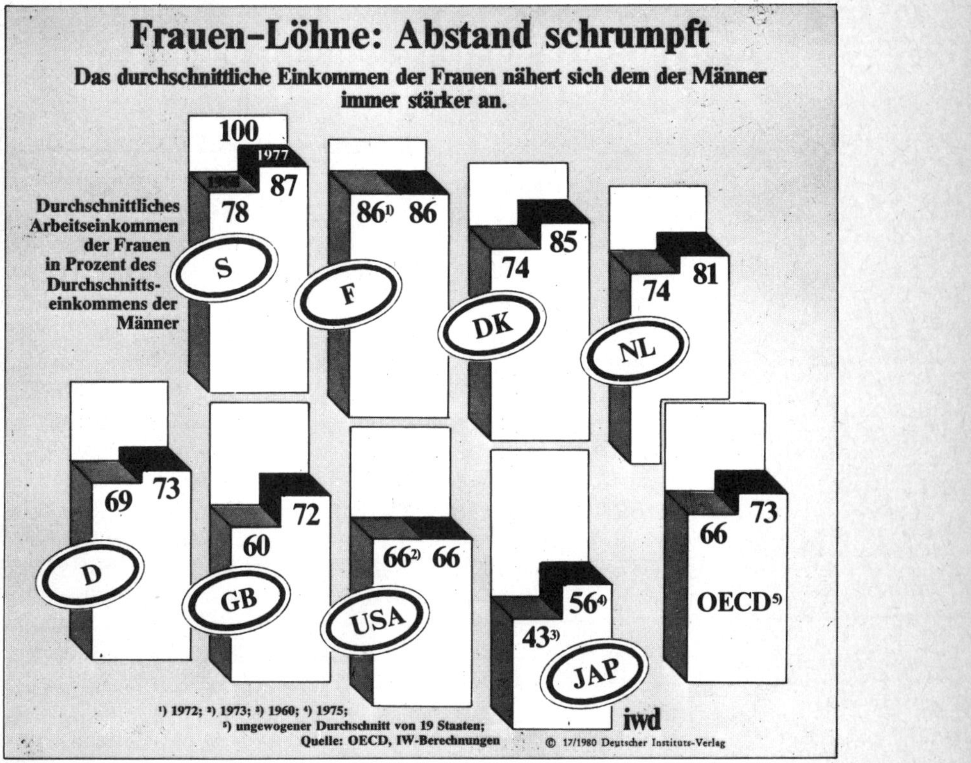

Das folgende Schaubild gibt einen Überblick über die Bruttomonatsverdienste im Jahre 1978, gegliedert nach Angestellten und Arbeitern sowie nach Männern und Frauen und nach beruflicher Qualifikation in der Bundesrepublik.

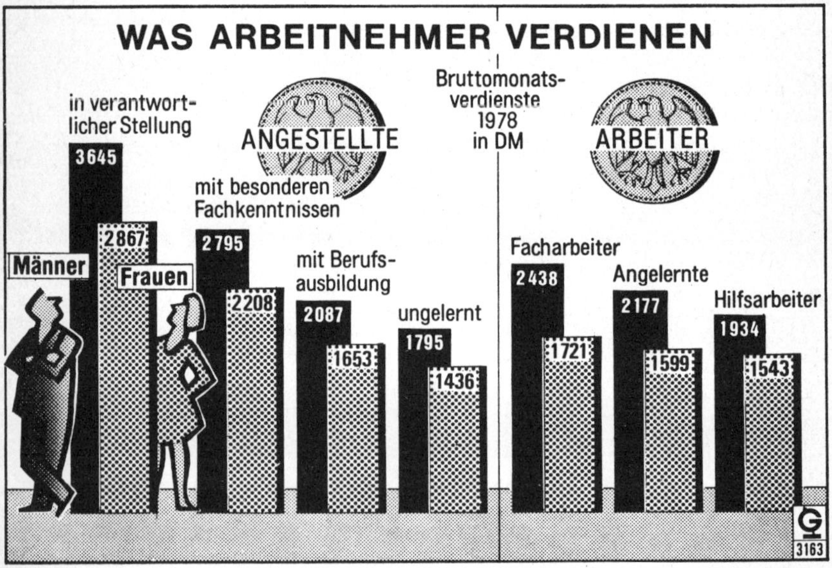

Die in den Durchschnittseinkommen zum Ausdruck kommenden niedrigeren Fraueneinkommen sind vor allem auf folgende Faktoren zurückzuführen, die zum größten Teil durch die gesellschaftlich bedingte Rolle der Frau geprägt sind und die bei der tariflichen oder/und betrieblichen Lohnfindung negativ berücksichtigt werden.

- Frauen haben oft eine kürzere, schlechtere schulische oder/und berufliche Ausbildung. In bestimmten, vorwiegend technisch-handwerklichen Berufen sind Frauen kaum anzutreffen. Hieran dürften auch die teilweise überholten Schutzbestimmungen für Frauenarbeit (z.B. § 16 AZO) mit Schuld sein.
- Frauen gehen vielfach früher in den Beruf; üben diesen Beruf dann aber nicht kontinuierlich aus (Heirat und Kinderbetreuung), wodurch die Dauer der Betriebszugehörigkeit leidet und der Aufstieg erschwert wird. Der berufliche Aufstieg wird außerdem dadurch gehemmt, daß Frauen vor allem wegen der familiären Pflichten weniger an Fortbildungs- und Umschulungsveranstaltungen teilnehmen.
- Frauen sind weniger mobil, d.h. sie sind weniger bereit, den Arbeitsplatz zu wechseln.
- Das Durchschnittsalter von berufstätigen Frauen ist regelmäßig geringer als das der Männer.

- Frauen machen weniger Überstunden, so daß sie auch seltener in den Genuß von Überstundenzuschlägen kommen. Das gleiche gilt für Nacht- und Schichtarbeit. Frauen sind außerdem vielfach nur als Teilzeitarbeitskräfte tätig.
- Frauen sind häufiger als Männer in Wirtschaftszweigen tätig, die generell eine schlechtere Bezahlung bieten, zum Beispiel im Einzelhandel und in der Gastronomie. Eine ähnliche Situation zeigt sich in bestimmten Arbeitsbereichen der Industrie (Leichtlohnarbeit).
- Frauen sind weniger gewerkschaftlich organisiert. Daher haben sie in den Gewerkschaften und Betriebsräten ein bedeutend geringeres Gewicht als die Männer.

In die betriebliche Lohnfindung fließen unter Umständen auch noch soziale Maßstäbe mit ein. Weil von dem Männerlohn herkömmlicherweise eine ganze Familie ernährt werden muß (= Familienlohn) wird er möglicherweise (in Einzelfällen) etwas höher angesetzt, als der Frauenlohn, der manchmal noch als eine Art Individuallohn angesehen wird, aus dem die Arbeitnehmerin entweder nur ihren eigenen Lebensunterhalt bestreitet oder der ein Zusatzeinkommen für die Familienhaushaltskasse darstellt.

Aus den vorstehenden Ausführungen darf nicht der Eindruck entstehen, als sei die Frau in der Lohnfrage immer benachteiligt. Es gibt zahlreiche Bereiche – auch in der Wirtschaft – in denen keinerlei Lohnunterschiede zwischen Mann und Frau bestehen. Zwei Beispiele für eine Lohngleichbehandlung: Eine Lehrerin an staatlichen Schulen verdient genau so viel wie ihr Kollege und die Truppenärztin ist ebenfalls einkommensmäßig dem Truppenarzt vollkommen gleichgestellt.

Um den Arbeitnehmern einen weiteren Schutz vor Lohndiskriminierung und sonstigen Diskriminierungen in der Arbeitswelt zu geben, hat der Deutsche Bundestag am 25.6.1980 das *Gesetz über die Gleichbehandlung von Männern und Frauen am Arbeitsplatz* verabschiedet. Danach trägt, wenn im Streitfall der Arbeitnehmer Tatsachen glaubhaft macht, die eine Benachteiligung wegen des Geschlechts vermuten lassen, der Arbeitgeber die Beweislast dafür, daß nicht auf das Geschlecht bezogene, sachliche Gründe eine unterschiedliche Behandlung rechtfertigen oder das Geschlecht unverzichtbare Voraussetzung für die auszuübende Tätigkeit ist. Ähnliche gesetzliche Antidiskriminierungsregelungen existieren in England und in den USA.

3.4 Die Mitarbeiterbeurteilung (Leistungsbeurteilung) als Instrument zur (weiteren) Lohndifferenzierung und zur Motivierung

Anders als die vorstehend behandelte Arbeitsplatzbewertung, die darauf abzielt, die von den einzelnen Arbeitsplätzen ausgehenden Anforderungen zu erfassen, bezieht sich die Mitarbeiterbeurteilung auf das *tatsächlich erzielte Arbeitsergebnis* des Arbeitsplatzinhabers. Es wird also die *individuelle Arbeitsleistung* zu erfassen versucht. Für dieses Verfahren werden auch die Begriffe Leistungsbeurteilung, Leistungsbewertung und Personalbeurteilung verwendet. Vorgenommen wird die Mitarbeiterbeurteilung durch den Vorgesetzten.

Von der Mitarbeiterbeurteilung wird vielfach eine motivierende, leistungssteigernde Wirkung auf die Arbeitnehmer erwartet. Da die meisten Menschen eine gute Beurteilung erfahren möchten, soll das Vorhandensein einer Mitarbeiterbeurteilung zur Leistungssteigerung beitragen. Hinzu kommt, daß die Leistungsstärkeren im Falle einer Mitarbeiterbeurteilung ihr volles Leistungsvermögen einsetzen werden, weil sie wissen, daß dieser Einsatz über die Mitarbeiterbeurteilung auch honoriert wird. Macht die Beurteilung Schwächen der Beurteilten sichtbar, so sind Wege zur Beseitigung dieser Schwächen aufzuzeigen. Außer für die Lohnfindung und die Motivierung kann die Mitarbeiterbeurteilung auch in den Dienst der Personalplanung, insbesondere der Aufstiegsplanung, und der Fortbildungsförderung gestellt werden. Die *IBM Deutschland* formuliert die *Ziele* ihrer *Leistungsbewertung* wie folgt:
- Aufgabenorientierte Förderung und Entwicklung,
- optimaler Mitarbeitereinsatz,
- leistungsgerechte Gehaltsfindung,
- leistungsbezogene Beförderung.

In den folgenden Ausführungen wird davon ausgegangen, daß die Mitarbeiterbeurteilung in erster Linie zum Zwecke einer leistungsgerechten Lohnfindung eingesetzt wird. Die Mitarbeiterbeurteilung kann eine analytische Arbeitsplatzbewertung ergänzen. Vielfach wird sie aber auch in Fällen durchgeführt, in denen eine analytische Arbeitsplatzbewertung nicht existiert. Schließlich sind auch Verfahren bekannt, die die analytische Arbeitsplatzbewertung und die Mitarbeiterbeurteilung miteinander kombinieren.

Die auf die Lohnfindung zielende systematisch durchgeführte Mitarbeiterbeurteilung hat in den letzten Jahren an Bedeutung gewonnen. Ihr Hauptanwendungsbereich liegt bei den Angestelltentätigkeiten, was nicht nur damit zusammenhängt, daß die Angestelltenaufgaben einen immer größeren Umfang annehmen, sondern vor allen Dingen auch – von einigen Ausnahmen abgesehen – zunehmend komplexer und damit schwieriger mengenmäßig faßbar werden. Dies hat zur Folge, daß die wenigen, im Grunde nur sehr allgemein gehaltenen und auf eine durchschnittliche oder normale Arbeitsleistung ausgerichteten Gehaltsgruppen, die die üblichen Tarifverträge vorsehen und die die Tätigkeiten der leitenden Angestellten zum Teil überhaupt nicht erfassen, für eine sinnvolle Gehaltsdifferenzierung einfach nicht ausreichen. Aus diesem Grunde wird die Mitarbeiterbeurteilung vielfach eingesetzt, um eine befriedigende Einstufung in die zahlreicher werdenden betrieblichen Gehaltsgruppen oder die dazwischen liegenden Leistungszulagen zu erreichen. Seit einiger Zeit dringt die Mitarbeiterbeurteilung auch in die Bereiche der im Zeitlohn tätigen Arbeiter vor. Mit dem Rückgang des Akkordlohnes gewinnt auch bei den Arbeitern die Mitarbeiterbeurteilung für die Verteilung von Leistungszulagen an Bedeutung.

Wie die analytische Arbeitsplatzbewertung ist auch die Mitarbeiterbeurteilung mit einer Reihe von schwerwiegenden Problemen behaftet. Im Grunde genommen sind alle bei der analytischen Arbeitsplatzbewertung vorhandenen grundsätzlichen Schwierigkeiten ebenso auch bei der Mitarbeiterbeurteilung anzutreffen. Das gilt für die Auswahl der Beurteilungskriterien, ihre Gewichtung und die Beurteilung der einzelnen Merkmale. Bei der Mitarbeiterbeurteilung verschärfen sich diese Probleme aber noch erheblich dadurch, daß sehr stark persönliche Elemente sowohl des Beurteilers, also des Vorgesetzten, als auch des zu Beurteilenden in die Bewertung einfließen können, so z.B. wenn etwa das vielfach anzutreffende Kriterium „Arbeitsbereitschaft" zu messen ist.

Aus diesen Gründen muß bei der *Auswahl* der *Beurteilungskriterien* besondere Sorgfalt darauf verwandt werden, daß nur Merkmale in das Beurteilungssystem aufgenommen werden, die in enger Beziehung zum Arbeitsplatz und der dort zu erbringenden Leistung stehen. Die Beachtung dieser Forderung gestaltet sich allerdings dadurch besonders schwierig, daß vielfach die persönliche Arbeitsleistung – insbesondere bei den meisten Zeitlohnarbeiten der Angestellten – nicht eindeutig mengenmäßig meßbar ist, so daß auf indirekte Feststellungen ausgewichen werden muß, also Merkmale mit in die Beurteilung einfließen, die das Erzielen eines Arbeitsergebnisses beeinflussen. Solche Kriterien können zum Beispiel sein: (1) regelmäßige Anwesenheit am Arbeitsplatz, (2) Kostenbewußtsein, (3) Termineinhaltung und (4) Kreativität.

Insbesondere bei den indirekten Leistungskriterien ist die Gefahr groß, daß bestimmte Merkmale einer negativen Beurteilung aus subjektiven Gründen Vorschub leisten. Zu denken ist in diesem Zusammenhang zum Beispiel an die Bewertung folgender in der Praxis verwandter Kriterien: (1) Verhalten gegenüber Kollegen, (2) äußere Erscheinung, Kleidung, (3) Zuverlässigkeit, (4) Ausgeglichenheit und (5) Loyalität. Daß den zu beurteilenden Mitarbeitern die Bewertungskriterien bekannt sein müssen, versteht sich von selbst und wird praktisch auch vom Betriebsverfassungsgesetz (§ 82 Abs. 2) verlangt.

Die Zahl der Bewertungsmerkmale schwankt bei den anzutreffenden Verfahren sehr stark. So werden zum Beispiel bei der *Hamburgische Electricitäts-Werke AG* grundsätzlich alle Mitarbeiter nach folgenden drei gleichgewichtigen Kriterien beurteilt: (1) Arbeitsgüte, (2) Arbeitsmenge, (3) Einsatzbereitschaft.

Zu diesen drei Bewertungsmerkmalen heißt es in einer Veröffentlichung von DGB-Autoren [*Bieding/Scholz* u.a., 1971, S. 153]: „Drei Leistungsmerkmale reichen einfach nicht aus, um das Leistungsbild eines Mitarbeiters im notwendigen Umfang durch Beurteilung festzustellen und gegenüber anderen Mitarbeitern differenzieren zu können." Andererseits ist jedoch anzuerkennen, daß ein Verfahren mit relativ wenigen Kriterien von der Belegschaft leichter zu durchschauen und nachzuvollziehen ist als ein schon von der Zahl her sehr kompliziertes Verfahren. Auch ist ein solches Verfahren regelmäßig vom Beurteiler leichter zu handhaben.

„Lange Zeit glaubten (viele, R.S.) Unternehmensvertreter, durch eine große Zahl von Merkmalen die Leistungsbeurteilung gerechter zu machen. Heute ist es die Tendenz, wieder auf wenige Merkmale zurückzugehen ... Viele Unternehmen haben die Erfahrung gesammelt, daß auch mit wenigen Merkmalen akzeptable Ergebnisse erreicht werden können ... Eine Übersicht über die meisten in der Bundesrepublik z.Z. praktizierten Verfahren zeigt, daß die angewendeten Leistungsbeurteilungssysteme zwischen 3 und 28 Kriterien aufweisen, wobei die größte Häufigkeit bei 5 bis 12 Kriterien liegt" [*Zander/Knebel*, 1980, S. 44, 48]. Wie bei der analytischen Arbeitsplatzbewertung ist es auch für die Mitarbeiterbeurteilung nicht möglich, einen allgemeinverbindlichen Vorschlag für die Auswahl von Beurteilungskriterien zu machen.

Bei der *IBM-Deutschland* werden folgende fünf gleichgewichtige Kriterien für die Leistungsbeurteilung verwandt, wobei unterschiedliche Beurteilungsmerkmale für Mitarbeiter ohne und mit Personalverantwortung existieren. Die nachstehenden erläuternden Begriffe dienen lediglich dazu, ein einheitliches Verständnis des Inhalts der Kriterien zu erreichen und stellen keine im einzelnen zu bewertenden Unterkriterien dar.

Mitarbeiter ohne Personalverantwortung	**Mitarbeiter mit Personalverantwortung**
1. Arbeitsergebnisse *Erläuterung:* Menge/Umfang, Güte/Komplexität, Kosten, Termine	**Arbeitsergebnisse** *Erläuterung:* Menge/Umfang Güte/Komplexität, Kosten, Termine
2. Arbeitseinsatz *Erläuterung:* Initiative, Ausdauer, Belastbarkeit, Übernahme von Verantwortung, Selbständigkeit, Verhalten in Ausnahmesituationen, Beweglichkeit, Durchsetzungsvermögen, Planung und Disposition der eigenen Arbeit	**Mitarbeitereinsatz** *Erläuterung:* Mitarbeiterauswahl und Stellenbesetzung, Ziele setzen, Aufgabenverteilen, Delegieren, Anleiten und Unterweisen, Kontrolle, Schulung
3. Arbeitssorgfalt *Erläuterung:* Gründlichkeit, Zuverlässigkeit, Arbeitssicherheit, Beachten von Regeln und Richtlinien, Kostenbewußtsein, Rationelles Verwenden von Betriebsmitteln, Vermeiden von Verlusten	**Mitarbeiterbehandlung** *Erläuterung:* Leistungsbewertung und Honorierung, Anerkennung und Kritik, Laufbahnplanung, Behandeln von Mitarbeiteranliegen, Übereinstimmung erzielen, Durchführen von Mitarbeitergesprächen und Abteilungsmeetings
4. Fachkönnen *Erläuterung:* Aufgabenbezogene Kenntnisse, Aktualität des Wissens, Kreativität, Lerninitiative, Erkennen des Wesentlichen, Aufgeschlossenheit für Neues	**Arbeitsverhalten** *Erläuterung:* Initiative, Kreativität, Beweglichkeit, Verhalten in Ausnahmesituationen, Einhalten von Regeln und Richtlinien, Durchsetzungsvermögen, Aufgeschlossenheit für Neues, Vertreten von Unternehmenszielen
5. Zusammenarbeit *Erläuterung:* Informationsverhalten, Unterstützen und Beraten, Einhalten von Absprachen, Anstreben gemeinsamer Lösungen, Kollegialität	**Zusammenarbeit** *Erläuterung:* Informationsverhalten, Unterstützen und Beraten, Einhalten von Absprachen, Anstreben gemeinsamer Lösungen, Kollegialität

Auch die Frage der *Gewichtung* der einzelnen *Beurteilungsmerkmale* läßt sich bei der Mitarbeiterbeurteilung genausowenig wissenschaftlich lösen wie bei der analytischen Arbeitsplatzbewertung. In den praktizierten Verfahren werden die einzelnen Kriterien vielfach gleichgewichtig behandelt. Allerdings kann ein Gewichtungselement auch dadurch in dem Bewertungsverfahren enthalten sein, daß bestimmte Leistungsaspekte besonders stark aufgefächert und im einzelnen beurteilt werden. Sofern Leistungsbeurteilungssysteme eine unterschiedliche Merkmalsgewichtung vorsehen, wird meist der Quantität und der Qualität des Arbeitsergebnisses ein relativ hohes Gewicht gegeben.

Hinsichtlich der *Bewertung innerhalb* der einzelnen *Beurteilungsmerkmale* weist die Mitarbeiterbeurteilung eine wichtige Besonderheit gegenüber der analytischen Arbeitsplatzbewertung auf. Während die Arbeitsplätze bei der analytischen Arbeitsplatzbewertung im Hinblick auf die Arbeitsplatzanforderungen (= Arbeitsschwierigkeit) von einer Bewertungskommission beurteilt werden, erfolgt die *Leistungsbeurteilung durch* den jeweiligen *Vorgesetzten.* Hierin ist ein großes strukturelles Problem der Mitarbeiterbeurteilung zu sehen. Allerdings ist bisher nicht recht erkennbar, welche Stelle besser für diese Aufgabe in Frage käme. DGB-Autor *Bieding* [1970, S. 12] meint, „daß es eine andere Möglichkeit bzw. eine bessere Möglichkeit als die Beurteilung durch den Vorgesetzten kaum geben wird, da nur der Vorgesetzte in der Lage ist, den Angestellten in seinem Leistungsverhalten systematisch zu beobachten". Nun könnte man zwar daran denken, die Mitarbeiter nicht durch ihren Vorgesetzten, sondern von ihren Kollegen beurteilen zu lassen; bei der Beurteilung bestimmter Merkmale würden sich so möglicherweise sogar bessere Ergebnisse erzielen lassen. Insgesamt erscheint aber eine kontinuierliche, in erster Linie der Lohnfindung dienende Mitarbeiterbeurteilung, die voll in die Kompetenz der Arbeitsgruppe gelegt wäre, noch problematischer als die Beurteilung durch den Vorgesetzten.

Die Gefahren, die darin vermutet werden, daß ein Vorgesetzter das Beurteilungsverfahren willkürlich gegen Mitarbeiter einsetzen, d.h. in erster Linie als Herrschaftsinstrument benutzen könnte, werden vielfach überschätzt. Vor allem wird oft verkannt, daß für einen Mitarbeiter, der nicht das Wohlwollen seines Vorgesetzten genießt, das Vorhandensein einer systematischen, gut ausgebauten Mitarbeiterbeurteilung mehr Sicherheit vor ungerechter Beurteilung bietet als das Fehlen dieser Einrichtung. Denn im Falle des Fehlens eines leistungsfähigen Mitarbeiterbeurteilungssystems würde dieser Mitarbeiter – wie alle anderen Mitarbeiter auch – ebenfalls von seinem Vorgesetzten beurteilt werden; dann allerdings in einer Art, die den Vorgesetzten nicht zu einer schlüssigen Begründung seines Urteils zwingen würde und für den Beurteilten nur schwer durchschaubar sein bzw. ihm womöglich gar nicht bekannt gemacht würde.

Um eine sachfremde Beurteilung weitgehend auszuschließen, muß dem Arbeitnehmer nicht nur das Beurteilungsergebnis bekanntgemacht, sondern auch ein *Recht auf Revision* des Urteils gegeben werden. Dieser an sich selbstverständlichen Forderung trägt das Betriebsverfassungsgesetz von 1972 Rechnung, indem es dem einzelnen Arbeitnehmer zugesteht, in die über ihn geführten Personalakten Einsicht zu nehmen, und jedem Arbeitnehmer ein Beschwerderecht zuerkennt, wenn er sich benachteiligt oder ungerecht behandelt oder in sonstiger Weise beeinträchtigt fühlt (§§ 83 Abs. 1, 84 Abs. 1). Außerdem kann der Arbeitnehmer nach § 82 Abs. 2 BetrVG verlangen, daß die Beurteilung seiner Leistungen mit ihm erörtert wird. Das *Bundesarbeitsgericht* hat in seinem Urteil vom 28.3.1979 dem Arbeitnehmer das Recht darauf zugesprochen, „daß seine dienstliche Beurteilung ordnungsgemäß zustande kommt und sachlich richtig ist . . . Der Arbeitgeber . . . muß seine Beurteilung auf Verlangen im einzelnen . . . durch Darlegung von Tatsachen begründen.“ Betriebsvereinbarungen und Tarifverträge, die die Mitarbeiterbeurteilung regeln, sehen vielfach für strittige Beurteilungen ein Schlichtungsverfahren vor.

Die Gefahr eines willkürlichen Vorgehens wird sich vermutlich weiterhin dann verringern lassen, wenn – was ja die Regel ist – auch die Vorgesetzten ihrerseits von ihren Vorgesetzten beurteilt werden und dabei ein Höchstmaß an Objektivität erwarten. Hinzu kommt, daß eine umfangreiche, detaillierte Beurteilung der Mitarbeiter für die meisten Vorgesetzten keine angenehme Aufgabe ist. Weil es eine gehörige Portion Mut erfordert, mit einem Mitarbeiter offen und ausführlich über seine Leistungsbeurteilung zu sprechen, war es bei der *IBM Deutschland* anläßlich der Einführung der Mitarbeiterbeurteilung gerade am schwersten, die Führungskräfte für das Beurteilungsprogramm zu gewinnen (*analysen* – Zeitschrift zur Wissenschafts- und Berufspraxis, 1971, H. 2, S. 40).

Ein wichtiges Problem läßt sich allerdings trotz bester Verfahrensregeln und noch so guter Information der Mitarbeiter und Vorgesetzten über Aufbau und Funktionsweise des Beurteilungssystems nicht vollständig lösen, daß nämlich die allgemeine individuelle Mentalität und die Leistungspotenz des Vorgesetzten die Ergebnisse seiner Beurteilung wesentlich beeinflussen können. Die persönliche Mentalität des Vorgesetzten wird sich vor allem darin zeigen, ob er beispielsweise ein nachsichtiger oder strenger Vorgesetzter ist. Als nachsichtiger Vorgesetzter wird er seine Mitarbeiter möglicherweise durchweg zu gut beurteilen; als ein strenger Vorgesetzter, wird er das Niveau der Beurteilungen drücken. Oftmals nehmen die Vorgesetzten sich selbst, d.h. ihre eigene Leistungspotenz zum Maßstab für die Beurteilung ihrer Mitarbeiter.

In diesem Zusammenhang unterscheiden *Peter/Hull* [1970, S. 47] zwei Arten von Vorgesetzten. Die beiden Autoren sind mit der ihnen eigenen Ironie der Meinung, daß das Beurteilungsergebnis ganz unterschiedlich ausfallen wird, je nachdem, ob der Vorgesetzte noch auf der Stufe der Fähigkeit oder schon auf seiner Endstufe, der Stufe der Unfähigkeit, steht: „Wenn der Vorgesetzte selber noch auf der Stufe der Fähigkeit steht, wird er seinen Untergebenen wahrscheinlich danach beurteilen, ob er sinnvolle Arbeit verrichtet . . . Er bewertet die Leistung, den *output*. Wenn der Vorgesetzte jedoch bereits das Stadium der Unfähigkeit erreicht hat, wird er seinen Untergebenen vermutlich nach bürokratischen Gesichtspunkten bewerten. Er wird die Fähigkeiten des Mitarbeiters danach beurteilen, inwieweit er die Anordnungen und das Behördenritual respektiert, ob er den Eigenwert von Formularen zu würdigen weiß und den Status quo innerhalb des Betriebes heiligt . . . Solch ein Vorgesetzter bewertet den *input*, den Aufwand innerhalb der Hierarchie."

Damit die allgemeine persönliche Mentalität des Vorgesetzten und seine eigene Leistungspotenz die Beurteilung nicht zu stark beeinflussen, gehen zahlreiche Bewertungsverfahren davon aus, daß die Verteilung der Beurteilungsergebnisse innerhalb einer Abteilung der *Gauß'schen Normalverteilungskurve* entsprechen oder ihr doch möglichst nahekommen soll. Eine solche „Vorgabe" an die Vorgesetzten kann jedoch dazu führen, daß die eigentlichen Beurteilungsergebnisse so manipuliert werden, daß daraus letztlich eine Normalverteilung wird, ganz abgesehen davon, daß häufig gar nicht die wichtige statistische Voraussetzung für die Anwendung der Gauß'schen Normalverteilung, nämlich die „große Zahl", vorhanden sein wird.

Hinzu kommt, daß auch die Vorgabe einer Normalverteilung nicht das Maßstabproblem löst, das – wie bei der analytischen Arbeitsplatzbewertung – grundsätzlich nicht wissenschaftlich lösbar ist. Wenn bei den praktizierten Verfahren vielfach darauf hingewiesen wird, daß die Vorgesetzten bei der Beurteilung von den Arbeitsplatzanforderungen und den Leistungen vergleichbarer Mitarbeiter ausgehen sollen, so ist damit im wesentlichen nur gesagt, daß die Vorgesetzten nicht sich selbst zum Ausgangspunkt ihrer Beurteilung machen sollen. Eine für alle Beteiligten verbindliche Maßeinheit ist auf diese Weise aber nicht gefunden worden.

Eine zusätzliche Problematik enthalten solche Beurteilungsverfahren, die für jeden Beurteilungsbereich (Abteilung) den im Wege einer Mitarbeiterbeurteilung zu verteilenden Geldbetrag oder die aufzuteilende Gesamtpunktzahl über mehrere Beurteilungsperioden hinweg konstant halten. Ist eine auf diese Weise vorgegebene Summe vollständig verteilt worden, so folgt daraus für den Fall, daß die Leistung einzelner Mitarbeiter steigt, diese Steigerung bei einer erneuten Mitarbeiterbeurteilung nur in der Weise zu einer besseren Einstufung führen kann, daß gleichzeitig andere Arbeitnehmer, deren Leistungsstand gleich geblieben ist, niedriger eingestuft werden (*Null-Summen-Spiel*).

Zweifellos kann eine systematisch aufgebaute Mitarbeiterbeurteilung, wenn sie bestimmte Mindestbedingungen erfüllt, wertvolle Dienste bei der Lösung des problemreichen Zulagenwesens leisten und damit zur Versachlichung der betrieblichen Lohnfindung beitragen. Hierbei hat die Mitarbeiterbeurteilung aus der Sicht der Arbeitnehmer und ihrer Gewerkschaften auch noch den Vorteil, daß Lohnanteile, die aufgrund einer Leistungsbeurteilung gezahlt werden, nach der Rechtsprechung im Falle von Tariflohnerhöhungen grundsätzlich nicht auf die neuen Tariflöhne anrechenbar sind, so daß die *Gewerkschaften* der Mitarbeiterbeurteilungen nicht mehr generell ablehnend gegenüberstehen.

Dies hat dazu geführt, daß es in den letzten Jahren zu einigen eingehenden tarifvertraglichen Regelungen über die Mitarbeiterbeurteilung gekommen ist. Einen wichtigen Schritt in diese Richtung stellt das Tarifabkommen für Arbeiter in der *Eisen-, Metall- und Elektroindustrie des Landes Hessen* vom 6.8.1968 dar. Dieser Tarifvertrag legt fest, daß „Zeitlohnarbeiter . . . je nach Beurteilung der Leistung einen persönlichen Rechtsanspruch auf Gewährung einer Leistungszulage auf den Grundlohn ihrer Lohngruppe haben". Das Abkommen bestimmt weiter, daß die von den Vorgesetzten durchzuführende Beurteilung auf der Grundlage der Bewertungskriterien Arbeitsergebnis, Arbeitsausführung, Arbeitseinsatz und Arbeitssorgfalt zu erfolgen hat und daß zur Regelung von Streitigkeiten über die Leistungsbeurteilung eine paritätisch besetzte Kommission zu bilden ist. Ein Beispiel für die tarifvertragliche Vereinbarung von Leistungsbeurteilungen für Angestellte bildet das Tarifabkommen für Angestellte der hessischen Metallindustrie vom 16.9.1971. Ist im Tarifvertrag die Frage der Mitarbeiterbeurteilung nicht geregelt, so kann eine Mitarbeiterbeurteilung nur mit Zustimmung des Betriebsrates eingeführt werden (§ 94 Abs. 2 BetrVG).

3.5 Die betrieblichen Sozialleistungen und die sonstigen Lohnnebenkosten (Lohnzusatzkosten)

Neben den tarif- oder einzelvertraglich fixierten Löhnen fließen den Arbeitnehmern in vielen Betrieben weitere Leistungen des arbeitgebenden Unternehmens zu, die sich in der betrieblichen Gewinn- und Verlustrechnung – wie die Löhne – als Aufwand niederschlagen. Die Abgrenzung dieser zusätzlichen Leistungen von den regulären Löhnen erfolgt im allgemeinen in der Weise, daß diese Leistungen als *freiwillige (Sozial)leistungen* des Unternehmens definiert werden. Der Terminus „freiwillig" meint, daß der Arbeitgeber zu diesen Leistungen nicht aufgrund eines Gesetzes, Arbeits- oder Tarifvertrages verpflichtet ist. In diesem Sinne wären dann allerdings auch übertarifliche Löhne, die in manchen Betrieben eine erhebliche Rolle spielen, als freiwillige soziale Leistungen anzusehen. Weil dies aber dem Sprachgebrauch der Praxis widerspricht, sollen die übertariflichen Löhne, obgleich sie eine deutliche Verwandtschaft mit den freiwilligen sozialen Leistungen haben, hier nicht unter den Begriff „freiwillige soziale Leistungen" subsumiert werden.

Wenn das Kriterium der Freiwilligkeit für die Kennzeichnung der sozialen Leistungen herangezogen wird, so ist damit nicht gesagt, daß in jedem Falle eine rechtliche Verpflichtung zur Gewährung der betrieblichen Sozialleistungen fehlt. Gemeint ist lediglich, daß die Unternehmen zur Einführung dieser Leistungen nicht rechtlich verpflichtet waren. Häufig sehen sich die Unternehmen allerdings von der Arbeitsmarktsituation oder von einer guten Ertragslage her zur Gewährung dieser zusätzlichen Leistungen gedrängt oder gezwungen. Diese Situation trägt wesentlich dazu bei, daß „unter den freiwilligen sozialen Leistungen der Anteil der durch Betriebsvereinbarung und Gewohnheitsrecht begründeten Leistungen immer größer wird" [*Mellerowicz*, 1971, S. 132]. Auch vom Gesetzgeber und von den Gewerkschaften gehen Bestrebungen aus, einige der ursprünglich freiwillig gewährten sozialen Leistungen mit einer rechtlichen Verpflichtung zu versehen, so zum Beispiel bei der betrieblichen Altersversorgung und dem betrieblichen Gesundheitsdienst.

Die freiwilligen sozialen Leistungen weisen in der Praxis eine außerordentlich *große Vielfalt* auf. „Der geschichtlichen Entwicklung folgend und angesichts der Unzahl von Betrieben und Betriebsarten gibt es Hunderte verschiedenartiger betrieblicher Sozialleistungen“ [*Preller*, 1970, Bd. I, S. 246]. Faßt man die einzelnen Leistungen zu Gruppen zusammen, so lassen sich im wesentlichen folgende Leistungsarten unterscheiden: Altersversorgung, Gratifikationen, Gewinnbeteiligung, Fürsorge- und Gesundheitsdienst, Verpflegungs- und Wohnungshilfe, kulturelle Förderung und Freizeitgestaltung, Ausbildung und Fortbildung.

Die Mehrzahl der freiwilligen sozialen Leistungen hat im Laufe der Zeit einen erheblichen Wandel durchgemacht. Während „bis etwa zum Jahre 1933 der freiwillige soziale Aufwand als ‚Aufwand zur Wohlfahrtspflege‘ bezeichnet wurde“ [*Merle*, 1963, S. 10] und auch tatsächlich überwiegend diese Funktion hatte, wird man in der heutigen Zeit mit *Gaugler* [1972, S. 1] davon ausgehen können, daß ein nicht unerheblicher Teil der freiwilligen sozialen Leistungen und Sozialeinrichtungen „Personalbeschaffungs- und Personalerhaltungsaufwand“ darstellt. Sicherlich ist es nicht übertrieben anzunehmen, daß heute der weitaus überwiegende Teil der freiwilligen sozialen Leistungen in diese Motiv-Kategorie gehört. „Es ist bemerkenswert, daß die ungewöhnlich starke Verknappung des Angebots auf den meisten Sektoren des Arbeitsmarktes zu einer ‚sozialen Konkurrenz‘ zwischen den Unternehmen geführt hat, zu einem Konkurrenzkampf also, dessen Waffen (Neben Lohn und Gehalt) die freiwilligen Sozialleistungen sind“ [*Mellerowicz*, 1971, S. 136]. Hieraus ergibt sich eine zunehmende Bedeutung der sozialen Leistungen für die Betriebe und ihre Arbeitnehmer.

Eine bedeutend größere Rolle als die freiwilligen sozialen Leistungen spielen in der Praxis die sog. *Lohnnebenkosten* oder Personalzusatzkosten, in denen die freiwilligen sozialen Leistungen mit enthalten sind. Die Personalnebenkosten werden im Informationsdienst des *Instituts der deutschen Wirtschaft* vom 16.2.1978 (S. 3) definiert als „alle Aufwendungen des Arbeitgebers für die Beschäftigten, die nicht in direktem Zusammenhang mit der eigentlichen Arbeitsleistung stehen“. Zu den Lohnnebenkosten gehören außer den freiwilligen sozialen Leistungen, von denen die wichtigste (auch für die Zukunft) die betriebliche Altersversorgung ist, vor allem folgende gesetzliche und tarifvertragliche Leistungen:

- Arbeitgeberbeiträge zur Sozialversicherung,
- bezahlte Feiertage,
- Entgeltfortzahlung bei Krankheit,
- Kosten der Unfall- und der Konkursausfallgeldversicherung,
- Aufwendungen aufgrund des Mutterschutzgesetzes, des Schwerbehindertengesetzes und des Arbeitssicherheitsgesetzes (Betriebsärztegesetz),
- bezahlter Urlaub und zusätzliches Urlaubsgeld,

– 13. Monatsgehalt und sonstige Sonderzahlungen (Gratifikationen) einschließlich Erfolgsbeteiligung,
– Leistungen zur Vermögensbildung (624-DM-Gesetz).

Die gesetzlichen und tariflichen Personalnebenkosten hatten in den letzten Jahren eine stark steigende Tendenz, die bedeutend stärker war als die Entwicklung der eigentlichen Löhne und Gehälter. Mittlerweile liegen die Personalnebenkosten in manchen Bereichen bei 70 Prozent des direkten Arbeitsentgelts, d.h. ein Unternehmen muß für jede 100 DM, die es für tatsächlich geleistete Arbeit(szeit) zahlt, noch einmal 70 DM für Lohnnebenkosten aufbringen. Einen Überblick über die quantitative Zusammensetzung der Lohnzusatzkosten und über ihre Entwicklung von 1969 bis 1979 gibt das folgende Schaubild.

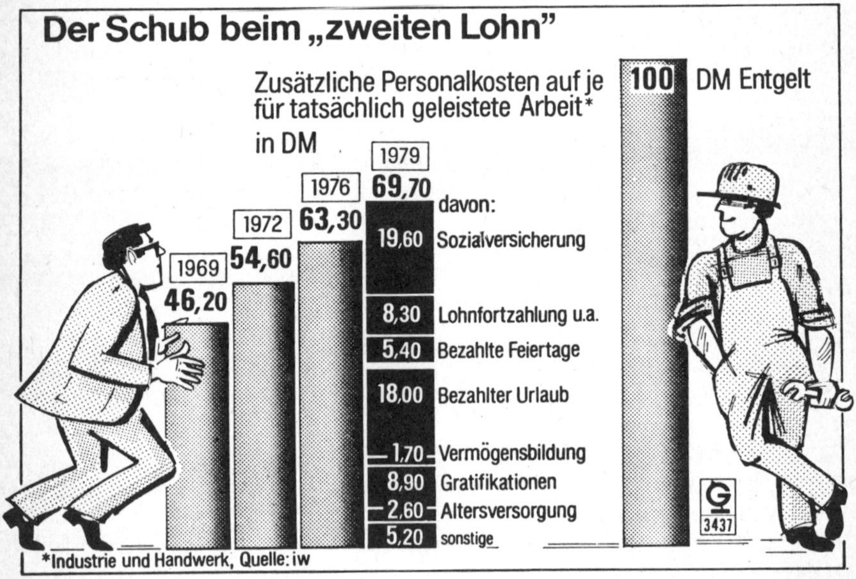

Da ein erheblicher Teil der betrieblichen Personalzusatzkosten nicht auf dem Lohnstreifen erscheint, stellen die Lohnnebenkosten für den Arbeitnehmer gewissermaßen eine Art *unsichtbarer Lohn* und für das Unternehmen „Kosten, die keiner kennt" dar, wie der Titel einer vom Institut der deutschen Wirtschaft zu dieser Problematik herausgegebenen Schrift heißt [s. *Tittel*].

Mit den von Wirtschaftsverbänden, großen Unternehmen und dem Statistischen Bundesamt erstellten Personalnebenkosten-Rechnungen [s. *Eckert*, 1977; *Tittel*, 1979; *iwd Informationsdienst der deutschen Wirtschaft* 8/1980, S. 3] beschäftigt sich kritisch *Küller* vom Deutschen Gewerkschaftsbund in den *WSI-Mitteilungen* (1979, S. 688–695).

Einen Überblick über Stundenlohn und Lohnnebenkosten in der Industrie zahlreicher Länder im Jahre 1978 gibt das nachstehende Schaubild [s.a. *Salowski*, 1977].

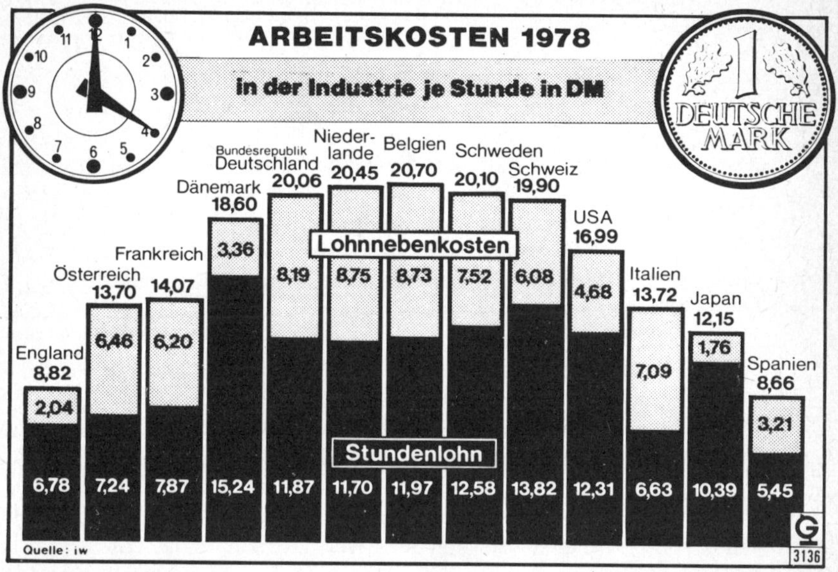

In vielen Betrieben sind bestimmte Arten von Sozialleistungen anzutreffen, deren Einführung einmal sinnvoll gewesen sein mag, deren eigentlicher Grund aber im Laufe der Zeit weggefallen ist und die dennoch weiterhin aufrechterhalten werden. Solche Leistungen wären sicherlich besser in Lohn oder in zeitgemäßere Sozialleistungen umzuwandeln, was sich in der Praxis aber oftmals als schwierig erweist. Hierzu kann das vielfach vorhandene Besitzstandsdenken (Gewöhnung) der Belegschaft ebenso beitragen wie die Haltung des Betriebsrates, der in der betrieblichen Sozialpolitik stark engagiert ist und daher regelmäßig wenig Interesse an einem Abbau bzw. einer Umwandlung sozialer Leistungen hat.

Verlieren bestimmte Arten von sozialen Leistungen ganz allgemein an Bedeutung, so erhalten andere eine stärkere Beachtung. Zu den in Zukunft an Bedeutung gewinnenden Ausgaben werden die Aufwendungen für die betriebliche Weiterbildung gehören. Immer mehr Unternehmen gehen dazu über, betriebseigene (kapitalintensive) Bildungseinrichtungen zu schaffen bzw. sie veranlassen ihre Mitarbeiter zum Besuch externer Bildungsstätten. Beides ist regelmäßig mit hohen Kosten verbunden.

Auch auf dem Gebiet der Gesundheit im weitesten Sinne bietet sich für die betriebliche Sozialpolitik ein weites Betätigungsfeld. Hierzu wird insbesondere auch die Bereitstellung oder Vermittlung von Möglichkeiten gehören, die zunehmenden psychischen Erkrankungen und Belastungen zu heilen bzw. abzubauen.

Ein weiterer wichtiger Ansatz betrieblicher Sozialpolitik ist die Einrichtung einer qualifizierten (Sozial)Beratung, die Hilfe bei persönlichen (Familien)Sorgen, z.B. bei Schul- und Erziehungsproblemen, bei Eheproblemen und bei Alkohol- oder Drogenmißbrauch anbieten könnte, wofür es in der Praxis bereits Beispiele gibt. Wichtig sind weiter Hilfen bei der Kontaktnahme mit außerbetrieblichen Stellen, z.B. für die Erledigung von steuerlichen Fragen sowie von Finanz- und Versicherungsangelegenheiten. Zweifellos begrüßenswert sind auch die gelegentlich anzutreffenden betrieblichen Aktivitäten zur Vorbereitung auf den Ruhestand, d.h. auf die nachberufliche Lebensphase.

Mit zunehmender Freizeit gewinnen auch bestimmte betriebseigene Freizeitangebote an Bedeutung. „Die wichtigsten Motive der Unternehmen, sich im Freizeitbereich zu engagieren, sind die ‚Förderung der sozialen Kontakte der Arbeitnehmer‘, ‚Verbesserung des Betriebsklimas‘ sowie ‚gesundheitliche Vorsorge‘ “ (*der arbeitgeber*, 1979, S. 379).

Neuere Ansätze betrieblicher Sozialpolitik sind auch in der Schaffung verbesserter Selbstverwirklichungschancen in der Arbeitswelt zu sehen, wozu eine leistungsfähige Information, eine zeitgemäße Führung sowie eine Gewinn- und Kapitalbeteiligung zweifellos wichtige Beiträge leisten können.

Eine ganz allgemeine Problematik der betrieblichen Sozialleistungen zeigt sich in ihrem prinzipiell freiwilligen Charakter, der es den Unternehmen – anders als bei den Tariflöhnen – grundsätzlich ermöglicht, bestimmte Sozialleistungen bei einer Verschlechterung der wirtschaftlichen Lage einzustellen oder zu kürzen. Aus dieser Situation heraus ergibt sich das Bestreben der Belegschaften und ihrer Vertretungen sowie der Parlamente, mehr und mehr betriebliche Sozialleistungen rechtlich abzusichern. Dies führt in der Praxis dazu, daß die flexiblen freiwilligen sozialen Aufwendungen zunehmend durch starre gesetzliche und vertragliche Lohnnebenkosten ersetzt werden, so daß die Abbaufähigkeit eingeschränkt wird und somit auch die Lohnkostenflexibilität abnimmt. Durch diese Entwicklung wird letztlich die Bewegungsfreiheit in weiten Bereichen der betrieblichen Sozialpolitik immer geringer.

Für die abschließende Bewertung der betrieblichen Sozialleistungen sei auf *Preller* [1970, Bd. I, S. 243, 256] verwiesen, der die betrieblichen Sozialleistungen auch mit „sozialer Betriebspolitik“ umschreibt und dessen Ausführungen Zustimmung verdienen. „Die Summen, die ein Betrieb für Aufwendungen ausgibt, die nicht organisatorisch allein oder vielleicht auch besser vom Betrieb, sondern ebenso vom Arbeitnehmer selbst getragen werden können, sollten sich in Lohnerhöhung anstelle von sogenannten betrieblichen Sozialleistungen niederschlagen . . . Soziale Betriebspolitik ist nicht ‚schlecht‘, braucht durchaus nicht ‚sozialer Klimbim‘ zu sein, ja sie ist in sehr vielen Fällen betriebsnotwendig und zugleich sozial wirksam. Das Kriterium wurde aufgezeigt: Es liegt *nicht* darin, daß mit sozialer Betriebspolitik betriebliche, d.h. produktionelle und Ertragsinteressen verfolgt werden, sondern darin, ob mit der Verfolgung solcher – betrieblich legitimer – Interessen dem Arbeitnehmer genutzt oder aber ihm – was eben möglich ist – geschadet wird. Das hängt vom Einzelfall, sogar von der örtlichen Lage des Betriebes ab.“

4. Die Beteiligung der Arbeitnehmer an Gewinn und Kapital der Unternehmen

Im vorliegenden Kapitel geht es zunächst darum darzustellen, welche Fragen und Probleme auftreten, wenn – wie zuweilen der Fall – die Belegschaft über ihren eigentlichen Lohn hinaus am Gewinn des arbeitgebenden Unternehmens beteiligt werden soll. Sodann ist auf den ebenfalls in der Praxis gelegentlich anzutreffenden Sachverhalt einzugehen, daß die Belegschaftsmitglieder am Kapital des arbeitgebenden Unternehmens beteiligt sind, d.h. zusammen mit anderen als Kapitalgeber fungieren. Sowohl bei der Kapitalbeteiligung wie auch bei der Gewinnbeteiligung handelt es sich um *betriebsbezogene* finanzielle Beteiligungen der Arbeitnehmer. Daneben gibt es Vorstellungen und Bestrebungen, grundsätzlich alle Arbeitnehmer einschließlich der Beamten sowie der Arbeiter und Angestellten des öffentlichen Dienstes am Kapital der Gesamtheit der Unternehmen zu beteiligen. Hierbei handelt es sich um eine *überbetriebliche* Beteiligung, die sich auch mit dem Begriff „Fondslösung" umschreiben läßt. Diese verschiedenen Beteiligungsansätze sind nunmehr in ihrer Funktionsweise und Grundproblematik darzustellen.

4.1 Die Gewinnbeteiligung der Belegschaft

Die Beteiligung der Mitarbeiter am Gewinn des arbeitgebenden Unternehmens ist von ihrem Wesen her der *betrieblichen Sozialpolitik* zuzurechnen; auch ihre Einführung erfolgt wie bei den übrigen Sozialleistungen grundsätzlich freiwillig. Von den anderen nicht streng erfolgsabhängigen Sozialleistungen unterscheidet sich die Gewinnbeteiligung dadurch, daß sie nur zum Tragen kommt, wenn tatsächlich ein Gewinn erzielt worden ist. Unter *Gewinnbeteiligung* wird hier eine vom Arbeitgeber den Arbeitnehmern für ihre Arbeitsleistung über das tarif- oder einzelvertraglich vereinbarte Entgelt hinaus gewährte Teilhabe an einer Erfolgsgröße des Unternehmens (Umsatz, Wertschöpfung oder Gewinn) verstanden, wobei die Beteiligung nach einem eindeutig festgelegten Verfahren erfolgt und rechtsverbindlichen Charakter hat. Wegen der Vielfalt der möglichen Beteiligungsbasen existieren neben dem Begriff der Gewinnbeteiligung Termini wie Ertragsbeteiligung, Leistungsbeteiligung, Erfolgsbeteiligung und Ergebnisbeteiligung.

Mit der Beteiligung der Arbeitnehmer am Gewinn wird nicht das bestehende Lohnarbeitsverhältnis aufgehoben. Die den Mitarbeitern zufließenden Gewinnbeteiligungsbeträge werden steuerrechtlich als Lohn betrachtet, d.h. der Arbeitnehmer hat darauf Lohnsteuer zu zahlen, während sie für das Unternehmen Betriebsausgaben darstellen und somit den zu versteuernden Gewinn mindern. Insofern wird die Gewinnbeteiligung zu einem Teil aus ersparten Steuern finanziert.

Fragt man nach den *Motiven der Gewinnbeteiligung*, so ist mit *von Zwiedineck-Südenhorst* [1927, S. 1151f.] davon auszugehen, daß die Idee der Teilhabe der Belegschaft am Unternehmenserfolg im wesentlichen drei Kategorien von Beweggründen entspringen kann: (1) dem privatwirtschaftlichen Interesse der Unternehmung, (2) der sozialen Zweckmäßigkeit, (3) einer Gerechtigkeitsidee.

Im *privatwirtschaftlichen Interesse* der Unternehmung liegt die Einführung einer Gewinnbeteiligung begründet, wenn sie den Zweck verfolgt, die Arbeitsfreude und damit die Arbeitsintensität und Arbeitsdisziplin zu erhöhen (Steigerung der Mitarbeiter-Motivation). Die Gewinnbeteiligung ist in diesem Falle ein Mittel zur Hebung der Effizienz der Arbeit, die entweder durch eine Leistungssteigerung und/oder durch eine Kostensenkung (Materialersparnis) erfolgen soll. Dem privatwirtschaftlichen Interesse der Unternehmung dient eine Gewinnbeteiligung auch dann, wenn sie darauf abzielt, das Gefühl der Betriebszugehörigkeit zu stärken, ein tüchtiges Stammpersonal heranzubilden und einer unerwünschten Fluktuation entgegenzuwirken; daneben kann die Gewinnbeteiligung günstigen Einfluß auf die Beschaffung von Arbeitskräften haben.

Wird die Gewinnbeteiligung als Mittel der *sozialen Zweckmäßigkeit* angesehen, so besteht ihre Aufgabe darin, den prinzipiell vorhandenen strukturellen Interessengegensatz zwischen Arbeitgebern und Arbeitnehmern abzuschwächen und somit dem Betriebsfrieden zu dienen. So bleibt zum Beispiel nach *von Mohl* [1835, S. 179ff.] „um diesen giftigen Saamen von Feindschaft (zwischen Arbeitgebern und Arbeitnehmern) auszurotten, . . . nichts anders übrig, als daß die Bezahlungsweise der Arbeiter wesentlich geändert und ihnen wirklich und in allen Fällen ein Antheil an dem reinen Gewinne eingeräumt wird", weshalb *von Mohl* auch die zwangsweise Einführung der Gewinnbeteiligung durch ein Gesetz befürwortete. In diesem Sinne hat die Gewinnbeteiligung nicht zuletzt auch die Aufgabe, die liberale und sozialistische Wirtschaftsauffassung zu versöhnen und Sozialisierungsbestrebungen aufzufangen. Ob die Gewinnbeteiligung diese Aufgaben erfüllen kann, ist – wie noch näher zu zeigen ist – fraglich.

Aus dem *Gerechtigkeitsgedanken* heraus wird die Gewinnbeteiligung damit begründet, daß der Faktor Arbeit zusammen mit dem Faktor Kapital den Gewinn hervorbringe und der Arbeitnehmer daher auch an ihm beteiligt werden müsse. Hier ist „die Forderung der Gewinnbeteiligung . . . getragen von der Überzeugung, daß die marktmäßige Gestaltung des Lohnpreises regelmäßig einen starken Einschlag von seiten der Macht her habe, daß der Anteil des Produktionsfaktors Arbeit am Zustandekommen des im Produktpreis zustande kommenden Wertes mit dem Lohne nicht immer erschöpft werde" [*von Zwiedineck-Südenhorst*, 1927, S. 1152]. So erblickt zum Beispiel *Nicklisch* [1932, S. 280] in dem Lohn lediglich einen vorausbezahlten Ertragsanteil, der nach Abschluß der Rechnungsperiode zu korrigieren sei. Die Begründung der Gewinnbeteiligung aus dem Prinzip der sozialen Zweckmäßigkeit oder dem der Gerechtigkeit schließt jedoch die gleichzeitige Verfolgung der sich aus dem privatwirtschaftlichen Interesse der Unternehmung ergebenden Gewinnbeteiligungsziele nicht aus. Vielfach werden bei der Einführung einer Gewinnbeteiligung die einzelnen Kategorien von Motiven miteinander verknüpft sein.

Die *Gewerkschaften* verhalten sich im allgemeinen recht zurückhaltend, meist sogar ablehnend, gegenüber einzelwirtschaftlichen Gewinn- und Kapitalbeteiligungsplänen (s. *Wirtschaftswoche*, 17.2.78, S. 58–60; *Gewerkschaftliche Monatshefte*, 1977, S. 319–328). Einer überbetrieblichen Gewinnbeteiligung, bei der die Unternehmen einen bestimmten Prozentsatz ihres Gewinnes in einen gemeinsamen Fonds einbringen und an dem alle Arbeitnehmer beteiligt werden (s. übernächsten Abschnitt), stehen sie aufgeschlossener gegenüber bzw. fordern sie sogar. Die Gewerkschaften befürchten durch die betriebliche Gewinnbeteiligung, wie auch durch manche anderen betrieblichen Sozialleistungen, das Aufkommen eines Betriebsegoismus und damit eine Schwächung des Solidaritätsgefühls der Arbeitnehmerschaft. Aus diesem Grunde sind fast alle Versuche der Gewinnbeteiligung auf Unternehmerinitiative – oft gegen den Willen der Gewerkschaften – zurückzuführen [*Bayer*, 1952, S. 67].

Die Gewinnbeteiligung wirft eine Reihe nicht ganz einfach zu beantwortender Fragen auf. Diese Schwierigkeiten beginnen bereits mit der Frage, was unter *Gewinn* zu verstehen ist. Rein formal enthält der Gewinnbegriff zwar keine Probleme: Der Gewinn wird im allgemeinen definiert als der Überschuß der Erträge über die Aufwendungen in einer Rechnungsperiode. Schwierigkeiten treten jedoch auf, sobald man zu klären versucht, was betriebswirtschaftlich alles zu den zu einem erheblichen Teil durch Bewertungen beeinflußten Gewinnkomponenten (Aufwendungen und Erträge) zu rechnen ist. In diesem Zusammenhang tritt auch die Frage auf, ob der aufgrund von Kosten und Leistungen ermittelte *Betriebsgewinn* oder der *Unternehmensgewinn* als Basis für eine Gewinnbeteiligung dienen soll, der neben dem Betriebsgewinn auch noch das neutrale Ergebnis – also betriebsfremde und außerordentliche Gewinne oder Verluste – enthält. Sofern neben der *Handelsbilanz* eine *Steuerbilanz* aufgestellt wird, muß erklärt werden, ob der Gewinn der Handelsbilanz oder der regelmäßig höhere Steuerbilanzgewinn als Beteiligungsgrundlage fungieren soll.

Anerkennt man, daß der einer Belegschaftsbeteiligung zugrunde zu legende Bilanzgewinn immer auch mit ein Ergebnis der Bewertung ist und daß ein genaues Bewerten über menschliche Möglichkeiten hinausgeht, so wird schnell klar, daß es den objektiv richtigen Gewinn nicht gibt, weder für eine Gewinnbeteiligung noch für andere Zwecke, woraus sich zwangsläufig Konfliktmöglichkeiten ergeben können.

Ist die Ausgangsbasis einer vorzunehmenden Belegschaftsbeteiligung gefunden (z.B. Handels- oder Steuerbilanzgewinn), so gilt es zu bestimmen, in welcher Weise, d.h. *in welchem Verhältnis* der erzielte *Gewinn auf* die betriebswirtschaftlichen Leistungsfaktoren *Kapital und Arbeit verteilt* werden soll.

Die damit angesprochene Zurechnungsproblematik der Gewinnbeteiligung kann sinnvoll nicht losgelöst von der Frage der Lohnfindung und der Lohngerechtigkeit überhaupt behandelt werden, weil „die scheinbar nur technisch geartete Frage nach dem Maßstab der Verteilung des an die Belegschaft auszuschüttenden Gewinnbetrages das Problem der Lohngerechtigkeit auf anderer

Ebene erneut aufleben läßt" [*Schäfer*, 1974, S. 285].

Nicklisch [1922, S. 114], der der Belegschaft ein „natürliches Recht" auf eine Gewinnbeteiligung zuerkennt und die Begründung hierfür „in der Schwierigkeit findet, den vollen Wert der Leistung und den Grad der Fähigkeit des Betriebes, für sie Lohn zu zahlen, schon am Leistungstage hinreichend zu kennen" [1932, S. 280], sieht – wie erwähnt – den gezahlten Lohn als einen vorausbezahlten Ertragsanteil an; „nach Abschluß der Jahresrechnung wird aus dem Gewinn, je nach dessen Höhe, ein zusätzlicher Betrag gezahlt". Eine Verlustbeteiligung lehnt er mit dem Hinweis ab, die Arbeitnehmer seien in Verlustjahren ohnehin bis zur Höhe ihres verlorenen Gewinnanteils vom Verlust betroffen.

Nicklischs Auffassung vom Lohn als vorausbezahltem Ertragsanteil, der nach Abschluß der Rechnungsperiode (positiv) zu korrigieren sei, kann nicht gefolgt werden. Der Lohn ist gerade dadurch gekennzeichnet, daß er nicht gewinnabhängig ist, sondern eine vertraglich fixierte Größe darstellt und unabhängig von der Ertragslage der Unternehmung gezahlt werden muß. Hierdurch unterscheidet sich in gravierender Weise das Arbeitnehmereinkommen von dem Unternehmereinkommen. Vor allen Dingen löst die Ansicht von dem Lohn als vorausbezahltem Ertragsanteil auch nicht das Zurechnungsproblem, nämlich die Frage, wie der erzielte Überschuß auf die an seiner Entstehung beteiligten Produktionsfaktoren zu verteilen ist. Dieses Problem muß *praktisch* gelöst werden; ihm ist mit terminologischen Kunstgriffen nicht beizukommen.

Die Schwierigkeiten und Probleme, die bei der Lohnfindung auftreten, sind im Prinzip in gleicher Weise vorhanden, wenn ein entstandener Gewinn auf die einzelnen betriebswirtschaftlichen Produktionsfaktoren verteilt werden soll. Auch hierfür gibt es keine objektiven Lösungen, da „eine Zurückführung von Gewinnquoten auf irgendeinen der eingesetzten Produktionsfaktoren nicht zu rechtfertigen ist. Deshalb gibt es insoweit keine wirtschaftstheoretische Beweisführung zugunsten der Gewinnbeteiligung der Arbeitnehmer, allerdings auch keine gegen sie" [*von Zwiedineck-Südenhorst*, 1927, S. 1154].

Nicklisch [1933, S. 41f.] hält eine Lösung des Zurechnungsproblems für möglich, weist allerdings darauf hin, daß der Weg dazu nicht direkt, sondern indirekt verlaufe: „Eine stimmende Wirtschaft ist der Beweis, daß das Zurechnungsproblem gelöst ist. Der Weg besteht also darin, durch die Bemessung der Ertragsanteile dieses Stimmen herbeizuführen. Erreicht ist es, wenn der Ertrag auf alle Beteiligten so verteilt ist, daß die dadurch erreichte Gliederung der realen Kaufkraft aller das denkbar höchste Maß von Arbeitsmöglichkeit für die Leistenden ergibt." Und an anderer Stelle [1938, Sp. 1614] führt er aus: „Das Endergebnis der Ertragsverteilung . . . muß sein, daß das gemeinschaftlich verdiente Einkommen so in Einzeleinkommen aufgegliedert wird, daß sich durch die Einkommensverwendung die dafür gemeinschaftlich erzeugten Güter mit der Wirkung der Deckung des berechtigten Bedarfs jedes einzelnen Volksgenossen und des Volkes verteilen." Da solche, vornehmlich ethisch ausgerichteten Postulate weit davon entfernt sind, in der Einzelwirtschaft das Zurechnungsproblem zu lösen, ist es nicht verwunderlich, daß „die Vorschläge *Nicklischs* zur Ertragsbeteiligung . . . praktische Bedeutung nie erlangt haben" [*Albach*, 1967, S. 451], wenngleich sie auch in der betriebswirtschaftlichen Literatur immer wieder stark herausgestellt werden.

Schäfer [1974, S. 244] ist zweifellos zuzustimmen, daß „es . . . auf immer ein unlösbares Exempel bleiben wird, wie der Gewinn eines komplexen Unternehmens im einzelnen zustande kommt, welche Umstände jeweils am Werke waren und welche Ansprüche für die beteiligten Faktoren daraus abzuleiten wären". Das heißt, die Aufteilung des Gewinns auf die betriebswirtschaftlichen Leistungsfaktoren Kapital und Arbeit kann nur durch eine betriebsindividuelle Vereinbarung oder Entscheidung zustande kommen. Der auf diese Weise festgelegte Verteilungsschlüssel hat keinerlei Anspruch auf eine absolute Richtigkeit. Es handelt sich immer um Kompromißlösungen, die einer späteren Korrektur durchaus zugänglich sind.

Ist der Anteil des Gewinns ermittelt, der für eine Verteilung an die Gesamtbelegschaft zur Verfügung steht, so muß geklärt werden, in welcher Weise (Höhe) die einzelnen Arbeitnehmer hieran beteiligt werden sollen. Hier tritt also ein *weiteres Zurechnungsproblem* der Gewinnbeteiligung auf. Denkbar wäre eine Lösung dergestalt, daß der Gesamtgewinnanteil der Belegschaft durch die Anzahl der Belegschaftsmitglieder dividiert und jedem Arbeitnehmer ein Anteil in gleicher Höhe zugewiesen wird. Da eine solche Nivellierung aber kaum zu einem nennenswerten Leistungsanreiz führen und zudem von einem Großteil der Belegschaft als ungerecht empfunden werden dürfte, ist eine ausschließliche Pro-Kopf-Verteilung in der Realität kaum anzutreffen. Manchmal findet sich in Unternehmen eine Regelung, derzufolge ein Teil des der Gesamtbelegschaft zufließenden Gewinnanteils pro Kopf und der andere leistungsbezogen, d.h. je nach der Höhe der Löhne, verteilt wird.

Im allgemeinen erfolgt die Aufteilung des Gesamtgewinnanteils auf die einzelnen Belegschaftsmitglieder ausschließlich im Verhältnis ihrer Lohnsummen. *Mann* [1954, S. 53f.] und *Spiegelhalter* [1951, S. 21] verurteilen diese Verteilung des Gesamtgewinnanteils nach dem individuellen Einkommen der Belegschaftsmitglieder, weil „eine schematische Aufschlüsselung des Gewinnes nach der Lohnsumme . . . überhaupt nichts über das unterschiedliche Betriebsinteresse und das Maß der schöpferischen Mitgestaltung des einzelnen aussagen kann" [*Spiegelhalter*, 1951, S. 21]. Wenngleich es zweifellos bei der Lohnfestsetzung, insbesondere in großen Unternehmungen, häufig schwierig bzw. unmöglich ist, den „inneren Wert" des einzelnen Arbeitnehmers gebührend zu berücksichtigen und daher eine gewisse Schematisierung vielfach unumgänglich ist, so ist nicht einzusehen, wie diese Ungerechtigkeit, ohne daß neue Probleme auftreten, bei der Gewinnverteilung vermieden werden könnte. Die Berücksichtigung so subjektiver Faktoren wie das Betriebsinteresse oder die schöpferische Mitgestaltung kann – wenn überhaupt – sinnvoll nur in kleineren Unternehmungen erfolgen. Allerdings ist dann nicht einzusehen, warum die Berücksichtigung dieser Faktoren nicht schon bei der Lohnfestsetzung – zum Beispiel durch differenzierte Aufschläge auf den Tariflohn – erfolgt.

Sind die den einzelnen Arbeitnehmern zustehenden Gewinnbeteiligungsbeträge ermittelt, so ist zu entscheiden, *in welcher Form* ihnen ihre *Anteile zufließen* sollen. Hier bieten sich im wesentlichen drei Möglichkeiten an: (1) die Anteile werden in bar ausgeschüttet; (2) die Anteile bleiben zugunsten der Arbeitnehmer im Unternehmen als Eigen- oder Fremdkapital stehen (s. folgenden Abschnitt); (3) die Anteile werden vom Arbeitgeber zugunsten der Arbeitnehmer bei einer dritten Stelle angelegt, z.B. bei einem Kreditinstitut im Rahmen des 624-DM-Gesetzes.

Betrachtet man abschließend die konkrete *Verbreitung von Gewinnbeteiligungssystemen*, so ist festzustellen, daß diese in der betrieblichen Praxis keinen besonders großen Raum einnehmen. *Guski/Schneider* [1977, S. 27] nehmen an, „daß es sicherlich einige tausend Unternehmen sind, die ihre Mitarbeiter am Unternehmensertrag beteiligen". Auch wenn verläßliche Angaben fehlen, scheint es so zu sein, daß die Geschichte der Gewinnbeteiligung zwar reich an Begeisterung, aber weniger reich an Erfolgen ist. Woran dies liegen kann, wird deutlicher, wenn man einmal den Versuch macht, die wesentlichsten *allgemeinen Voraussetzungen* aufzuzeigen, die vorliegen müssen, um der Gewinnbeteiligung einen nachhaltigen Erfolg zu sichern. Zu diesen Voraussetzungen gehören:

(1) Es muß eine auf Vertrauen und Toleranz gegründete Zusammenarbeit (gutes Betriebsklima) zwischen den Sozialpartnern bestehen. Dazu gehört insbesondere auch, daß das Einverständnis der Belegschaft bzw. das der Belegschaftsvertretung und – wenn irgend möglich – auch das der im Unternehmen vertretenen Gewerkschaften zur Einführung der Gewinnbeteiligung vorliegt. „Die Erfahrung zeigt . . . , daß im allgemeinen die Gewinnbeteiligung am ehesten sich dort bewährt, wo die Gewerkschaften weitgehend eingeschaltet sind" [*Bayer*, 1952, S. 64, 76].

(2) Auch wenn eine vertrauensvolle Zusammenarbeit zwischen den Sozialpartnern vorhanden ist, muß der Belegschaft ein Rechtsanspruch auf die Beteiligung gewährt werden. Andernfalls kann sich bei der Belegschaft leicht der den Gewinnbeteiligungserfolg beeinträchtigende Eindruck von Willkür und Almosen einstellen.

(3) Das Gewinnbeteiligungssystem muß den individuellen Verhältnissen des Unternehmens angepaßt sein und in seinen Grundzügen, insbesondere im Hinblick auf seine Beteiligungs- und Zurechnungsgrundlagen, auch dem einfachen Betriebsangehörigen verständlich sein.

(4) Der Belegschaft muß in irgendeiner Weise eine Möglichkeit gegeben werden, die Einhaltung der getroffenen Vereinbarungen oder gegebenen Zusagen zu kontrollieren.

(5) Darüber hinaus muß ein fortlaufendes Informationsprogramm dafür sorgen, daß die Belegschaft über die wichtigsten, den Erfolg beeinflussenden Faktoren und Umstände anschaulich unterrichtet wird. Dies ist schon im

Interesse einer vertrauensvollen Zusammenarbeit nötig, zum anderen wird damit auch erreicht, daß die Arbeitnehmer sich nicht falsche Hoffnungen im Hinblick auf die Höhe der zu erwartenden Gewinnanteile machen.

(6) Die im Unternehmen gezahlten Löhne und Sozialleistungen müssen gleich oder höher sein als die durchschnittlichen Löhne der Branche, und es muß eine Bereitschaft des Arbeitgebers vorhanden sein, an allgemeinen Lohnerhöhungen der Branche teilzunehmen. Vermuten die Arbeitnehmer, daß der Arbeitgeber die Gewinnbeteiligung einführen will, um das bisherige Lohnniveau zu senken oder um bei gestiegenen Lebenshaltungskosten und/oder verbesserter Ertragslage höhere Löhne zu umgehen, so sind die Erfolgsaussichten der Gewinnbeteiligung stark gefährdet.

(7) Daneben muß das Unternehmen über ein zweckmäßiges Lohnsystem verfügen, das sich intensiv um eine innerbetriebliche Lohngerechtigkeit bemüht.

(8) Außerdem muß die Wahrscheinlichkeit bestehen, daß langfristig mit einem relativ gleichbleibenden oder steigenden Gewinn zu rechnen ist. „Folgt auf ein gutes Gewinnjahr ein solches mit geringem Gewinn, so wird die Enttäuschung über die geringen Auszahlungen groß sein, zumal die Anstrengungen der Mitarbeiter die gleichen, vielleicht sogar noch größere, gewesen sein können" [*Schäfer*, 1974, S. 286]. Die Belegschaft gewöhnt sich relativ schnell an eine mehrfach gezahlte Gewinnbeteiligung und hält auch in Zukunft eine fortlaufende Zahlung für selbstverständlich, ohne auf die strenge Erfolgsabhängigkeit der Beteiligung zu achten. Nicht zuletzt aus diesem Grunde finden sich Gewinnbeteiligungssysteme vorwiegend bei ertragsstarken Unternehmen.

(9) Um die mit einer Gewinnbeteiligung im allgemeinen angestrebte gute Zusammenarbeit zwischen den Arbeitnehmern zu erreichen, ist es notwendig, daß grundsätzlich alle Belegschaftsmitglieder in das Beteiligungssystem einbezogen werden, die Sicherheit des Arbeitsplatzes weitgehend gewährleistet ist und keine hohe Fluktuation vorliegt.

Auch bei Vorliegen der genannten Bedingungen, die sich allerdings im Laufe der Zeit ändern können, ist die Gewinnbeteiligung keine Garantie für die Erreichung und Erhaltung eines ständigen Arbeitsfriedens. Die Gewinnbeteiligung ist nicht in der Lage, den prinzipiellen Interessengegensatz von Arbeitnehmern und Arbeitgebern zu beseitigen. Das Lohnarbeitsverhältnis bleibt trotz Beteiligung der Belegschaft am Gewinn bestehen; es ist in der Praxis ohnehin weder durch eine Gewinnbeteiligung noch durch andere Maßnahmen (z.B. Vergesellschaftung, Mitbestimmung) ganz zu beseitigen. Die Arbeitnehmer erlangen mit einer Gewinnbeteiligung weder Kapitalgeber- und Unternehmerfunktion noch zusätzliche Mitbestimmungsrechte, und da der zur Ausschüttung gelangende variable Erfolgsanteil – wie die bisherigen Erfahrungen gezeigt haben – lediglich den Charakter einer im allgemeinen relativ geringen Lohnergänzung hat, ist auch nach der Einführung einer Gewinnbeteiligung das

Hauptinteresse der Arbeitnehmer auf ein möglichst hohes vertraglich fixiertes Entgelt gerichtet.

Die Tatsache, daß eine Vielzahl von Voraussetzungen gegeben sein muß, um der Gewinnbeteiligung einen nachhaltigen Erfolg zu sichern, und die Erkenntnis, daß viele mit der Einführung einer Gewinnbeteiligung auftretenden Probleme nur schwer lösbar sind, sind jedoch kein Grund, die Einführung einer Gewinnbeteiligung generell abzulehnen, genauso wie es kein überzeugendes Motiv gibt, ihre Einführung dogmatisch zu fordern. Wo die genannten Voraussetzungen vorliegen und die aufgezeigten Probleme befriedigend gelöst sind, kann die Gewinnbeteiligung durchaus ein erfolgreiches betriebspolitisches Instrument darstellen, das auch für die Arbeitnehmer von Nutzen ist. Aus der Sicht eines Unternehmens reduziert sich das Problem der Gewinnbeteiligung im Grunde auf eine reine Zweckmäßigkeitsfrage.

Solange Branchentarifverträge abgeschlossen werden, die sich weitgehend an der Leistungsfähigkeit der Grenzunternehmen orientieren, kann die Gewinnbeteiligung ein Mittel zur Auflockerung der relativ starren Lohnsätze sein. Wenngleich diese Auflockerung heute vornehmlich durch die Zahlung übertariflicher Löhne und weniger durch eine Gewinnbeteiligung erfolgt, so sind doch Fälle denkbar, in denen die Gewinnbeteiligung der Zahlung übertariflicher Löhne vorzuziehen ist, insbesondere dann, wenn man zunächst einmal das Ergebnis des Jahresabschlusses abwarten möchte oder wenn die Unternehmensleitung befürchtet, daß sich die Zahlung übertariflicher Leistungen zu einem auch in ertragsschwächeren Zeiten geltenden Gewohnheitsrecht entwickeln könnte. Die Gewinnbeteiligung wäre also bis zu einem bestimmten Grade in der Lage, die Funktion eines an der Ertragsentwicklung orientierten Lohnregulators zu übernehmen. Problematisch wird die Gewinnbeteiligung allerdings auch dann, wenn die Belegschaft sich so an die wiederholt gezahlten Gewinnanteile gewöhnt, daß sie sie praktisch dem Lohn gleichstellt und glaubt, hierauf einen von der jeweiligen Ertragslage unabhängigen Rechtsanspruch zu haben.

Sieht man die Gewinnbeteiligung vornehmlich unter ihrer einzelwirtschaftlichen Zielsetzung und anerkennt man insbesondere, daß die Gewinnbeteiligung nicht den Zweck verfolgt, das Lohnarbeitsverhältnis aufzuheben, so kann man nicht zu dem Ergebnis kommen, daß eine Gewinnbeteiligung zwangsläufig mit einer *Verlustbeteiligung* verknüpft sein muß. Mit der Einführung einer Gewinnbeteiligung erhalten die laufenden Lohnzahlungen keineswegs – wie *Wöhe* [1978, S. 95] meint – den Charakter von Vorschüssen auf den am Ende der Rechnungsperiode zu ermittelnden Erfolgsanteil. Auf ihren Lohn haben die Arbeitnehmer nach wie vor einen Rechtsanspruch, ohne Rücksicht auf die jeweilige Ertragslage; ertragsabhängig ist lediglich der den Lohn ergänzende Gewinnanteil. Des weiteren erlangen die Mitarbeiter durch die Gewinnbeteiligung keinerlei Beteiligungs(Mitbestimmungs)rechte an der Unternehmensführung.

Dennoch wird in der Literatur gelegentlich „aus Gründen der Konsequenz" verlangt, daß eine Gewinnbeteiligung eine Verlustbeteiligung zur Folge haben müsse. Einen solchen Zusammenhang verneint *R.S. Hartmann* [1958, S. 86] mit folgender – zweifellos richtigen – Begründung: „Während . . . zwar ‚Verlust' das Gegenteil von ‚Gewinn', nämlich gleichbedeutend mit ‚kein Gewinn' ist, so ist doch ‚Verlustbeteiligung' nicht das Gegenteil von ‚Gewinnbeteiligung', und dies ist nicht gleichbedeutend mit ‚Verlustbeteiligung'. Die ‚logische' Verbindung von Gewinnbeteiligung und Verlustbeteiligung ist somit falsch." Weil es vom Wesen der Gewinnbeteiligung her „sinnwidrig ist, von Verlustbeteiligung des kapitalmäßig nicht beteiligten Arbeitnehmers zu reden" [*Mann*, 1954, S. 20], finden sich in der Praxis kaum Fälle einer konsequenten Verlustbeteiligung. Eine Verlustbeteiligung fehlt übrigens regelmäßig auch bei Vorstandsmitgliedern, deren Gehalt sich aus einem Fixum und einer Gewinnbeteiligung zusammensetzt.

Einige der bei der Gewinnbeteiligung vorhandenen grundsätzlichen Problemstellungen treten in abgewandelter Form auch bei der Beteiligung der Belegschaft am Kapital des arbeitgebenden Unternehmens auf, auf die nunmehr einzugehen ist.

4.2 Die Beteiligung der Arbeitnehmer am Kapital des arbeitgebenden Unternehmens

Die in der Praxis gelegentlich anzutreffende Beteiligung der Belegschaftsmitglieder am Kapital des Unternehmens erfolgt ebenso wie die Gewinnbeteiligung *freiwillig*, d.h. es besteht keine gesetzliche Verpflichtung, die Mitarbeiter als Kapitalgeber aufzunehmen. Auch die *Motive* der Unternehmensleitungen, ihre Mitarbeiter als Kapitalgeber zu gewinnen, können wie bei der reinen Gewinnbeteiligung vielfältiger Natur sein. Die ablehnende *Haltung der Gewerkschaften* gegenüber der betrieblichen Gewinnbeteiligung ist – wie erwähnt, s.S. 71 – aus den gleichen Gründen auch bei der Beteiligung der Belegschaft am Kapital des arbeitgebenden Unternehmens anzutreffen.

Mit der Kapitalbeteiligung ist grundsätzlich eine Beteiligung oder Beteiligungsmöglichkeit *aller* Belegschaftsmitglieder gemeint und nicht der Fall, daß einzelne Mitarbeiter Kapitalanteile (z.B. Aktien) des Unternehmens besitzen. Vielfach kommt eine Kapitalbeteiligung der Arbeitnehmer durch die Einbehaltung von Gewinnbeteiligungsanteilen der Belegschaft zustande. Gelegentlich bringen die Arbeitnehmer aber auch selbst Mittel für eine Kapitalbeteiligung auf bzw. ergänzen die im Wege einer Gewinnbeteiligung angesammelten und einbehaltenen Beträge durch eigene Kapitaleinzahlungen.

Bei der Beteiligung der Belegschaft am Kapital des arbeitgebenden Unternehmens kann es sich entweder um eine Beteiligung am Eigenkapital oder am Fremdkapital handeln. Möglich sind aber auch Beteiligungsformen, die eine Art Mischung von beiden darstellen, z.B. bestimmte Ausprägungen der stillen Gesellschaft. Gekennzeichnet ist das *Eigenkapital* vor allem durch eine langfristige Anlage (Bindung), einen von der Erfolgslage abhängigen Ertrag, die Haftung für die Unternehmensverbindlichkeiten und durch das Recht einer Beteiligung an der unternehmerischen Willensbildung. Das *Fremdkapital* ist dagegen vornehmlich charakterisiert durch fest vereinbarte, meist kurz- oder mittelfristige Rückzahlungstermine, eine von der Ertragslage unabhängige, konstante Verzinsung und das Fehlen eines Beteiligungsrechts an der Willensbildung.

Bevor auf die wichtigsten grundsätzlichen Fragen der Kapitalbeteiligung näher eingegangen wird, sind einige Angaben zur *Verbreitung* der Kapitalbeteiligung sowie der dabei anzutreffenden *Formen* und der *Quellen der Kapitalbeteiligung* zu machen. Nach *Guski/Schneider* [1977, S. 27–30] bietet die Kapitalbeteiligung der Mitarbeiter am arbeitgebenden Unternehmen im Jahre 1976 folgendes Bild.

– In der Bundesrepublik praktizieren 770 Unternehmen Modelle der Mitarbeiterkapitalbeteiligung . . . Nachweislich sind darunter 134 Aktiengesellschaften, die Belegschaftsaktien an ihre Mitarbeiter ausgegeben haben . . . Die zehn größten Unternehmen in der Bundesrepublik Deutschland sind ausnahmslos Beteiligungsunternehmen.
– Begünstigt von diesen Modellen der Mitarbeiterkapitalbeteiligung sind nahezu 800 000 Mitarbeiter . . . Davon sind knapp 700 000 Arbeitnehmer Belegschaftsaktionäre.
– Die beteiligten Mitarbeiter halten ein Kapital von 2,3 Milliarden DM, wobei 2,1 Milliarden DM am Risiko beteiligt (in Form von Eigenkapital, R.S.) sind.
– Gestaltungsformen der Mitarbeiter-Kapitalbeteiligung

Beteiligungsformen	Häufigkeit der Beteiligungsmodelle (ohne Tochtergesellschaften) in v.H.
Darlehen	31,4
Aktie	30,5
Stille Beteiligung	16,6
indirekte Beteiligung	12,6
Schuldverschreibung	3,1
Belegschaftsfonds	2,7
Kommandit-Beteiligung	2,2
GmbH-Beteiligung	0,9

– Belegschaftsaktien, Mitarbeiterdarlehen und die typische stille Beteiligung werden am häufigsten praktiziert.
– Bei den Aktiengesellschaften herrscht die Belegschaftsaktie vor. Nur wenige Aktiengesellschaften praktizieren andere Formen, etwa Schuldverschreibungen oder Belegschaftsfonds. In einigen Gesellschaften sind allerdings neben den Belegschaftsaktien noch andere Mitarbeiterkapitalbeteiligungen (Arbeitnehmerdarlehen und/oder Schuldverschreibungen beziehungsweise Belegschaftsfonds) gleichzeitig anzutreffen.
– Bei den mittleren Unternehmen dominieren Darlehen, stille Gesellschaften und indirekte Beteiligungsformen. Vollgesellschafterliche Beteiligungen sind nur vereinzelt zu finden.
– Die Frage, aus welchen Quellen die Mittel zur Begründung der Kapitalbe-

teiligung fließen und welche Verfahren dabei angewandt werden, beantworten *Guski/Schneider* [1977, S. 29f.] wie folgt.

- Beim Erwerb von Belegschaftsaktien sind Eigenleistungen die Norm, die Ausgabe von Gratisaktien (meistens in Verbindung mit Jubiläen) die Ausnahme. Hilfestellungen von Unternehmensseite beschränken sich in der Regel auf die Gewährung von Kursvorteilen (in zwei Drittel aller Fälle mindestens 50 Prozent unterhalb des Börsenkurses), ferner auf die Übernahme der Nebenkosten in Form von Steuern und Gebühren (in vier Fünftel der Fälle) sowie in der Einräumung von Finanzierungshilfen (monatliche Ratenzahlungen). Zusätzlich werden teilweise auch flankierende Maßnahmen eingesetzt. Sie erstrecken sich auf Erfolgsbeteiligungen oder übertarifliche Sonderzahlungen, die zum Zeitpunkt des Angebots der Belegschaftsaktien bar zur Verfügung stehen und so den Entschluß zur Beteiligung erleichtern. Schließlich leistet der Gesetzgeber beim Erwerb von Belegschaftsaktien tatkräftige Unterstützung und fördert sie durch das dritte Vermögensbildungsgesetz, das Sparprämiengesetz und das Kapitalaufstockungsgesetz.
- Im mittelständischen Bereich erfolgt die Aufbringung der Mittel überwiegend durch Unternehmenszuwendungen. Bei 89 Prozent aller Modelle dominieren Aufbringungsverfahren von Unternehmensseite, nur bei 11 Prozent sind Eigenleistungen der Mitarbeiter Schwerpunkt der Mittelaufbringung. Die stärkste Bedeutung erlangen Gewinnbeteiligungssysteme (54 Prozent), die den Belegschaftsangehörigen in ihrer Eigenschaft als Mitarbeiter zugesprochen werden und überwiegend zu Zwecken der Kapitalbildung im Unternehmen verbleiben (Investivzwang). Relativ häufig (30 Prozent) sind auch Sonderzuwendungen anzutreffen, die in der Regel unverbindlicher als Gewinnbeteiligungsverfahren ausgestattet sind.

Da die Eigenkapitalbeteiligung mehr grundsätzliche Fragen und Probleme aufwirft als eine Fremdkapitalbeteiligung, und zwar für alle Beteiligten, soll nachstehend auf die Eigenkapital-Mitarbeiterbeteiligung etwas näher eingegangen werden.

Die Extremposition der Eigenkapitalbeteiligung von Arbeitnehmern bildet die *Produktivgenossenschaft*. Bei dieser Genossenschaftsform liegt eine Identität von Mitgliedern (= Eigenkapitalgebern) und Arbeitnehmern vor, oder mit anderen Worten: „Die Mitglieder der Genossenschaft üben in ihr sowohl die Funktionen der Arbeitnehmer als auch die des Unternehmers aus. Das ist die profane Grundlage einer Einrichtung, die heute wie vor hundert Jahren der Phantasie der Menschen und ihren Hoffnungen auf eine neue und bessere Gesellschaftsordnung immer wieder Nährstoff gab" [*Draheim*, 1955, S. 174].

In marktwirtschaftlich organisierten Volkswirtschaften haben die Produktivgenossenschaften – im Gegensatz zu den Förderungsgenossenschaften (= Gemeinschaftseinrichtungen, die bestimmte von den Mitgliedern ausgegliederte ökonomische Funktionen wahrnehmen) – keine große Bedeutung erlangt [s. *R. Schultz*, 1970, S. 13–20]; die meisten Produktivgenossenschaften sind nach relativ kurzer Zeit gescheitert, und zwar vor allem an Disziplin- und

Leitungsschwierigkeiten, oder sie haben im Laufe der Zeit – wie noch zu zeigen ist – ihre ursprüngliche Zielsetzung so weit verlassen, daß sie nicht mehr als Produktivgenossenschaften im strengen Sinne angesehen werden können. Schon *Oppenheimer* [1924, S. 953f.] hat den Versuch, mit Hilfe von handwerklichen bzw. industriellen Produktivgenossenschaften eine dauerhafte harmonische Verbindung von Kapital und Arbeit zu erreichen, als „Dienst an einer Utopie" bezeichnet. Wesentlich optimistischer sah er jedoch die Chancen der ländlichen Produktivgenossenschaft, was heute angesichts der wohl kaum als befriedigend anzusehenden Erfolge landwirtschaftlicher Produktionsgenossenschaften in den sozialistischen Ländern bezweifelt werden muß.

Hat eine Produktivgenossenschaft ihre kritische Anlaufzeit überstanden und Erfolge aufzuweisen, so entsteht regelmäßig eine Tendenz zur Schließung des Mitgliederkreises. Es werden also, obwohl auch die Produktivgenossenschaft – wie die Förderungsgenossenschaft – eine „Gesellschaft von nicht geschlossener Mitgliederzahl" ist, keine neuen Mitglieder mehr aufgenommen. Die vorhandenen Mitglieder sind im eigenen Interesse bestrebt, die Zahl derjenigen, die am Ertrag der Produktivgenossenschaft partizipieren, nicht zu vergrößern. Benötigt das Unternehmen nun weitere Arbeitskräfte, so gewährt man diesen nicht mehr die Mitgliedschaft an der Produktivgenossenschaft, sondern nur den üblichen Arbeitnehmerstatus. Eine solche Entwicklung zieht meistens auch die Umwandlung der Unternehmensform nach sich, d.h. die genossenschaftliche Rechtsform wird zugunsten einer nichtgenossenschaftlichen Form abgelegt.

Das ursprüngliche Bild der Produktivgenossenschaft wandelt sich mit der Zeit so weit, daß dieses Unternehmen nicht mehr von anderen erwerbswirtschaftlichen Unternehmungen unterschieden werden kann. *Oppenheimer* [1922, S. 117 u. 45] hat diese Entwicklung, die er bei den gewerblichen Produktivgenossenschaften für zwangsläufig hält und die er als ein „Gesetz zur Transformation" bezeichnet, mit folgenden Worten gekennzeichnet: „Nur äußerst selten gelangt eine Produktivgenossenschaft zur Blüte. Wo sie aber zur Blüte gelangt, hört sie auf, eine Produktivgenossenschaft zu sein."

Die Idee der Produktivgenossenschaft hat in den letzten Jahren eine gewisse Belebung dadurch erfahren, daß einige heruntergewirtschaftete Unternehmen, die vor dem Konkurs oder vor einer anderweitigen Liquidation standen, von den Belegschaften zur Weiterführung übernommen worden sind. Beispiele hierfür sind die Glashütte Süßmuth in Immenhausen [*Fabian*, 1972] und das Beton- und Kunststeinwerk Beku in Thüngersheim bei Würzburg.

Eine wichtige Rolle spielt die Kapitalbeteiligung der Belegschaft bei den meisten der in der *Arbeitsgemeinschaft zur Förderung der Partnerschaft in der Wirtschaft e.V. (AGP)* mit dem Sitz in Kassel zusammengeschlossenen rund 270 zumeist mittelständischen Unternehmen. Das Wesen dieser Partnerschaftsbetriebe, in denen regelmäßig das patriarchalische Element des eigentlichen Inhabers stark ausgeprägt ist, was sich naturgemäß auch auf den Erfolg von Beteiligungsmodellen auswirkt, ist schwer zu fassen. Diese Betriebe wollen sich nicht auf eine bloße Gewinn- und/oder Kapitalbeteiligung beschränken. Die Satzung der AGP enthält folgende Definition: „Betriebliche Partnerschaft ist eine vertraglich vereinbarte Form der Zusammenarbeit zwischen Unternehmensleitung und Mitarbeitern. Sie soll allen Beteiligten ein Höchstmaß an Selbstentfaltung ermöglichen und durch verschiedene Formen der Mitwirkung und Mitbestimmung bei entsprechender Mitverantwortung einer Fremdbestimmung entgegenwirken. Notwendiger Bestandteil dieser Partnerschaft ist die Beteiligung der Mitarbeiter am gemeinsam erwirtschafteten Erfolg, am Kapital des Unternehmens oder an beidem."

Relativ einfach gestaltet sich die Kapitalbeteiligung der Mitarbeiter von börsengängigen *Aktiengesellschaften*, wenn ihnen vom Unternehmen Aktien des arbeitgebenden Unternehmens (= Belegschaftsaktien) zum (Vorzugs)Kauf angeboten werden. Der Vorteil einer Beteiligung in Form von Aktien liegt vor allem in der Mobilität der Anteile, d.h. die Mitarbeiter haben wie die übrigen Aktionäre die Möglichkeit, ihre Anteile an der Börse zu verkaufen und somit in eine liquide Form zu überführen. Eine Kündigungsmöglichkeit hat der Aktieninhaber jedoch nicht, d.h. er kann seine Einlage nicht von der betreffenden Aktiengesellschaft zurückfordern. Ist die Aktienbeteiligung über eine Anlage von Mitteln im Rahmen des 624-DM-Gesetzes zustande gekommen, so sind die erworbenen Aktien erst nach sechs Jahren veräußerbar. Ein Nachteil der Belegschaftsaktie liegt für die Mitarbeiter darin, daß sie neben dem Ertragsrisiko auch noch ein Kursrisiko zu tragen haben. Andererseits sind die Aktionäre aber auch über den Kurs an den inneren Werten (Rücklagen) des Unternehmens beteiligt.

Weil vielen Arbeitnehmern das Wesen des aktienrechtlichen Anteilpapiers, vor allem das *Kurs- und Ertragsrisiko*, nicht hinreichend bekannt ist, macht sich bei ihnen häufig eine Enttäuschung breit, wenn der Kurs der Aktien fällt und/oder der erwartete Ertrag ausbleibt. „Wo Firmen in den USA eine Gewinnbeteiligung in Form von Aktien gewährten, mußten sie die Erfahrung machen, daß die Arbeiter in dividendenlosen Jahren ihre Aktien verkauften" [*Debatin*, 1951, S. 65]. Nach einer Notiz in der *WELT* (16.9.75, S. 11) hat die stärkste der französischen Gewerkschaften, die kommunistische CGT, den Staat aufgefordert, die an die Arbeiter der staatlichen Automobilwerke Renault im Jahre 1970 zu einem Vorzugskurs ausgegebenen Belegschaftsaktien zurückzukaufen, da die Aktien inzwischen einen erheblichen Teil ihres früheren Wertes verloren hätten. Laut *Wirtschaftswoche* (10.1.75, S. 61) hat ein deutsches Unternehmen die Ausgabe von Belegschaftsaktien auf Obligationen (Fremdkapital) umstellen müssen, weil nach einem lang anhaltenden Fallen der Kurse Unruhe unter den Mitarbeitern entstanden war.

Sind die Mitarbeiter als Aktionäre an „ihrem" Unternehmen beteiligt, so stehen ihnen normalerweise die gleichen Rechte wie den übrigen Aktionären zu, d.h. vor allen Dingen auch das *Stimmrecht in der Hauptversammlung*, die u.a. die Kapitaleigner-Vertreter in den Aufsichtsrat wählt. Die Gleichstellung der Belegschaftsaktionäre mit den anderen Aktionären war unproblematisch, solange der Aufsichtsrat der Gesellschaft lediglich zu einem Drittel mit Arbeitnehmervertretern besetzt werden mußte. Seit aber nach dem Mitbestimmungsgesetz von 1976 die Paritätsregelung im Aufsichtsrat besteht, befürchten die Unternehmen, deren Mitarbeiter in nennenswertem Umfang auch Aktionäre sind, daß über eine größer werdende Belegschaftsbeteiligung am Aktienkapital möglicherweise auch ein Vertreter der Belegschaftsaktionäre im Aufsichtsrat Platz nehmen könnte, wodurch es dann faktisch zu einer Überparität der Arbeitnehmerseite käme.

Aus diesem Grunde „scheint sich in der betrieblichen Modellpraxis ein Umschwung anzubahnen. In verstärktem Maße werden stimmrechtslose Vorzugsaktien an die Belegschaftsmitglieder ausgegeben, werden Überlegungen angestellt, wie selbst die sich mit einer stimmrechtslosen Vorzugsaktie verbundenen ‚Minimalrechte' noch ausgeschaltet werden können, ohne daß sich an dem Charakter der Eigenkapital-Beteiligung etwas ändert ... Fündig geworden ist hier bereits die *Bertelsmann AG*, die kürzlich ihren Mitarbeitern sogenannte ‚Genußrechte' angeboten hat ... Typisch für diese Form der Genußrechte ist, daß es sich um Eigenkapital handelt, das einen Anspruch auf Gewinn und Liquidationserlös hat, jedoch keinerlei Mitgliedschaftsrecht wie die Aktie verbrieft" (*H.J. Schneider*, in: PERSONAL, H. 2/1980, S. 41). Bei *BMW* heißen die neuen unkündbaren Papiere, mit denen die Mitarbeiter sich seit Mitte 1980 kapitalmäßig am Unternehmen beteiligen können, „Namens-Gewinn-Scheine (NGS)"; ihre Gewinnhöhe richtet sich nach der Aktiendividende, beträgt aber mindestens sieben Prozent.

Um eine Diskriminierung der Belegschaftskapitalgeber von Anfang an zu vermeiden und um nicht Wasser auf die Mühlen der Befürworter überbetrieblicher Beteiligungslösungen zu schütten (s. nächsten Abschnitt) plädiert *Schneider* (a.a.O.) dafür, daß die Mitarbeiter-Kapitalgeber grundsätzlich die gleichen Rechte und Pflichten erhalten wie herkömmliche Kapitalgeber. Dem ist zuzustimmen. Wenn man dies aus vielfältigen Gründen nicht will, sollte man sich auf die „saubere" Fremdkapitalbeteiligung beschränken. Damit wäre dann allerdings nicht mehr eine Arbeitnehmerbeteiligung am Produktivvermögen der Wirtschaft gegeben.

Gegenüber der Beteiligung an der Aktiengesellschaft gestaltet sich eine Eigenkapitalbeteiligung der Belegschaft an *Einzelunternehmen* und *Personengesellschaften* kompliziert, weil hier die Atomisierung des Eigenkapitals fehlt. Bei diesen Unternehmensformen wirft die Eigenkapitalbeteiligung vieler Belegschaftsmitglieder eine Fülle organisatorischer und gesellschaftsrechtlicher Probleme auf. Hinzu kommen steuerliche Schwierigkeiten, die bei Kapitalgesellschaften nicht in diesem Ausmaß vorhanden sind.

Die sich grundsätzlich anbietende Möglichkeit, die Mitarbeiter als Kommanditisten zu beteiligen, scheitert aus steuerlichen Gründen. Werden die Mitarbeiter Kommanditisten, so entsteht eine *steuerrechtliche Mitunternehmerschaft* nach § 15 Ziff. 2 Einkommensteuergesetz, d.h. nicht nur die Erträge aus den Kommanditeinlagen, sondern auch die Löhne werden als Einkünfte aus Gewerbebetrieb angesehen und sind damit für das Unternehmen gewerbesteuerpflichtig. Initiativen zur Änderung dieser für eine Eigenkapitalbeteiligung an Personenunternehmen hinderliche Vorschrift haben bisher zu keinem Erfolg geführt. „Eine Anfrage im Bundestag am 5. November 1971 . . . wurde mit dem Hinweis auf die Möglichkeit der ‚stillen Beteiligung' zurückgewiesen" [*Gaugler/Kuchinka*, 1972, S. 40; s.a. *Kuchinka*, 1975].

Diese Alternative einer stillen Beteiligung der Mitarbeiter wird in der Praxis häufig angewandt. Damit auch hier nicht von den Finanzbehörden eine steuerliche Mitunternehmerschaft angenommen wird, muß es sich um eine *typische stille Gesellschaft* und nicht um die atypische handeln, d.h. die gewinnbeteiligten Arbeitnehmer dürfen nur mit ihrem Nominalanteil beteiligt sein und weder an den Rücklagen noch an der Geschäftsführung teilhaben. Eine solche Kapitalbeteiligung geht daher im Grunde mehr von Fremd- als von Eigenkapital aus. Im Gegensatz zur Aktienbeteiligung kommt eine stille Beteiligung nicht in den Genuß der Vorteile des 624-DM-Gesetzes.

Werden die Mitarbeiter als stille Gesellschafter beteiligt, so erfolgt die Beteiligung vielfach nicht direkt an dem arbeitgebenden Unternehmen, sondern indirekt, indem die Mitarbeiter stille Gesellschafter an einer eigens zur Organisierung der Mitarbeiterkapitalbeteiligung gegründeten Tochtergesellschaft werden, die ihrerseits als (stille) Kapitalgeberin bei der Mutterfirma fungiert. Die den stillen Gesellschaftern nach dem Handelsgesetzbuch (§ 338) zustehenden Kontrollrechte können in diesem Fall nur gegenüber der (reinen) Finanzierungsgesellschaft und nicht auch gegenüber dem arbeitgebenden Unternehmen ausgeübt werden.

Die Frage der *Dauer der Kapitalbindung* gestaltet sich bei Einzelunternehmen und Personengesellschaften besonders schwierig. Sollen die Mitarbeiter zu Eigenkapitalgebern gemacht werden, so kann es nicht zugelassen werden, daß sie zu einem beliebigen (kurzfristigen) Zeitpunkt ihr Kapital aus dem Unternehmen herausziehen. Eigenkapital ist grundsätzlich dadurch langfristig gebunden, daß es normalerweise in nicht-liquiden Vermögensgegenständen angelegt wird. An dem Problem der nicht ausreichenden Sicherung vor dem Kapitalabzug ist letztlich das *Ahrensburger* Gewinn- und Kapitalbeteiligungs-*Modell* [*R. Schultz*, 1976, S. 120f.] gescheitert. Als sich hier eines Tages die Gewinnerwartungen verschlechterten, zeigte sich bei einigen Mitarbeitern mit relativ hohen Kapitalanteilen (stille Gesellschafter) die Tendenz, ihr Kapital zu kündigen.

Aufgrund dieser Erfahrungen wurde die betreffende Unternehmung (oHG) im Jahre 1977 in eine Aktiengesellschaft umgewandelt, bei der eine (Aktien)-Kapitalkündigung gesetzlich ausgeschlossen ist. Während in dem alten Modell rund 70 Prozent der Mitarbeiter (= 300) etwa 80 Prozent des in der Steuerbilanz ausgewiesenen Eigenkapitals hielten, sind die Belegschaftsmitglieder an der Unternehmung in der neuen Rechtsform zur Zeit (Juli 1980) nur noch mit rund 25 Prozent des Aktienkapitals beteiligt. Zum Zeitpunkt der Umwandlung waren über 90 % des Grundkapitals in Mitarbeiterhand. Unmittelbar nach der Umwandlung verkauften trotz einer guten Ertragssituation die meisten Mitarbeiter ihre (Inhaber)Aktien, die gleich nach der Umwandlung im Kurs gestiegen waren, so daß die Verkäufer einen Kursgewinn realisieren konnten.

Ist eine Umwandlung der Personengesellschaft in eine Aktiengesellschaft nicht in Betracht zu ziehen, so wird regelmäßig die Kündigung der Mitarbeiter-Gesellschaftsanteile für eine sehr lange Zeit vertraglich ausgeschlossen. Ein Beispiel hierfür bietet die *Gruner + Jahr AG & Co KG* in Hamburg. In diesem Unternehmen können die stillen Mitarbeiter-Gesellschafter ihre Anteile erst nach Ablauf von 25 Jahren zurückziehen. Allerdings wird bei Gruner + Jahr, wie auch bei der Haupteigentümerin *Bertelsmann AG*, den Mitarbeitern die Möglichkeit gegeben, über eine interne Börse ihre Anteile zum Verkauf anzubieten. Ein solcher Verkauf kann naturgemäß jedoch nur realisiert werden, wenn eine entsprechende Nachfrage anderer Mitarbeiter vorhanden ist. Um die Möglichkeit auszuschließen, daß nach Ablauf der 25 Jahre viele stille Gesellschafter ihre Einlagen zurückziehen, werden bei Gruner + Jahr seit Mai 1980 neue Mitarbeiterkapitalanteile nicht mehr als stille Anteile, sondern als gänzlich unkündbare Gewinnbezugsrechte (= Genußrecht) begründet.

Um falschen Vorstellungen über die Möglichkeiten einer Kapitalbeteiligung bei der Belegschaft vorzubeugen, ist – wie bei der Gewinnbeteiligung – eine ständige, fundierte Information der Mitarbeiter über grundlegende ökonomische Zusammenhänge des Unternehmens, insbesondere der Kapital- und Ertragsverhältnisse und seiner Märkte nötig. Dabei wird – was häufig nicht geschieht – auch in „guten" Jahren immer wieder darauf aufmerksam zu machen sein, daß *jede* Eigenkapitalbeteiligung risikobehaftet in dem Sinne ist, daß Erträge (Dividenden) ausbleiben und auch die Einlagen selbst verloren gehen können.

4.3 Gesellschaftspolitische Aktivitäten einer gesetzlich-forcierten Vermögensbildung in Arbeitnehmerhand

Seit langem gibt es vielfältige gesellschaftspolitische Aktivitäten zur Schaffung einer gesetzlich geförderten (bzw. geforderten) Vermögensbildung, von der insbesondere die Arbeitnehmer mit geringerem und mittlerem Einkommen profitieren sollen.

Die Bemühungen der verschiedenen Bundesregierungen um eine Unterstützung der Vermögensbildung der privaten Haushalte begannen nach dem Zweiten Weltkrieg mit *Steuervergünstigungen*, zum Beispiel für den Bau und Erwerb von Wohnungen und Eigenheimen sowie für bestimmte Formen des Sparens. Steuerliche Begünstigungen verfehlen ihre sparfördernde Wirkung jedoch bei denjenigen Personen, die aufgrund ihres relativ geringen Einkommens oder ihres Familienstandes nur geringe oder gar keine Steuern zahlen. Daher wurde im Laufe der Zeit ein Teil der steuerlichen Hilfen für die Vermögensbildung umgestellt auf die Gewährung von *staatlichen Zuschüssen* und die Anknüpfung an die Steuerlast aufgehoben, d.h. anstelle von Steuerermäßigungen werden nun staatlicherseits Prämien auf die gesparten (vermögensbildenden) Beträge gezahlt. In einigen Fällen der vom Staat begünstigten Vermögensbildung existiert heute ein Wahlrecht zwischen der Inanspruchnahme einer Steuervergünstigung und der Zahlung einer staatlichen Prämie. Die Anknüpfung an die Steuerbelastung bei der Sonderabschreibung gemäß § 7b EStG, der die Vermögensbildung im Bereich des Wohnungswesens fördern soll, besteht nach wie vor.

Die gesetzliche Grundlage für die Vermögensbildung der Arbeitnehmer, soweit auch das arbeitgebende Unternehmen davon tangiert wird, bildet vor allem das sog. *624-DM-Gesetz* in der Fassung vom 15.1.1975, dessen genauer Titel lautet: „Drittes Gesetz zur Förderung der Vermögensbildung der Arbeitnehmer." Dieses Gesetz hatte seinen Ursprung in dem 312-DM-Gesetz aus dem Jahre 1961.

Nach dem 624-DM-Gesetz kann der Arbeitnehmer verlangen, daß der Arbeitgeber einen Teil des Arbeitslohnes, nämlich bis zu 624.– DM jährlich, für ihn als vermögenswirksame Anlage in einer von ihm gewünschten Form festlegt, zum Beispiel durch Überweisung seitens des Arbeitgebers auf ein Sparkonto oder für einen Bausparvertrag. In diesen Fällen wird die vermögensbildende Leistung ausschließlich vom Arbeitnehmer erbracht. Der Arbeitgeber überweist lediglich den Betrag, d.h. kürzt das Gehalt um diesen Teil und überweist ihn an die angegebene Stelle. Die im Rahmen des 624-DM-Gesetzes angelegten Beträge sind mit einer Sperrfrist (i.d.R. sechs bis sieben Jahre) versehen, d.h. der Arbeitnehmer kann über sie erst nach Ablauf dieser Frist verfügen.

Mehr und mehr hat sich in den letzten Jahren die Tendenz durchgesetzt, in *Tarifverträgen* zusätzlich zum Lohn die Zahlung von vermögenswirksamen Leistungen durch den Arbeitgeber zu vereinbaren, die der Arbeitgeber für den Arbeitnehmer nach dessen Wahl im Rahmen des 624-DM-Gesetzes vermögenswirksam (also mit einer Sperrfrist) anlegt. Im Jahre 1979 kamen 94 Prozent der Arbeitnehmer in den Genuß solcher tarifvertraglicher vermögenswirksamer Leistungen, die allerdings nicht immer den höchstmöglichen Betrag (624.– DM) erreichen. In wichtigen Tarifbereichen ist diese Grenze allerdings schon länger erreicht.

Es ist unbestritten, daß sowohl über das 624-DM-Gesetz als auch über andere staatliche Förderungen, z.B. in Form des Spar-Prämiengesetzes, des Wohnungsbau-Prämiengesetzes und des § 7b EStG, der Vermögensbildung breiter Schichten starke Impulse gegeben worden sind, wofür die relativ hohen (Massen)Einkommen und die ebenfalls recht hohe durchschnittliche Sparneigung günstige Voraussetzungen bilden. „Die Arbeitnehmer und die Ärmeren (was nicht dasselbe ist) haben in der Vermögensbildung aufgeholt, sparen aber stärker in Form von Geldforderungen, so daß jede wesentliche Geldentwertung einen vermögenspolitischen Rückschlag bedeutet" [*Willgerodt*, 1975, Sp. 1997].

Die zweifellos vorhandenen Vermögensbildungserfolge haben allerdings so gut wie nichts an der starken *Ungleichverteilung des Produktivvermögens* (= Eigentum an Unternehmen) ändern können. In ihrem im Auftrag des Bundesministers für Wirtschaft erstellten Gutachten konstatieren *Kurz/Rall* [1980, S. 380], daß die überwiegend auf die Geldvermögensbildung gerichtete staatliche Sparförderung ihre „Erziehungsfunktion" abgeschlossen habe, breite Massen an längerfristiges, kontinuierliches Sparen zu gewöhnen und sie mit dem Bankensystem vertraut zu machen; „die staatliche Subventionspolitik sollte sich deshalb nun aus diesem Bereich zurückziehen" und sich mittelfristig zugunsten der Beteiligung am Risikokapital (Eigenkapital) umorientieren. In diesem Zusammenhang ist darauf hinzuweisen, daß im Durchschnitt die Eigenkapitalquote am Gesamtkapital der Unternehmen relativ gering ist und sinkende Tendenz hat.

In der gesellschaftspolitischen Vermögensbildungsdiskussion steht ohnehin die Frage der Beteiligung der Arbeitnehmer am Produktivvermögen der Wirtschaft im Mittelpunkt, ein Problem, das nach wie vor ungelöst ist und vielleicht auch gar nicht lösbar ist, wic die folgenden Ausführungen möglicherweise zeigen werden.

Zur Gewinnung von Daten für eventuelle gesetzgeberische Überlegungen zur Beteiligung breiterer Bevölkerungskreise am Vermögen der Wirtschaft erhielt *Krelle* 1963 vom Bundesministerium für Arbeit und Sozialordnung einen Forschungsauftrag über „Die wirtschaftlichen Möglichkeiten und Auswirkungen der überbetrieblichen Ertragsbeteiligung zur Vermögensbildung der Arbeitnehmer". *Krelle* hat die Untersuchung zusammen mit *Schunck* und *Siebke* durchgeführt und seinen zweibändigen Bericht im Jahre 1966 vorgelegt und 1968 veröffentlicht.

Aufgrund von Daten aus dem Jahre 1960 kamen *Krelle/Schunck/Siebke* [1968, Bd. 2, S. 381] zu dem Ergebnis, daß 1960 1,7 % der Bevölkerung bei uns rund 70 % des Eigentums (Produktivkapital, Produktivvermögen) an den gewerblichen Unternehmen besaßen. Die beiden von *Krelle/Schunck/Siebke* genannten Ziffern (1,7 % besitzen 70 %) haben die politische Diskussion bei uns nachhaltig belebt. *Schoeck* [1973, S. 14f.] meint hierzu: „In der Geschichte der Sozialpolitik hat es noch nie zwei Zahlen gegeben, die so schlagartig eine vernünftig und erfolgreich begonnene Politik (der breiten Vermögensbildung, R.S.) in ihr Gegenteil zu verwandeln drohten, wie diese zwei Zahlen über die angebliche Verteilung des Produktivkapitals in der Bundesrepublik zum Stichjahr 1960. Vor allem aber hat es wohl noch nie zwei politisch so wirkungsträchtige Zahlen gegeben, die so falsch erhoben und irreführend weitergegeben wurden . . . *Krelle* hat aufrichtigerweise vor und nach dem Satz, in dem sie erscheinen, so viele schwerwiegende Einschränkungen und Warnungen vor Mißbrauch seiner Berechnungen eingefügt, daß nur Kenntnislosigkeit davon einen Politiker vor dem Vorwurf der Demagogie schützt, wenn er die 1,7 % auftischt." Zur Auseinandersetzung mit den Erhebungsmethoden der *Krelle*-Untersuchung s. *Willgerodt/Bartel/Schillert* [1971, S. 42ff.].

In den vergangenen Jahren ist überwiegend erfolglos eine *Fülle von Plänen* vorgelegt worden [s. *Pulte*, 1973; *Ehrenberg/Streichan*, 1974; *Andersen*, 1976; *R. Schultz*, 1976], die darauf abzielen, die breiten Schichten der Bevölkerung stärker als bisher in die Lage zu versetzen, Vermögen – insbesondere

Produktivvermögen – zu bilden. Die bisherigen Vorstellungen zu einer besseren Produktiv-Vermögensverteilung gehen ganz überwiegend davon aus, den *Vermögenszuwachs* – also den Gewinn des Unternehmens – als den Beteiligungsansatz zu wählen; die Umverteilung von bestehendem Vermögen steht dabei nicht zur Debatte. In einigen Fällen spielt das Modell einer von der Gewinngröße losgelösten Vermögensbildung eine Rolle, so zum Beispiel bei dem noch zu skizzierenden Burgbacherplan. Von seiten der *Wirtschaft* wird – wenn überhaupt – die betriebsbezogene Gewinn- und Kapitalbeteiligung der Belegschaftsmitglieder vorgezogen (s. der *arbeitgeber*, 1976, S. 822–825). Ebenso von der *CDU/CSU*. Solche Beteiligungsformen stoßen bei den *Belegschaften* meist auf reges Interesse; allerdings nicht bei den *Gewerkschaften*, denen – wie *Bucerius* meint (*DIE ZEIT*, 1.2.74, S. 30) – „gewinnbezogene, freiwillige Leistungen ein Greuel sind".

In die Richtung einer betriebsbezogenen Gewinn- und Kapitalbeteiligung zielt das von der *CDU/CSU* stark propagierte und im April 1970 in den Bundestag eingebrachte Beteiligungslohngesetz (*Burgbacherplan*; Bundestagsdrucksache VI/616). Der Burgbacherplan soll zu individueller Vermögensbildung in der Weise führen, daß die Unternehmen gesetzlich verpflichtet werden, monatlich 20 DM für jeden Arbeitnehmer als „Beteiligungslohn" (*Investivlohn*) in Beteiligungswerten des arbeitgebenden Unternehmens oder in Anteilen anderer Unternehmen anzulegen, und zwar nach Wahl der Arbeitnehmer. Die Anteile dürfen sieben Jahre lang nicht veräußert werden; ihre Bildung wird staatlicherseits mit einer Zulage und mit Steuervergünstigungen gefördert.

Im Herbst 1973 hat sich die *CDU* auf ihrem 22. Ordentlichen Bundesparteitag in Hamburg auch mit der Vermögensbildungsfrage beschäftigt und dabei Leitsätze für eine partnerschaftliche Beteiligung am Produktivvermögen verabschiedet, die zum Teil recht allgemein gehalten sind (s. *Deutsches Monatsblatt* 12/73, S. 37). Auf die CDU/CSU-Initiativen aus den Jahren 1975/76 sind an späterer Stelle dieses Abschnitts noch einzugehen.

Die *FDP* hat auf ihrem Freiburger Parteitag 1971 acht Thesen zur überbetrieblichen Vermögensbeteiligung verabschiedet [s. *Flach/Maihofer/Scheel*, 1972, S. 80ff.].

Auch die *Gewerkschaften* beschäftigen sich seit langem mit der Frage der Vermögensbildung. Auf dem 9. Ordentlichen Bundeskongreß des DGB im Jahre 1972 ist ein Beschluß zur Vermögensbildung gefaßt und der DGB-Bundesausschuß, das höchste Organ zwischen den DGB-Bundeskongressen, beauftragt worden, ein Modell der überbetrieblichen Ertragsbeteiligung zu verabschieden. In seiner Sitzung am 4.4.1973 hat der DGB-Bundesausschuß mit 55 gegen 52 Stimmen ein vermögenspolitisches Konzept verabschiedet, das sich im wesentlichen mit dem Beschluß des 9. Ordentlichen DGB-Bundeskongresses in dieser Frage deckt: „Der DGB erwartet vom Gesetzgeber bei der Beratung und Verabschiedung eines Gesetzes zur Beteiligung der Arbeitnehmer am Produktivvermögen die Beachtung folgender *Grundsätze*:

- Die Unternehmen haben Beteiligungen, die durch Kapitalerhöhung zu schaffen sind, abzuführen. Barleistungen sind auszuschließen.
- Die Unternehmensanteile sind auf dezentrale, nicht miteinander konkurrierende Fonds zu übertragen, die unter Ausschluß von Banken und privaten Kapitalanlagegesellschaften zu bilden sind. Die Fonds müssen – unter Einbeziehung des öffentlichen Interesses – von den begünstigten Arbeitnehmern selbst verwaltet werden.
- Die Arbeitnehmer aller Bereiche bis zu einer bestimmten Einkommenshöhe erhalten gratis wertgleiche Zertifikate, über die sie erst nach Ablauf einer Sperrfrist verfügen können.
- Gewinne aus den Unternehmensbeteiligungen werden nicht ausgeschüttet; die Fonds sollen sie zur Finanzierung von Infrastruktur-Investitionen im öffentlichen Bereich zur Verfügung stellen" [*Pitz*, 1974, S. 55].

Der DGB-Bundesausschuß macht ausdrücklich darauf aufmerksam, daß sein Konzept der Vermögensbildung nicht mit der Vermögensbildung herkömmlicher Art (z.B. Sparförderung oder tarifvertraglicher Vereinbarung vermögenswirksamer Leistungen) verwechselt werden dürfe, die individuell verfügbare Vermögensbestandteile schaffe und auf diese Weise zu einer Verbesserung der Einkommen und damit der sozialen Lage jedes einzelnen Arbeitnehmers beitrüge. „Die Beteiligung der Arbeitnehmer (nach DGB-Vorstellung, R.S.) am Produktivvermögen ist demgegenüber kein Mittel zur Einkommensverbesserung. Ausgangspunkt der Forderung nach Vermögensbeteiligung ist vielmehr die zunehmende Konzentration des Produktivvermögens und die damit verbundene Zusammenballung wirtschaftlicher Macht . . . Die angestrebte Beteiligung der Arbeitnehmer am Produktivvermögen verfolgt das doppelte Ziel einer stetigen und wirksamen Umverteilung des Produktivvermögens und der damit verbundenen wirtschaftlichen Macht" [*Pitz*, 1974, S. 55].

Auf Ablehnung stieß das Beteiligungskonzept des DGB-Bundesausschusses bei den mitgliederstarken Gewerkschaften IG Metall, ÖTV und Postgewerkschaft. Die *IG Metall* hat sich mit ihren Leitsätzen zur Vermögensbildung vom Oktober 1972 scharf gegen die überbetriebliche Ertragsbeteiligung ausgesprochen [*Pitz*, 1974, S. 52ff.] und ihre Bedenken anläßlich der Verabschiedung des DGB-Bundesausschuß-Modells wiederholt (s. *Der Gewerkschafter* 4/1973, S. 122f.). Die IG Metall möchte anstelle einer überbetrieblichen Ertragsbeteiligung weitergehende Maßnahmen zur Umgestaltung der Wirtschafts- und Gesellschaftsordnung eingeleitet sehen, z.B. überbetriebliche (gesamtwirtschaftliche) Mitbestimmung, verschärfte Mißbrauchsaufsicht über marktstarke Unternehmen, Instrumente zur (zentralen) Steuerung der privaten Investitionen und Überführung von Schlüsselindustrien und anderen markt- und wirtschaftsbeherrschenden Unternehmen in Gemeineigentum.

Der DGB-Bundesausschuß hatte mit der Verabschiedung seines Vermögensbildungskonzepts am 4.4.1973 dem nur wenige Tage später stattfindenden *SPD*-Bundesparteitag in Hannover die einzuschlagende Richtung in der Vermögensbildungsfrage angezeigt. Aber auch unter den SPD-Parteitagsdelegierten gab es eine ganze Reihe von Gegnern des DGB-Vermögensbildungsplanes und ähnlicher Pläne des SPD-Parteivorstandes. Der SPD-Parteivorstand, der 1969 und 1972 im Bundestags-Wahlkampf stark mit dem Thema Vermögensbildung geworben hatte, hat sich auf dem Bundesparteitag mit einem Konzept durchgesetzt, das weitgehend dem des DGB gleicht.

Am 21.2.1974 verabschiedete das *Bundeskabinett* (*Brandt/Scheel*) die *Grundlinien eines Vermögensbeteiligungsgesetzes*, die folgendes vorsahen:

- Vermögensabgabeverpflichtet sind gewerbliche Unternehmen mit einem steuerpflichtigen Jahres-Gewinn von 400 000 DM, bei Personenunternehmen 500 000 DM. Unter einer Million DM Gewinn soll der Abgabesatz zwischen 5 und 10 % betragen; darüber 10 %.
- Die Abgabepflicht wird erfüllt durch die Abführung von börsennotierten Aktien des eigenen Unternehmens (Regelfall) oder von börsennotierten Aktien von Kapitalbeteiligungsgesellschaften, die an dem abgabepflichtigen (nicht börsengängigen) Unternehmen beteiligt sind und im Zusammenhang mit der gesetzlichen Vermögensbildung eingerichtet werden. Die Abführung von Anteilspapieren macht ständige Eigenkapitalerhöhungen nötig. Wird die Barabführung gewählt, so wird die Abgabeschuld mit einem Zuschlag von 10 bis 15 % belegt.
- Leistungen der Unternehmen nach dem 624-DM-Gesetz sowie betriebliche Gewinnbeteiligungen werden auf die Abgabeschuld nicht angerechnet. Diese Bestimmung führte nach Ankündigung des Vermögensbeteiligungsgesetzes zu einem Rückgang der betrieblichen Initiativen zur Einführung von Erfolgs- und Kapitalbeteiligungen der Belegschaften.
- Eingezogen wird die Vermögensbeteiligungsabgabe durch eine zentrale Clearingstelle (öffentlich-rechtliche Anstalt). Die Clearingstelle verteilt die einkommenden börsennotierten Aktien und Barmittel auf die etwa 25 zu gründenden Vermögensanlagegesellschaften (= Fonds; nicht zu verwechseln mit den Kapitalbeteiligungsgesellschaften) auf der Grundlage des Verhältnisses der bei ihnen eingetragenen Bezugsberechtigten von Vermögensbildungs-Zertifikaten. Die eigentliche Verwaltung der Beteiligungsrechte und die Anlage der Barmittel liegt bei diesen Vermögensanlagegesellschaften.
- Anspruch auf die kostenlose Zuteilung von Vermögensbildungs-Zertifikaten haben alle Arbeitnehmer, Freiberufliche und Selbständige unter einer bestimmten Einkommensgrenze, die bei einem Ehepaar mit nur einem Einkommensempfänger und zwei Kindern bei 72 000 DM versteuerbarem Jahreseinkommen liegt.
- Die Erträge aus der Vermögensanlage stehen den Bezugsberechtigten zu. Allerdings bleiben die Erträge – ebenso wie die Zertifikate selbst – sieben Jahre voll gesperrt. Verkauft der Zertifikatinhaber seine Anteile vor Ablauf von zwölf Jahren oder gibt er sie innerhalb dieser Frist an die Vermögensanlagegesellschaft zurück, so verliert er seine weiteren Bezugsrechte für die Dauer von fünf Jahren. Bei einem angenommenen Durchschnittsaufkommen der von den Unternehmen abzuführenden Vermögensbeteiligungsab-

gabe von jährlich fünf Milliarden DM ergibt sich bei einem von der Einkommenshöhe her ermittelten Berechtigtenkreis von 23,6 Millionen ein Jahresbetrag von rund 212 DM, über den der Berechtigte ein Zertifikat erhält. Im Hinblick auf die zu erwartende Rendite auf ein solches Zertifikat sind die Planer seinerzeit von 3,5 Prozent ausgegangen.

Die von der Bundesregierung beschlossenen „Grundlinien" sind in der Öffentlichkeit auf *heftige Kritik* gestoßen, und zwar nicht nur in der Wirtschaft, sondern auch bei den mitgliederstarken Gewerkschaften. Die *IG Metall* hat in einem Anfang 1974 erschienenen Buch „Das Nein zur Vermögenspolitik" [*Pitz*, 1974] noch einmal nachdrücklich ihre ablehnende Haltung begründet. Im Buch-Vorwort wird der Stellenwert der Vermögenspolitik als „ein abgebranntes Irrlicht in der gesellschaftspolitischen Auseinandersetzung" charakterisiert.

Auch von *wissenschaftlicher Seite* wurden die Grundlinien des Vermögensbeteiligungsgesetzes kritisiert. So vertritt *Molitor* [1974] die Auffassung, daß es für den vermögenspolitischen Gesamteffekt sicherlich ratsamer wäre, die auf vielen Sektoren gemachten guten Erfahrungen mit Investivlohnregelungen zu verallgemeinern, „als sich auf maximal 10 % des Gewinnes von 2 % der Unternehmen zu kaprizieren, um die aufkommenden Beträge landesweit zu verteilen".

Zu der vielzitierten „Macht des Produktivkapitals", die nach gewerkschaftlichen Vorstellungen auch oder gerade über die skizzierte Vermögensbeteiligung kontrolliert werden soll, meint *Molitor*, daß die tatsächliche wirksame Gegenwehr hier in der Mitbestimmung einerseits und der Wirtschaftspolitik andererseits liege; „es sei denn, der Koalitionsplan wäre als ein umständlicher, aber falsch etikettierter Schritt auf dem Wege zur ‚Vergesellschaftung der Produktionsmittel' gedacht".

Zu den gewerkschaftlichen Vorstellungen, über die Vermögensbeteiligung die „Macht" der großen Kapitalgesellschaften zu kontrollieren, was ja wohl nur über eine weitere Besetzung von Aufsichtsratsposten möglich ist, meint *Nell-Breuning* [1973]: „Da nach der Vorstellung des DGB die Fonds von Vertrauensleuten der Gewerkschaften verwaltet würden, gewännen die Gegner der wirtschaftlichen Mitbestimmung ein geradezu unwiderlegbares Argument: Über Fonds und Mitbestimmung zusammen besäßen die Gewerkschaften die Alleinherrschaft über alle Großunternehmen." *Nell-Breuning* [1973] macht außerdem darauf aufmerksam, daß die von der IG Metall anstatt der Vermögensbeteiligung geforderte eine Alternative, nämlich die Überführung von marktstarken Unternehmen in Gemeineigentum, nicht zu den vermögenspolitischen Vorstellungen einer überbetrieblichen Ertragsbeteiligung im Widerspruch stehe, „sind doch die Fonds im Grunde genommen auch nur eine andere Form der ‚Überführung in Gemeineigentum'; insoweit dreht dieses Gegenargument sich im Kreise".

Angesichts der sich vor allem mit den aufwandsintensiven Vermögensbildungseinrichtungen zu erklärenden geringen Renditeerwartungen aus dem Zertifikatbesitz muß nach Ablauf der Sperrfrist mit einem beachtlichen Verkauf bzw. einer Rückgabe der Anteile gerechnet werden. Nach Eugen Loderer [in: *Pitz*, 1974, S. 17] besitzt das SPD-Modell (wie auch die „Grundlinien", R.S.) eine zentrale Schwachstelle: „Es wird mit keinem Wort gesagt, woher der Fonds die Mittel für die Bezahlung der rückfließenden Zertifikate nehmen soll." Auch sei nicht klar, woher der Fonds die Mittel nehmen wolle, um an (zusätzlichen) Kapitalerhöhungen der Unternehmen teilnehmen zu können, d.h. um junge, neu auszugebende Aktien zu kaufen.

Um sich nicht unerwünschte Kapitalgeber ins Haus zu holen und um nicht zu einer Kapitalerhöhung gezwungen zu werden, wenn betriebswirtschaftliche Gesichtspunkte sie gar nicht erfordern, ist damit zu rechnen, daß viele Unternehmen trotz des Strafgeldes die Barablösung wählen werden. Im Falle der Barleistung wird das gern gebrauchte Argument, die Vermögensbeteiligungsabgabe belaste nicht den Gewinn und könne daher – weil es sich bei ihr nicht um Kosten handele – nicht über den Preis weitergegeben werden, besonders eindrucksvoll widerlegt.

In Anbetracht der Komplexität des Vermögensbildungsproblems und der zahlreichen ungeklärten Fragen sowie der unsicheren Wirkungsweisen der „Grundlinien" war es nur konsequent, daß der neue Bundeskanzler, der Ökonom *Helmut Schmidt*, das mit den Grundlinien angestrebte umfangreiche gesetzliche Vermögensbildungsvorhaben erst einmal vertagte. In seiner *ersten Regierungserklärung vom 17.5.1974* hieß es zu dieser Sachfrage: „Die Bundesregierung unternimmt ernste Bemühungen, ein Gesetz zur Vermögensbildung vorzubereiten. An diesem Vorhaben hält die Bundesregierung fest. Die Grundlinien dafür sind vom Kabinett verabschiedet worden. Bei der Vorbereitung des Gesetzentwurfs hat sich gezeigt, daß es auf diesem Neuland große rechtliche und technische Schwierigkeiten gibt. So ist zum Beispiel die Bewertung von Anteilsrechten von Gesellschaften, die nicht an der Börse notiert werden, bislang nicht befriedigend gelöst worden. Diese und andere schwierige Fragen müssen gründlich geklärt werden.

Die Bundesregierung wird deshalb die Arbeiten an diesem Gesetzentwurf fortsetzen. Sie wird zu diesem Zweck eine beim Bundesminister der Finanzen anzubindende interministerielle Organisationseinheit einsetzen mit dem Ziel, das Gesetz so rechtzeitig zu verabschieden, daß es am 1.1.1978 wirksam werden kann. Das bedeutet, daß das Gesetz in dieser Legislaturperiode im Parlament eingebracht wird."

Die *FAZ* (17.5.1974, S. 13) glaubt in diesem Zusammenhang, daß der neue Bundeskanzler erleichtert darüber sein wird, „praktische Gründe dafür anführen zu können, daß er dieses Renommierprojekt der letzten Regierung in die Schubladen der Bürokraten abschieben kann", und führt dann weiter aus: „Die Wirtschaft darf sich nun aber nicht damit zufriedengeben, daß dieses Projekt vom Tisch ist. Das wäre kurzsichtig. Wenn man die Neuauflage dieser oder ähnlicher Pläne verhindern will, so muß sie selbst die Initiative ergreifen. Bei weitem nicht alle Arbeitgeber schöpfen das 624-DM-Gesetz voll aus; noch immer gibt es zuwenig Belegschaftsaktionäre. Die Unternehmen sollten auch mehr über Gewinnbeteiligungsmodelle nachdenken, die mit der

Vermögensbildung zu verknüpfen wären. Die Wirtschaft muß ihre Stunde erkennen.“ Die Befolgung dieser unterstützenswerten Mahnung kann allerdings nur dann zu einem dauerhaften Erfolg führen, wenn die Gewerkschaften und andere gesellschaftlich relevante Gruppen ihre ablehnende Haltung gegenüber betriebsbezogenen Gewinn- und Kapitalbeteiligungen aufgeben, wofür es bisher keine Anhaltspunkte gibt.

Das *Handelsblatt* berichtete am 1.12.1975 (S. 1), der Bundesfinanzminister habe das nach der Regierungsübernahme von Bundeskanzler *Schmidt* eingerichtete Referat für die interministerielle Koordination der Vermögensbeteiligungspläne aufgelöst; doch wollten die beteiligten Bundesministerien diesen Vorgang nicht als ein Zeichen für das Ableben der bisherigen Vermögensbeteiligungs-Idee gewertet sehen.

In seiner nach der Bundestagswahl 1976 abgegebenen *Regierungserklärung vom 16.12.1976* führte der *Bundeskanzler* zur Vermögensbildung folgendes aus: „In der Vermögenspolitik fordert die Bundesregierung die Tarifvertragsparteien auf, den noch nicht voll ausgeschöpften Rahmen des 624-DM-Gesetzes voll zu nutzen. Sobald es tarifpolitisch notwendig erscheint, wird die Bundesregierung eine Ausweitung des Begünstigungsrahmens des dritten Vermögensbildungsgesetzes auf 936 DM vorschlagen. Die staatlichen Gesamtaufwendungen für die Sparförderung sollen dadurch nicht erhöht werden.

Unabhängig davon wird die Bundesregierung

a) den Anlagekatalog des Gesetzes erweitern, um verstärkt auch Beteiligungen in Unternehmen zu ermöglichen,
b) die der stärkeren Anwendung des dritten Vermögensbildungsgesetzes auf Beteiligungsformen entgegenstehenden steuerlichen Hemmnisse abbauen.“

Bereits am 21.5.1975 hatte die *CDU/CSU-Bundestagsfraktion* die Bundesregierung aufgefordert (*Bundestagsdrucksache* 7/3664), den Entwurf eines Gesetzes zur Förderung der (freiwilligen) betrieblichen Gewinn- und Kapitalbeteiligung der Arbeitnehmer vorzulegen. Sie verlangt von der Bundesregierung, mehr Arbeitnehmern als bisher den Zugang zu Gewinn- und Kapitalbeteiligungen zu ermöglichen, und zwar vor allem über den Abbau steuerlicher Hemmnisse. Mit Rücksicht auf die schwierige wirtschaftliche Lage eines großen Teils der Unternehmen wurde darauf verzichtet, die Unternehmen gesetzlich zu verpflichten, einen Beitrag zur Vermögensbildung zu leisten, wie es das von der *CDU/CSU* im April 1970 in den Bundestag eingebrachte Beteiligungslohngesetz (Burgbacher-Plan) vorsah.

Am 13.1.1978 hat der *Bundesrat* auf Initiative der Bayerischen Staatsregierung einen Gesetzentwurf zum Abbau steuerlicher Hemmnisse für die Vermögensbeteiligung der Arbeitnehmer in den Deutschen Bundestag eingebracht (*Bundestagsdrucksache* 8/1418). Ergänzt wurde diese Initiative am 24.1.1978 mit der Vorlage des Entwurfs eines Gesetzes zur Förderung freiwilliger betrieblicher Gewinn- und Kapitalbeteiligung durch die *CDU/CSU-Bundesfraktion* (*Bundestagsdrucksache* 9/1565).

Obgleich die CDU/CSU-Initiativen weitgehend mit den vom Bundeskanzler in seiner Regierungserklärung von 1976 geäußerten Absichten übereinstimmen, ist es seit 1970 (der Verabschiedung des zweiten Vermögensbildungsgesetzes) nicht zu neuen gesetzgeberischen Ergebnissen in der Vermögensbildungsfrage gekommen. Zu groß scheinen die Differenzen innerhalb der SPD/FDP-Koalition in Detailfragen der Vermögensbildung zu sein. Die gesetzgeberische Nicht-Aktivität dürfte insbesondere aber auch darin begründet sein, daß wichtige *Gewerkschaften* alle Vermögensbildungsbemühungen, die von betrieblichen Initiativen ausgehen und zudem noch steuerlich begünstigt werden, nachdrücklich ablehnen. So hat der *DGB* in einem Brief an den Bundeskanzler festgestellt, es wäre weniger schädlich, die vermögenspolitischen Aussagen der Regierungserklärung von 1976 nicht zu verwirklichen, als sie im Gegensatz zu den erklärten Vorstellungen der Gewerkschaften zu realisieren (zitiert nach *Sozialdemokratischer Pressedienst Wirtschaft*, 7.2.1980, S. 3). Offiziell wurde im März 1980 die Ablehnung der CDU/CSU-Initiativen und der Verzicht auf eigene gesetzgeberische Schritte mit nicht zu vertretenden neuen Haushaltsbelastungen begründet.

In Anbetracht der unübersichtlichen und uneinheitlichen Haltung der Gewerkschaften (betriebliche Regelungen werden generell abgelehnt; überbetriebliche (Fonds)Lösungen werden von den mitgliedsstarken Gewerkschaften im DGB bekämpft), wird es vermutlich in der Vermögensbildungsfrage auch in absehbarer Zeit nicht zu nennenswerten gesetzgeberischen Erfolgen kommen[1]). Das Thema der Vermögensbildung flammt regelmäßig vor Bundestagswahlen auf, um danach wieder ins politische Abseits zurückzukehren. Die damit verbundene Ungewißheit wirkt sich auf die Einführung freiwilliger betrieblicher Gewinn- und Kapitalbeteiligungssysteme zweifellos nicht förderlich aus.

Zu fragen bleibt abschließend, ob eine breite Streuung des risikobehafteten Produktivvermögens überhaupt so unbedingt wünschenswert ist. Die von den Gewerkschaften in ihren Grundsätzen zur „Vermögensbildung" angestrebte *Machtkontrolle* über die zweifellos konzentrierten Unternehmensvermögen kann grundsätzlich ja auch über wirksame *Mitbestimmungsregelungen* erfolgen. *Šik* [1973, S. 301; s.a. 1979] sieht jedoch erst in der Arbeitnehmer-Beteiligung am Kapital die Grundlage der Mitbestimmung: „Wo es keine Kapitalbeteiligung gibt, wird das Problem der Mitbestimmung an der Betriebsleitung zum Nonsens. Mitbestimmung ohne Kapitalinteresse, jedoch unter Beibehaltung des alten Lohninteresses kann oft sogar Mitbestimmung zuungunsten der notwendigen Kapitalentwicklung heißen, kann Durchsetzung einseitiger Lohninteressen gegen die Notwendigkeit effektiver Kapitalentwicklung bedeuten." Unabhängig von dieser grundsätzlichen Problematik, die man zweifellos auch anders einschätzen kann, sollte alles getan werden, um den Arbeitnehmern auch die Bildung von Produktivvermögen – neben Geld- und Wohnungsvermögen – zu erleichtern.

---

[1]) In seiner nach der Bundestagswahl 1980 abgegebenen Regierungserklärung vom 24.11.1980 hat der Bundeskanzler den Vermögensbildungskomplex nicht angesprochen.

5. Mitarbeitermotivation und Personalführung (Führungsstil)

Die Frage der Motivation der Mitarbeiter und die Suche nach dem „richtigen" Führungsstil gewinnen in der Praxis immer größere Bedeutung, was sich unter anderem an den zunehmenden Bildungsaktivitäten der Unternehmen auf diesem schwierigen Gebiet ablesen läßt. Steigende Lohnkosten und kürzer werdende Arbeitszeiten verstärken das unternehmerische Bemühen, die Arbeitsbedingungen im weitesten Sinne so zu gestalten, daß die Mitarbeiter in der zur Verfügung stehenden Arbeitszeit auch tatsächlich die bestmögliche Leistung erbringen. Um dieses Ziel zu erreichen, ist es außerordentlich wichtig, sich intensiv mit den grundsätzlichen Zusammenhängen der Mitarbeitermotivation und der Personalführung zu beschäftigen. Diese Notwendigkeit ergibt sich auch aus dem verbesserten Wissensstand und dem gestiegenen Selbstbewußtsein (Selbstwertgefühl) der Arbeitnehmer.

5.1 Wesen der Motivation, der Führung und des Führungsstils

Bei der *Motivation* handelt es sich einmal darum, daß Menschen durch vielfältige Bemühungen zu bestimmten Verhaltensweisen angeregt oder angehalten werden, d.h. sie „werden" motiviert, dieses oder jenes zu tun oder zu unterlassen (Fremdmotivation). Zum anderen befinden sich die Menschen auch ohne aktuelle Einwirkung Dritter in einem Zustand der Motiviertheit, d.h. sie „sind" motiviert. Diese Eigenmotivation kann naturgemäß sehr unterschiedlich ausgeprägt sein.

In der Arbeitswelt geht es bei der Motivation ganz allgemein darum, die *Interessen der Arbeitnehmer*, die diese mit oder bei ihrer Arbeit verfolgen, zu erkennen und, soweit wie irgend möglich, mit denen des Betriebes in Übereinstimmung zu bringen, so daß beide Seiten aus der Arbeit einen möglichst großen Nutzen ziehen. Es liegt auf der Hand, daß die Interessen, die die Arbeitnehmer mit oder bei ihrer Arbeit verfolgen, nicht nur untereinander sehr unterschiedlich sind, sondern sich auch im Zeitablauf verändern. Zur Ermittlung von Arbeitnehmerinteressen und -wünschen können u.a. systematisch durchgeführte *Mitarbeiterbefragungen* dienen.

Das Verhalten der Menschen – so auch ihr Arbeitsverhalten – wird gesteuert von ihren *Motiven*, die vielfach auch mit dem Begriff *„Bedürfnissen"* umschrieben werden. Unter Bedürfnisse läßt sich das Gefühl eines Mangels, verbunden mit dem Wunsch, ihn zu überwinden, verstehen. *Maslow* [1977, S. 74ff.] hat die außerordentlich vielfältigen menschlichen Bedürfnisse in die auf S. 95 abgebildete *Bedürfnishierarchie* gebracht (gepreßt), die auch für die betriebliche Arbeitswelt von erheblicher Bedeutung ist.

Die von *Maslow* genannten fünf Bedürfniskategorien bauen aufeinander auf, d.h. die Befriedigung der Bedürfnisse der zweiten Stufe wird angestrebt, wenn die Bedürfnisse der ersten befriedigt sind usw. Die Zufriedenheit eines Individuums ist nach dieser Theorie um so höher, je mehr Bedürfnisse oberer Stufen erfüllt werden unter der Bedingung, daß die der unteren Ebenen bereits befriedigend gelöst sind. Wenngleich man davon ausgehen kann, daß die

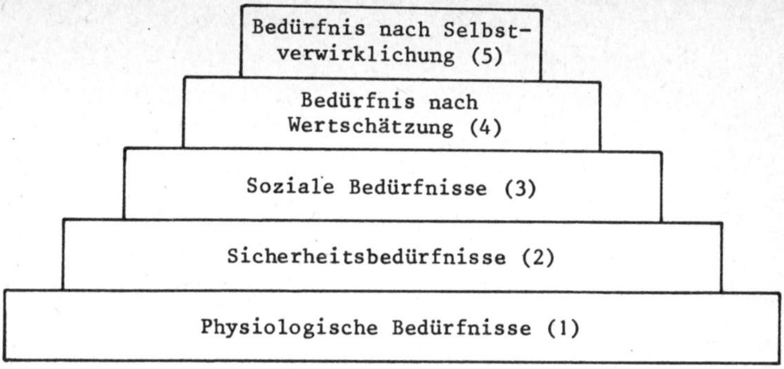

(1) Nahrung, Schlaf, Witterungsschutz

(2) Schutz vor Gefahren, wirtschaftliche Sicherheit, geordnete beherrschbare Lebensumstände

(3) Zuneigung, Freundschaft, Gruppenzugehörigkeit, Anerkennung

(4) Selbstvertrauen, Kompetenz, Unabhängigkeit, Status, Respekt

(5) Nutzung, Entwicklung der eigenen Anlagen, Bestleistungen, anspruchsvolle Betätigung

genannten Bedürfnisarten grundsätzlich bei allen Menschen vorhanden sind, so wirken sie sicherlich nicht bei allen gleich stark, d.h. verschiedene Menschen drängen unterschiedlich intensiv danach, ihre Bedürfnisse zu befriedigen. Die Intensität, mit der die Bedürfnisse empfunden und zu befriedigen versucht werden, nennt *Grothus* [1972, S. 39] das *„Erfolgsmotiv"*.

Die Persönlichkeitsvariable „Erfolgsmotiv" ist vermutlich nur relativ langfristig veränderlich. Sie wird beeinflußt von der Erziehung, Familienstruktur, Religion, sozialen Schichtung, beruflichen Stellung, der Kultur und dem Gesellschaftssystem. Ist das Erfolgsmotiv stark ausgeprägt, wie beispielsweise in den westlichen Industriegesellschaften, so kommt der Schaffung von betrieblichen Erfolgserlebnissen auf allen Stufen der Bedürfnishierarchie eine große Bedeutung zu; dieser Aspekt dürfte in Zukunft bei der Organisierung von Arbeitsprozessen eine größere Rolle spielen als bisher.

„Wenn auch die Theorie von *Maslow* häufig angegriffen und teilweise variiert worden ist[1]), kann sie doch als ein Ansatz verstanden werden, der in verständlicher Weise in der Lage ist, im Führungsprozeß die Aufmerksamkeit auf als Motive gezielt ansprechbare Bedürfnisse zu richten" [*Bleicher/Meyer*, 1976, S. 162].

Der amerikanische Psychologe *Herzberg* [1967, 1968] hat zusammen mit seinen Mitarbeitern im Jahre 1959 203 Ingenieure und Buchhalter nach den

[1]) Vgl. *Neuberger* [1974a, S. 107ff.], und *von Rosenstiel* [1975, S. 141ff.].

DIE ERGEBNISSE DER "PITTSBURGH-STUDIE"

(Nach Angaben von Herzberg et al. 1959,
N = 203 Techniker u. Verwaltungsangestellte)

Prozentuale Häufigkeit der Nennung von Arbeitsfaktoren

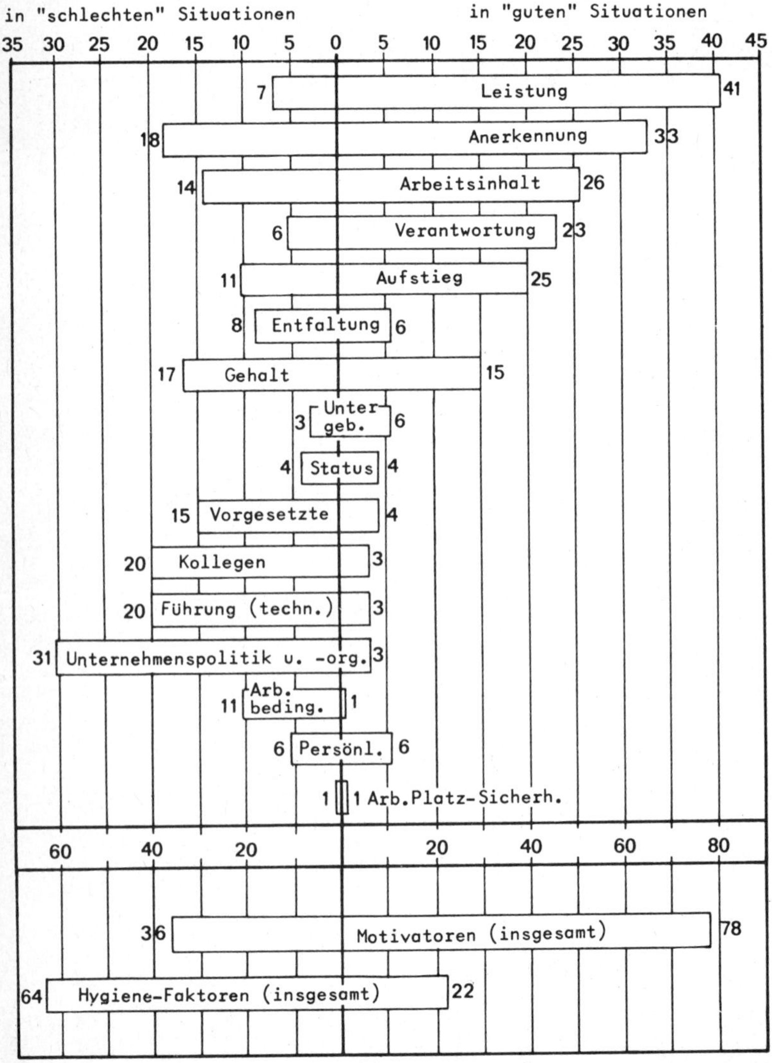

Ereignissen in ihrer Arbeitswelt befragt, die sie in der letzten Zeit außergewöhnlich zufrieden oder außergewöhnlich unzufrieden gemacht hatten. Faßt man die gegebenen Antworten zu 16 Kategorien zusammen, so zeigt das Ergebnis der Untersuchung, die als *Pittsburgh-Studie* bekanntgeworden ist, das von *Neuberger* [1974a, S. 121] entnommene Bild (siehe S. 96). Dabei ist die Grafik wie folgt zu interpretieren: Liegt zum Beispiel ein Erfolgserlebnis (eine hohe Leistung) vor, so wirkt dies für 41 % der Befragten außerordentlich zufriedenstellend; bleibt es dagegen aus, so verursacht dies nur bei 7 % der Befragten eine extreme Unzufriedenheit.

Die auf der rechten Seite der Darstellung aufgezeigten „Zufriedenmacher" weisen genauso wie die „Unzufriedenmacher" auf der linken Seite gemeinsame Merkmale auf: Die *Zufriedenmacher* (*Maslow* nennt sie auch Motivatoren) stammen überwiegend aus dem Arbeitsinhalt, während die *Unzufriedenmacher* zum größten Teil aus der Arbeitsumwelt resultieren und daher von *Herzberg* auch als Hygienefaktoren bezeichnet werden.

Die betrieblichen Aktivitäten zur Motivierung der Mitarbeiter stehen vielfach in enger Beziehung zur Personalführung. Dies darf jedoch nicht dazu führen, Personalführung und Mitarbeiter-Motivation kurzerhand gleichzusetzen. Es gibt in der Realität zahlreiche Motivatoren, die mit der Personalführung im engeren Sinne nichts zu tun haben, so zum Beispiel die Gewährung von mehr Lohn oder das unternehmerische Bemühen, dem Unternehmen in der Öffentlichkeit ein gutes Personalimage zu geben, was wiederum auf die Leistungsbereitschaft der in der Unternehmung Beschäftigten positiv wirken dürfte.

Bei der *Führung* handelt es sich um eine „Tätigkeit, die die Steuerung und Gestaltung des Handelns anderer Personen zum Gegenstand hat" [*Wild*, 1974, S. 158], oder anders formuliert: Es geht bei der Führung darum, andere Mitglieder der Organisation zu veranlassen, sich auf ein bestimmtes (betriebliches) Ziel hin zu bewegen. Der Führungsprozeß selbst läßt sich in *drei Elementarteile* zerlegen:

(1) Willensbildung (= Zielfixierung),
(2) Willensdurchsetzung (= Entscheidung, Anordnung),
(3) Willenssicherung (= Kontrolle, Überwachung).

Führung kann prinzipiell auch ausgeübt werden, ohne daß sich der Führer (Vorgesetzte) über die Bedürfnisse (Motive) seiner Mitarbeiter allzu viele Gedanken macht. Es ist jedoch eine andere Frage, ob eine solche Führung besonders effizient sein kann. Weil dies mittlerweile allgemein bezweifelt wird, spielt die Frage der Mitarbeitermotivation und die Anwendung eines zweckmäßigen Führungsstils in der heutigen Arbeitswelt eine wichtige Rolle.

Die Führung als Funktion (Tätigkeit) ist ein zeitloses Problem. Es gibt sie und wird sie auch weiterhin überall dort geben, wo Menschen zusammenarbeiten müssen. Veränderbar ist dagegen der tatsächlich praktizierte *Führungsstil.* Er ist sehr zeitbezogen. Mit dem Führungsstil wird die Art und Weise umschrieben, wie Menschen- oder Personalführung konkret ausgeübt wird, oder anders formuliert: „Führungsstile umfassen die Art und Weise, in der eine

Führungskraft ihre Mitarbeiter an den Managementprozessen (Führungsprozessen, R.S.) beteiligt" [*Glasl/Lievegoed*, 1975, Sp. 918].

Der Begriff Führungsstil wird in Literatur und Praxis in mehrdeutiger Weise verwendet und nicht abgegrenzt gegenüber Begriffen wie Führungsprinzip, Führungskonzeption, Führungssystem, Führungsmodell, Führungsform. Nach *Tlach* [1975, Sp. 905] werden als Führungsstile etwa bezeichnet

- die Art und Weise, wie der Vorgesetzte mit seinen Untergebenen umgeht oder kommuniziert (z.B. patriarchalischer oder autoritärer oder laisser-faire Führungsstil),
- die verschiedenen Möglichkeiten der Kompetenzenteilung (management by delegation) und Kompetenzenzusammenfassung (management by participation),
- das Informationsverhalten (z.B. management by objectives oder by system),
- die Quelle der Autorität (charismatische Führerschaft, bürokratischer Führungsstil) und schließlich
- Führungsmodelle wie das Harzburger Modell.

Bevor auf einige der vorstehend genannten Führungsstile etwas näher eingegangen wird, soll aufgezeigt werden, wovon es in der Praxis allgemein abhängt, *wie* Mitarbeiter geführt werden.

5.2 Faktoren, die die Art und Weise der Personalführung beeinflussen

Die Art und Weise, in der die Mitarbeiterführung praktiziert wird, hängt von einer ganzen Reihe von Faktoren ab, deren wichtigsten kurz zu behandeln sind.

Zunächst einmal wird der Führungsstil stark von den Annahmen der Führungskräfte über die Natur des Menschen und sein Verhalten – insbesondere sein Verhalten zur Arbeit – beeinflußt also von dem von zahlreichen Faktoren geprägten *Menschenbild des Vorgesetzten*. Wer zum Beispiel ein Menschenbild hat, das ihn daran glauben läßt, daß der Mensch von Natur aus faul und nur bestrebt sei, sich um die Arbeit herumzudrücken, wird anders führen, als derjenige, der davon überzeugt ist, daß sich die Menschen im Grunde eine sinnvolle Tätigkeit auch in der Arbeitswelt wünschen.

Dem Bereich des Menschenbildes der Vorgesetzten sind auch die von *McGregor* [1973] entwickelten Extremtypen von Annahmen über das Verhalten von Menschen zur Arbeit zuzuordnen, die er mit den Begriffen Theorie X und Theorie Y belegt. Die *Theorie X* formuliert *McGregor* [1973, S. 47f.] wie folgt:

(1) Der Durchschnittsmensch hat eine angeborene Abneigung gegen Arbeit und versucht, ihr aus dem Wege zu gehen, wo er kann.

(2) Weil der Mensch durch Arbeitsunlust gekennzeichnet ist, muß er zumeist gezwungen, gelenkt, geführt und mit Strafe bedroht werden, um ihn mit Nachdruck dazu zu bewegen, das vom Unternehmen gesetzte Soll zu erreichen.

(3) Der Durchschnittsmensch zieht es vor, an die Hand genommen zu werden, möchte sich vor Verantwortung drücken, besitzt verhältnismäßig wenig Ehrgeiz und ist vor allem auf Sicherheit aus.

McGregor [1973, S. 48] ist der Meinung, daß die Theorie X, die er auch als ein Bündel von Vorurteilen bezeichnet, „kein Popanz ist, den man aufbaut, um ihn zu schlagen, sondern tatsächlich eine Theorie darstellt, die heute die Führungsstrategie auf einem weiten Sektor der amerikanischen Industrie bis ins Mark hinein beeinflußt". Wenn es in der Praxis gelegentlich so scheinen mag, als seien die Annahmen der Theorie X tatsächlich auf die Arbeitnehmer zutreffend, so ist zu fragen, ob dies nicht möglicherweise eine Reaktion der Mitarbeiter auf die Annahmen und die daraus abgeleiteten Verhaltensweisen der Vorgesetzten gewertet werden muß.

McGregor hält die nachstehenden Annahmen der Theorie Y für sehr viel zutreffender als die der Theorie X. Das Kapitel, in dem er die Theorie Y darstellt, überschreibt *McGregor* mit „Verschmelzen der individuellen Ziele mit den Belangen des Unternehmens". Im einzelnen enthält die *Theorie Y* folgende Annahmen [1973, S. 61f.]:

(1) Die Verausgabung durch körperliche und geistige Anstrengung beim Arbeiten kann als ebenso natürlich gelten wie Spiel und Ruhe. Dem Durchschnittsmenschen ist Arbeitsscheu nicht angeboren. Je nach den beeinflußbaren Bedingungen kann Arbeit zum Born der Befriedigung (und dann freiwillig geleistet) oder als Strafe hingenommen (und dann, wenn möglich, links liegengelassen) werden.

(2) Von anderen überwacht und mit Strafe bedroht werden, ist nicht das einzige Mittel, jemanden zu bewegen, sich für die Ziele des Unternehmens einzusetzen. Zugunsten von Zielen, denen er sich verpflichtet fühlt, wird sich der Mensch der Selbstdisziplin und Selbstkontrolle unterwerfen.

(3) Wie sehr er sich Zielen verpflichtet fühlt, ist eine Funktion der Belohnungen, die mit ihrem Erreichen verbunden sind. Die bedeutendste solcher Belohnungen, die Möglichkeit, Bedürfnisse der Persönlichkeit und ihrer Entfaltung zu befriedigen, kann nachgerade aus Bemühungen um die Ziele des Unternehmens herrühren.

(4) Der Durchschnittsmensch lernt, unter geeigneten Bedingungen Verantwortung nicht nur zu übernehmen, sondern sogar zu suchen. Flucht vor Verantwortung, Mangel an Ehrgeiz und Drang nach Sicherheit sind im allgemeinen Folgen schlechter Erfahrungen, nicht angeborene menschliche Eigenschaften.

(5) Die Anlage zu einem verhältnismäßig hohen Grad von Vorstellungskraft, Urteilsvermögen und Erfindungsgabe für die Lösung organisatorischer Probleme ist in der Bevölkerung weit verbreitet und nicht nur hier und da anzutreffen.

(6) Unter den Bedingungen des modernen industriellen Lebens ist das Vermögen an Verstandeskräften, über das der Durchschnittsmensch verfügt, nur zum Teil genutzt.

Während das zentrale Organisationsprinzip der Theorie X mit Lenkung und Kontrolle durch Autorität gekennzeichnet ist, lautet das Organisationsprinzip der Theorie Y „Integration: Schaffen von Bedingungen solcher Art, daß die Mitglieder der Organisation ihre eigenen Ziele am besten erreichen, wenn sie sich um den Erfolg des Unternehmens bemühen" [*McGregor*, 1973, S. 63].

Außer vom Menschenbild des Vorgesetzten hängt die Art und Weise, wie geführt wird, auch wesentlich mit ab von der *Qualifikation* und der *Persönlichkeitsstruktur* des Führers wie auch der der Geführten. Diese Faktoren prägen bis zu einem gewissen Grade naturgemäß auch das Menschenbild der Beteiligten.

Weiterhin wird der Führungsstil auch von den jeweiligen vorherrschenden *Zeitströmungen*, dem Zeitgeist, beeinflußt. In Gesellschaften, in denen stark der Demokratie- und Mitbestimmungsgedanke diskutiert und forciert wird, bleibt dies nicht ohne Wirkung auf das Führungsverhalten der Vorgesetzten, weil andernfalls die Gefahr bestünde, daß sich die Führungseffizienz verschlechtert. Der Zeitgeist und damit auch das Führungsverhalten wird außerdem wesentlich von den allgemeinen ordnungspolitischen Rahmenbedingungen geprägt. In Gesellschaften, in denen autoritäre oder diktatorische Strukturen und Prozesse dominieren, kehren diese Erscheinungen auch bei der Menschenführung in der Arbeitswelt stärker wieder als in liberalen, offenen Gesellschaften. Ein Beispiel mag diese Zusammenhänge verdeutlichen: Im gesamten Ostblock gibt es bis heute keine nennenswerte Praktizierung der gleitenden Arbeitszeit, wie sie bei uns seit langem erfolgreich angewandt wird.

Naturgemäß wird die Führungsform auch mit beeinflußt von der konkreten *Arbeitsaufgabe*. So wird vermutlich in einem Kernkraftwerk die Variabilität in der Anwendung von Führungsprinzipien geringer sein als beispielsweise in einem Theaterbetrieb, und eine Stabsstelle wird anders zu führen sein als eine Gruppe angelernter Gastarbeiter, die einfache Arbeiten auszuführen haben.

Die Art und Weise, wie Führung praktisch ausgeübt wird, hängt letzten Endes auch mit davon ab, ob eindeutige verbindliche *Normen* für die Führungsausübung bestehen, zum Beispiel in Form starrer schriftlicher Führungsanweisungen, wie sie gelegentlich anzutreffen sind.

In der Literatur zu Führungsproblemen spielen bei der Frage, wovon die Art der Führungsausübung abhängt, zwei Ansätze eine wichtige Rolle: 1. der eigenschaftstheoretische und 2. der situationstheoretische Ansatz. Dem *eigenschaftstheoretischen Ansatz* geht es darum, das Führungsphänomen aus den vorhandenen Eigenschaften des Führers heraus zu erklären, während bei dem *situationstheoretischen Ansatz* die anzutreffende Gesamtsituation als Erklärungsansatz dient. In der Realität wird man davon ausgehen können, daß sich beide Ansätze miteinander verbinden, d.h. zwischen den Führereigenschaften und den vorhandenen Situationen werden regelmäßig Wechselwirkungen bestehen. Deshalb plädiert *Lukasczyk* [1960, S. 186] für eine Interaktionstheorie des Führungsphänomens, die zumindest die folgenden vier Variablen zu enthalten und zueinander in Beziehung zu setzen sowie mögliche Interdependenzen herauszuarbeiten hat

a) die Persönlichkeitsstruktur des Führers mit Einschluß ihrer angeborenen Begabungen und Fähigkeiten als auch ihrer individuellen Erfahrungen;
b) die Persönlichkeiten der Geführten (Gruppenmitglieder) einschließlich deren individuellen Einstellungen, Erwartungen und Bedürfnisse in bezug auf den Führer als auch auf die Situation;
c) die Struktur und Funktion der Gruppe als Ganzes, d.h. als ein differenziertes und integriertes System von Status-Rollen-Beziehungen und von gemeinsamen Normen;
d) die spezifische Situation, in der sich die Gruppe befindet; hierzu gehören die Art der zu bewältigenden Aufgabe, das Gruppenziel und sonstige äußere Bedingungen.

5.3 Vom autoritären zum kooperativen Führungsstil

Mit den folgenden Ausführungen sollen zunächst – etwas schematisch – die Merkmale autoritärer und kooperativer Führung verdeutlicht werden. Auf die eigentliche Problematik einer solchen Abgrenzung und die Vor- und Nachteile beider Führungsformen ist an späterer Stelle des vorliegenden Kapitels einzugehen.

Als in der *Industrialisierungsphase* die ersten Fabriken gegründet wurden, übernahm man – zumal andere Vorbilder fehlten – den Führungsstil von Kirche, Staat und Militär, der auf *Befehl und Gehorsam* beruhte. Diese Art von Führung wird heute im allgemeinen als *autoritärer Führungsstil* bezeichnet. Bei diesem Führungsprinzip entscheidet der Vorgesetzte ohne Anhören oder Mitwirkung der Mitarbeiter. Zum Bild des autoritären Führungsstils gehört weiterhin die Vorstellung, daß der Vorgesetzte für alles verantwortlich ist, was seine Mitarbeiter ausführen, daß er alles übersieht, mehr weiß und mehr kann als seine Untergebenen. Diese Voraussetzungen sind mit dem Größerwerden der Unternehmen und mit zunehmender Arbeitsteilung immer weniger gegeben.

Bei einer autoritären Führung gibt der Vorgesetzte detaillierte Anweisungen, die sich nicht nur auf die Art der Aufgabe, sondern auch auf die Aufgabenerfüllung – also das Wie der Verrichtungen – beziehen. Ein ständiger Eingriff des Vorgesetzten in den Arbeitsprozeß des Mitarbeiters ist möglich und üblich. Hinzu kommt, daß häufige, ins Detail gehende Kontrollen vorgenommen werden, die sich sowohl auf das Arbeitsergebnis als auch auf die Einhaltung von Verfahrensvorschriften und Verhaltensvorstellungen beziehen.

„Autoritär geführte Mitarbeiter werden in ihrer Entscheidungsfreiheit so eingeengt, ihr Verlangen nach Selbstentfaltung und verantwortlicher Mitwirkung wird so sehr beschnitten, daß sie ihre Begabungen nur beschränkt entwickeln und ihre schöpferischen Kräfte kaum einsetzen können. Dies ist ein großer Verlust für das Unternehmen und erzeugt beim einzelnen psychische Spannungen, die sich in einer lustlosen, gereizten Arbeitsatmosphäre äußern" [*Pausenberger*, 1972, S. 173f.]. Es ist davon auszugehen, daß der autoritäre

Führungsstil um so weniger angebracht ist, je schwieriger die zu lösenden Aufgaben und je höher der Bildungsstand und das Selbstbewußtsein der Mitarbeiter sind. Da viele Arbeitsaufgaben komplizierter werden und der Bildungs- und Informationsstand sowie das Selbstwertgefühl der Arbeitnehmer zunehmen, sind entwickelte Volkswirtschaften mit einer freiheitlichen Gesellschaftsordnung durch einen *Rückgang der autoritären Führung* in den Unternehmen gekennzeichnet.

Bei aller Kritik autoritärer Ansätze in der Personalführung darf aber ein Vorteil der autoritären Führung nicht übersehen werden, der in der Eindeutigkeit der Entscheidungsbefugnisse und in einer hohen Entscheidungsgeschwindigkeit liegt. Andererseits sind die schnellen, aber „einsamen“ Entscheidungen vielfach mit erheblichen Risiken belastet, nicht zuletzt dadurch, daß bei einem solchen monistischen Willensbildungsprozeß häufig gar nicht alle wichtigen Daten bedacht werden können.

Die autoritäre Führung unterstellt, daß der Arbeitnehmer froh ist, wenn er eindeutige Anweisungen erhält und daß der Arbeitnehmer keinerlei Wert darauf legt, selbst am Managementprozeß beteiligt zu werden. Weiterhin nimmt man an, daß der Mitarbeiter möglichst viel Geld verdienen möchte, also nur an einem hohen Lohn interessiert ist. Andere Motivatoren sind nicht bekannt bzw. werden nicht beachtet.

Im Mittelpunkt von Führungsdiskussionen stehen seit einigen Jahren vor allem solche *Führungsformen*, die bei der Personalführung eine *Vielzahl von Motivatoren berücksichtigen* wollen, und zwar vor allem solche, mit denen eine irgendwie geartete kooperative Führung möglich erscheint. Dabei muß man sich allerdings schon zu Beginn von Führungsstilüberlegungen verdeutlichen, daß der kooperative Führungsstil weder in der Praxis noch in der Literatur eindeutig definiert ist. „Tannenbaum und Schmidt kennzeichnen den kooperativen Führungsstil als eine Teilung des Entscheidungsspielraums durch

Führungsformen	Lfd. Nr.	Führungsmittel		Motive des Folgens
	1.	Gewalt	→	Zwang
	2.	Drohen mit Gewalt	→	Angst, Sorge
	3.	in seelischen Notstand versetzen	→	Hörigkeit
	4.	Suggestion	→	im Bann stehen
	5.	Imponieren	→	Einschüchterung oder Bewunderung
AUTORITÄR	6.	Berufung auf Amtsstellung	→	Gehorsam u. Ergebung
	7.	Berufung auf Amtsaufgabe	→	Dienstauffassung, Pflicht
	8.	Versprechung von Belohnung	→	Erwerbsstreben
	9.	Versprechen von Auszeichnung	→	Geltungsstreben
	10.	persönliche Fürsorge	→	Dankbarkeit, Treue
	11.	persönliche Bitte, ins Vertrauen ziehen	→	Hilfsbereitschaft, Verantwortung
	12.	menschliches Vorbild	→	Ehrfurcht
	13.	Idealisierung der Aufgabe	→	Begeisterung
	14.	Offenlegung der Motive	→	Vertrauen
	15.	Vertrauen in den anderen setzen	→	sich des Vertrauens würdig erweisen
	16.	sachliche Orientierung und Begründung	→	Einsicht, Mitverantwortung
KOOPERATIV	17.	gemeinsame Beratung	→	eigener Entschluß, eigene Mitverantwortung

die Gruppe, wobei im Extremfall der Vorgesetzte in die Gruppe integriert wird" [*Tlach*, 1975, Sp. 912f.].

In Abhängigkeit von dem Einsatz der jeweiligen Führungsmittel werden die Führungsstile – wie erwähnt – häufig grob in die autoritäre und die kooperative Führung eingeteilt. Dabei darf nicht – wie es manchmal geschieht – übersehen werden, daß die Übergänge zwischen autoritärer und kooperativer Führungsform fließend sind, wie auch der auf S. 102 abgebildete, von *Bornemann* [1967, S. 98] herausgearbeitete Katalog von 17 Führungsmitteln zeigt, bei dem der Autor zu jedem Führungsinstrument angibt, welches Motiv den Mitarbeiter veranlaßt, dem eingesetzten Führungsmittel zu folgen.

Die ersten fünf Führungsmittel stoßen nach *Bornemann* im allgemeinen auf ethische Ablehnung. Die verbleibenden zwölf sind so geordnet, daß sie von einem mehr autoritären zu einem mehr kooperativen Führungsstil streuen. Die Vertreter und Anhänger der „neueren" Führungsstile zählen ihre Managementkonzeptionen regelmäßig zu den kooperativen Führungsformen, was im folgenden noch näher zu zeigen ist.

5.4 Praktische Führungsformen

Im folgenden sollen aus der Fülle der von den verschiedensten Stellen empfohlenen Führungsstile einige herausgegriffen und ihre Elemente und Funktionsweisen aufgezeigt werden, und zwar vor allem solche Führungsformen, die in der Vergangenheit und der Gegenwart praktische Bedeutung erlangt haben.

5.4.1 Taylorismus und Human-Relations-Bewegung

Die von *Taylor* 1913 vorgelegte „wissenschaftliche Betriebsführung" (The Principles of Scientific Management) hat seinerzeit große Bedeutung für die Organisierung von Arbeits- und Führungsprozessen erlangt. *Taylors* Vorstellungen reichen zum Teil noch stark bis in die Gegenwart hinein.

Taylor wollte den Arbeitern nicht mehr – was bis dahin noch in gewissem Rahmen möglich war – die Entscheidung über die Art und Weise der Arbeitsausführung selbst überlassen. Vielmehr sollte nach seinen Vorstellungen das Management von sich aus die „Geheimnisse rationellen Arbeitens" erforschen und zu Regeln, Arbeitsanweisungen und Vorschriften formulieren.

Taylor unterstellte, daß es für jede Aufgabe eine „beste Arbeitsmethode" gibt, die unabhängig ist von den individuellen Eigenschaften und Fähigkeiten des Mitarbeiters. Diese optimale Arbeitsmethode sei am besten über eine sehr weitreichende Arbeitsteilung zu erreichen. Darüber hinaus forderte *Taylor*, für jede Verrichtung die Arbeitszeit im voraus zu kalkulieren. Jeder Arbeiter sollte seiner Ansicht nach die Aufgaben in kleinen Losen zugeteilt bekommen. Außerdem sei die Arbeit straff zu überwachen, vor allem auch daraufhin, ob der Arbeiter die vorgeschriebenen Arbeitsmethoden anwendet. *Taylor* wollte ausdrücklich von der nach seiner Meinung unberechenbaren individuellen Initiative der Arbeitnehmer abrücken.

Motiviert werden sollten die Mitarbeiter durch die Vorgabe einer eindeutig quantifizierten Aufgabe und einen mit der Leistung unmittelbar verbundenen Lohnanreiz (eine Art Prämienlohn). *Taylor* meinte, der Arbeiter sei froh, wenn man ihm konkret sage, welche Arbeitsmenge von ihm erwartet werde: dann werde er mit großer Befriedigung die Erreichung des gesteckten Zieles verfolgen. Dieser Gedankengang ist in verfeinerter Form auch beim noch zu behandelnden *Management by Objectives* (= Führung durch Zielvorgabe) wiederzufinden. Für *Taylor* bestand eine Harmonie der Interessen des Unternehmens und den des Mitarbeiters: beide seien im Grunde (nur) am Geldverdienen interessiert.

Daß die menschlichen Arbeitsantriebe entgegen dieser Auffassung nicht auf die Angst vor den Folgen der Nichterfüllung einer Aufgabe und auf den Lohn reduziert werden können, zeigten in den zwanziger Jahren dieses Jahrhunderts deutlich die *Untersuchungen in den Hawthorne-Werken* der Western Electric Company in Chikago. Diesen Untersuchungen, über die recht ausführlich *Roethlisberger* [1954] berichtet, ging es darum, Zusammenhänge zwischen (technischen) Arbeitsbedingungen und Arbeitsergebnissen aufzuzeigen. Zu diesem Zweck wurden bei einer Gruppe von Arbeitern die physikalischen Arbeitsbedingungen (Beleuchtung, Pausen usw.) verändert. Daraufhin stellte man wie erwartet fest, daß sich die Arbeitsproduktivität der untersuchten Gruppe mit der Verbesserung der Arbeitsbedingungen leicht erhöhte.

Die große Überraschung zeigte sich jedoch im Verhalten der Kontrollgruppe, bei der die Arbeitsbedingungen konstant gehalten wurden. Anders als angenommen, stieg auch in der Kontrollgruppe die Arbeitsproduktivität an. Dieses läßt sich damit erklären, daß bisher unbekannte Motivationsfaktoren in der Kontrollgruppe dadurch zur Wirkung kamen, daß die Mitglieder der Kontrollgruppe aus der Masse der übrigen Arbeitnehmer herausgehoben und somit in gewisser Weise in den Mittelpunkt des Interesses gerückt wurden, was sich auf die Arbeitsfreude und das Arbeitsergebnis positiv auswirkte. Diese Zusammenhänge wurden zusätzlich bestätigt, als man die Arbeitsbedingungen bei der Untersuchungsgruppe bewußt verschlechterte (z.B. Schummerlicht), diese jedoch weiterhin Höchstleistungen erbrachten.

Aus den Ergebnissen der umfangreichen Hawthorne-Untersuchungen konnte u.a. der Schluß gezogen werden, daß „Bedürfnisse nach Anerkennung, Sicherheit und Zusammengehörigkeit für die Moral und Produktivität eines Mitarbeiters wichtiger sind als die physischen Arbeitsbedingungen, unter denen er tätig ist" [*Grothus*, 1972, S. 17]. Diesen Faktoren hatte *Taylor* überhaupt keine Aufmerksamkeit geschenkt.

Nach den Hawthorne-Untersuchungen glaubten viele Psychologen, daß die Verhaltensweise der Menschen am Arbeitsplatz stärker von Gefühlen als von rationalen Erwägungen gesteuert werden. Da man weiter annahm, daß diese Gefühle überwiegend sozialer Herkunft sind, konzentrierten sich die Bemühungen der Betriebspsychologen darauf, die *zwischenmenschlichen Beziehun-*

gen (human relations) im Betrieb zu verbessern und insbesondere auch den ebenfalls durch die Hawthorne-Untersuchungen deutlicher zutage getretenen informellen Gruppen mehr Aufmerksamkeit zu schenken. Die zu diesem Zwecke eingeleiteten Maßnahmen erstreckten sich u.a. auf die Umgangsformen im Betrieb, die Verbesserung der Sozialräume und die Erreichung einer größeren innerbetrieblichen Lohngerichtigkeit. Mit der Praktizierung der human relations wurde das Scientific Management aber nicht abgeschafft. Die „wissenschaftliche Betriebsführung" *Taylors* wurde nur ergänzt durch die Forderungen der human relations.

Nicht zuletzt aufgrund der Ergebnisse der Hawthorne-Untersuchung wurden im Laufe der Zeit erhebliche *Schwächen der „wissenschaftlichen Betriebsführung"* sichtbar. Es erwies sich zum Beispiel als schwierig, das technische Know-how der Arbeitsverrichtung bis ins letzte zu erfassen, vor allem, weil die Arbeiter im allgemeinen aus Furcht vor einer Erhöhung der Leistungsvorgaben nicht bereit sind, die von ihnen bei der Arbeitsausführung angewendeten Verfahren preiszugeben.

Außerdem wurde immer deutlicher, daß es „eine beste Arbeitsmethode" nicht oder nicht für jede Arbeit gibt. Verschiedene Menschen erzielen mit verschiedenen Methoden gleich hohe Leistungen oder mit gleichen Methoden unterschiedliche Ergebnisse, wodurch die Vorgabe allgemeingültiger Daten außerordentlich problematisch wird. „Auch die vom Scientific Management geforderte Arbeitsteilung stieß auf Grenzen: Je stärker die Arbeit geteilt wird, um so monotoner (d.h. weniger motivierend) wird sie, um so kompliziertere Koordinierungsprobleme entstehen, und um so unangenehmer sind die Folgen nicht reibungsloser Koordinierung, um so mehr greift das das Unternehmensziel aus dem Auge verlierende ‚Abteilungsdenken' um sich, um so weniger fühlen sich die Mitarbeiter für ihre Aufgabe verantwortlich usw." [*Grothus*, 1972, S. 19].

„Als besonders schwierig erweist sich die von *Taylor* geforderte straffe Kontrolle. Der Erfindungsgabe der Mitarbeiter, die Leistungsmeßdaten zu verfälschen, sind nahezu keine Grenzen gesetzt. Die Mitarbeiter scheinen ihre ganze – für die Arbeitsgestaltung nicht mehr erwünschte – Kreativität in die Bemühungen zu stecken, das Unternehmen zu täuschen. Wenn nun das Unternehmen seinerseits die Kontrollen verstärkt, wird der Erfindungsreichtum der Mitarbeiter erneut – und erfolgreich – herausgefordert. Das Betriebsklima verschlechtert sich, die Fluktuation wächst, die Kontrollen werden teurer usw." [*Grothus*, 1972, S. 21]. Auch die von *Taylor* gewünschte Zuteilung der Arbeit in kleinen Losen erweist sich mit zunehmender Komplizierung der betrieblichen Leistungserstellung als immer schwieriger. Selbst mit aufwendigen Steuerungsmethoden ist es zumeist nicht möglich, alle anfallenden Arbeiten lückenlos aneinanderzufädeln, so daß Leerlauf bzw. eine gespielte Geschäftigkeit entsteht.

Es ist *Grothus* [1972, S. 21] zuzustimmen, wenn er meint, daß die von *Taylor* geforderte strikte Trennung zwischen Planung, Vorbereitung und Kontrolle einerseits und Ausführung andererseits mehr Probleme zu erzeugen als zu beseitigen vermag. Häufig befolgen die Arbeiter die ihnen bis ins letzte vorgeschriebenen Arbeitsmethoden nicht genau, wodurch vielfach erst eine reibungslose Leistungserstellung möglich wird. Was geschehen kann, wenn die Arbeitnehmer sich streng an die ins Detail gehenden Arbeitsanordnungen und Verfahrensregeln halten, zeigen deutlich die gelegentlich durchgeführten streikähnlichen Aktionen „Dienst nach Vorschrift".

Seit einigen Jahren stehen im Mittelpunkt der Führungsdiskussion – wie erwähnt – vor allem solche *Führungsformen*, die die Anwendung einer *Vielzahl von Motivationsfaktoren* ermöglichen möchten. Nach *Grothus* [1972, S. 32] zeigt die Gegenüberstellung von Prinzipien des Scientific Management und der psychologisch angemessenen Arbeitsgestaltung folgendes Bild:

Taylor's **Scientific Management**	**Modernes Motivation Management**
Es gibt für jede Aufgabe nur eine Bestmethode.	Die Bestmethode hängt auch stark vom individuellen Arbeiter ab.
Nicht der Arbeiter, sondern das Management kann die Bestmethode finden.	Der Arbeiter findet seine Bestmethode am ehesten selbst.
Je mehr Arbeitsteilung, um so mehr Produktivität.	Die Monotonie der Arbeitsteilung bremst; daher Arbeit auf längere Zyklen erweitern.
Nur technische Faktoren beeinflussen die menschliche Produktivität.	Ausschlaggebend für menschliche Leistungsbereitschaft sind psychische (gefühlsbedingte) Faktoren.
Der Arbeiter kann nur durch Geld motiviert werden.	Viele verschiedene, vor allem psychische Faktoren entscheiden über die Leistungsbereitschaft und den Leistungswillen. Arbeitsinhalt ist die treibende Kraft.
Was nicht kontrolliert wird, wird nicht ausgeführt.	Verantwortungsgefühl und Selbständigkeit steigern die Leistungsbereitschaft.

Auf einige der in der vorstehenden Gegenüberstellung genannten Faktoren ist bei den nun zu behandelnden weiteren Führungsformen und im Kapitel über die Humanisierung noch einzugehen.

5.4.2 Das Harzburger Modell

Einen großen Bekanntheitsgrad hat das von der Akademie für Führungskräfte der Wirtschaft in Bad Harzburg bzw. seinem Leiter, *Reinhard Höhn*, entwickelte Harzburger Modell erlangt, das auch als „Führung im Mitarbeiterverhältnis" gekennzeichnet wird. Bei diesem Führungsstil handelt es sich nach *Höhn* [1977, S. IX.] um „das Gegenstück zum autoritären Führungsdenken"; die mit dem Harzburger Modell vermittelten Führungstechniken beruhen „auf einer ganz bestimmten geistigen Grundhaltung, nämlich der Abkehr vom autoritär-patriarchalischen Führungsprinzip. Sie sind getragen von der Auffassung, daß es gilt, die Initiative und das Mitdenken der Mitarbeiter im Unternehmen nutzbar zu machen und dafür die entsprechenden Organisations- und Führungsformen im Aufbau des Unternehmens zu finden."

Nach *Höhn* [1977, S. 6f.] besteht das „grundlegend Neue an der Führung im Mitarbeiterverhältnis in folgendem:

- Die betrieblichen Entscheidungen werden nicht mehr lediglich von einem einzelnen oder einigen Männern an der Spitze des Unternehmens getroffen, sondern jeweils von den Mitarbeitern auf den Ebenen, zu denen sie ihrem Wesen nach gehören.
- Die Mitarbeiter werden nicht mehr durch einzelne Aufträge vom Vorgesetzten geführt. Sie haben vielmehr einen festen Aufgabenbereich mit bestimmten Kompetenzen, in dem sie selbständig handeln und entscheiden.
- Die Verantwortung ist nicht mehr auf die oberste Spitze allein konzentriert. Ein Teil dieser Verantwortung wird vielmehr zusammen mit den Aufgaben und den dazugehörigen Kompetenzen auf die Ebene übertragen, die sich ihrem Wesen nach damit zu beschäftigen hat.
- Das Unternehmen wird nicht mehr, wie dies typisch für eine der absolutistischen Denkweise entsprechende Form der Organisation ist, von oben nach unten aufgebaut, indem die vorgesetzte Instanz nur das abgibt, was ihr zuviel wird, sondern von unten nach oben, wobei die vorgesetzte Instanz der untergeordneten nur diejenigen Entscheidungen abnimmt, die ihrem Wesen nach nicht mehr auf die untere Ebene gehören."

Die im Mittelpunkt des Harzburger Modells stehende *Delegation von Verantwortung* auf die einzelnen Mitarbeiter mit dem Ziel, sie zu selbständigem Handeln und Entscheiden zu veranlassen, bedingt, daß Aufgaben, Kompetenzen (Befugnisse) und Verantwortung übereinstimmen und hinreichend von denen anderer Mitarbeiter abgegrenzt sind. Diesem Zweck dient insbesondere die Stellenbeschreibung, die in dieser Führungsform für alle Arbeitsplätze vorgesehen und aufgabenorientiert und nicht personenbezogen durchzuführen ist.

Um ein eigenständiges Handeln des Mitarbeiters tatsächlich zu erreichen, wird dem Vorgesetzten prinzipiell untersagt, in den Aufgabenbereich seines Mitarbeiters einzugreifen, und der Mitarbeiter darf seinerseits die ihm übertragenen Aufgaben grundsätzlich nicht an den Vorgesetzten zurückdelegieren, d.h. die Verantwortung wieder auf den Vorgesetzten verlagern. Für gemachte Fehler ist der Mitarbeiter selbst verantwortlich und nicht sein Vorgesetzter. Der Mitarbeiter trägt also die *Handlungsverantwortung*, während beim Vorgesetzten lediglich die *Führungsverantwortung* liegt. Der Vorgesetzte kann für Fehler seines Mitarbeiters nur zur Rechenschaft gezogen werden, wenn er Führungspflichten verletzt hat, es insbesondere unterlassen hat, den Mitarbeiter sorgfältig auszusuchen und einzuführen, und die Kontrollfunktion nicht hinreichend wahrgenommen hat.

„Die eindeutige Trennung von Handlungsverantwortung und Führungsverantwortung ist eine wichtige Voraussetzung dafür, daß geklärt werden kann, wer für einen Fehler einzustehen hat. Läßt sich doch das Prinzip der Delegation von Verantwortung nur verwirklichen, wenn Mitarbeiter wie Vorgesetzte für Fehler, die sie begehen, auch zur Rechenschaft gezogen werden. Die Delegation von Verantwortung ist also keine ‚weiche Welle' der modernen Betriebsführung, sondern ein Prinzip, in dem die Leistung entscheidet und das deshalb auch Härten mit sich bringt. Man muß sich jedoch vor Augen halten: Wer als selbständige Persönlichkeit im Unternehmen gewertet und behandelt werden will, muß auch bereit sein, für seine Fehler einzustehen und die unvermeidlichen Konsequenzen auf sich zu nehmen" [*Höhn*, 1977, S. 11f.].

Den eigentlichen Schwerpunkt der Führungsfunktion des Vorgesetzten sieht das Harzburger Modell in der *Kontrolle*. „Das oberste Kontrollprinzip lautet: Alles, was delegiert worden ist, muß auch kontrolliert werden. Dabei erstreckt sich die Kontrolle über den einzelnen Stelleninhaber nicht nur auf seine fachlichen Leistungen, sondern auch auf sein führungsmäßiges Verhalten als Mitarbeiter und Vorgesetzter" [*Höhn*, 1977, S. 129]. Das Harzburger Modell unterscheidet zwei Kontrollarten: die Dienstaufsicht und die Erfolgskontrolle. Bei der Dienstaufsicht wird der Arbeitsablauf durch unverhofft vorgenommene Stichproben kontrolliert, während sich die Erfolgskontrolle auf das Ergebnis der Arbeit des Mitarbeiters nach einem bestimmten Zeitraum bezieht; dabei muß der Zeitpunkt der Erfolgskontrolle vorher bestimmt und dem Mitarbeiter bekannt sein. „Die Dienstaufsicht ist (also) auf den Einzelfall abgestellte Verhaltenskontrolle, während die Erfolgskontrolle Ergebniskontrolle ist" [*Höhn*, 1977, S. 146]. Eine Beschränkung der Kontrolle auf die Erfolgskontrolle lehnt *Höhn* ab, weil sie oft zu spät komme, um noch Fehlentwicklungen vermeiden zu können. „Der Vorgesetzte würde vielfach nur ‚Leichenschau' hinsichtlich der eingetretenen Fehlentwicklungen halten können" [*Höhn*, 1977, S. 131].

Unmittelbare finanzielle *Lohnanreize* sind mit dem Harzburger Modell nicht verbunden. In neueren Auflagen des „Führungsbreviers" wird lediglich darauf hingewiesen, daß die Stellenbeschreibung die Basis für die Entwicklung eines möglichst gerechten Lohn- und Gehaltsgefüges bietet [*Höhn*, 1977, S. 31]. Das in den letzten Jahren verstärkt diskutierte und praktizierte Management by Objectives (Führung durch Zielvorgabe) dürfte *Höhn* veranlaßt haben, in den letzten Auflagen des „Führungsbreviers" ausführlich darzulegen, daß die Führung durch Zielsetzung auch in das Harzburger Modell passe. In neueren Auflagen wird außerdem der Teamarbeit ein Kapitel gewidmet, die zunehmend als ein Mittel zur Schaffung neuer Impulse in der betrieblichen Personalarbeit anzusehen ist.

Es scheint, als ob zum Harzburger Modell mehr *kritische Äußerungen* vorliegen als zu anderen neueren Führungsformen. Dies dürfte mit darauf zurückzuführen sein, daß das Harzburger Modell – im Gegensatz zu zahlreichen anderen Führungssystemen – sehr bekannt ist und vor allen Dingen weithin praktiziert wird. Zur Kritik im einzelnen sei auf die im Literaturverzeichnis aufgeführten Arbeiten von *Bieding/Scholz* [1971], *Wild* [1971], *Blume/*

Breuer [1972], *Hecking-Binder* [1974], *Steinle* [1975], *Guserl/Hofmann* [1976] und *Bleicher/Meyer* [1976] verwiesen.

Nach Ansicht von *Bolte* [1972, S. 9ff.] verfügt das Harzburger Modell über folgende *Vorzüge*:

1. es wurde in einer Situation angeboten, in der man nach neuen Führungsformen suchte,
2. es bezieht sich auf Führungsprobleme in einer demokratischen Gesellschaft,
3. es bietet eine Möglichkeit zur organisatorischen Verwirklichung bestimmter Aspekte des Partnerschaftsgedankens,
4. es liefert einen Beitrag zur Mitbestimmung,
5. es wirkt tendenziell produktivitätssteigernd,
6. es ist prinzipiell einfach und dadurch generell verständlich,
7. es ist hochgradig flexibel und dadurch universell verwendbar,
8. es bildet eine wichtige Basis für das Verständnis und die Gestaltung der gesamten betrieblichen Führungsproblematik,
9. es ist ein Verfahren mit mehrseitigem Gewinn,
10. es ist ein Handlungsmodell, das Aktivität zu mobilisieren vermag,
11. es sind Grundideen und praktische Handlungsanweisungen so miteinander verschmolzen, daß eine fast optimale Kombination des Wissens um das das „Wozu" und des Wissens um das „Wie" erreicht wird,
12. es besitzt geeignete pädagogische Mittel.

Bleicher/Meyer [1976, S. 230f.] fassen ihr *Urteil* über das Harzburger Modell wie folgt zusammen:

„Zweifellos sind der klare Aufbau und die Praktikabilität des Harzburger Modells für Realisations- und Kontrollprozesse hervorzuheben, die vorliegende Aufzählung (von *Bolte*) kann dennoch nicht darüber hinwegtäuschen, daß dem Harzburger Modell mehrere Mängel vorzuhalten sind:

(1) Erstens handelt es sich um kein vollständiges Führungsmodell; dies gilt insbesondere im Hinblick auf das Anreiz- und das Personalentwicklungssystem.

(2) Das Prinzip der Organisation ad rem wird zweitens nicht konsequent durchgehalten. Wegen der besonderen Eigenschaften von Personen dürfte dies auch grundsätzlich nicht möglich sein. In der Regel sind Kompromißlösungen bei mangelnder Eignung des Mitarbeiters zur Wahrnehmung seines Delegationsbereiches unvermeidlich. Tendenziell sind auf den oberen Führungsebenen individuelle ‚Maßanzüge' zu schaffen, die dem Grundprinzip des Harzburger Modelles widersprechen.

(3) Drittens ist die Statik des Harzburger Modelles kritisch zu erwähnen. Einerseits wird dem Planungsaspekt nur ungenügend Rechnung getragen, andererseits dürfte es nicht in allen Phasen der Unternehmungsentwicklung anwendbar sein. Insofern ist es nicht flexibel genug konzipiert. Dies gilt primär für die Pionierphase mit den dort unweigerlich notwendigen Improvisationsspielräumen wie auch für die Integrationsphase der Unter-

nehmungsentwicklung, in der den humanen Belangen unter situativen Gesichtspunkten besonders Rechnung getragen werden muß.

(4) Das Harzburger Modell ist viertens nicht differenziert genug. So wird die Frage der optimalen Führungsform nicht erschöpfend genug behandelt. Führungssituationen werden unvollständig abgebildet. Gruppendynamische Aspekte werden vernachlässigt. Dies gilt insbesondere für die Kohäsionsfunktion der Führung. Ein motivationstheoretischer Ansatz fehlt weitgehend. So ist es nicht verwunderlich, daß unzulängliche Unterstellungen über die Motivation menschlichen Handelns vorzufinden sind.

(5) Da von einem hohen Konkretisierungs- und Bestimmtheitsgrad von Aufgaben ausgegangen wird, ist das Harzburger Modell zudem bei progressiven innovativen Aufgaben nur begrenzt anwendbar. Im Regelfall liegt die Betrachtung operativer, repetitiver Aufgaben zugrunde. Deshalb fehlen Hinweise zur Aktivierung von Innovationen durch die gezielte Kreativitätsförderung der Systemmitglieder.

(6) Der Integrationsgrad des Harzburger Modells ist sechstens unzureichend. Dies wurde schon mehrmals im Zusammenhang mit der Betrachtung des Planungs-, des Anreiz- und des Personalentwicklungssystems festgestellt. Der Vorwurf läßt sich ausdehnen auf die ungenügende Einbeziehung der partizipativen Zielbildung, auf die regelmäßige Wiederholung von Zielbildung und Abweichungsanalyse, Personalbeurteilung und Förderungsinterview sowie ihre Einbindung in den Prozeß der Unternehmensplanung und Budgetierung [*Wild*, 1971, S. 77].

Trotzdem stellt das Harzburger Modell insgesamt ein verständliches und praktikables Führungsmodell dar, das weniger den differenzierten Ansprüchen der Theorie als vielmehr dem rezeptorientierten Verlangen der Praxis Rechnung trägt."

5.4.3 Management by Objectives

Seit einigen Jahren findet auch das Management by Objectives (MbO) in Literatur und Praxis eine größere Beachtung. Es handelt sich hierbei um ein Führungssystem, bei dem eine konkrete Zielsetzung oder *Zielvorgabe* der von dem Mitarbeiter zu erfüllenden Aufgabe im Mittelpunkt der Führungsüberlegungen steht. Im Grunde geht es zwar bei allen betrieblichen Verrichtungen um die Erfüllung zielgerichteter Aufgaben. Während aber normalerweise die Ziele eines Arbeitsplatzes nur recht allgemein umschrieben sind – so grundsätzlich auch beim Harzburger Modell – geht es beim Management by Objectives um die Vorgabe quantifizierter Ziele.

Diese Art von Führung schwebte schon *Taylor* vor; außerdem liegt die *Vorgabe quantifizierter Ziele* auch dem bei den Lohnformen charakterisierten Pensumlohn zugrunde. *Taylor* [1913, S. 129] meinte: „Der Durchschnittsmensch wird zur größten eigenen Zufriedenheit wie zu der seines Arbeitgebers arbeiten, wenn er täglich eine bestimmte Arbeit, die ein richtiges Tagewerk für einen guten Arbeiter darstellt, zugewiesen bekommt. Dies gibt dem Arbeiter einen ‚Maßstab', mit dessen Hilfe er selbst jederzeit seinen Fortschritt feststellen kann, und dessen Einhaltung ihm die größte Genugtuung bietet." Die Pensumerreichung sollte nach *Taylors* Vorstellungen (S. 130) mit einer erheblichen Belohnung – einer Prämie – verbunden sein.

Später hat vor allem *Drucker* [1970, S. 139] das MbO propagiert. Er will die Zielvorgaben vor allem auf die Gruppe der Manager (aller Stufen) konzentrieren: „Jeder Manager braucht klar umrissene Ziele ... Diese einzelnen Zielsetzungen müssen stets von den Zielsetzungen des Gesamtunternehmens abgeleitet sein." In der Diskussion um das MbO wird heute allgemein davon ausgegangen, daß die Mitarbeiter an der Zielfixierung zu beteiligen sind, damit zum einen eine größtmögliche Realitätsnähe gegeben ist und die beteiligten Mitarbeiter zum anderen bereits auf diese Weise motiviert werden, das Ziel auch tatsächlich zu erreichen.

Neben der motivierenden Wirkung, die von einer „vernünftigen" Zielvorgabe ausgeht – man ist bestrebt, über eine Zielerreichung zu einem Erfolgserlebnis zu kommen bzw. eine negative Beurteilung zu vermeiden –, ist ein weiterer Vorteil dieses Führungssystems darin zu sehen, daß mit der exakten Soll-Formulierung gute Möglichkeiten für eine Erfolgskontrolle geschaffen werden, und zwar sowohl für eine Fremdkontrolle durch den Vorgesetzten als auch für die Eigenkontrolle durch den Mitarbeiter selbst.

Als besonders wichtig beim MbO hebt *Drucker* [1970, S. 144] die Möglichkeit der *Selbstkontrolle* hervor: „Der größte Vorzug der Führung durch Aufgabenstellung und Zielsetzung ist vielleicht, daß der Manager durch sie die Möglichkeit erhält, seine eigene Leistung zu überprüfen. Selbstkontrolle bedeutet einen stärkeren Antrieb: den Wunsch, das Beste zu leisten und nicht nur gerade das Nötigste. Es bedeutet höhere Leistungsziele und einen erweiterten Gesichtskreis ... Daß Management durch Selbstkontrolle etwas höchst Erwünschtes ist, wird heute in amerikanischen Unternehmungen kaum noch bestritten."

An anderer Stelle fordert *Drucker* [1970, S. 324] die Möglichkeit der Selbstkontrolle für alle Arbeitnehmer: „Der Arbeiter muß instand gesetzt werden, seine Leistung selbst zu kontrollieren, zu messen und zu gestalten. Er muß wissen, was er zu tun hat, ohne daß es ihm jemand sagt." In diesem Zitat klingt schon an, daß beim MbO – wie übrigens auch beim Harzburger Modell – die Mittelauswahl für die Zielerreichung generell beim Arbeitsplatzinhaber liegt, wobei naturgemäß betriebliche Rahmenbedingungen zu beachten sind.

Mit unmittelbaren *finanziellen Anreizen* arbeitet das MbO ebensowenig wie das Harzburger Modell. Allerdings lassen sich beim MbO die Ergebnisse des quantitativen Soll-Ist-Vergleichs (Kontrolle) zweifellos besonders gut in den Dienst der Personalpolitik und der Unternehmensführung stellen, wie ja ohnehin beim entwickelteren MbO stark der Gesamtsystem-Bezug der Führung herausgestellt wird. Ein solches auf das Gesamtsystem Unternehmung ausgerichtetes Grundmodell haben *Bleicher/Meyer* [1976, S. 242] mit dem nachstehenden, von mir geringfügig ergänzten, Schaubild konzipiert, das einem *Regelkreis* entspricht.

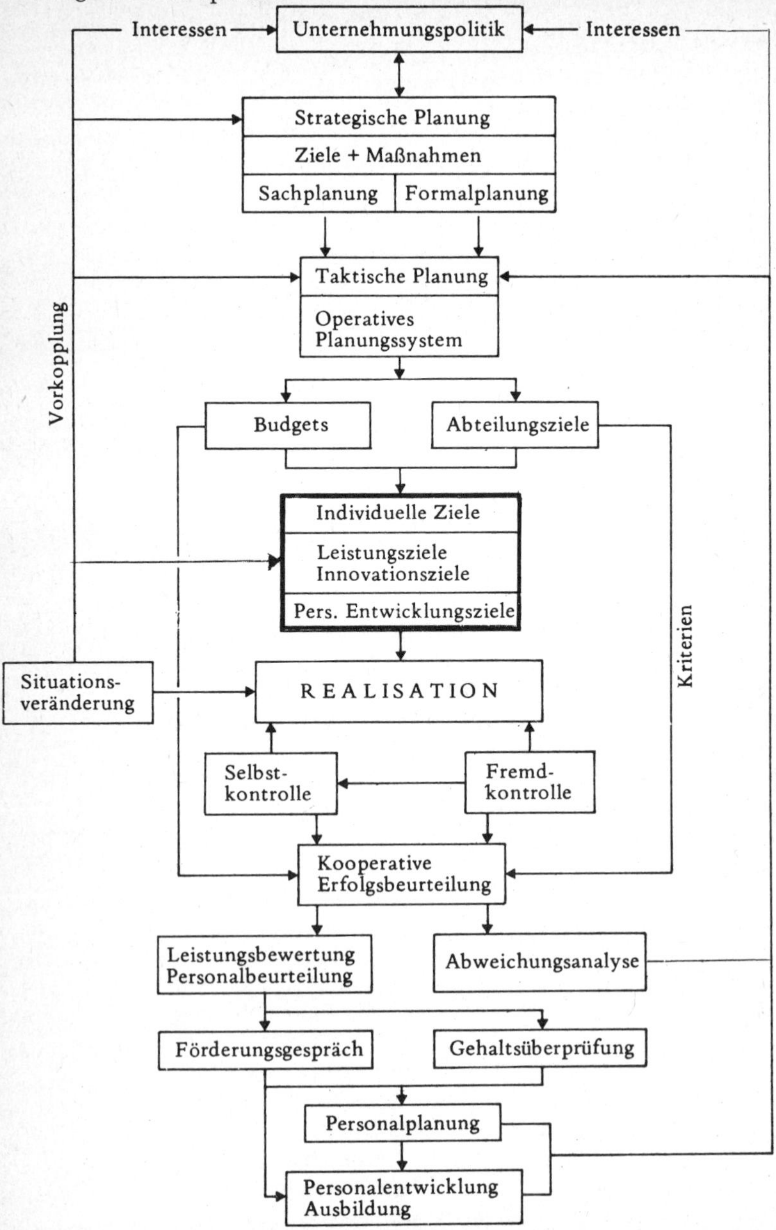

Im Falle von komplexen Unternehmensaufgaben ist das größte Problem des MbO zweifellos die Formulierung von operationalen Zielen auf den verschiedenen Führungsebenen und in den unterschiedlichsten Funktionsbereichen. Diese Schwierigkeit ist vergleichbar mit dem Problem der Findung von Lenkzahlen bei *Schmalenbachs pretialer Lenkung* (Führung durch innerbetriebliche Verrechnungspreise), die ja ohnehin eine gewisse Verwandtschaft mit dem MbO hat.

Nach *Bleicher/Meyer* [1976, S. 244] kann das MbO als ein relativ umfassendes und flexibles Führungsmodell gekennzeichnet werden, das in etwa den derzeitigen Stand der Managementlehre wiedergibt. Zur weiteren Beschäftigung mit dem MbO s.a. *Humble* [1973] und *Odiorne* [1971].

5.5 Die Mitbestimmung am Arbeitsplatz – ein erfolgversprechender Führungsaspekt?

Es ist heute weitgehend – auch für die vorstehend skizzierten neueren Führungsformen – unbestritten, daß zu einer erfolgreichen Mitarbeiterführung auch gehört, den Arbeitnehmern im Leistungserstellungsprozeß Partizipationsmöglichkeiten einzuräumen. Dies wird im Grunde von den Unternehmensleitungen eingesehen. Etwas zähflüssiger wird die Diskussion hierzu aber meist, wenn es darum geht, konkret in Erfahrung zu bringen, worauf sich die Mitbestimmungsmöglichkeiten denn nun genau beziehen, wie intensiv sie gestaltet und ob sie individuell oder kollektiv ausgeübt werden sollen. Dabei zeigt sich dann meist sehr schnell, daß die Mitbestimmung am Arbeitsplatz eine äußerst schillernde Angelegenheit ist. Da die Mitbestimmung am Arbeitsplatz in gesellschaftspolitischen Diskussionen eine wichtige Rolle spielt und sie im Grunde für alle Führungsstilausprägungen elementare Bedeutung hat, sind im folgenden die Möglichkeiten und Grenzen einer Partizipation am Arbeitsplatz etwas näher zu beleuchten.

5.5.1 Wesen und Ziel der Mitbestimmung am Arbeitsplatz

Zahlreiche Befürworter einer Mitbestimmung am Arbeitsplatz behaupten, die bisher praktizierte gesetzliche Mitbestimmung über den Betriebsrat, Aufsichtsrat und im Falle der Montanmitbestimmung auch über das Leitungsorgan (Arbeitsdirektor) werde von dem einzelnen Arbeitsplatzinhaber zu wenig „erlebt", er sei zu weit von den Orten, an denen die eigentliche Mitbestimmung ausgeübt werde, entfernt. Sicherlich ist es richtig, daß der Aufsichtsrat nicht sehr häufig zusammentritt und dann eine große Tagesordnung zu behandeln hat, auf der konkrete Arbeitsplatzfragen regelmäßig fehlen. Diese gehören auch nicht zu den eigentlichen Kompetenzen des Aufsichtsrates. Auch der Betriebsrat als „institutionalisierte Nebenhierarchie" [*Schelsky*, 1955, S. 192] kann sich in Großbetrieben nicht um alle Fragen des einzelnen Arbeitsplatzes kümmern. Da wohl kaum zu bestreiten ist, daß den Arbeitnehmer zunächst einmal nachdrücklich seine konkreten Arbeitsplatzverhältnisse und erst danach Fragen der Unternehmensverfassung interessieren, erscheint es plausibel, wenn die Forderung erhoben wird, an der „Basis" arbeitsplatzbezogene Mitbestimmungsmöglichkeiten zu schaffen.

In der Diskussion um die Mitbestimmung am Arbeitsplatz sind im Grunde *zwei Standpunkte* zu unterscheiden: Während einige Befürworter der Mitbestimmung am Arbeitsplatz mit diesem Instrument eine Verbesserung der Arbeitsplatzverhältnisse (Arbeitsbedingungen im weitesten Sinne) und der Mitarbeiter-Motivation anzustreben scheinen, wenngleich manchmal sicherlich auch aus dem Motiv heraus, um so weitergehende Mitbestimmungsforderungen zurückzudrängen, sehen andere in der Idee der Mitbestimmung am Arbeitsplatz eine erstrebenswerte Möglichkeit zur Mobilisierung der Belegschaften zum Zwecke der (gewaltsamen) Durchsetzung von politischen Forderungen einschließlich der Übernahme der Betriebe durch die „Produzenten" (Mitarbeiter). Dieser gesellschaftspolitische Ansatz einer Mitbestimmung am Arbeitsplatz soll hier nicht weiter verfolgt werden.

Die eigentlich tragenden, auch für die Belegschaft wichtigen Entscheidungen werden in Großbetrieben immer in der Unternehmensspitze getroffen werden müssen, und zwar regelmäßig unter Beachtung der gesetzlichen Mitbestimmungsregelungen. Aus diesem Grunde kann die Mitbestimmung am Arbeitsplatz keine Alternative zu der bisher praktizierten gesetzlichen Mitbestimmung sein, wie das gelegentlich vorgeschlagen wird. Die Mitbestimmung am Arbeitsplatz ist vielmehr – soweit sie überhaupt praktikabel ist – als eine Ergänzung der bisherigen Mitbestimmungsregelungen anzusehen. Vor diesem Hintergrund sind die folgenden Ausführungen zu sehen.

5.5.2 Mögliche Gegenstände (Objekte) einer Mitbestimmung am Arbeitsplatz

Bei den Überlegungen zur Praktizierung einer basisbezogenen Mitbestimmung ergibt sich eine Reihe von grundsätzlichen, überwiegend betriebswirtschaftlichen Problemen. Beantwortet werden müssen vor allem zwei Grundsatzfragen: (1) auf welche konkreten Arbeitsplatzfragen soll sich die Mitbestimmung beziehen und (2) kann eine solche Mitbestimmung individuell, d.h. durch den einzelnen Arbeitnehmer, erfolgen, oder muß sie kollektiv, also von der Arbeitsgruppe, ausgeübt werden?

5.5.2.1 Die Art des Produkts

„Am Arbeitsplatz selbst stellen sich zwei Fragen: was tut der Mann dort und wie tut er es. Was er dort zu tun hat, wird ihm von der Betriebsleitung angewiesen, die auch selber wieder in ihren Entschließungen weitgehend unfrei ist: wenn Bestellungen auszuführen, Lieferfristen einzuhalten sind, dann muß eben das hergestellt werden, was der Kunde bestellt hat und abruft. Weisungen entgegenzunehmen, die sich darauf beziehen, fällt dem Arbeiter nicht schwer, und noch weniger verstößt es gegen die Menschenwürde" [*Nell-Breuning*, 1968, S. 22].

Nicht nur die zu befriedigenden Abnehmerwünsche, auch der vorhandene Produktionsmittelapparat sowie die von den Mitarbeitern eingesetzte Qualifikation und ihre Spezialisierung (Arbeitsteilung) lassen es regelmäßig nicht zu, daß eine basisbezogene Mitbestimmung sich auf das *Was* der Produktion, also die herzustellenden Güter, bezieht. Die Festlegung der zu produzierenden Güter nach Arten, Qualitäten, Quantitäten und Terminen kann grundsätzlich nicht an der Basis erfolgen, sondern nur in den Unternehmensorganen, evtl. unter Beteiligung der gewählten Belegschaftsvertreter. Die Entscheidung über die herzustellenden Güter muß nicht nur die Leistungsfähigkeit der vorhandenen und beschaffbaren Produktionsfaktoren berücksichtigen, sondern auch eine sorgfältige Beurteilung der zahlreichen auf die voraussichtliche Nachfrage- und Kostenentwicklung einwirkenden Faktoren vornehmen. Eine einigermaßen verläßliche Einschätzung dieser meist sehr komplexen Daten wird regelmäßig nur von einem kleinen Kreis von eingearbeiteten Fachleuten vorgenommen werden können.

5.5.2.2 Die Investitionen

Die eben genannten Gründe sprechen auch dafür, daß Entscheidungen über Investitionen nur von der Unternehmensleitung – evtl. nach Konsultation des Kontrollorgans und/oder des Betriebsrats – und nicht durch Willensentschließungen der Belegschaftsmitglieder vorgenommen werden. Das schließt nicht aus, daß im Interesse möglichst umfassender Datengewinnung auch der Rat von Belegschaftsmitgliedern eingeholt wird, insbesondere in kleineren überschaubaren Verhältnissen. Bei Rationalisierungsinvestitionen wäre es unter Umständen sogar denkbar, den betroffenen Mitarbeitern ein echtes Mitbestimmungsrecht einzuräumen, worauf bei der Behandlung der Rationalisierung als ein mögliches Mitbestimmungsobjekt noch einzugehen ist. Werden in der Praxis spektakuläre Fehlinvestitionen bekannt, die regelmäßig nicht nur die Ertrags- und Liquiditätslage belasten, sondern auch die Arbeitsplätze in Gefahr bringen, wo wird in manchen Kreisen der Ruf nach Mitbestimmung bei Investitionsentscheidungen laut. Damit ist dann aber wohl meist eine Art Investitionslenkung durch überbetriebliche Stellen gemeint.

Sind Arbeitnehmervertreter an Investitionsentscheidungen beteiligt, was bei großen Investitionen die Regel sein dürfte, werden dadurch keinesfalls Fehlinvestitionen generell ausgeschlossen. Dies ist nicht verwunderlich, da letztlich jede Entscheidung und insbesondere die langfristig ausgerichtete Investitionsentscheidung einem Unsicherheitsrisiko unterliegen. So kann beispielsweise niemand zuverlässig vorhersagen, wie sich die Nachfrage und der technische Fortschritt entwickeln und die Konkurrenten sowie Lieferanten in der Zukunft verhalten werden. Aus dieser Unsicherheitsproblematik heraus werden es manche Unternehmensleitungen möglicherweise gar nicht ungerne sehen, wenn sich die Mitbestimmungsträger stark an Investitionsentscheidungen beteiligen; schaffen die Unternehmensleitungen sich doch auf diese Weise eine Möglichkeit, im Falle von Fehlentscheidungen die Mitbestimmungsträger mit zur Lösung der sich hieraus ergebenden zahlreichen Probleme heranzuziehen. Andererseits können im Falle von besonders erfolgreichen, unter Beteiligung von Belegschaftsvertretern zustande gekommenen Entscheidungen auch Wünsche der Belegschaft laut werden, an den ökonomischen Ergebnissen dieser Entscheidungen beteiligt zu werden, was in der Praxis meist ohnehin in der einen oder anderen Form geschieht, zum Beispiel über erhöhte Arbeitsplatzsicherung, höhere Löhne und Sozialleistungen oder verbesserte (sonstige) Arbeitsbedingungen.

5.5.2.3 Bestellung (Wahl) der Vorgesetzten

Gelegentlich wird gefordert, die Vorgesetzten durch ihre Mitarbeiter wählen zu lassen, ein Verfahren, das in den sozialistischen Ländern völlig unbekannt und in den westlichen Volkswirtschaften äußerst selten anzutreffen ist. Die Forderung nach Bestellung der Vorgesetzten durch ihre Untergebenen mag auf Anhieb plausibel erscheinen. Die Bedenken kommen, wenn man die damit auftretenden grundsätzlichen Fragen konsequent zu Ende denkt. Diese Bedenken beziehen sich nicht so sehr auf die Einsetzung des Vorgesetzten durch einen Wahlakt als vielmehr auf die in diesem Falle doch wohl konsequenterweise erforderliche Befristung der Amtszeit oder Einführung einer Abwahlmöglichkeit. Bevor auf diese Probleme im einzelnen eingegangen wird, soll zunächst ein praktischer Fall vorgeführt werden, in dem die Mitarbeiter weitgehende Beteiligungsmöglichkeiten bei der Bestellung ihrer Vorgesetzten haben. Es sind dies die *Hauni-Werke Körber & Co. KG* in Hamburg-Bergedorf.

In diesem Unternehmen wird der von der Geschäftsleitung in Aussicht genommene Anwärter für eine Vorgesetztenstellung zunächst kommissarisch mit der Ausführung in der betreffenden Abteilung beauftragt. Ausgesucht wird der Bewerber von der Geschäftsführung im Einvernehmen mit dem Vorgesetzten des einzusetzenden Vorgesetzten. Die Geschäftsführung beurteilt vor allem die fachliche Qualifikation des Anwärters. Hierzu heißt es in einer firmenoffiziellen Veröffentlichung aus dem Jahre 1969: „Die fachliche Qualität eines Anwärters kann naturgemäß nur von denen beurteilt werden, die die Anforderungen an der zu besetzenden Führungsstelle kennen und sie im Zusammenhang des Ganzen überblicken."

Nach Ablauf einer angemessenen (Bewährungs)Frist, die zwischen drei und zwölf Monaten beträgt, wird ein geheimes Abstimmungsverfahren durchgeführt, in dem der Bewerber für seine endgültige Vorgesetztenbestellung mindestens die einfache Mehrheit der abgegebenen Stimmen erreichen muß. Abstimmungsberechtigt sind seine potentiellen zukünftigen Mitarbeiter und der Vorsitzende des Betriebsrats sowie sein Stellvertreter. Erreicht der Anwärter nicht die erforderliche Mehrheit, muß die Geschäftsleitung einen anderen Kandidaten vorschlagen.

Ausgenommen von dieser Art der Amtseinsetzung sind alle Funktionen, die nicht ständig mit Personalführungsaufgaben verbunden sind; so die Berufung von Referenten, Assistenten sowie die Ernennung von Stellvertretern. Auch der Wechsel von Vorgesetzten auf der gleichen Stufe bedarf nicht eines neuen Vertrauensbeweises, wenn dieses Votum schon einmal positiv ausgefallen ist.

Die Wahl der Vorgesetzten durch die Mitarbeiter ist nach Auskunft des Firmeninhabers, *Kurt A. Körber*, eingeführt worden, um auf diese Weise einen Druck auf die Geschäftsführer auszuüben, bei der Auswahl von Führungskräften besonders sorgfältig und umsichtig vorzugehen. Der Aspekt der Demokratisierung habe demgegenüber eine untergeordnete Rolle gespielt. Es leuchtet ein, daß das geschilderte Vorgesetztenbestellungsverfahren für das Unternehmen im Grunde genommen risikolos ist. Auch ohne das installierte Wahlverfahren würde ein Vorgesetzter, der nach Ablauf einer üblicherweise vereinbarten Probezeit nicht das Vertrauen seiner Mitarbeiter gewonnen hat, abberufen werden. Anders wäre ein Verfahren zur Vorgesetztenbestellung zu beurteilen, wenn es – was bei Hauni nicht der Fall ist – auch die Abwählbarkeit (eine Art imperatives Mandat) oder eine Befristung der Amtszeit des Vorgesetzten mit der Möglichkeit der Wiederwahl vorsähe.

Auch Forderungen nach Abberufungsmöglichkeiten von Vorgesetzten durch die Mitarbeiter werden von Zeit zu Zeit erhoben. Bei solchen Überlegungen ist zu bedenken, daß jeder Vorgesetzte im Interesse der langfristigen Erzielung eines befriedigenden Arbeitsergebnisses eine Reihe von Entscheidungen treffen muß, die von den Mitarbeitern oder einem Teil von ihnen nicht immer als angenehm empfunden werden können. Durch die Einführung einer Abwahlmöglichkeit oder einer Amtszeitbefristung und die damit verbundene Notwendigkeit für den Vorgesetzten, ständig um die Gunst seiner Mitarbeiter besorgt zu sein, würden unpopuläre Entscheidungen unter Umständen nur noch schwer zustande kommen oder ganz ausbleiben. In Hochschuleinrichtungen, in denen hochdotierte Leiterstellen auf Zeit durch Wahlen der Basis (Bedienstete und Studenten) besetzt werden, ist diese Tendenz manchmal deutlich beobachtbar. Allerdings treten hier die Risiken solcher Verhaltensweisen nicht so schnell und nicht so deutlich zutage, wie in Unternehmen, die dem Risiko des Konkurses ausgesetzt sind.

Die Praktikabilität und die Gefahren eines Vorgesetztenwahlverfahrens werden im Einzelfall naturgemäß stark von der jeweiligen Gruppenzusammensetzung, der Arbeitsmarkt- und Auftragslage, der Persönlichkeitsstruktur des Vorgesetzten und vielen anderen Faktoren abhängen. Die Abwahlmöglichkeit könnte auch dazu führen, daß der Vorgesetzte im Hinblick auf einzelne Mitarbeiter sachfremde oder ungerechte Personalentscheidungen trifft. Muß beispielsweise ein Vorgesetzter aus Gründen eines Beschäftigungsrückganges Mitarbeiter zur Entlassung vorschlagen, so wird er möglicherweise solche Personen benennen, bei denen er nicht sicher sein kann, daß sie ihn wiederwählen werden. Eine solche Verhaltensweise kann unter Umständen zu einer Entlassung der leistungsfähigsten Kräfte führen, da höherqualifizierte Mitarbeiter die Schwachstellen des Vorgesetzten relativ schnell erkennen und häufig auch kritikfreudiger und daher für einen „schwachen" Vorgesetzten nicht so gut tragbar sind.

Auch im Verhältnis zur Unternehmensleitung könnte ein Vorgesetzter mit Abwahlmöglichkeit durch die Belegschaft leicht in eine schwierige Situation kommen, ein Problem, das sich auch beim Arbeitsdirektor der Montanindustrie zeigt. Auf der einen Seite erwartet die Unternehmensführung, daß der Vorgesetzte Entscheidungen trifft und durchsetzt, die dieser u.U. aber aus Furcht vor einer Abwahl nicht vornimmt, so daß sich zwangsläufig Konflikte mit der Geschäftsleitung ergeben. Auf der anderen Seite könnte die Geschäftsleitung selbst das Instrument der Abwählbarkeit als ein bequemes Mittel einsetzen, sich von einem ihr nicht mehr genehmen Vorgesetzten zu trennen, indem sie Entscheidungen trifft, die bei der betreffenden Abteilungsbelegschaft Ärger auslösen, der sich vor allem gegen den Vorgesetzten richten und letztlich zu seiner Abberufung führen wird. Eine solche Belegschaftsreaktion wäre möglicherweise dann zu erreichen, wenn die Geschäftsleitung der Abteilung des Vorgesetzten, von dem sie sich trennen möchte, bewußt Arbeiten zuweist, die mit einem geringeren Verdienst als in anderen Abteilungen verbunden oder beispielsweise unangenehmer sind. Dies würde mit der Zeit wahrscheinlich dem Vorgesetzten angelastet werden. Damit läge dann der „schwarze Peter" für das der Unternehmensleitung unangenehme, aber dennoch angestrebte Vorhaben, den Vorgesetzten zu entlassen, bei der Belegschaft.

Es fragt sich, ob sich bei den mit einer Abwahlmöglichkeit zwangsläufig verbundenen Problemen überhaupt genügend qualifizierte Personen finden würden, die bereit wären, eine Vorgesetztenfunktion zu übernehmen. Dies wird im einzelnen auch davon abhängen, was mit dem betreffenden Vorgesetzten nach seiner Abwahl bzw. Nicht-Wiederwahl geschieht. Verbleibt er weiterhin in einer vergleichbaren Tätigkeit und in seiner bisherigen Gehaltsgruppe, wie das zum Beispiel bei den auf Zeit bestellten Schulleitern faktisch der Fall ist, so ist das Abwahlrisiko naturgemäß bedeutend geringer, als wenn jemand seinen Arbeitsplatz *und* sein bisheriges Einkommen verliert. Ist vorgesehen, daß ein Vorgesetzter auch nach seiner Abwahl sein bisheriges Einkommen weiterhin behält, so sind Fälle denkbar, in denen Vorgesetzte ihr Führungsverhalten so einrichten, daß sie abgewählt werden und somit in den Genuß einer vielleicht weniger aufreibenden Tätigkeit kommen. Bei allen Forderungen nach Schaffung von Wahl- und Abwahlmöglichkeiten von Vorgesetzten darf außerdem nicht übersehen werden, daß auch die Vorgesetzten Arbeitnehmer mit schutzwürdigen Interessen sind.

Die Fülle der aufgezeigten Probleme und Gefahren läßt den Schluß zu, daß in der Wahl und der Abberufung von Vorgesetzten durch ihre Mitarbeiter zur Zeit kein geeignetes Mitbestimmungsobjekt in der Wirtschaft zu sehen ist. Die Mitbestimmung kann hier nicht über eine direkte Beteiligung aller Betroffenen, sondern nur über eine indirekte Mitbestimmung durch die gesetzlich gewählten Belegschaftsvertreter erfolgen, wie das heute auch die Regel ist.

Eine gewisse Verwandtschaft mit der Wahl von Vorgesetzten hat die in der Praxis vereinzelt anzutreffende systematische *Beurteilung von Vorgesetzten durch ihre Mitarbeiter* (s. z.B. *manager magazin* 8/74, S. 56ff.). Auf diese Weise wird dem Vorgesetzten sein eigenes Führungsgebaren gegenübergehalten. Gerade für einen erfolgreichen Einsatz des kooperativen Führungsstils ist es außerordentlich wichtig, daß dem Vorgesetzten deutlich wird, wie das eigene Führungsverhalten von den Mitarbeitern eingeschätzt wird, so daß er sich gegebenenfalls um Verhaltensänderungen bemühen kann. Nicht selten schätzen die Vorgesetzten, die sich in dieser Frage nicht um eine Rückkoppelung bemühen, ihr Führungsverhalten anders ein als ihre Mitarbeiter.

5.5.2.4 Die Art der Leistungserstellung

Während man in der Regel davon ausgehen kann, daß eine basisbezogene Mitbestimmung sich grundsätzlich nicht auf die Produktart und kaum auf die Investitionsentscheidungen sowie die Wahl und Abberufung von Vorgesetzten beziehen kann, sind die Mitbestimmungsmöglichkeiten bei dem *Wie* der Leistungserstellung grundsätzlich anders zu beurteilen. Hier wird der eigentliche Ansatzpunkt einer Mitbestimmung am Arbeitsplatz zu suchen sein. Dabei muß man sich natürlich von vornherein darüber im klaren sein, daß auch das Wie der Leistungserstellung zu einem erheblichen Teil durch die Entscheidung über das *Was* und durch die vorhandenen Produktionsmittel, die sich nicht kurzfristig austauschen lassen, festgelegt ist. Dennoch bleiben hier Mitbestimmungsmöglichkeiten, die für den Arbeitnehmer recht wertvoll sein können. Zu den Mitbestimmungsmöglichkeiten in diesem Bereich gehört, daß man den Arbeitnehmern, soweit als irgend möglich, die Art und Weise, wie sie im einzelnen eine Aufgabe erledigen wollen, selbst überläßt. Eine weitere denkbare Mitbestimmungsmöglichkeit wäre die Beteiligung der Arbeitsplatzinhaber an der wichtigen Frage, ob vorhandene Arbeitsplätze zum Zwecke des Abbaues von Monotonie oder von sonstigen Belastungen umstrukturiert werden sollen oder nicht, und wenn ja, wie (s. 6. Kapitel).

Eine weitere Mitbestimmungsmöglichkeit bestünde darin, die betroffenen Arbeitnehmer an der Festlegung von Leistungsnormen (für die Entlohnung) und von Bandgeschwindigkeiten zu beteiligen. Bei der Prüfung der Frage, ob *die* Arbeitnehmer bei der Festsetzung der *Normen* sinnvoll beteiligt werden können, ist zu beachten, daß für die Normfixierung der menschlichen Arbeit absolut verbindliche Maßstäbe fehlen, woran auch die im Laufe der Zeit herausgebildeten, meist recht komplizierten Verfahren der Leistungsmessung und -vorgaben grundsätzlich nichts ändern können, und daß jede Normfixierung prinzipiell einen Interessengegensatz zwischen Unternehmensleitung und Mitarbeitern beinhaltet, der unabhängig von den Eigentumsverhältnissen ist. Die Unternehmensleitung möchte die Norm verständlicherweise so fixieren, daß sich aus ihr zwangsläufig eine Tendenz zur Stückkostenminimierung der Leistungseinheit ergibt. Die von der Normfestsetzung betroffenen Arbeitnehmer legen Wert darauf, daß die Norm so festgelegt wird, daß sie günstige Verdienstmöglichkeiten bietet und/oder von ihr keine Gefahr der Überanstrengung ausgeht.

Weil absolut verbindliche Maßstäbe für die Normfestsetzung fehlen und aufgrund des bestehenden Interessengegensatzes ist es wichtig, daß die Leistungsnorm von den betroffenen Arbeitnehmern in ihrer Mehrheit akzeptiert wird. In kleineren, überschaubaren Verhältnissen, zum Beispiel auf dem Bau, wird diese Akzeptanz vielfach dadurch herbeigeführt, daß für jede neue Aufgabe die Norm zwischen der Arbeitsgruppe und dem Unternehmer „ausgehandelt" wird, also eine Art echter Mitbestimmung zustande kommt.

Im Regelfalle wird man sich, insbesondere in Großbetrieben, bei der Normfestsetzung auf die Beteiligung des Betriebsrates – evtl. unter Hinzuziehung von Vertrauensleuten der betroffenen Abteilungen – beschränken müssen, nicht zuletzt, um dem Gebot der innerbetrieblichen Lohngerechtigkeit zwischen den einzelnen Abteilungen und Arbeitsplätzen, soweit es irgend geht, Geltung zu verschaffen. Diese Lohngerechtigkeit ist für den Betriebsfrieden und das Betriebsklima außerordentlich wichtig. Daß die Mitbestimmung bei der Normfestsetzung besser in Händen des Betriebsrats als in der Arbeitsgruppe liegt, ergibt sich darüber hinaus auch daraus, daß die zahlreichen Verfahren der Leistungsmessung und -vorgaben meist außerordentlich kompliziert und für die einzelnen Arbeitnehmer häufig nicht ganz durchschaubar sind.

Sollen die Arbeitnehmer an der Festlegung von *Bandgeschwindigkeiten* beteiligt werden, so kann sich ein Hindernis schon daraus ergeben, daß Abteilungen, die mit dem Arbeitsfluß anderer Fertigungsstellen in engem Zusammenhang stehen, nicht beliebige Bandgeschwindigkeiten wählen können, von Kosten- und Ertragsaspekten einmal ganz abgesehen. Besteht eine solche Interdependenz nicht, so könnte man durchaus daran denken, den Mitarbeitern die Entscheidung über die Bandgeschwindigkeiten bis zu einem gewissen Grade selbst zu überlassen. Allerdings wäre in einem solchen Falle auch die Frage zu klären, welcher Schutz denjenigen zukommen soll, die einem von der Arbeitsgruppe mehrheitlich festgelegten Arbeitstempo kaum folgen können, deshalb zum einen besonders gesundheitsgefährdet sind und zum anderen mangelhafte Arbeit leisten und somit das Gesamtergebnis der Gruppe beeinträchtigen. Dieses Problem kann sich im Grunde auch stellen, wenn die Arbeitnehmer maßgeblich an der Normfestsetzung und der Festlegung der *Entlohnungsform* und von *Sozialleistungen* beteiligt werden. Ein Beispiel für eine Art von Mitbestimmung bei den betrieblichen Sozialleistungen bringt *der arbeitgeber* (1980, S. 408) aus den USA: „Zur Zeit führen einige, allerdings bisher noch relativ wenige Firmen Versuche mit Flexiblen Programmen durch, die Arbeitnehmer innerhalb eines Gesamthöchstwerts selbst eine Mischung verschiedenartiger Zusatzleistungen wählen zu lassen."

Eine fruchtbare Mitbestimmungsmöglichkeit besteht möglicherweise bei der *Rationalisierung*. Bei der Rationalisierung geht es um das konkrete unternehmerische Bemühen, die Kosten für die Leistungserstellung einschließlich Leistungsverwertung zu senken. Daher ist die Rationalisierung im Grunde genommen eine ständige Aufgabe bestehender Unternehmen. Besonders dringlich können Rationalisierungsmaßnahmen werden, wenn bei gleichbleibenden Erträgen die Kosten steigen oder wenn bei gleichbleibenden Kosten die Erträge sinken. Rationalisierung ist auf zweifache Art und Weise möglich: Einmal über die Vornahme von Rationalisierungsinvestitionen und zum anderen über eine bessere Organisierung des Arbeitsprozesses, um so die Arbeitsintensität zu steigern.

Wird den Arbeitnehmern verdeutlicht, daß konkrete Rationalisierungsmaßnahmen unumgänglich sind, ist es denkbar, daß Art und Zeitpunkt der Rationalisierung mit den betroffenen Mitarbeitern abgestimmt werden. So ist es beispielsweise vorstellbar, daß auf eine zur Einsparung von Arbeitskräften führende Rationalisierungsinvestition verzichtet wird, wenn die Arbeitnehmer einer besseren Organisierung des bestehenden Arbeitsprozesses den Vorzug geben, die die Arbeitsintensität steigen und die Lohnkosten je Stück sinken läßt. Naturgemäß sind auch andere Rationalisierungslösungen auf dem Wege der Verständigung mit den Betroffenen denkbar. Die betriebliche Rationalisierung sollte als ein Gebiet angesehen werden, auf dem soweit als irgend möglich, die betroffenen Arbeitnehmer an der Problemlösung zu beteiligen sind, und zwar zunächst vor allem durch rechtzeitige und umfassende Information und Kommunikation. Vielfach lassen sich schon auf diese Weise die mit Rationalisierungsvorhaben üblicherweise verbundenen Unsicherheiten und Konflikte reduzieren.

Zur Art der Leistungserstellung und den dort evtl. vorhandenen Mitbestimmungsmöglichkeiten gehört auch das *Wann* der Aufgabenerfüllung. Es gibt in jedem Unternehmen und jeder Institution eine ganze Reihe von Aufgaben, die von der Sache her die Festlegung eines starren Arbeitszeitrahmens nicht erforderlich machen, bei denen es dem Arbeitnehmer also selbst überlassen werden kann, zu entscheiden, wann er diese Aufgaben erledigen will. Diese in den letzten Jahren zunehmend gewonnene Erkenntnis hat wesentlich zur Herausbildung neuartiger flexibler Arbeitszeitregelungen, insbesondere der gleitenden Arbeitszeit, beigetragen.

Die seit etwa zehn Jahren praktizierte *gleitende Arbeitszeit* [s. *R. Schultz*, 1971] ist mittlerweile außerordentlich stark verbreitet, wobei der Wunsch zur Einführung dieser Arbeitszeitregelung regelmäßig von den Belegschaften ausgeht. Die gleitende Arbeitszeit ermöglicht es, daß Beginn und Ende der täglichen Arbeitszeit nicht mehr starr für die gesamte Belegschaft festgelegt sind; dem einzelnen Arbeitnehmer wird vielmehr das Recht eingeräumt, täglich Beginn und Ende seiner Arbeitszeit in gewissem Umfang selbst zu bestimmen, unter Umständen nach Abstimmung mit seinen unmittelbaren Arbeitskollegen. Damit leistet die gleitende Arbeitszeit einen praktischen Beitrag zur Mitbestimmung am Arbeitsplatz, was nach den bisherigen Erfahrungen und Beobachtungen jedenfalls von den Arbeitnehmern so empfunden wird.

5.5.3 Zusammenfassende Beurteilung der Mitbestimmung am Arbeitsplatz

Die vorstehenden Ausführungen haben möglicherweise den Eindruck erweckt, als sei es mit den Mitbestimmungsmöglichkeiten am Arbeitsplatz nicht weit her. Obwohl sie in der Tat bei etlichen Problemstellungen gering sind, sollte das doch nicht dazu führen, sich über diesen sehr weiten und für die Arbeitnehmer recht wichtigen Fragenkreis keine weiteren Gedanken zu machen. Es gibt zahlreiche Arbeitsplätze und Aufgaben, für die von der Sache her der Arbeitsablauf nicht bis ins letzte festgelegt werden muß bzw. kann, so daß dem Arbeitsplatzinhaber beachtliche Entscheidungsmöglichkeiten über das *Wie* des Arbeitsablaufes, d.h. also im wesentlichen über die Ausführungshandlungen, überlassen werden können oder müssen. Sofern der Mitarbeiter nicht überfordert wird, beeinflußt die Vergrößerung des Dispositionsspielraumes regelmäßig die Arbeitsfreude und das Selbstbewußtsein positiv. Außerdem wird dadurch der Monotonie am Arbeitsplatz entgegengewirkt, ein zweifellos an Bedeutung gewinnender Aspekt, auf den im folgenden Kapitel ausführlicher eingegangen werden soll.

Auch die im vorliegenden Kapitel aufgezeigten neueren Führungsstile verfolgen das Ziel, das Entscheidungsfeld des Mitarbeiters auszuweiten. Ob man dies nun Mitbestimmung nennen will oder nicht, ist eine andere Frage und für den Arbeitnehmer, auf den sich solche Möglichkeiten positiv auswirken, von sekundärer Bedeutung. Die Ausweitung des Entscheidungsspielraumes entkrampft auf längere Sicht zweifellos das Verhältnis Mitarbeiter/Vorgesetzter, wenngleich nicht zu verkennen ist, daß sich zahlreiche Vorgesetzte zunächst gegen eine Vergrößerung der Kompetenzen ihrer Mitarbeiter sträuben.

Wie wichtig gerade dieser Mit- oder Selbstbestimmungsaspekt für den Mitarbeiter ist, wird besonders deutlich, wenn man sich die wohl zeitlos gültige Auffassung *Hendrik de Mans* aus dem Jahre 1927 [S. 275] vor Augen hält, zu der er aufgrund empirischer Untersuchungen gekommen ist. Er meint, „schlagwortartig könnte man sagen: nicht die Maschine (oder Organisation, R.S.), der Vorgesetzte gilt dem Arbeiter als der schlimmste Feind. Unter allen Ursachen der Arbeitsunlust überwiegen die sozialen über die technischen, und unter den sozialen Ursachen steht die autokratische Betriebshierarchie an erster Stelle.“ Interessant ist dabei auch sein Hinweis, daß „der Haß gegen die Vorgesetzten am stärksten in den öffentlichen Betrieben ist, die nicht auf Gewinn eingestellt sind, bei denen dafür die Bürokratisierung und Militarisierung dem Vorgesetztensystem einen um so despotischeren Charakter verleihen“ [S. 276].

Der in den letzten Jahren allgemein gestiegene Bildungs- und Informationsgrad sowie das ebenfalls größer gewordene Selbstbewußtsein der Arbeitnehmer machen es nötiger denn je, den Entscheidungsspielraum am Arbeitsplatz soweit wie irgend möglich auszuweiten, von den sich hieraus regelmäßig ergebenden positiven Auswirkungen auf die Leistungsmotivation zunächst einmal ganz abgesehen. Hinzu kommt, daß es bei den differenzierter werdenden Arbeitsabläufen ohnehin immer schwieriger für das Management wird, alle Phasen des Arbeitsprozesses einschließlich seiner zahlreichen außergewöhnlichen Situationen bis ins Detail zu erfassen.

Vielfach treffen die Mitarbeiter auch ohne eine offizielle Übertragung der Kompetenzen und manchmal sogar gegen die ausdrücklichen Arbeitsanweisungen nicht nur in außergewöhnlichen Situationen, sondern regelmäßig Entscheidungen, die stillschweigend sanktioniert werden, weil durch sie erst der Arbeitsprozeß seine Funktionsfähigkeit erlangt. Solche Entscheidungen oder Arbeiten werden vielfach, insbesondere wenn sie in den von keiner Richtlinie voll erfaßbaren außergewöhnlichen Situationen notwendig sind, kooperativ vorgenommen, d.h. durch Zusammenwirken mehrerer Arbeitnehmer.

Im Hinblick auf eine so geartete Ausweitung des Entscheidungsspielraumes meint *Hillmann* [1970, S. 7], daß „traditionelle Herrschaftsformen der Industriegesellschaft von zwei Seiten her abgebaut werden: von der selbstbestimmten Kooperation der Arbeitenden, die, oft unter Umgehung der vorgegebenen Ordnung, das Funktionieren der Arbeitsabläufe gewährleistet, und von Maßnahmen aufgeschlossener und weitsichtiger Manager und Organisatoren, die der Initiative und Selbständigkeit eine größere Chance geben". Auf einige der in dem Zitat genannten Aspekte ist in dem folgenden Humanisierungs-Kapitel noch zurückzukommen.

Eine wichtige Voraussetzung für die Realisierung von Ansätzen einer Mitbestimmung am Arbeitsplatz ist die rechtzeitige und umfassende Information der Mitarbeiter über alle ihren Arbeitsplatz betreffenden Fragen sowie die Praktizierung von Prozessen der Organisationsentwicklung, auf die im vorliegenden Kapitel noch einzugehen ist. Anderenfalls kann weder eine Vertrauensbasis entstehen noch die Bereitschaft wachsen, sich bei notwendigen oder zweckmäßigen Veränderungen im Betrieb aktiv an Überlegungen für bestmögliche Lösungen zu beteiligen. Werden Ergebnisse gefunden, für die die Arbeitnehmerwünsche ausschlaggebend waren, so wird man zweckmäßigerweise mit festlegen müssen, für wie lange Zeit die so gefundene Regelungen gelten sollen bzw. unter welchen Voraussetzungen sie geändert werden können.

Zusammenfassend ist festzuhalten: Weil davon ausgegangen werden kann, daß mit zunehmendem Wohlstand die Bedürfnisse von Arbeitnehmern verschiedenen Alters, unterschiedlichen Familienstandes und Lebensstiles immer weiter voneinander abweichen, ist zu erwarten, daß die Mitbestimmung am Arbeitsplatz weiter in der gesellschaftspolitischen Diskussion bleiben und an Bedeutung gewinnen wird.

5.5.4 Stellung der Gewerkschaften zur Mitbestimmung am Arbeitsplatz und zur allgemeinen Führungsstildiskussion

In der Diskussionsphase um die Reform des Betriebsverfassungsgesetzes sind mehrere Vorschläge zur gesetzlichen Regelung einer Art von Mitbestimmung am Arbeitsplatz gemacht worden. So u.a. von *Vilmar* [1971], *Matthöfer* (Gewerkschaftliche Monatshefte, 1968, S. 751f.) und vom *Bundesvorstand der SPD*. Hierbei handelte es sich um Vorstellungen von kollektiven Mitbestimmungsmöglichkeiten unterhalb der Betriebsratsebene durch institutionalisierte Arbeitsgruppen, für die *Matthöfer* auch noch je einen Arbeitsgruppensprecher vorgesehen hatte.

Diese Forderungen nach Schaffung von institutionalisierten Arbeitsgruppen und insbesondere auch nach Einsetzung von Arbeitsgruppensprechern sind sowohl von Gewerkschaftsseite als auch vom Gesetzgeber (Betriebsverfassungsgesetz) abgelehnt worden. Eine ablehnende Haltung der Gewerkschaften wird auch im Hinblick auf die Forderungen nach mehr individuellen Mitbestimmungsmöglichkeiten am Arbeitsplatz deutlich. Die Gewerkschaften bevorzugen durchweg kollektive Mitbestimmungsregelungen für den ganzen Betrieb.

Vilmar hat die wichtigsten *Einwände und Bedenken* – vor allem der Gewerkschaften – gegen die Vorstellungen zur Mitbestimmung am Arbeitsplatz zusammengestellt und wie folgt formuliert (*Gewerkschaftliche Monatshefte,* 1970, S. 138ff.):

1. Die Forderung nach Mitbestimmung am Arbeitsplatz wird von den Arbeitgebern aufgegriffen und gegen die anderen gewerkschaftlichen Mitbestimmungsforderungen ausgespielt.
2. Durch Einsatz gewerkschaftlicher Vertrauensleute als Arbeitsgruppensprecher werden diese betriebsverfassungsrechtlich gebunden (Friedenspflicht, R.S.) und in ihrer gewerkschaftlichen Aktivität beschränkt.
3. Die Wahl von Unorganisierten als Arbeitsgruppensprecher könnte in schlecht organisierten Betrieben zur Bildung einer nichtgewerkschaftlichen oder antigewerkschaftlichen Organisation führen.
4. Die Mitbestimmung am Arbeitsplatz fördert isoliertes egoistisches Vorgehen kleiner Gruppen und schafft Konflikte zwischen Mitbestimmungsaktionen dieser Gruppen und denen des Betriebsrates.
5. Da an der Basis der betrieblichen Hierarchie keine Entscheidungen fallen, hat es auch keinen Sinn, dort Mitbestimmung zu fordern.
6. Arbeitsgruppenbesprechungen sind in der Praxis nicht durchführbar, da im heutigen durchrationalisierten betrieblichen Ablauf nicht irgendwelche Gruppen oder Abteilungen plötzlich aufhören können zu arbeiten, um Besprechungen durchzuführen.

Bei den Diskussionen zur allgemeinen Führungsstilproblematik und deren praktische Erprobungen haben sich die Gewerkschaften stark zurückgehalten. Sie haben die Entwicklungen auf diesem Gebiet meist mit viel Skepsis verfolgt, aber keine nennenswerten eigenen Vorstellungen zu zeitgemäßen operationalen Führungsformen entwickelt.

In der Führungsstildebatte beschränkten sich die Gewerkschaften regelmäßig darauf, zusätzliche gesetzliche Mitbestimmungsrechte für den Betriebsrat und eine größere Anzahl Arbeitnehmervertreter im Aufsichtsrat zu fordern. Diese Verhaltensweise ist wohl mit auf die Befürchtung zurückzuführen, neue Personalführungsformen seien direkt oder indirekt darauf aus, die gewerkschaftliche Position und die Stellung des Betriebsrats im Unternehmen zu schwächen. So heißt es beispielsweise in einem Beschluß des *DGB-Bundeskongresses 1975* zur Humanisierung u.a.: „Neue Management-Methoden und kooperative Führungsstile sind kein Ersatz für Mitbestimmung. Sie können aber eine inhaltliche und verhaltensmäßige Ergänzung bringen, sofern die Arbeitnehmerinteressen gleichgewichtig mitberücksichtigt werden. Veränderte Kooperationsformen und Gruppenarbeit dürfen nicht dazu mißbraucht werden, die Stellung der Betriebsräte und der Gewerkschaften zu schwächen."

Außerdem fürchten die Gewerkschaften, daß neue Arbeits- und Führungsformen letztlich die Arbeitsintensität unangemessen erhöhen und den Leistungsdruck verstärken. Dies wird auch in der Begründung zu dem eben zitierten Beschluß deutlich. Der DGB-Bundesvorstand führt in seiner Antragsbegründung u.a. aus: „Besondere Aufmerksamkeit verlangen die Versuche der Arbeitgeber, die Humanisierung der Arbeit gegen die gewerkschaftlichen Forderungen nach Mitbestimmung auszuspielen und unter dem Mantel der ‚Humanisierung' durch Veränderung der Arbeitsstrukturen und der Führungsstile neue Methoden der Arbeitsintensivierung einzuführen."

Einen großangelegten Versuch, auf dem Gebiet der Personalführung ein leistungsfähiges gewerkschaftseigenes Bildungsinstitut zu schaffen, hat der *DGB* mit seiner im Jahre 1972 in Bad Zwischenahn eröffneten *Management-Akademie* gemacht. Die dort angebotenen Lehrprogramme sollten – wie es im Akademieprogramm hieß – u.a. „kooperatives Management fördern, um der zentralen Bedeutung des Menschen im betrieblichen Geschehen gerecht zu werden". Mit dieser Management-Akademie, die Tageskurse von einer Woche, 4 × 2 Wochen und zwölf Wochen anbot und auf Internatsbetrieb angelegt war, wollte der DGB zweifellos auch ein Gegengewicht zu der recht agilen Harzburger Akademie für Führungskräfte mit ihrem Harzburger Modell schaffen. Der Akademieversuch ist nach kurzer Zeit jedoch gescheitert, weil sich nicht genügend Kursteilnehmer gemeldet hatten.

5.6 Organisationsentwicklung und Personalführung

Aus dem wachsenden Tempo der Veränderungen auf wirtschaftlichem, technologischem, politischem und sozialem Sektor ergibt sich für die Unternehmen die Notwendigkeit, ihre Flexibilität zu steigern, da mit zunehmender Komplexität und Variabilität der internen und externen Umweltbedingungen die *Unternehmensabläufe und -entscheidungen immer weniger dauerhaft programmierbar* sind. Diese Situation löst tendenziell eine permanente Suche nach der zweckmäßigsten Struktur der Organisation und nach dem „richtigen" Führungsstil aus. Wird auf Veränderungen in der Weise reagiert, daß von der Unternehmensspitze eine neue Organisationsstruktur geschaffen wird, die der Belegschaft in gewisser Weise übergestülpt wird, so zeigen die neuen Regelungen häufig nur geringe Wirkung, weil die von „oben" vorgenommene Reorganisation der formalen Struktur nicht von den Betroffenen mitgetragen wird; d.h. die Arbeitnehmer werden von den durch die Unternehmensleitung „verordneten" Änderungen eher demotiviert als motiviert.

Diese Verhaltensweise rührt nicht zuletzt daher, daß bei den meisten Menschen ein natürliches *Beharrungsvermögen* anzutreffen ist, das sie gegen eine Änderung ihrer Lebensumstände zunächst – bewußt oder unbewußt – Widerstand leisten läßt. Dieser Widerstand wird umso stärker sein, je weniger die Betroffenen von der Notwendigkeit der Änderung überzeugt sind, und sie werden im allgemeinen von der Änderungsnotwendigkeit umso weniger überzeugt sein, je weniger sie an dem organisatorischen Umgestaltungsprozeß beteiligt sind.

Aus diesem Grunde versucht man heute zunehmend, auf notwendige Veränderungen durch einen umfassenden Prozeß zu reagieren, an dem möglichst viele Mitarbeiter *aktiv* beteiligt werden, um so nicht nur zu dem bestmöglichen Änderungsergebnis zu kommen, sondern gleichzeitig auch durch vielfältige, gemeinsam erarbeitete Maßnahmen die Arbeitszufriedenheit im weitesten Sinne zu verbessern und die Motivation zu steigern. Für eine solche Vorgehensweise hat sich bei uns in den letzten Jahren der Begriff „Organisationsentwicklung" (OE) herausgebildet; ein Verfahren, das aus den Vereinigten

Staaten kommt und dort als „Organisation Development“ (OD) bezeichnet wird.

Mit einer umfassenden Beteiligung der Mitarbeiter an betrieblichen Veränderungen und Entscheidungen wird einmal der Tatsache Rechnung getragen, daß im allgemeinen eine Änderung der Verhaltensweisen der Beteiligten noch wichtiger ist als eine Änderung der formalen Organisationsstruktur. Dabei gestaltet sich eine *Verhaltensänderung* allerdings regelmäßig besonders schwierig. Sie ist im allgemeinen nur über mühsame, meist aufwendige Lern- und Entwicklungsprozesse möglich. Zum anderen bietet eine umfassende Einbeziehung der Mitarbeiter in den Veränderungsprozeß vielfältige Möglichkeiten der Selbstverwirklichung, ganz abgesehen davon, daß die gemeinsam entwickelten Lösungen vielfach bessere Ergebnisse erzielen werden als die „einsamen“ Entschlüsse einiger weniger in der Unternehmensspitze angesiedelter „Experten“. Wegen der in einer umfassenden Beteiligung liegenden Selbstverwirklichungschancen hat Organisationsentwicklung – richtig verstanden – auch immer etwas mit Humanisierungsbestrebungen zu tun, was sich auch in der folgenden Definition von *Gebert* zeigt.

„ ‚Organisationsentwicklung‘ ist ein zusammenfassender Begriff für die Bemühungen, zur Humanisierung der Arbeitsbedingungen sowie zur Steigerung der Flexibilität und Veränderungsbereitschaft einer Organisation beizutragen“ [*Gebert*, 1974, S. 9]. Dabei ist „Organisationsentwicklung an der Theorie Y im Sinne von *McGregor* [1960; s.S. 99f. dieser Einführung] orientiert, d.h. der Mensch wird als verantwortungssuchend, auf Erweiterung seiner Möglichkeiten bedacht und eigeninitiativ verstanden“ [*von Rosenstiel*, 1980, S. 316].

Bei der Organisationsentwicklung geht es wesentlich darum, daß *miteinander* (nicht gegeneinander) *geredet* wird, um die Zusammenarbeit (Kooperation) zu verbessern und die individuellen Verhaltensweisen von Mitarbeitern und Vorgesetzten auf die Ziele des Unternehmens hin zu optimieren. Die Organisationsentwicklung geht davon aus, daß sich die menschlichen Leistungsreserven am besten dann mobilisieren lassen, wenn man die eigentlichen Interessen der Betroffenen erfaßt. Daher richtet sich das Hauptaugenmwerk der Organisationsentwicklung auf die individuellen Wertvorstellungen, Normen, Wünsche, Gefühle, Vorurteile der in den Organisationen tätigen Mitarbeiter [*Matuschewski*, 1979, S. 209], also zunächst weniger auf den Verstand und mehr auf die Emotion der Beteiligten. Doch wie geht Organisationsentwicklung nun praktisch vor sich?

Nach *Matuschewski* [1979, S. 209f.] handelt es sich bei der Organisationsentwicklung „zunächst um eine neue Form eines Beratungsmanagements, das allen ‚Klienten‘ ‚Hilfe zur Selbsthilfe‘ – ein vielgepriesener Slogan, mit dem dieser sozialwissenschaftliche Anwendungsbereich in eigener Sache wirbt – anbietet. Der Beratungsprozeß verläuft erfolgreich, wenn es dem Berater (der vor allem Kommunikationshelfer ist) gelingt, sich nach einer ‚angemessenen‘ Zeit überflüssig zu machen, weil dann die eingeleiteten Veränderungsprozesse abgeschlossen sind, oder Mitarbeiter aus der Organisation die weitere Prozeßführung übernehmen können.“

Im Hinblick auf die *Vorgehensweise* der Organisationsentwicklung werden als Extreme, zwischen denen Übergangsstufen vorstellbar sind, der personale und der strukturale Ansatz unterschieden. Dem *personalen Ansatz* geht es um die Beeinflussung von Personen, die Mitglieder der betreffenden Organisation sind, die (weiter)entwickelt werden soll. Dieses Ziel soll meist über eine Trainierung der Kooperations- und Kommunikationsfähigkeit erreicht werden. Beim personalen Ansatz wird vielfach zwischen einer elitären und einer demokratischen Variante unterschieden. Die elitäre Variante bemüht sich darum, Verhaltensänderungen in der Organisationsspitze zu erreichen, die diese an die Nachgeordneten weitergeben. Bei der demokratischen Variante des personalen Ansatzes wird von jedem Organisationsmitglied erwartet, daß es an sich arbeitet, sich weiterbildet und sich Fähigkeiten aneignet, Probleme zu finden und zu lösen, um so zu einer höheren kollektiven Problemlösungskapazität zu kommen. Lernen die Organisationsmitglieder durch einen solchen Entwicklungsprozeß, Schwierigkeiten und Möglichkeiten zu erkennen, so werden sie von sich aus „Druck nach oben" ausüben, um geeignete Veränderungen zu initiieren und durchzusetzen [*Neuberger*, 1977, S. 68].

Der *strukturale Ansatz* wirkt auf die Organisationsstruktur ein, z.B. in Richtung der Schaffung einer erhöhten Organisationsflexibilität durch gesteigerte Dezentralisation. In der Praxis wird man vielfach, insbesondere bei sorgfältiger Vorbereitung, beide Ansätze miteinander zu verbinden suchen, d.h. bei den Personen und bei der Organisation zugleich ansetzen. Eine solche Situation verdeutlicht das nachstehende Schaubild von *Gebert* [1974, S. 25].

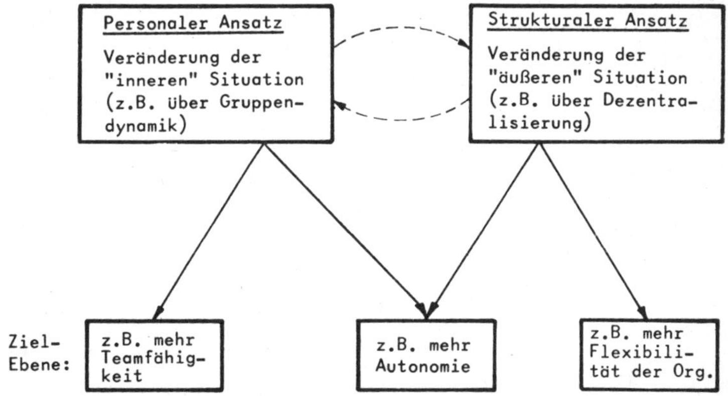

Vor der eigentlichen Einleitung der Organisationsentwicklung sind zahlreiche wichtige Fragen zu klären, so zum Beispiel die Frage der *Zusammensetzung der Gruppe*, mit der Organisationsänderungen erarbeitet werden sollen. Es können sowohl Personen sein, die aus verschiedenen Bereichen kommen, also keine gemeinsame Vergangenheit und keine gemeinsame Zukunft haben. Es können aber auch Personen zusammengebracht werden, die zusammenarbeiten müssen.

Weiterhin stellt sich die Frage, über was zunächst gesprochen bzw. diskutiert werden soll. Hierbei wird zwischen den beiden Paaren „Hier und Jetzt" und „Dort und Damals" unterschieden, die sich bis zu einem gewissen Grade auch miteinander verbinden lassen bzw. für das Erreichen konkreter Organisationsänderungen vielfach miteinander gekoppelt werden müssen. Beim *individuumsorientierten Ansatz des „Hier und Jetzt"* wird die meist aus Fremden zusammengesetzte Gruppe selbst zum Gegenstand der (gruppendynamischen) Analyse. „Ausgangspunkt dieses Ansatzes ist, daß viele der Schwierigkeiten, die einer Organisationsentwicklung im Wege stehen, auf die Normen, Werthaltungen, Einstellungen und Handlungsmuster der beteiligten Personen zurückzuführen sind. Diese Persönlichkeitscharakteristika sind in sozialen Situationen gelernt worden – und in sozialen Situationen können sie verlernt und ersetzt werden. Man muß deshalb Gruppensituationen schaffen, in denen entsprechende Veränderungen eingeleitet werden. Dabei geht es nicht um die sachlogische, rationale, verstandesmäßige Ebene, sondern um die dem rationalen Handeln zugrundeliegenden dynamischen Prozesse: die Selbst- und Fremdbilder der handelnden Personen, ihre Erwartungen und Bedürfnisse, ihre Rollen und Werthaltungen ihre Ängste und Abwehrmechanismen usw." [*Neuberger*, 1977, S. 70].

Der *„Dort und Damals"-Ausgangspunkt* ist hingegen *organisationsorientiert*. Er geht von der These aus, daß jeder Therapie zunächst eine umfassende Diagnose vorausgehen muß. Zu diesem Zweck wird die Organisation mit Hilfe von standardisierten Instrumenten (meist Fragebogen) gründlich untersucht, deren Ergebnisse aufbereitet und an die einzelnen Abteilungen und/oder die Organisationsspitze zurückgemeldet werden (Rückkopplung). Die Diagnose und die Rückkopplung sowie ihre gruppenmäßige Behandlung leiten über in die Problemlösung und die Handlungsplanung [*Neuberger*, 1977, S. 71f.].

In welcher Weise innerhalb der einzelnen *Phasen der Organisationsentwicklung* konkret gearbeitet werden kann, macht die nachstehende Tabelle am Beispiel des *Dreiphasenmodells* von *Lewin* [nach einer Tabelle von *Neuberger*, 1977, S. 75] deutlich.

Auftauen	Laboratory Training Diagnose der Ist-Situation und Rückkoppelung
Verändern	Prozeßberatung Teamentwicklung Datensammlung Datenanalyse und gemeinsame Aktionsplanung Intergruppen-Arbeit (s. Teamentwicklung)
Einfrieren	Unterstützung durch Top Management Realisierung konkreter Maßnahmen Kontrolle und Auswertung Verselbständigung der OE und Ausscheiden des Beraters

Daß bei der Durchführung von Organisationsentwicklung, insbesondere bei intensiven gruppendynamischen Prozessen schnell erhebliche persönliche Probleme auftreten können, liegt auf der Hand. Um diese Gefahren in Grenzen zu halten bzw. um eine Verarbeitung solcher Probleme zu erleichtern, muß der Prozeß der Organisationsentwicklung sorgfältig vorbereitet und mit großer Umsicht durchgeführt werden. Die Organisationsentwicklung als ein betont psychologisches und zugleich dynamisches, interaktionsorientiertes Vorgehen muß daher von geeigneten Fachkräften betreut werden, wenn das Vorhaben Erfolg haben soll. Eine erfolgreiche Organisationsentwicklung erfordert außerdem, daß die Vorgehensweise von der Unternehmensspitze mitgetragen und die erarbeiteten Organisationsentwicklungs-Maßnahmen von der Organisationsleitung auch befolgt werden.

5.7 Zusammenfassende grundsätzliche Überlegungen zur Führungsstilproblematik

Für den Erfolg von Unternehmen und anderen Organisationen ist die konkrete Ausprägung der Führungsfunktion zweifellos außerordentlich wichtig, so daß die vielfach anzutreffende Suche nach dem „richtigen" Führungsstil durchaus verständlich ist. Bei diesem Suchprozeß muß man sich allerdings bewußt bleiben, daß die *Grundelemente einer jeden Führung* naturgemäß *in allen Führungsformen wiederkehren* müssen, wenngleich auch unterschiedlich interpretiert oder gewichtet. Wenn eine Leistung erbracht werden soll, müssen nun einmal Ziele gesetzt, Ausführungshandlungen vorgenommen und Kontrollen durchgeführt werden. Insofern ist es nicht verwunderlich, daß sich die angebotenen Führungsmodelle zum Teil nur in Nebensächlichkeiten oder im Begrifflichen unterscheiden, so daß dann von echten Alternativen keine Rede sein kann.

Wichtig zu beachten ist bei den heutigen Führungsüberlegungen, daß mit steigendem Einkommen der Arbeitnehmer und einer damit einhergehenden zunehmenden Befriedigung der Grundbedürfnisse andere, *höherwertigere Bedürfnisse* (zum Beispiel das Streben nach sozialer Anerkennung) *in den Vordergrund* rücken, deren Befriedigung auch oder gerade in der Arbeitswelt zu erreichen versucht wird. Hinzu kommt, daß der Bildungs- und Informationsstand sowie das Selbstwertgefühl der Mitarbeiter gewachsen und die im Betrieb zu lösenden Aufgaben vielfach komplizierter geworden sind.

Diese Faktoren haben auch zu einer weitgehenden Übereinstimmung darüber geführt, daß der auf dem Grundprinzip von Befehl und Gehorsam beruhende *autoritäre Führungsstil immer weniger in die Gegenwart paßt*. Der „mündige" Mitarbeiter ist nicht mehr bereit, das autoritäre Führungsprinzip in allen Phasen des Arbeitsprozesses hinzunehmen. Wo es dennoch versucht wird, ist dies regelmäßig nur mit erheblichen Frustrationen und Leistungsminderungen möglich. Andererseits ist unschwer zu erkennen, daß der kooperative Führungsstil durchweg höhere Anforderungen an die Vorgesetzten und vielfach auch an die Mitarbeiter stellt. Außerdem müssen sich alle Beteiligten darüber im klaren sein, daß im Normalfall auch der kooperative Führungsstil immer einige Elemente autoritärer Führung enthält, wie umgekehrt die autoritäre Führungsform nicht ohne ein Mindestmaß an Kooperation auszukommen vermag.

Trotz der zweifellos vorhandenen Vorteile der kooperativen Führung muß aber auch anerkannt werden, daß in bestimmten Situationen der Einsatz des autoritären Führungsstils durchaus sinnvoll oder notwendig sein kann, und zwar auch im Interesse der Mitarbeiter. Ob der Einsatz mehr kooperativer oder mehr autoritärer Führungsmittel zu empfehlen ist, hängt nicht zuletzt auch von der allgemeinen Persönlichkeitsstruktur der einzelnen Mitarbeiter ab. „So liegen beispielsweise Befunde vor, daß Individuen mit vorwiegend als autoritär eingestufter Persönlichkeitsstruktur eine Präferenz für den autoritären Führungsstil des Vorgesetzten entfalten, weil ihr Bedürfnis nach eindeutiger Verhaltensorientierung dadurch eher befriedigt wird" [*Kupsch/Picot*, 1973, S. 377]. *Neuberger* [1977, S. 98] umschreibt diese Zusammenhänge wie folgt: „Die bisherige Sozialisationsgeschichte, die Einsicht in die Krisenhaftigkeit einer Situation, der eigene Hang zur Bequemlichkeit lassen den einen Geführten ‚autoritäres' Führungsverhalten tolerieren, während ein anderer mit anderem Deutungshintergrund dasselbe Verhalten empörend findet und sich zum Widerstand herausgefordert fühlt."

Sind die Voraussetzungen für eine kooperative Führung gegeben, wird der kooperative Führungsstil die Mitarbeiter stärker motivieren und wohl in der Regel auch ein besseres Arbeitsergebnis bringen als der autoritäre Führungsstil. Die größten Schwierigkeiten liegen darin, im konkreten Einzelfall verläßlich zu ermitteln, ob die Voraussetzungen für eine kooperative Führung vorhanden sind, ganz abgesehen davon, daß die Voraussetzungen selbst auch nicht immer ganz einfach zu umschreiben sind, da ja „der kooperative Führungsstil keineswegs klar definiert ist" [*Tlach*, 1975, Sp. 913].

Zu den für die *Wirksamkeit des kooperativen Führungsverhaltens* notwendigen organisatorischen, sozialen und individuellen *Voraussetzungen*, die in der Praxis nicht immer gegeben sind, zählt *Seifert* [1975, Sp. 875] vor allem:

(1) ein entsprechendes betriebliches Führungsklima, etwa im Sinne der „Theorie Y" von *McGregor*,
(2) keine Leistungsnormen, die ausschließlich Maximierung der Produktivität fordern,
(3) hinreichende Interaktionsmöglichkeiten zwischen Vorgesetzten und Gruppenmitgliedern,
(4) gut beherrschbare Arbeitsaufgaben,
(5) genügend Zeit zur Planung und Entscheidung,
(6) Kooperationsbereitschaft und wenigstens mittlere Leistungsmotiviertheit der Gruppenmitglieder,

(7) weitgehende Konformität zwischen den gegenseitigen Rollenerwartungen der Untergebenen und der Vorgesetzten sowie erwartungsgemäßes Verhalten der Untergebenen.

„Je weniger diese Voraussetzungen erfüllt sind, um so mehr wird ein eher direktives und autokratisches Führungsverhalten, verbunden mit starker Kontrolle und einem differenzierten Belohnungs- und Bestrafungssystem, zumindest vorübergehend, die bessere Effizienz besitzen" [*Seifert*, 1975, Sp. 875].

Zu der immer wiederkehrenden Behauptung, daß *kooperativ* geführte Organisationen erfolgreicher seien im Hinblick auf *Leistung und Zufriedenheit* der Mitglieder, stellt *Neuberger* [1977, S. 99] zwei Überlegungen besonders heraus:

- Feldstudien, bei denen zum selben Zeitpunkt Führungsstil und Leistung bzw. Zufriedenheit gemessen werden, konnten die Kausalkette nicht stützen, daß sich „kooperativer Führungsstil lohne". Es ist genauso möglich, daß Organisationen, deren Mitglieder leistungsfähig und zufrieden sind, es sich leisten können, kooperativ zu führen.
- Kooperativer Führungsstil führt nur dann zu den erhofften Konsequenzen, wenn Führer und Geführte ohne Hintergedanken davon überzeugt sind, daß dieser Führungsstil angemessen, legitim und vorteilhaft ist und wenn beide Seiten auf die notwendigen Umstellungen und Ansprüche vorbereitet sind.

Es besteht in der Literatur weitgehend Übereinstimmung darüber, daß „es gegenwärtig noch nicht möglich ist, ein umfassendes Systemmodell der Führungseffizienz aufzustellen, das eindeutige Vorhersagen für alle Führungssituationen gestattet . . . Im ganzen scheint es jedoch berechtigt, anzunehmen, daß ein autoritär-autokratisches Führungsverhalten im allgemeinen weniger effizient ist als ein kooperatives" [*Seifert*, 1975, Sp. 875]. *Tlach* [1975, Sp. 913] meint, daß die kooperative Führung unzweifelhaft im Vormarsch sei, weist aber auch darauf hin, daß die verschiedenen Möglichkeiten der kooperativen Führung keine dauerhaften Ideallösungen darstellen; „sie müssen in die Geschichte eines sozialen Gebildes integriert und unter den Aspekten des Prozeßdenkens und der Andragogik (Erwachsenenbildung, R.S.) gesehen werden".

Schwierig bleibt es auch, unabhängig von der jeweiligen Führungsstilanwendung, einen eindeutigen Zusammenhang zwischen Zufriedenheit und Leistung nachzuweisen. „Zufriedenheit der Mitarbeiter und ihre Leistung stehen nicht unbedingt in einem direkten Zusammenhang. Größere Arbeitszufriedenheit kann, muß aber nicht mit einer Leistungssteigerung verbunden sein" [*Kupsch/Picot*, 1973, S. 374]. Auch *Hetzler* [1975, Sp. 456f.] weist darauf hin, daß die naheliegende Annahme eines Zusammenhangs von Arbeitszufriedenheit und Arbeitsproduktivität durch empirische Studien nicht bestätigt wurde; dagegen „konnte eine signifikante Beziehung zwischen der Arbeitszufriedenheit und der Dauer der Betriebszugehörigkeit nachgewiesen werden".

Es ist außerordentlich schwierig, auf dem Gebiet der Mitarbeitermotivation und der Personalführung allgemeingültige Aussagen zu machen. Dennoch wird man davon ausgehen können, daß heute in der Arbeitswelt neben dem Verlangen nach einem ausreichenden *und* gerechten Einkommen vor allem folgende *Wünsche* vorherrschen bzw. latent vorhanden und daher bei der Mitarbeiterführung zu beachten sind:

(1) Die meisten Menschen möchten auf Dauer (Arbeitsplatzsicherung!) sinnvolle Arbeit leisten und wissen, für welche Aufgaben sie und nur sie zuständig sind.
(2) In diesem Bereich möchten sie weitgehend selbständig arbeiten und disponieren.
(3) Sie möchten nicht nur über Sinn und Zweck ihrer Arbeit informiert sein; sie wünschen auch fundierte Informationen über die voraussichtliche Entwicklung an ihrem Arbeitsplatz und in ihrem Arbeitsumfeld sowie Beteiligungsmöglichkeiten an Entscheidungen bei betrieblichen und personellen Veränderungen.
(4) Sie legen auf gute, zeitgemäße Arbeitsbedingungen Wert, wozu nicht nur die technisch-organisatorischen, sondern auch die sozialen Bedingungen gehören.
(5) Sie sind an materiellem und sozialem Aufstieg interessiert.
(6) Sie schätzen die Erfolgs(Ergebnis)kontrolle mehr als die unverhofft vorgenommene Verhaltenskontrolle.
(7) Sie bevorzugen die Selbst(Eigen)kontrolle gegenüber der Fremdkontrolle durch den Vorgesetzten.

Weitgehende generelle Aussagen sind vor allem deshalb so schwer möglich, weil sich die Auffassungen der Menschen über allgemeine gesellschaftliche Normen und Werte ständig – und zwar heute schneller als früher – wandeln. Daher kann es auch *keine perfekten Führungsmodelle* geben, weshalb *Kupsch/Picot* [1973, S. 378] zuzustimmen ist, daß „die Gesamtheit der offenen Probleme zu einer starken Skepsis denjenigen gegenüber führen muß, die einen Führungsstil wie ein Rezept als ‚richtig' hinstellen wollen . . . Nicht zuletzt beweisen ja auch die Suche und die Unsicherheit der Praxis, welche ‚neuen' oder alten Führungsstile sie anwenden soll, daß es *die eine* Lösung in der Realität nicht gibt."

Trotz oder wegen der Fülle der Unsicherheiten auf dem Gebiet der Personalführung ist es nötig, daß sich die Beteiligten immer wieder mit der komplexen Führungsstilproblematik auseinandersetzen und umsichtig nach den jeweils bestmöglichen Lösungen suchen. Ein solcher, ehrlich geführter Diskussions- und Suchprozeß ist schon als ein wesentlicher Fortschritt anzusehen gegenüber dem noch vielfach anzutreffendem ängstlichen Bemühen von Unternehmensleitungen, möglichst keine kritischen Reflexionen über Führungsfragen aufkommen zu lassen. Unsicherheiten in der Führungsstilfrage bestehen vielfach auch auf der *Gewerkschaftsseite*, so daß es dringend erforderlich ist, den *Betriebsrat* rechtzeitig in die Überlegungen zu Veränderungen auf dem Gebiet der Personalführung einzuschalten, auch wenn dies vom Betriebsverfassungsgesetz nicht verlangt werden sollte. Besonders beachtenswert ist bei solchen Führungsüberlegungen, daß der *Geist* der Führung regelmäßig noch wichtiger sein dürfte als die Art und Weise des Führungsmitteleinsatzes.

Zusammenfassend ist festzuhalten: Es muß eine *ständige* Aufgabe der Unternehmensleitung, der Belegschaft und ihrer Vertretungen sein, sich über den jeweils zweckmäßigsten Führungsstil ernsthaft Gedanken zu machen. Dabei wird eine Führungsform gefunden werden müssen, die es erlaubt, die Interessen der Arbeitnehmer soweit wie irgend möglich mit denen des Betriebes in Übereinstimmung zu bringen, so daß beide Seiten aus dem Einsatz der menschlichen Arbeit einen möglichst großen Nutzen ziehen können. Dieses Problem stellt sich weitgehend unabhängig von den gesetzlichen Mitbestimmungsregelungen und losgelöst von den Eigentumsverhältnissen.

6. Neuere Humanisierungsansätze in der Arbeitswelt

6.1 Zum Wesen der Humanisierung

Bei der Humanisierung, die sich auf zahlreiche menschliche Lebensbereiche (z.B. Wohnung, Schule, Gesundheits- und Freizeiteinrichtungen, Arbeitswelt) beziehen kann, handelt es sich um eine Tätigkeit oder um ein Bemühen, eine Situation menschlich*er* zu gestalten. Konkrete Humanisierungsaktivitäten schließen jedoch nicht ein, daß die bisherige Lage inhuman oder unmenschlich war. Sie machen nur das Bestreben deutlich, die Lebenssituation des Menschen (noch) besser als bisher zu gestalten.

Die Humanisierung in der Arbeitswelt möchte die *Arbeitsbedingungen verbessern*. Dabei ist zu beachten, daß es sich um die Arbeitsbedingungen im weitesten Sinne handeln muß. Andernfalls kann es geschehen, daß die Unternehmensleitung sich damit zufriedengibt, wenn sie die eine oder andere Arbeitsbedingung (z.B. die Monotonie) verbessert und übersieht, daß für das Wohlbefinden der Arbeitnehmer vielleicht noch belastendere Arbeitsbedingungen vorhanden sind (z.B. im Führungsbereich oder in der Lohnstruktur).

Der komplexe Humanisierungsbegriff wird vielfach durch den ebenfalls recht umfassenden Begriff der *„menschengerechten Gestaltung der Arbeit“* ersetzt, eine Formulierung, die sich auch in den §§ 90, 91 BetrVG findet und auf die im nächsten Abschnitt dieses Kapitels noch näher einzugehen ist. Um das Wesen der „menschengerechten Gestaltung der Arbeit“ zu präzisieren, wird vielfach auf die vier hierarchisch geordneten Wertungsebenen (Bewertungsmaßstäbe) zurückgegriffen, die sich nach *Rohmert* [1973, S. 25f.; s.a. *Rohmert/Rutenfranz*, 1975, S. 12] für die Beurteilung der menschlichen Arbeit aus arbeitswissenschaftlicher Sicht unterscheiden lassen:

- Ausführbarkeit,
- Erträglichkeit,
- Zumutbarkeit,
- Zufriedenheit.

Hierarchisch sind diese Ebenen insofern geordnet, als an die Verwirklichung einer höheren Stufe erst herangegangen werden kann, wenn zuvor die untere verwirklicht ist. *Rohmert* [1973, S. 25f.] charakterisiert die vier genannten Wertungsebenen wie folgt:

„Die *Ausführbarkeit* betrifft zunächst nur die Frage, ob die Anforderungen einer Tätigkeit – notwendiges Können und Ertragen der auftretenden Belastungen – im Bereich der menschlichen Fähigkeiten liegen. Hierfür lassen sich absolute, objektive Grenzen aufstellen. Diese Maximalgrenzen sind aber bereits individuell verschieden. Zudem handelt es sich dabei nur um die kurzzeitige Ausführbarkeit.

Für längerzeitige Ausführungen sind diese Grenzen zu hoch, da es ein besonderes Kennzeichen der menschlichen Eigenschaften und Fähigkeiten zur Arbeit ist, daß sie dauerabhängig unterschiedlich sind. Deshalb gilt für dauernde Ausführung die Grenze der *Erträglichkeit*. Auch diese läßt sich objektiv feststellen, ist aber ebenfalls individuell unterschiedlich.

Damit ist der Rahmen abgesteckt, innerhalb dessen menschliche Arbeit überhaupt stattfinden kann. Diese Grenzen müssen also unbedingt eingehalten werden für die menschliche Arbeit. Menschliche Arbeit ist aber nicht nur aus ihren objektiven Bedingungen heraus zu beurteilen, sondern wird auch vom Betroffenen selbst beurteilt. Aus der Einstellung der Menschen zu ihrer Arbeit ergibt sich die subjektive Beurteilung der Arbeit. Die objektiven Bedingungen und ihre subjektive Beurteilung müssen über die Honorierung, im allgemeinen Sinn, und deren Anerkennung in Einklang gebracht werden, sonst entstehen Konflikte. Eine entsprechende Wertung ist mit dem Aspekt der *Zumutbarkeit* einer Arbeit verbunden. Die Zumutbarkeit einer Arbeit ist nicht mehr konstant und objektiv bestimmbar. Sie hängt mit dem Zustand der gesellschaftlichen Entwicklung zusammen und ist darum auch gruppenspezifisch.

Neben die bisher genannten, eher einschränkenden und negativ formulierten Wertungsebenen für die menschliche Arbeit kann man dann noch positiv und emanzipatorisch die Wertungsebene der *Zufriedenheit* mit der Arbeit setzen. Diese Beurteilung von Arbeit ist jedoch stets nur individuell gegeben. Allerdings lassen sich auch Hinweise zur Gestaltung der Arbeit für eine Annäherung an diesen Beurteilungszustand angeben. Auch hier ergeben sich aber keine festen Maßstäbe, da die Einstellung der Menschen zu ihrer Arbeit ebenfalls dem Wandel unterworfen ist. Die Arbeitswissenschaft, die mit objektiven Methoden arbeitet, kann zunächst nur zu den beiden ersten Wertungsebenen der Ausführbarkeit und der Erträglichkeit Aussagen machen. Zumutbarkeit und Zufriedenheit können nur mit soziologischen und psychologischen Methoden untersucht werden."

6.2 Gesetzgeberische Humanisierungsbestrebungen

Faßt man den Humanisierungsbegriff recht weit, dann steht zweifellos eine Fülle von Gesetzen und Verordnungen im Dienste der Humanisierung, weil sich mit ihnen die Arbeitsbedingungen im weitesten Sinne verbessern (sollen). Als Beispiele dafür, die mehr den Kernbereich der eigentlichen Humanisierung in der Arbeitswelt betreffen, seien aus den letzten Jahren hervorgehoben:

– das Gesetz über Betriebsärzte, Sicherheitsingenieure und andere Fachkräfte der Arbeitssicherheit vom 12.12.1973 (auch Arbeitssicherheitsgesetz und Betriebsärztegesetz genannt).

Mit diesem Gesetz zwingt der Gesetzgeber die Unternehmen, sich über die Bestellung von Betriebsärzten und Arbeitssicherheitskräften verstärkt um die Unfallverhütung und den sonstigen Gesundheitsschutz am Arbeitsplatz zu bemühen, womit zweifellos ein wichtiger gesetzlicher Humanisierungsbeitrag geleistet wurde.

Weiter ist zu nennen:

– die am 20.3.1975 vom Bundesminister für Arbeit und Sozialordnung erlassene Verordnung über Arbeitsstätten (Arbeitsstättenverordnung).

Mit dieser Verordnung will der Verordnungsgeber einen Beitrag zu „menschenfreundlichen" Arbeitsstätten leisten. So jedenfalls hat der Bundesarbeitsminister 1975 sein Einführungskapitel zu der Arbeitsstättenverordnung überschrieben. Die Arbeitsstättenverordnung bestimmt in zahlreichen Einzelanforderungen, wie die Arbeitsstätten gestaltet sein müssen (Mindeststandards), z.B. im Hinblick auf Raumtemperaturen, Beleuchtung, Lärm, Raumgrößen, Fußbodeneigenschaften. Eingehende Vorschriften bestehen im Hinblick auf die Verpflichtung zur Schaffung von Pausen-, Bereitschafts- und Liegeräumen und für Räume für körperliche Ausgleichsübungen sowie für Sanitätsräume einschließlich Toiletten. In einer Art Generalklausel (§ 3) wird dem Arbeitgeber auferlegt:

(1) Die Arbeitsstätte nach dieser Verordnung, den sonst geltenden Arbeitsschutz- und Unfallverhütungsvorschriften und nach den allgemein anerkannten sicherheitstechnischen, arbeitsmedizinischen und hygienischen Regeln sowie den sonstigen gesicherten arbeitswissenschaftlichen Erkenntnissen einzurichten und zu betreiben.

(2) Den in der Arbeitsstätte beschäftigten Arbeitnehmern die Räume und Einrichtungen zur Verfügung zu stellen, die in dieser Verordnung vorgeschrieben sind.

– Mit dem Betriebsverfassungsgesetz vom 15.1.1972 hat der Gesetzgeber den Begriff der „gesicherten arbeitswissenschaftlichen Erkenntnisse über die menschengerechte Gestaltung der Arbeit" eingeführt und damit die Humanisierungsdiskussion stark belebt.

Nach § 90 BetrVG hat der Arbeitgeber den Betriebsrat über die Planung

1. von Neu-, Um- und Erweiterungsbauten von Fabrikations-, Verwaltungs- und sonstigen betrieblichen Räumen,

2. von technischen Anlagen,
3. von Arbeitsverfahren und Arbeitsabläufen oder
4. der Arbeitsplätze

rechtzeitig zu unterrichten und die vorgesehenen Maßnahmen insbesondere im Hinblick auf ihre Auswirkungen auf die Art der Arbeit und die Anforderungen an die Arbeitnehmer mit ihm zu beraten; dabei sollen Arbeitgeber und Betriebsrat die „gesicherten arbeitswissenschaftlichen Erkenntnisse über die menschengerechte Gestaltung der Arbeit" berücksichtigen. Im Betriebsverfassungsgesetz von 1952 war von der Einbeziehung dieser Erkenntnisse noch nicht die Rede. In § 91 BetrVG von 1972 heißt es: „Werden die Arbeitnehmer durch Änderung der Arbeitsplätze, des Arbeitsablaufs oder der Arbeitsumgebung, die den gesicherten arbeitswissenschaftlichen Erkenntnissen über die menschengerechte Gestaltung der Arbeit offensichtlich widersprechen, in besonderer Weise belastet, so kann der Betriebsrat angemessene Maßnahmen zur Abwendung, Milderung oder zum Ausgleich der Belastung verlangen."

Es stellt sich in diesem Zusammenhang die Frage, was konkret unter „gesicherten arbeitswissenschaftlichen Erkenntnissen" zu verstehen ist. *Fitting/Auffarth/Kaiser* [1974, S. 830] meinen zunächst, daß gesicherte Erkenntnisse der Arbeitswissenschaften in der Bundesrepublik auf vielen Gebieten (z.B. DIN-Normen, VDI-Richtlinien) vorhanden, aber noch nicht genügend bekannt und verbreitet sind, und sie führen dann weiter aus: „Die Betriebsverfassung soll in den Dienst einer wünschenswerten Humanisierung des Arbeitslebens gestellt werden. Der Gesetzgeber wollte den Erfordernissen der Praxis entsprechend selbst Impulse geben und einen Anfang setzen. Diese Erwartungen haben sich erfüllt. Die oft verkannte und kritisierte Vorschrift hat in der Praxis einen erheblichen, von vielen nicht erwarteten Widerhall gefunden. Zugleich ergibt sich vielfach auch ein Rationalisierungseffekt, wenn die Gegebenheiten des Menschen stärker berücksichtigt werden als bisher."

Dütz (Der Betrieb, 1971, S. 678) ist jedoch der Auffassung, daß es sich bei den gesicherten arbeitswissenschaftlichen Erkenntnissen um „kaum justiziable unbestimmte Rechtsbegriffe" handelt, und für *Galperin* stellen sie eine „neue Sparte der Soziologie" dar [zit. bei *Fitting/Auffarth/Kaiser*, 1974, S. 833].

Es ist in der Tat außerordentlich schwierig, verbindlich zu sagen, was gesicherte arbeitswissenschaftliche Erkenntnisse über die menschengerechte Gestaltung der Arbeit sind. Solche Erkenntnisse sind ja nicht oder nur zu einem geringen Teil das Ergebnis naturwissenschaftlicher Forschungen. Stärker werden die arbeitswissenschaftlichen Erkenntnisse von zeitbedingten sozialen Faktoren beeinflußt, über die häufig keine Übereinstimmung besteht. Dieser problemreiche Sachverhalt wird recht deutlich in dem Aufsatz von *Birkwald/Pornschlegel* im „Mitbestimmungsgespräch" [1973, S. 95ff.] und in der publizistischen Auseinandersetzung, die *Natzel* [1979] mit *Birkwald/Pornschlegel* [1976] führt.

Die gesamte Problematik arbeitswissenschaftlicher Erkenntnisse über die menschengerechte Gestaltung der Arbeit und insbesondere ihre Justiziabilität tritt auch zutage, wenn man sich einmal die *Definition* von menschengerechter Gestaltung der Arbeit nach *Fitting/Auffarth/Kaiser* [1974, S. 835] vergegenwärtigt. Sie schreiben: „ ‚Menschengerecht‘ ist die Arbeit gestaltet, wenn

- chronische und akute Schäden der Gesundheit vermieden,
- menschliche Leistungsgrenzen nicht überschritten,
- innerhalb der Leistungsgrenze hohe Beanspruchungen abgebaut und
- Unterforderungen auf ein Maß gebracht werden, das der normalen Funktionsfähigkeit des Menschen entspricht.

Die Arbeitssituation ist darüber hinaus so zu gestalten, daß dabei Wohlbefinden bei der Arbeit für den Menschen geschaffen wird (z.B. Arbeit in autonomen Arbeitsgruppen, ‚Ermöglichung von Kreativität‘, ‚Ausschaltung der Roboterhaftigkeit‘).“

Den letzten Satz formulieren die Verfasser in der 1977 erschienenen 12. Auflage ihres Kommentars [S. 933, 968f.] in der Weise um, daß eine Arbeitsgestaltung anzustreben ist, die der Würde des Arbeitnehmers als Mitglied einer freien zivilisierten Gesellschaft entspricht und damit den Leitvorstellungen dieser freiheitlichen Gesellschaft auch im Arbeitsleben gerecht wird. Diese zusätzliche neue Forderung ist außerordentlich wichtig, weil die Möglichkeit besteht, daß alle vier von *Fitting/Auffarth/Kaiser* genannten Voraussetzungen erfüllt sind, die Arbeitsbedingungen insgesamt aber dennoch recht unbefriedigend, wenn nicht gar entwürdigend sind, und zwar vor allem infolge nicht begründbarer und damit nicht einsehbarer Zwänge, z.B. bei der Ausübung von Führung, Kontrolle und der zeitlichen Arbeitseinteilung.

Arbeitswissenschaftliche Erkenntnisse sind nach dem Betriebsverfassungsgesetz nur insoweit zu berücksichtigen, als sie bereits „gesichert“ sind. „Damit scheiden rein theoretische Überlegungen ebenso aus wie noch umstrittene praktische Erfahrungen und Versuche. Innerhalb der Fachkreise muß eine eindeutig überwiegende Meinung bestehen“ [*Fitting/Auffarth/Kaiser*, 1974, S. 834].

Zu den gesetzgeberischen Humanisierungsbestrebungen gehört auch das im Sommer 1974 von den Bundesministerien für Arbeit und Sozialordnung sowie für Forschung und Technologie vorgelegte umfangreiche Forschungsprogramm zur Humanisierung des Arbeitslebens, das vor allem der Erforschung umfassender Arbeitsplatzverbesserungen und firmenspezifischer Humanisierungs-Projekte dient [*Bundesminister*, 1979].

6.3 Kollektivvertragliche Humanisierungsansätze

Neben dem Gesetzgeber bemühen sich auch die Sozialpartner um nachhaltige Verbesserungen wichtiger Arbeitsbedingungen, und zwar vor allem über den Abschluß kollektivrechtlicher Vereinbarungen. Mit zunehmendem Wohlstand und abnehmenden Wachstumsraten richtet die Tarifpolitik der Sozialpartner sich verstärkt auf solche Arbeitsbedingungen, die nicht oder nicht primär mit der Lohnsituation der Arbeitnehmer zu tun haben. In vielen Fällen berühren die neuen Ansätze aber auch sehr wohl die Einkommenslage der Beschäftigten und die Lohnkostensituation der Unternehmen, wie die folgenden Beispiele kollektivvertraglicher Humanisierungsansätze noch zeigen werden, die mittlerweile vielfach Nachahmer gefunden haben.

- Einen großen Bekanntheitsgrad hat unter den kollektivrechtlichen Humanisierungsansätzen der Lohnrahmentarifvertrag II für gewerbliche Arbeitnehmer (Arbeiter) der Metallindustrie Nordwürttemberg/Nordbaden vom 20.10.1973 und der am selben Tage für dieselben Arbeitnehmer abgeschlossene Manteltarifvertrag erlangt, deren Abschluß mit Arbeitskämpfen erheblichen Ausmaßes verbunden war. Diese beiden Tarifverträge enthalten folgende, damals neuartige Elemente:
  - Alterssicherung (als Verdienstsicherung und Kündigungsschutz)
    Arbeitnehmer, die im 55. Lebensjahr stehen oder älter sind und dem Betrieb oder Unternehmen wenigstens ein Jahr lang angehören, haben Anspruch auf den Verdienst, der aus dem Durchschnittsverdienst der letzten zwölf voll gearbeiteten Kalendermonate errechnet wird.
    Tariflohnerhöhungen steigern den Verdienst entsprechend.
    Einem Arbeitnehmer, der das 53., aber noch nicht das 65. Lebensjahr vollendet hat und dem Betrieb mindestens drei Jahre angehört, kann nur noch aus wichtigem Grund gekündigt werden.
  - Akkordsicherung
    Alle Akkordarbeiter zusammen müssen mindestens 130 Prozent des Akkordrichtsatzes verdienen.
  - Pausenregelung
    Akkord- und Prämienarbeitern wird eine bezahlte Pause von acht Minuten je Stunde gewährt.
  - Anforderungen an Fließ-, Fließband- und Taktarbeit
    Hierzu ist folgendes vereinbart worden:
    Bei Fließ-, Fließband- und Taktarbeit hat im Hinblick auf die arbeitswissenschaftlichen Erkenntnisse die Arbeitsgestaltung vorrangig darauf gerichtet zu sein, die Abwechslungsarmut der Beschäftigung durch Aufgabenbereicherung und Aufgabenerweiterung in ihren ungünstigen Auswirkungen auf den Menschen abzumildern.
    Diese Verpflichtung obliegt dem Arbeitgeber in erhöhtem Maße bei einer Neuplanung der Fließ-, Fließband- und Taktarbeit sowie in allen Fällen, in denen der Arbeitsinhalt soweit abgesunken ist, daß der Zeitfaktor je Arbeitstakt nicht mehr als 1,5 Minuten beträgt.
    Arbeitgeber und Betriebsrat haben alle Möglichkeiten der Aufgabenerweiterung und Aufgabenbereicherung auszuschöpfen.
    Bestehende Takte dürfen grundsätzlich nicht weiter aufgeteilt werden. Ihre weitere Aufteilung wird jedoch zulässig, wenn Arbeitgeber und Betriebsrat dies im Einzelfall oder für ähnlich gelagerte Fälle im Hinblick auf den technischen Fertigungsstand und ökonomische Zwänge für geboten halten.
    Läßt sich durch Verkürzung besonders langer Takte für den Arbeitnehmer eine Arbeitserleichterung schaffen, so darf dies zwischen Arbeitge-

ber und Betriebsrat vereinbart werden.

- In demselben Tarifgebiet wurde am 3. April 1978 – wiederum nach Arbeitskämpfen – ein Tarifvertrag abgeschlossen, in dem ein individueller Bestandsschutz für Arbeiter und Angestellte zur Sicherung der einmal erreichten Lohn- oder Gehaltsgruppe (Erschwerung der Abgruppierung) und zur Verdienstsicherung bei unumgänglicher Abgruppierung (Ausgleichszahlung für 18 Monate) vereinbart wurde. Die diesem Tarifabschluß zugrundeliegende Problematik besteht darin, daß sich infolge von technisch-organisatorischen Änderungen die Arbeitsbedingungen an bestimmten Arbeitsplätzen vielfach so verändern, daß auf sie nach der Änderung eine niedrigere Lohngruppe anzuwenden wäre. Für die Arbeitnehmer ist eine solche mit einer Rationalisierung verbundene Abgruppierung naturgemäß außerordentlich unerfreulich, zumal die Anstrengungen an den geänderten Arbeitsplätzen insgesamt gar nicht geringer geworden sein müssen; sich also lediglich die Anforderungs*arten* derart verschoben haben, daß daraus in dem betreffenden Tarifvertrag eine niedrigere Lohngruppe resultiert. Diese Problematik müßte im Grunde mit von der Arbeitsplatzbewertung gelöst werden (s.S. 42ff.).
- Erhebliche Bedeutung in der Humanisierungsfrage hat auch der nach einem umfangreichen Arbeitskampf für das Bundesgebiet abgeschlossene Tarifvertrag für alle Betriebe der Druckindustrie sowie Verlage für Zeitungen und Zeitschriften vom 20.3.1978 erlangt. Mit diesem Vertrag wurde ein Bestandsschutz für Arbeiter und Angestellte geschaffen, deren Arbeitsplätze durch die neue Drucktechnik (Photosatz) wegzufallen drohen. Nach diesem Tarifvertrag werden Gestaltungs- und Korrekturarbeiten von Fachkräften der Druckindustrie, insbesondere von Schriftsetzern, ausgeübt, deren Arbeitsplatz infolge der neuen Technik zwangsläufig verlorengeht (den Arbeitsgang „Setzen" gibt es in Zukunft nicht mehr). Diese Besetzungsregelung gilt für acht Jahre vom Zeitpunkt der Einführung der neuen Drucktechnik an. Für die Texterfassung sind ohne zeitliche Befristung vorrangig Fachkräfte der Druckindustrie zu beschäftigen, deren Arbeitsplatz infolge der neuen Technik entfällt.
- Einen ungewöhnlichen Beitrag zur Humanisierung in der Arbeitswelt hat auch die Zigarettenindustrie in einer am 8.6.1978 mit der Gewerkschaft Nahrung–Genuß–Gaststätten für das Bundesgebiet abgeschlossenen Vereinbarung geleistet, die für 13 500 Arbeitnehmer gilt. Diese Vereinbarung bezieht sich auf die Verkürzung der Lebens- oder Wochenarbeitszeit bei älteren, betriebstreuen Mitarbeitern. Der Kern der Vereinbarung lautet: Arbeitnehmer mit vollendetem 60. Lebensjahr und 10jähriger Betriebszugehörigkeit können bis zum frühestmöglichen Rentenbezug alternativ
  a) von der Arbeit bei Fortzahlung von 75 % ihrer Bruttobezüge einschließlich Jahressonderzahlung von der Arbeit freigestellt
  oder
  b) bei herabgesetzter Wochenarbeitszeit von 20 Stunden mit vollem Arbeitsentgelt beschäftigt werden.

Ein Wechsel zur Alternative a) ist möglich. Bei Freistellungen nach Alternative a) wird die betriebliche Altersversorgung auf der Basis der vollen Bezüge (100 %) berechnet.
Zum Zeitpunkt des Vertragsabschlusses erfüllten weniger als 400 Arbeitnehmer die Bedingung „60 Jahre + 10-jährige Betriebszugehörigkeit".

- Zum Humanisierungskomplex sind auch Tarifverträge zu zählen, die den Jahresurlaub für ältere Arbeitnehmer deutlich verlängern. So ist in einem für 15 000 Beschäftigte geltenden Manteltarifvertrag zwischen den Brauereien Nordrhein-Westfalens und der Gewerkschaft Nahrung–Genuß–Gaststätten vom 7.9.1978 festgelegt worden, daß Arbeitnehmer nach 10-jähriger Tätigkeit in Betrieben der Brauindustrie, wenn sie das 60. Lebensjahr vollendet haben, bis zum frühestmöglichen Rentenbezug eine zusätzliche bezahlte Freizeit von 28 Arbeitstagen im Jahr erhalten.
- Kollektivvertragliche Regelungen im Dienste der Humanisierung existieren außer in Tarifverträgen auch in Form von Betriebsvereinbarungen zwischen Betriebsleitung und Betriebsrat, so zum Beispiel über Arbeitsbedingungen von Arbeitnehmern an Bildschirmarbeitsplätzen oder über die Einführung und Praktizierung der gleitenden Arbeitszeit.

Bei der Bewertung der kollektivvertraglichen Sicherung von Humanisierungsaspekten ist der Sachverhalt zu beachten, daß die Schutzbestimmungen zwar für die Beschäftigten Vorteile bringen, daß sie die Wiedereingliederung Erwerbsloser vielfach aber eher erschweren. Kann älteren Arbeitnehmern nicht mehr gekündigt werden, scheuen sich die Unternehmen, ältere Arbeitslose einzustellen. Hier kehrt sich dann der Schutz gegen die zu Schützenden um, wofür auch andere Bereiche der sozialen Sicherung Beispiele bieten.

6.4 Die Monotonie als ein Ausgangspunkt für Humanisierungsüberlegungen

Seit einiger Zeit wird im Zusammenhang mit Humanisierungsüberlegungen verstärkt über den Abbau monotoner Arbeitsformen diskutiert. Ausgehend von der Annahme, daß monotone Arbeiten zur Arbeitsunlust führen und somit auch das Arbeitsergebnis beeinträchtigen, wird zunehmend versucht, zu einer Verminderung der Monotonie zu kommen. In diesem Zusammenhang stößt man auf neue Arbeitsstrukturen, für die Begriffe wie Job Rotation, Job Enlargement, Job Enrichment und teilautonome Gruppen verwandt werden. Bevor näher auf die angewandten Verfahren zum Abbau monotoner Arbeitsformen eingegangen wird, bleibt zunächst zu klären, was überhaupt unter monotoner Arbeit zu verstehen ist.

Arbeitsverrichtungen wird man dann als *monoton* (eintönig, gleichförmig) bezeichnen können, wenn keine ganzheitliche Arbeit geleistet wird, sondern nur kleine, meist relativ anspruchslose Teilarbeiten auszuführen sind, die sich ständig wiederholen und einen sehr eingeschränkten Dispositionsspielraum haben. Diese Definition macht deutlich, daß monotone Arbeitsformen sich keinesfalls auf die industriellen Fertigungsbereiche mit großer Arbeitsteilung beschränken, was heute leicht übersehen wird. Arbeitsplätze mit monotonen Aufgaben sind in starkem – und wie es scheint – zunehmendem Maße auch in den Büros der öffentlichen und privaten Verwaltungen und in vielen großen Dienstleistungsbetrieben (z.B. Banken und Versicherungen) anzutreffen. Hierzu trägt sicherlich das „Substitutionsprinzip der Organisation" [*Gutenberg*, 1975, S. 240ff.] bei, das die (manchmal unheilvolle) Tendenz kennzeichnet, fallweise Regelungen durch generelle Regelungen zu ersetzen, wodurch der Entscheidungsspielraum des Arbeitsplatzinhabers naturgemäß eingeengt wird.

Die obengenannten Merkmale der Monotonie gelten grundsätzlich für alle Arbeitsplätze. In der eigentlichen Produktion treten zu diesen Kriterien, nämlich

- keine ganzheitliche Arbeit,
- nur kleine, meist relativ anspruchslose Teilarbeiten,
- ständige Wiederholung dieser Teilaufgaben,
- stark eingeschränkter Dispositionsspielraum,

folgende Merkmale hinzu:

- das Arbeitstempo wird von technischen Einrichtungen bestimmt,
- es ist regelmäßig nur eine manuelle, leicht erlernbare Geschicklichkeit erforderlich,
- es liegt eine einseitige körperliche Belastung vor,
- es besteht eine starke Bindung an den Arbeitsplatz, die kaum Kontakte zu anderen Mitarbeitern ermöglicht (Isolation),
- der Lärmpegel ist vielfach relativ hoch.

Ob Arbeiten, auf die alle diese Merkmale zutreffen, von den Arbeitsplatzinhabern auch tatsächlich als monoton oder sonstwie belastend empfunden werden, ist eine schwer zu beantwortende Frage, zumal die Anfälligkeit gegenüber der Monotonie individuell verschieden ist und sich im Zeitablauf auch ändern kann. Aus diesem Grunde und weil mit dem Begriff Monotonie eine für den Arbeitsplatzinhaber stark abwertende Charakterisierung seiner Tätigkeit verbunden ist, sollten Arbeiten, auf die die obigen Merkmale zutreffen, vielleicht besser mit dem Terminus repetitive Teilarbeiten belegt werden. Selbstverständlich darf dies nicht dazu führen, sich nun über eine bessere Gestaltung oder gar Abschaffung dieser Arbeitsplätze weniger Gedanken zu machen.

Repetitive Teilarbeit weist nach *Bahrdt, Kern* u.a. [1970, S. 37] – zusammengefaßt – folgende Merkmale auf: keine oder nur geringe Dispositionschancen; geringe Qualifikationen; hohe Arbeitsbelastungen und starke soziale Isolation. Zweifellos sind die meisten monotonen Arbeiten auch repetitive Teilarbeiten. Es gibt aber auch monotone Tätigkeiten, auf die die Merkmale der repetitiven Teilarbeit nicht zutreffen, so zum Beispiel ein Teil der Überwachungstätigkeiten, bei denen auf kurze arbeitsintensive Phasen solche von lang andauernder Inaktivität und damit von „Reizarmut" folgen.

Wenn von monotonen Arbeitsformen oder repetitiven Teilarbeiten in der Industrie die Rede ist, wird dabei zumeist an die *Fließbandarbeit* gedacht, und zwar vor allem an jene, wie sie in der Automobilindustrie anzutreffen ist. Nun ist zwar bei der Fließbandarbeit die Arbeitsteilung besonders weit vorangetrieben, so daß die genannten Merkmale auf sie zutreffen. In der Industrie insgesamt spielt die Fließbandfertigung jedoch nur eine untergeordnete Rolle. Daher wäre es falsch und gefährlich, aufgrund der Beschäftigung mit den so sehr ins Auge fallenden Fließbandfertigungen die anderen, sehr viel zahlreicheren Arbeitsplätze zu vergessen, deren Arbeitsverrichtungen nicht weniger monoton sein müssen. Es gibt eine Fülle von Einzelarbeitsplätzen in der Fertigung, auf die alle Merkmale der repetitiven Teilarbeit zutreffen, ohne daß diese Fließbandarbeit wären; so zum Beispiel das Arbeiten an Fräs- oder Bohrmaschinen. Die gleiche Situation gilt auch für Verpackungs- und Sortierarbeiten, bei denen betreffendes Gut auf einem Förderband bewegt wird, dessen Geschwindigkeit für den Arbeitsplatzinhaber ein Datum ist.

Im Hinblick auf die allgemeinen Entwicklungstendenzen industrieller Arbeitsverfahren sei *Friedmann* [1953, S. 191] zitiert: „Sobald die Arbeitsteilung genügend weit vorangetrieben ist, besteht die Tendenz, die unterteilten Arbeitsaufgaben zu mechanisieren und Automaten anzuvertrauen. Soweit eine solche Mechanisierung noch nicht zu verwirklichen ist – oder beim augenblicklichen technischen Entwicklungsstand die verursachten Kosten über den ersparten Lohnkosten liegen würden –, greift man auf die Fließarbeit zurück. In diesem Sinne sind die Arbeiter am Fließband Lückenbüßer der Mechanisierung. Die Verbreitung der Automaten wäre größer und geschähe schneller, die der Fließarbeit wäre entsprechend geringer, wenn für das Fließband hochqualifizierte und teure Arbeitskräfte gebraucht würden." Insofern wäre also eine Art der Beseitigung monotoner Arbeitsformen in dem verstärkten Maschinen- und insbesondere Automateneinsatz und der Beschäftigung der so freigewordenen Arbeitskräfte an anderen (hoffentlich für sie vorhandenen und interessanteren) Arbeitsplätzen zu sehen. Solche Veränderungen werden in der Regel jedoch nur in längeren Zeiträumen zu erreichen sein.

Bevor auf die heute diskutierten und mehr auf kurzfristige Veränderungen ausgerichteten Arbeitsformen zur Reduzierung der negativen Erscheinungen der repetitiven Teilarbeit einzugehen ist, soll kurz der Frage nachgegangen werden, welche *Belastungen* die allgemein *als monoton geltenden Arbeiten* für die Arbeitsplatzinhaber mit sich bringen. Hierüber berichten recht ausführlich *Ulich* u.a. [1973].

Repetitive Teilarbeiten sind meist nicht mit schweren körperlichen Anstrengungen verbunden, jedenfalls nicht in dem Sinne, daß große Lasten per Körperkraft bewegt werden müßten. Diese Tatsache trägt mit dazu bei, daß besonders Frauen mit repetitiven Teilarbeiten beschäftigt werden. Körperlich belastend bzw. ermüdend ist neben der häufig einseitigen körperlichen Anstrengung vor allem das von den technischen Einrichtungen vorgegebene (schnelle) Arbeitstempo, wodurch der Körper – von Arbeitspausen abgesehen – praktisch nie wirklich zur Ruhe kommt. Dieses Arbeitstempo macht vor allem älteren Arbeitnehmern sehr zu schaffen.

Andererseits ist „im Gegensatz zu sehr weitverbreiteten Vorstellungen der Zwangsablauf der Arbeitsbewegungen am Fließband vielen Arbeitern keineswegs unangenehm. Viele Menschen, die zu einer Trennung der körperlichen Bewegungsreihe und der geistigen Vorstellungsreihe fähig sind, sind nach ihren eigenen Aussagen zufrieden, daß ihnen der Zwangsrhythmus eine Ersparnis an willentlichen und ermüdenden Entscheidungen bringt. Eine solche Ersparnis gefällt ihnen und ist ein Element der Erholung. . . Diese Tatsachen sind experimentell erwiesen; sie widersprechen bestimmten sentimentalen Vorurteilen gegenüber dem Fließband, die nicht mit der Wirklichkeit übereinstimmen" [*Friedmann*, 1953, S. 196f.]. Noch schwieriger als die körperliche Belastung ist die nervliche Beanspruchung an Arbeitsplätzen mit repetitiver Teilarbeit zu beurteilen, wobei man davon auszugehen hat, daß die physische und psychische Belastung in der Realität nicht exakt zu trennen sind.

In Befragungen von Arbeitsplatzinhabern ist „die Antwort, daß man abschalte und gar nicht mehr so stark auf die Arbeit achte, nicht selten" [*Bahrdt/Kern* u.a., 1970, S. 34]. Die sich ständig in gleichen Abständen wiederholenden Handgriffe gehen so in Fleisch und Blut über, daß die Arbeiter ihnen nicht mehr die ganze Aufmerksamkeit zuwenden müssen. Die Soziologie spricht in diesem Zusammenhang von *Habitualisierung* (= Gewöhnung). „Die vorzunehmenden Handgriffe sind habitualisiert, wenn der Arbeiter nicht mehr seine Gedanken vollständig auf die Arbeit richten muß. Seine Hände arbeiten dann sozusagen von allein, und er kann an etwas anderes denken . . . Wo Habitualisierung stattfindet, ist dem Arbeiter (wie erwähnt) die Entscheidung, wann er mit seiner Arbeit einzusetzen hat, abgenommen. Durch die ständige Wiederkehr derselben kurzen Verrichtungen ist unter Umständen auch eine Rhythmisierung der Arbeit möglich, die dann in harmonischen Bewegungsfiguren zum Ausdruck kommt. Die Arbeit ist unter diesen Bedingungen relativ leicht zu ertragen . . . Das Bewußtsein kann sich von der Arbeit abkehren und anderen Objekten zuwenden. Ob allerdings diese Entlastung von der Arbeit tatsächlich gelingt, ist von bestimmten Voraussetzungen abhängig:

1. Der Arbeitsablauf muß so gleichmäßig und sicher sein, daß keine Unregelmäßigkeiten auftreten können, die zu einer Abwandlung der Arbeitshandlungen zwingen. Wo dies nicht der Fall ist, wird wenigstens ein Rest von Aufmerksamkeit verlangt.
2. Der maschinelle Zwangstakt muß sich in einen harmonischen menschlichen Arbeitsrhythmus umbilden lassen. Weder darf das Arbeitstempo so hoch sein, daß sich der Arbeiter ständig einen Beschleunigungsimpuls geben muß, um mit dem Band mitkommen zu können, noch darf es so langsam sein, daß er immer wieder zum Abbremsen seiner Körperbewegungen gezwungen ist.
3. Die Umgebungseinflüsse dürfen nicht in einem Maße betäubend wirken, daß sie den Arbeiter daran hindern, sein Bewußtsein von seiner Tätigkeit abzuwenden" [*Bahrdt/Kern* u.a., 1970, S. 35].

Die zitierten Autoren machen darauf aufmerksam (S. 35), daß dann, wenn die genannten Voraussetzungen nicht vorhanden sind, die repetitiven Teilarbeiten zu einer *starken psychischen Belastung* führen. Solche Arbeiten würden dann zwangsläufig als monoton empfunden, als anspruchslos und dennoch die Aufmerksamkeit bindend. Gut möglich ist eine Habitualisierung ohnehin nur bei „motorischen" repetitiven Teilarbeiten; also nur dort, wo es vornehmlich auf den Einsatz körperlicher Kräfte und weniger auf den Gebrauch der Sinnesorgane („sensorische" Arbeit) ankommt. An Arbeitsplätzen mit intensiver Beanspruchung der Wahrnehmungsorgane (zum Beispiel im Falle der Flaschenkontrolle, wenn ein Förderband die zu prüfenden Flaschen in schnellem Tempo am Auge des Arbeiters vorbeiführt) ist eine Habitualisierung nur schwer möglich. Obwohl es sich auch bei diesen Arbeiten regelmäßig um relativ anspruchslose Tätigkeiten handelt, muß hier jedoch – anders als bei den motorischen repetitiven Teilarbeiten – ständig mit einem hohen Aufmerksamkeitsgrad gearbeitet werden, was regelmäßig eine hohe psychische Belastung nach sich zieht.

Aus empirischen Untersuchungen ist bekannt, daß die Arbeitsplatzinhaber selbst die repetitive Teilarbeit gar nicht als so negativ empfinden, wie das gemeinhin angenommen wird. So zeigt zum Beispiel eine Untersuchung des Soziologischen Seminars der Universität Göttingen, durchgeführt in den Jahren 1965 bis 1967 [*Kern/Schumann*, 1970, Bd. I, S. 185], daß sich von den befragten repetitiven Teilarbeitern 57 % als mit ihrer Arbeit zufrieden erklärten; 24 % waren ausdrücklich unzufrieden und 18 % unentschieden. Die Autoren der Studie relativieren dieses Ergebnis dahingehend, daß in unserer Gesellschaft, in der das Erfolgsstreben so sehr im Mittelpunkt stehe, das Eingeständnis von Arbeitsunzufriedenheit leicht als allgemeines Versagen verstanden und daher eine Arbeitsunzufriedenheit nur ungern zugegeben werde [S. 184]. Hinzu komme „andererseits psychologisch die Notwendigkeit, sich mit anfänglicher Unzufriedenheit allmählich abzufinden, da der Arbeiter eine Änderung seiner Arbeitssituation doch nicht erwartet. Es kommt darauf an, womit derjenige, der sich als zufrieden äußert, vergleicht. Viele der repetitiven Teilarbeiter haben früher eine schwerere, schlechter bezahlte und kaum weniger eintönige Arbeit geleistet, ihre ‚Zufriedenheit' ist also relativ" [*Bahrdt/Kern* u.a., 1970, S. 38].

Trotz dieser – wie es scheint – nicht so eindeutig negativen Einstellung zur repetitiven Teilarbeit zeigt sich insgesamt doch die Tendenz, daß mit steigendem Wohlstand und damit zunehmender Befriedigung der unteren Stufen der Bedürfnisskala [*Maslow*, 1977, s.S. 95] und verbesserter Bildung (Information) das *Unbehagen* der Arbeitnehmer *an den repetitiven Teilarbeiten zunimmt*. Wem es zum Beispiel aufgrund seines Arbeitseinkommens und günstiger politischer Rahmenbedingungen möglich ist, nach Feierabend und am (langen) Wochenende einen hohen Grad an Selbstverwirklichung zu erreichen, der wird die monotonen Arbeiten zweifellos unangenehmer empfinden als derjenige, der noch auf der untersten Stufe der Bedürfnisbefriedigung steht. Das (veränderte) Sein prägt also auch hier das Bewußtsein.

Zum wachsenden Unbehagen an den monotonen Arbeiten trägt sicherlich auch die Tatsache bei, daß repetitive Teilarbeiten (insbesondere Fließbandarbeit) in den *Massenmedien* immer wieder als menschenunwürdig hingestellt werden. Dies führt zwangsläufig zu einer Verunsicherung der einen solchen

Arbeitsplatz innehabenden Arbeitnehmer und damit zu einer Beeinträchtigung ihres Selbstwertgefühls. Vielfach wird in den Medien die *Fließbandarbeit* auch noch fälschlicherweise mit dem *Akkordlohn* in Verbindung gebracht.

Die zunehmende „Ablehnung" monotoner Arbeitsformen in der Arbeitswelt zeigt sich vor allem in hohen Kranken- und Ausschußquoten, hoher Fluktuation und wilden Streiks sowie in der Tatsache, daß für diese Arbeiten bei uns vielfach nur noch Gastarbeiter gewonnen werden können; Menschen also, die sich regelmäßig noch auf den unteren Stufen der Bedürfnispyramide befinden und deren fachliche Qualifikation häufig nicht sehr hoch ist.

6.5 Praktizierte Arbeitsformen (Arbeitsstrukturierungen) im Dienste der Humanisierung

Seit einiger Zeit werden – wie erwähnt – verstärkt Versuche unternommen, die spezifischen Belastungen monotoner Arbeiten durch arbeitsorganisatorische Maßnahmen zu verringern. Zu diesen neueren Arbeitsformen, die insbesondere in der Produktion anzutreffen und nachstehend zu charakterisieren und zu problematisieren sind, zählen vor allem Job Rotation, Job Enlargement, Job Enrichment und teilautonome Gruppen.

6.5.1 Job Rotation

Bei Job Rotation handelt es sich um einen *regelmäßigen Tausch von Arbeitsplätzen mit unterschiedlichen Arbeitsaufgaben*, wobei der Wechsel entweder nach einem festen System oder nach gegenseitiger Absprache erfolgt. So arbeitet zum Beispiel ein Mitarbeiter eine Stunde am Arbeitsplatz X und übernimmt dann den Arbeitsplatz Y. Danach geht er entweder zu seinem Arbeitsplatz X zurück oder übernimmt den Arbeitsplatz Z. Durch den Arbeitsplatzwechsel soll die Tätigkeit des Arbeitsplatzinhabers abwechslungsreicher und damit seine Arbeitszufriedenheit gesteigert werden. „Aufgabenwechsel erweitert die Kenntnis des Gesamtprozesses. Man lernt diesen zu überblicken und bekommt einen Eindruck der Verkettung der Aufgaben. Es entsteht eine größere Flexibilität der Organisation" [*den Hertog*, 1978, S. 59]. Job Rotation kann als eine spezielle Form des Job Enlargements (= Aufgabenerweiterung) angesehen werden, auf die gleich einzugehen ist.

Bei dem Einsatz von Job Rotation ist zu bedenken, daß „der regelmäßige Arbeitsplatztausch sich nur dort belastungsvermindernd auswirken kann, wo eine Habitualisierung des Arbeitsablaufs nicht möglich ist. Bei Arbeitsvollzügen, die eine Habitualisierung erfordern, bringt er jedesmal einen Bruch in das flüssige und zügige Verhalten bei der Arbeit hinein. Bis die andere Arbeit ihrerseits wieder die gleiche Zügigkeit hat, wird eine Anstrengung nötig, die die Erleichterung durch Wechsel aufhebt" [*Bahrdt/Kern* u.a., 1970, S. 37]. Diese wichtige Grenze ist also unbedingt zu beachten, wenn Job Rotation nicht zu negativen Ergebnissen führen soll. Weiterhin ist für den Erfolg dieser Methode erforderlich, daß die Mitarbeiter, die in den Arbeitsplatzwechsel einbezogen werden sollen, sich die dafür evtl. nötigen größeren Kenntnisse aneignen, also bereit sind, einen Lernprozeß auf sich zu nehmen. Der Arbeitsplatztausch macht also unter Umständen eine Erhöhung der fachlichen Qualifikation nötig. Außerdem ist die Frage des Verfahrens zu prüfen für den Fall, daß einige Mitarbeiter nicht den Arbeitsplatzwechsel wollen, weil sie beispielsweise zu wenig flexibel sind. Damit würden sich die grundsätzlich vorhandenen Möglichkeiten des Arbeitsplatzwechsels verringern. Weiterhin ist das möglicherweise bei dem einen oder anderen Arbeitnehmer auftretende Problem zu berücksichtigen, daß er durch den ständigen Wechsel die Identifikation mit „seinem" Arbeitsplatz verliert.

Zum Arbeitswechsel sei abschließend ein Beispiel aus der westdeutschen Automobilindustrie [*Arbeitskreis*, 1976, S. 47] angeführt:

„Die Bremsbacken werden in fünf aufeinanderfolgenden Arbeitsgängen hergestellt. Bei der ursprünglichen Fertigung führte jede Mitarbeiterin nur einen Arbeitsgang aus. Es kam zu einseitiger körperlicher Belastung und zu Monotonieempfindungen.

Diese Nachteile werden heute dadurch vermieden, daß jede Frau im Laufe einer Schicht fünfmal den Arbeitsplatz wechseln kann. Dadurch wurde der Arbeitsumfang vergrößert und die einseitige Belastung vermindert."

6.5.2 Job Enlargement

Job Enlargement, d.h. *Aufgabenerweiterung* oder Ausweitung der Arbeitstätigkeit, ist insofern der Job Rotation ähnlich als in beiden Fällen eine Ausweitung der Arbeitsaufgaben des Mitarbeiters erfolgt; es wird also einer extremen Spezialisierung entgegengewirkt. Während dies bei Job Rotation durch Arbeitsplatztausch geschieht, findet die Aufgabenerweiterung bei Job Enlargement dadurch statt, daß mehrere strukturell gleichartige oder ähnliche Arbeitsgänge (des gleichen Niveaus) aneinandergereiht werden, so daß der Arbeitsumfang an dem (alten) Arbeitsplatz größer wird.

Der Arbeitnehmer ist jetzt also länger als bisher mit demselben Produkt beschäftigt. Er übt nicht mehr nur eine Operation, wie bei strengster Arbeitsteilung aus, sondern verrichtet nunmehr mehrere Operationen. Im Falle der Fließbandarbeit wird beispielsweise das Band langsamer eingestellt, so daß weniger Personen eine größere Anzahl von Verrichtungen vornehmen können; oder aber die Bandgeschwindigkeit und die Zahl der Arbeiter bleiben gleich und Job Enlargement wird in der Weise praktiziert, daß die Bandarbeiter das Band zum Zwecke der Ausübung mehrerer Funktionen begleiten und am Ende des Bandes zum Bandanfang zurückkehren, wie das nachstehende Beispiel aus der westdeutschen Automobilindustrie [*Arbeitskreis*, 1976, S. 49] zeigt.

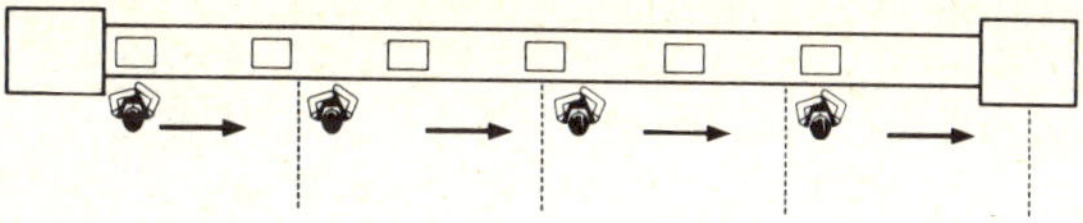

Bisheriger Zustand: Aufteilung der Montage auf vier Teilumfänge

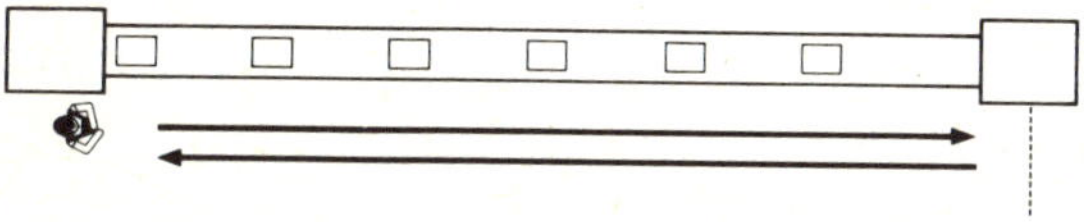

Neu: Zusammenfassung der Montage zu einem Arbeitsumfang

– Arbeitserweiterung bei der Vormontage von Rückenpolstern

Bei der Polsterung der Rükkenlehne wurde der Arbeitsinhalt erweitert. Früher hatten vier Mitarbeiter bei einer Taktzeit von 3,5 Minuten jeweils eine der folgenden Teilmontagen durchzuführen:

- Bereitlegen des Materials
- Befestigen der Polsterauflagen und der Dämpfung
- Überziehen und Befestigen des Polsterbezugs
- Montieren der Mittelarmlehne.

Heute montiert jeder der Mitarbeiter eine komplette Rükkenlehne. Dabei geht er von Arbeitsplatz zu Arbeitsplatz mit. Das Fließband hat also nur noch eine Transportfunktion. Die Fertigungszeit beträgt jetzt ca. 14 Minuten

Das folgende Schaubild zeigt eine andere Organisationsform von Arbeitserweiterung (verbunden mit Job Rotation), die ebenfalls in der westdeutschen Automobilindustrie [*Arbeitskreis*, 1976, S. 55] praktiziert wird.

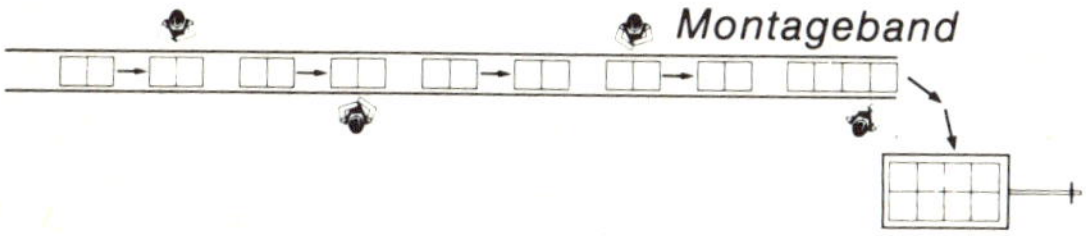

Bisher: Montageband für die Heizkammer-Montage

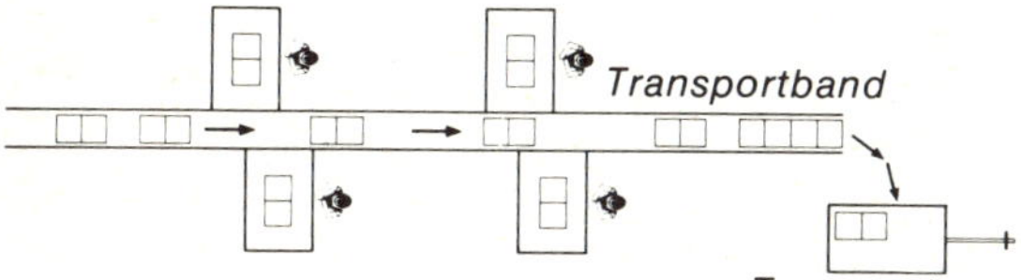

Jetzt: Einzelarbeitsplätze (neu gestalteter Montageablauf)

– Zusammenbau der Heizkammern

Die Montage der Heizkammer für die Wagenheizung wurde ebenfalls von bisher stark arbeitsteiliger Fertigung am Fließband in eine Fertigung an Einzelarbeitsplätzen umgestellt, um den Arbeitsumfang und -inhalt zu erhöhen.

Früher führte jeder der vier Mitarbeiter eine Teilmontage aus (Taktzeit 0,7 Minuten). Am Ende des Bandes wurde jedes Teil von einem Inspektor kontrolliert.

Heute montiert jeder Mitarbeiter an einem Einzelarbeitsplatz die komplette Heizkammer und überprüft seine Arbeit selbst. Der Arbeitsumfang beträgt jetzt 2,8 Minuten.

Beim Einsetzen der fertigen Heizkammern in die Transportwagen wechseln sich die Mitarbeiter ab.

Der auf Seite 138f. auszugsweise zitierte Lohnrahmentarifvertrag II der Metallindustrie Nordwürttemberg/Nordbaden enthält – als Novum im Tarifwesen – Regelungen, die sowohl dem vorstehenden Job Enlargement als auch dem noch zu behandelnden Job Enrichment („Aufgabenbereicherung") zum weiteren Durchbruch verhelfen sollen.

Dem Job Enlargement liegt ebenso wie dem Arbeitsplatzwechsel die Annahme zugrunde, daß die Unzufriedenheit um so größer wird, je geringer die Anzahl der unterschiedlichen Verrichtungen am Arbeitsplatz ist, so daß die Bemühungen um das Job Enlargement von hier aus durchaus ihre Berechtigung haben. Auf der anderen Seite ist aber nicht zu übersehen, daß es sich bei Job Enlargement und Job Rotation lediglich um eine quantitative Ausweitung von Arbeitsaufgaben handelt. Zu der Aneinanderreihung solcher mehr oder weniger „sinnloser" Arbeitselemente wird gelegentlich abfällig bemerkt, daß Null plus Null eben wiederum lediglich Null ergebe, woran mathematisch ja nicht zu zweifeln ist.

Andererseits ist zu beachten, daß über eine quantitative Veränderung von Arbeitsaufgaben auch ein gewisser Einfluß auf die Qualität des Arbeitsplatzes ausgeht. Sowohl der „Arbeitsplatztausch (als auch das Job Enlargement, R.S.) sind indirekte Mittel, um den dem Arbeiter oder Angestellten übertragenen Funktionen mehr Inhalt und Substanz zu verleihen und ihren beruflichen Horizont zu erweitern" [*Friedmann*, 1959, S. 114]. Insofern sollte man in Zukunft weiterhin dem Job Enlargement Aufmerksamkeit schenken, wenngleich auch das Job Enrichment mehr Möglichkeiten des Abbaues monotoner Arbeitsformen bieten dürfte, da es stärker auf den qualitativen Aspekt der Arbeitsaufgaben abzielt. In der Praxis findet man beide Formen manchmal auch miteinander gekoppelt.

6.5.3 Job Enrichment

Job Enrichment ist mit Arbeits- oder *Aufgabenbereicherung* zu übersetzen. Dieses Instrument soll den Handlungsspielraum des Arbeitnehmers so erweitern, daß die Tätigkeit als sinnvoll erlebt wird und damit zur Selbstverwirklichung beiträgt. Hierbei erfolgt eine Zusammenfassung unterschiedlicher Arbeitsaufgaben.

Job Enrichment steht in krassem Gegensatz zu der vor allem von *Taylor* propagierten extremen Arbeitsteilung und der damit verbundenen strengen Trennung von Planung, Ausführung und Kontrolle. Die *Produkterstellung* soll stattdessen wieder vermehrt *ganzheitlichen Charakter* bekommen. Ein Beispiel mag dieses Ziel verdeutlichen. Elektrische Rasierapparate können zum einen im Fließbandverfahren hergestellt werden, so daß eine Vielzahl von Arbeitnehmern nur jeweils eine oder wenige kleine Operationen vornimmt. Die Produkterstellung ist aber auch in der Weise möglich, daß jeder Arbeitsplatzinhaber alle für den Zusammenbau eines Apparates erforderlichen Teile erhält und damit eine ganzheitliche Arbeit erbringt, indem er nunmehr alle Verrichtungen zum Zusammenbau eines Rasierapparates einschließlich der Endkontrolle selbst ausführt und auf diese Weise die Möglichkeit eines „Leistungserlebnisses" erhält. An den Einzelarbeitsplätzen entfällt damit auch das Zeitdiktat des Fließbandes; der Mitarbeiter hat jetzt die Möglichkeit, das Arbeitstempo seiner individuellen Tagesleistungskurve anzupassen. Die anspruchsvolle Arbeitsform des Job Enrichment setzt jedoch eine höhere Qualifikation der Mitarbeiter voraus.

„Vom Fließband zur Einzel(arbeitsplatz)fertigung für bestimmte Produkte sind die *Deutsche Philips* (Rasierapparate), *Bosch* (Fernsehkameras) und *Klöckner-Moeller* (Schaltgeräte) übergegangen" (*manager magazin* 7/1973, S. 45). Die Firma *Klöckner-Moeller* nennt als einen Grund für die Errichtung von Einzelarbeitsplätzen, daß auf diese Weise auch in der Produktion die gleitende Arbeitszeit ohne Schwierigkeiten praktiziert werden kann.

Als Arbeitsbereicherung ist auch die Form der Arbeitsstrukturierung zu rechnen, daß nicht ein einzelner Arbeitnehmer ein ganzheitliches Produkt erstellt, sondern eine *Gruppe von Mitarbeitern* mit der Produkterstellung beschäftigt ist, insbesondere dann, wenn die Arbeitsgruppe im Hinblick auf den Leistungserstellungsprozeß mit einer relativ großen Autonomie ausgestattet ist. In diesem Zusammenhang wird auch von teilautonomen oder selbststeuernden Gruppen gesprochen, auf die im folgenden eingegangen werden soll.

6.5.4 Teilautonome Gruppen

In vielen Bereichen der Fertigung ist die Praktizierung von Job Enrichment nicht über die Einrichtung einer größeren Anzahl von Einzelarbeitsplätzen, sondern nur über die Schaffung von Gruppenarbeitsplätzen möglich. Ist eine solche Arbeitsgruppe mit einem *relativ großen Autonomiegrad* im Hinblick auf die Art der Arbeitsausführung ausgestattet, so spricht man regelmäßig von teilautonomen oder selbststeuernden Gruppen. Ein recht bekanntgewordenes Beispiel hierfür ist in den *VOLVO-Automobilwerken* in Kalmar/Schweden zu finden, das das *manager magazin* (7/1973, S. 41) wie folgt charakterisiert: „Der Zusammenbau angelieferter Teile zu kompletten Pkws wird auf 20 Gruppen mit jeweils 15 bis 25 Mitarbeitern verteilt. Jede Gruppe ist für einen bestimmten Montageabschnitt verantwortlich. Die Gruppenmitglieder bestimmen selber, wie sie ihre Aufgaben untereinander aufteilen und innerhalb bestimmter Vorgabezeiten verrichten. Pufferzonen zwischen den Arbeitsgruppen erlauben es ihnen, das Arbeitstempo zu variieren . . . Das Team gibt das Arbeitstempo an, nicht die Automatik . . . Wegen der vielen (bewußt angestrebten, R.S.) Gebäudeecken entsteht im Innenraum der Eindruck, die einzelnen Arbeitsgruppen seien räumlich voneinander getrennt – wie in kleinen Werkstätten. Jedes Team besitzt einen eigenen Eingang, Umkleide- und Erfrischungsräume sowie eine Sauna." Die Investitionssumme für diese Fabrik soll 10 % höher gelegen haben als die eines herkömmlichen Automobilwerkes.

Ein weiteres Beispiel von Gruppen-Job Enrichment (der Fa. *Philips*) schildert *Grothus* (*Plus* 4/72, S. 37). In einer Montageabteilung für Elektrogeräte, an deren Montagebändern bisher 11 bis 22 Personen gearbeitet hatten und deren elektrische Abstimmung, Endkontrolle und Verpackung früher durch Spezialisten ausgeführt worden war, zeigt sich jetzt folgende Arbeitsweise:

- Die Mitarbeiter sind in kleine Gruppen von etwa drei Personen aufgeteilt.
- Die Dauer eines Arbeitszyklus beträgt jetzt 13 Minuten gegenüber früher 50 Sekunden.
- Die Mitarbeiter kontrollieren die Qualität ihrer Erzeugnisse selbst.
- Die durch Krankheit und Versetzung entstehenden Lücken gleichen die Mitarbeiter selbständig aus.
- Der Posten der Vorarbeiter wurde aufgegeben; die ersten Vorgesetzten sind jetzt die Meister, denen etwa 30 Mitarbeiter unterstellt sind.

Es gibt zahlreiche weitere Beispiele für die Anwendung des Job Enrichment, insbesondere für die gruppenmäßige Praktizierung dieser Methode. Hierüber berichten vor allem *Friedmann* [1959], *Ulich* u.a. [1973], *Bihl* [1973], *Kasteleiner* [1974], *Winterhager* [1975], *Kern/Brumlop* u.a. [1976], *Rohmert/Weg* [1976], *Steinmann/Heinrich/Schreyögg* [1976], *Gaugler/Kolb/Ling* [1977], *N. Maier* [1977], *den Hertog* [1978].

Die *Erfahrungsberichte*, die zu diesen Experimenten vorliegen, sind im allgemeinen recht positiv (Senkung der Fluktuations- und Abwesenheitsraten, Erhöhung der Flexibilität, Qualität und Produktivität). Dabei ist aber wohl zu beachten, daß Unternehmen mit negativen Erfahrungen diese weniger publik machen als solche, bei denen sich der angestrebte Erfolg eingestellt hat. Außerdem ist zu berücksichtigen, daß die Experimente und ihre Ergebnisse nicht ohne weiteres auf jeden beliebigen Betrieb übertragbar sind. Häufig sind die Experimente in neuen Werken oder in kleinen Abteilungen mit ebenfalls günstigen Bedingungen (z.B. mit besonders motivierten Freiwilligen) durchgeführt worden.

Hasenack [1977, S. 277] weist zu Recht darauf hin, daß für Modellversuche generell besonders günstige Bedingungen aufgebaut zu werden pflegen und führt hierauf auch die Stachanow- und Hennecke-Erfolge zurück. Möglicherweise hat aber auch das mit den neuen Arbeitsstrukturen verbundene große Interesse der Öffentlichkeit an solchen ökonomisch-sozialen Experimenten die betreffenden Mitarbeiter besonders motiviert, wie seinerzeit bei den Hawthorne-Untersuchungen (s.S. 104f.).

In der Arbeitnehmerschaft werden die neuen Methoden der Arbeitsstrukturierung unterschiedlich beurteilt. So berichtete der *Blick durch die Wirtschaft* (28.12.74, S. 1), daß von sechs amerikanischen Automobil-Fließbandarbeitern, die die Gruppenmontage des Automobilwerks Saab in Schweden praktisch studierten, sich fünf nicht für das neue schwedische Verfahren des Job Enrichment erwärmen konnten. Fünf von ihnen fanden, daß die schwedische Methode ihnen zuviel Konzentration und ständige Aufmerksamkeit abverlange. In ihrer Heimat, am Fließband in Detroit, gehe es lässiger zu, meinten sie. Auch hatten sie den Eindruck gewonnen, daß in Detroit langsamer gearbeitet werde.

Das relativ anspruchsvolle und keinesfalls problemlose Gruppen-Job Enrichment setzt nicht nur eine höhere fachliche Qualifikation, sondern auch eine größere soziale Qualifikation der Beteiligten voraus, weshalb im Regelfall eine rechtzeitige und umfassende Vorbereitung der Belegschaft erfolgen und ein der neuen Situation angemessener Führungsstil vorhanden sein muß. In der Diskussion um neue Arbeitsstrukturen scheint nicht immer genügend klar zu sein, daß gerade die *Gruppenarbeit*, die zunehmend als Patentlösung vieler Probleme angesehen wird, eine relativ komplizierte Angelegenheit ist. Dabei kann Gruppenarbeit nicht nur durch die Auflösung von Fließbändern entstehen; sie ist vielmehr auch in anderen Situationen anzutreffen, insbesondere dann, wenn die wechselseitige Abhängigkeit der Arbeitsplätze besonders groß ist oder eine enge Zusammenarbeit die Arbeitsergiebigkeit verbessert.

Jede Gruppenarbeit kann nur erfolgreich sein, wenn zahlreiche Voraussetzungen vorhanden sind, deren Präzisierung allerdings erhebliche Schwierigkeiten macht [s.a. *Likert*, 1972]. Der Erfolg der Gruppe wird wesentlich u.a. von ihrer zahlenmäßigen Größe, der altersmäßigen Zusammensetzung, der Ausbildung, Motivation, Partei- und Religionszugehörigkeit sowie Staatsangehörigkeit der Gruppenmitglieder, der Qualifikation des Gruppenführers, der eigentlichen Arbeitsaufgabe, der Lohnform und der Lohnhöhe beeinflußt. Schon das Hinzukommen oder Weggehen eines Gruppenmitgliedes kann die sozialpsychologische Struktur der Gruppe folgenschwer verändern.

Wenn immer wieder behauptet wird, die Gruppenarbeit beseitige die Konkurrenz der Arbeitnehmer untereinander und das damit verbundene Gegeneinander zugunsten einer solidarischen Zusammenarbeit und Hilfe, so wird dies nur unter besonderen Voraussetzungen möglich sein, ganz abgesehen davon, daß offensichtlich übersehen wird, daß es einen menschlichen Urtrieb zu geben scheint, andere zu übertreffen und die Kräfte mit anderen zu messen. Fehlen die Bedingungen einer Konkurrenzverringerung, so wird gerade die Gruppenarbeit zahlreiche Konflikte auslösen, die in dieser Form und Intensität bei der Arbeit an Einzelarbeitsplätzen nicht vorhanden sind. Ein Nachteil der Gruppenarbeit ist in ihrer latent vorhandenen Gefahr zu sehen, erheblichen Konformitätsdruck auszuüben, der auch Züge tyrannischer Bevormundung der Minderheit und der Außenseiter annehmen kann.

Gruppenarbeit wird vielfach auch als *Teamarbeit* bezeichnet. Manchmal wird unter Teamarbeit allerdings auch nur der Sachverhalt verstanden, daß einzelne Mitglieder verschiedener Bereiche (meist Experten) zur Lösung einer bestimmten (komplexen) Aufgabe (vorübergehend) zusammengefaßt werden. Teamarbeit meint andererseits auch jede Art einer guten Zusammenarbeit, vor allem zwischen Vorgesetzten und Mitarbeitern.

Recht deutlich hat *Scharmann* [1972, S. 8] das komplexe Wesen der Teamarbeit formuliert: „Teamarbeit in der Unternehmung ist zunächst ein Programm, im Verlaufe praktischer Anwendung eine vielversprechende, aber diffizile Methode der sozialen Rationalisierung des Betriebsgeschehens, die von der stillschweigend akzeptierten Voraussetzung ausgeht, daß das planmäßig gestaltete und partnerschaftlich kontrollierte Zusammenwirken einer Mehrpersonengemeinschaft im Dienste ökonomischer und administrativer Ziele nicht nur der Produktivitätssteigerung und Leistungsförderung, sondern ebenso auch der Pflege ihrer mitmenschlichen Beziehungen dient. Man wird nur dann von Teamarbeit in der Unternehmung sprechen können, wenn diese beiden Bedingungen effizienter Gruppenarbeit erfüllt werden."

Eine effiziente und kreative Gruppenarbeit setzt optimal gestaltete Interaktionen (Informationsaustausch) zwischen den Gruppenmitgliedern voraus. Die sich hierbei abspielenden Prozesse werden als Gruppendynamik bezeichnet. Zahlreiche Institute bieten heute Kurse in solch einer Gruppendynamik an, um durch Bewußtmachung dieser Prozesse eine erfolgreichere und risikolosere Gruppenarbeit zu ermöglichen.

6.6 Zusammenfassende Beurteilung der neueren Arbeitsstrukturen

Die im vorstehenden dargestellten neueren Arbeitsstrukturen Job Rotation, Job Enlargement, Job Enrichment und teilautonome Gruppen sind zweifellos insofern als ein Fortschritt anzusehen, als mit ihnen wenigstens der Versuch gemacht wird, über ein Zurückdrängen extremer Arbeitsteilung die besonderen (Monotonie)Belastungen zu verringern. Wenn es sich dabei vielfach auch nur um kleine Schritte handelt, so ist dies im Zweifel immer noch besser, als wenn man sich über den Abbau besonderer Arbeitsbelastungen überhaupt keine Gedanken macht. Humanisierungsstrategien werden – insbesondere in der Fertigung – regelmäßig ohnehin nur aus kleinen Schritten bestehen können. Die „große" Lösung ist weder präzise definierbar noch irgendwo greifbar.

Ausgehend von der Tatsache, daß die Initiativen zu den neueren Formen der Arbeitsgestaltung in der Regel von den Unternehmensleitungen ausgehen, wird manchmal kritisch oder vorwurfsvoll darauf hingewiesen, daß hinter den neueren Arbeitsstrukturen im Grunde das *Interesse des Kapitals* stehe, was ja auch in der Tat nicht ganz falsch ist. „Allerdings muß man (doch, R.S.) in Frage stellen, ob all das, was den Interessen des Kapitals dient, den Interessen der Arbeit entgegenstehen muß. Es gilt letztlich zu fragen, ob die Beziehung zwischen Kapital und Arbeit ein Nullsummenspiel ist, oder ob man diese Beziehungen nicht als Positiv-Summen-Spiel – zumindest unter bestimmten Bedingungen – interpretieren kann" [*von Rosenstiel*, 1980, S. 253]. Das Letztere kann wohl bejaht werden.

Bei aller Euphorie, die die neuen Arbeitsstrukturen manchmal begleitet, sind doch auch einige potentielle *Problemfelder* nicht zu übersehen, die bei den Überlegungen zur Einführung der genannten Arbeitsstrukturen mit einbezogen werden müssen und im folgenden zusammenfassend darzustellen sind.

Zunächst stellt sich die Frage, ob alle Arbeitnehmer, die an den umstrukturierten Arbeitsplätzen in der Regel erforderliche *höhere Qualifikation und größere Flexibilität* aufbringen können; einmal abgesehen davon, daß es auch Menschen geben wird, die überhaupt nicht danach streben, immer anspruchsvollere Tätigkeiten auszuüben, wenngleich sie dazu auch von ihren körperlichen und geistigen Fähigkeiten her durchaus in der Lage wären.

Außerdem werden *nicht alle Arbeitnehmer* an ihrem bisherigen (repetitiven) Arbeitsplatz *unterfordert* sein. So berichtete die *WELT* (8.12.76, S. 13) anläßlich der Vorlage einer Dokumentation über neue Arbeitsstrukturen in der westdeutschen Automobilindustrie: „Der Schwerpunkt der Aktivitäten lag in der Automobilindustrie weniger bei einer gezielten Arbeitserweiterung. Vielmehr stand die Beseitigung der Unfallgefahren und die Beseitigung oder Minderung von arbeitserschwerenden Belastungen und Umgebungseinflüssen im Vordergrund. Allein schon mit Rücksicht auf den hohen Gastarbeiteranteil an den Belegschaften war es für die deutsche Automobilindustrie vordringlich, zunächst einmal die Belastungsmomente abzubauen und nicht einer Aufgabenerweiterung den Vorzug zu geben, zumal die ausländischen Mitarbeiter in der Regel ohne fachliche Vorbildung ihre Arbeit aufnahmen und daher eher überfordert als unterfordert waren."

Weiter stellt sich die bisher keineswegs eindeutig beantwortete Frage, ob die *neuen Arbeitsstrukturen*, wenn die aus vielerlei Gründen interessante Einführungsphase zu Ende geht, nicht unter Umständen *belastender* empfunden werden als die frühere Arbeitssituation, z.B. durch eine höhere Arbeitsintensität, eine möglicherweise größer gewordene Isolierung, z.B. im Falle von neu geschaffenen arbeitserweiterten Einzelarbeitsplätzen oder durch Gruppendruck im Falle von teilautonomen Arbeitsgruppen. Gerade die *Gruppenarbeit* ist eine außerordentlich anspruchsvolle soziale Arbeitssituation. Zweifellos sind nicht alle Menschen für eine Gruppenarbeit gleich gut geeignet, und es stellt sich die Frage, was mit den Menschen passiert, die sich dem Gruppenzwang nicht anpassen können oder wollen. Nachdenklich stimmt in diesem Zusammenhang das nachstehende Zitat aus dem *Blick durch die Wirtschaft* vom 1.12.1976, S. 1: „Die ersten Versuche mit Gruppenarbeit in der deutschen Automobilindustrie – und die schwedischen Erfahrungen – haben gezeigt, daß oft ein bis zwei Jahre nötig sind, bis sich eine Gruppe bereinigt und eingespielt hat."

Es wird vielfach berichtet, daß mit den neuen Arbeitsstrukturen eine höhere Produktivität erzielt wird, und zwar vor allem über eine „Verdichtung" (= bessere Organisierung) des Arbeitsprozesses. Hier stellt sich die Frage, ob die größere Produktmenge auch abgesetzt werden kann. Das wird häufig nicht der Fall sein, andernfalls hätte man sich sicher früher schon um ein höheres Ausbringungsvolumen bemüht. Die Steigerung der Arbeitsproduktivität bei nicht ausweitbarem Absatz wird dazu führen, daß man die absetzbare Menge mit weniger Arbeitnehmern produzieren kann, so daß *Mitarbeiter freigestellt* werden. Diese Problematik kann bei Arbeitsstrukturierungen in neu gebauten Fertigungsstätten naturgemäß von vornherein verhindert werden. Bei Umstrukturierungen bestehender Fertigungsstätten ist diese Frage jedoch außerordentlich brisant und wird in Diskussionen um neue Arbeitsstrukturen daher nicht gerne behandelt.

Wird die Arbeit dadurch angenehmer gestaltet, daß sie mehr Abwechslung bietet, so steigen regelmäßig die Arbeitsanforderungen, und damit stellt sich dann ebenso regelmäßig der Wunsch der Betroffenen ein, in eine *höhere Lohngruppe* aufzusteigen. Ist nun aber nach einer solchen Umstrukturierung die Arbeitsproduktivität gleich geblieben – und bei den einfacheren Formen ist das wahrscheinlich –, so muß, wenn den Wünschen nach Höhergruppierung nachgegeben werden soll, in Zukunft für die gleiche Produktmenge ein höherer Lohn gezahlt werden, von den möglicherweise anfallenden sonstigen Kosten der Umstrukturierung einmal abgesehen.

Die gewissermaßen zwangsläufige Forderung nach einer besseren Lohngruppe kann dazu führen, daß schon aus diesem Grunde Humanisierungsüberlegungen gebremst werden. Dabei ließe sich durchaus fragen, ob nicht unter Umständen eher diejenigen eine Lohnerhöhung bekommen müßten, deren Arbeitsplatz nicht verbesserungsfähig ist, als diejenigen Arbeitnehmer, die einen recht angenehmen Arbeitsplatz erhalten. Diese Frage führt in die umfassende Problematik der Bewertung von Arbeitsplätzen ein, also hin zu den Anforderungsarten und ihrer Gewichtung (= Arbeitsplatzbewertung, s.S. 42ff.). Zu den Zusammenhängen von Humanisierung und Lohnsystemen im einzelnen sei verwiesen auf *Maier/Medinger* [1980].

Erfolgreich können neue Arbeitsformen im Regelfall nur dann sein, wenn die *Arbeitnehmer* und die *Belegschaftsvertretung* rechtzeitig und umfassend *an dem Umstrukturierungsprozeß beteiligt* werden und wenn dafür gesorgt wird, daß auch nach der Veränderung die nötigen *Lernprozesse* stattfinden können. Gerade die anspruchsvolleren Arbeitsstrukturen erfordern einen ständigen Lernprozeß aller Beteiligten, was leicht übersehen wird.

Abschließend sei darauf hingewiesen, daß sich die Überlegungen zur Einführung neuer Arbeitsstrukturen nicht auf die eigentliche Produktion beschränken dürfen. Möglicherweise sind sie im Verwaltungs- und Dienstleistungsbereich noch wichtiger, nicht zuletzt deshalb, weil dieser Bereich im Verhältnis zur Fertigung zunehmend an Gewicht gewinnt. Zur Beschäftigung mit dem Job Enrichment im Verwaltungs- und Dienstleistungssektor sei verwiesen auf *Maher* [1976] und *Schreyögg/Steinmann/Zauner* [1978].

6.7 Führung und Humanisierung

Wenn die Aussage *de Mans* [1927, S. 275] richtig ist, „nicht die Maschine (oder die Organisation, R.S.), der Vorgesetzte gilt dem Arbeiter als der schlimmste Feind“, woran kaum zu zweifeln ist, dann wird deutlich, daß sich Humanisierungsüberlegungen nicht nur auf die Reduzierung von Unfallgefahren und die Verbesserung der sonstigen technischen Arbeitsbedingungen richten können, sondern insbesondere auch den Führungsaspekt mit einbeziehen müssen. Daß überall dort, wo mehrere Menschen zusammenarbeiten, auch irgendwie geführt werden muß, leuchtet im Grunde wohl jedermann ein. Führung ist von daher ein zeitloses Phänomen. Die feindliche Haltung, von der *de Man* spricht, und die mit ihr zwangsläufig verbundenen negativen Folgen für die Zusammenarbeit und das Arbeitsergebnis können ihre Ursache also kaum darin haben, daß die Erscheinung Führung existiert.

Es geht bei der angesprochenen Problematik zweifellos mehr um die *Art* der Führungsausübung, also um den Führungsstil, und hier tut sich in der Tat ein weites Feld für Humanisierungsüberlegungen auf. Dabei geht es um die Schaffung und den Einsatz von Mitteln und Maßnahmen, den Führungsprozeß insgesamt weniger konfliktträchtig zu gestalten. Dies kann unter Humanisierungsgesichtspunkten vielfach wichtiger sein als beispielsweise die Schaffung von Möglichkeiten eines Arbeitsplatztausches.

Die oft von der Führung herrührenden Belastungen des menschlichen Miteinanders können durch eine ganze Reihe von Maßnahmen gemildert bzw. abgebaut werden. Diese müssen nicht mit einem hohen finanziellen Aufwand verbunden sein – es geht vielmehr um den Einsatz von *Geist*-Kapital auf dem Gebiet der Führung, d.h. letztlich um die systematische Erforschung und Beachtung von – überwiegend zeitgemäßen – Mitarbeiterwünschen, um diese bei der Führungsausübung zu berücksichtigen. Von den Maßnahmen, die die Führung als solche menschlicher *machen* und nicht nur humaner erscheinen lassen sollen, werden im folgenden die wichtigsten kurz angesprochen.

– Von großer Bedeutung sind ein leistungsfähiges Informationswesen und die Möglichkeiten der Kommunikation. Zahlreiche Führungsentscheidungen verlieren an Brisanz, wenn eine rechtzeitige, umfassende *Information* die Einsicht in die ökonomischen Zwangsläufigkeiten (Sachzwänge) vermittelt. Dies zeigt sich besonders deutlich bei Rationalisierungsmaßnahmen, die regelmäßig auch die Arbeitnehmer berühren – sei es, daß sie ihren bisherigen Arbeitsplatz verlieren oder daß sich neue Arbeitsbedingungen an ihrem bisherigen Arbeitsplatz einstellen. Auf die immer wichtiger werdende Personalinformation ist im nächsten Kapitel noch ausführlicher einzugehen. Hingewiesen werden muß hier jedoch ausdrücklich darauf, daß es nicht ausreicht, rechtzeitig *und* verständlich zu informieren – es müssen auch Möglichkeiten für eine befriedigende *Kommunikation* über die gegebenen Informationen und über andere Themen bestehen. Bei dieser Kommunikation kann es sich um Gespräche der Mitarbeiter untereinander, mit ihren Vertretungen oder mit den Vorgesetzten handeln.
– Wichtig ist außerdem, daß dem Mitarbeiter bei seiner Arbeit ein der Sache und seiner Person angemessener *eigener Spielraum* gelassen wird, und daß er an *Entscheidungen*, die seine Person und Arbeitsaufgabe betreffen, beteiligt wird – sei es durch rechtzeitige Einbeziehung in den Willensbildungsprozeß oder bei der Festlegung des Mitteleinsatzes zur Erreichung eines bestimmten Ziels. Es gibt in der Arbeitswelt eine viel größere Anzahl von Arbeitsplätzen als gemeinhin angenommen wird, bei denen es vollkommen genügt, wenn die zu erledigende Arbeitsaufgabe nur global umrissen wird und es dem Arbeitsplatzinhaber überlassen bleibt, selbst zu entscheiden, *wie* er im einzelnen die Aufgabe lösen will.
  Dies setzt naturgemäß das Vertrauen des Vorgesetzten in den Mitarbeiter dergestalt voraus, daß dieser verantwortungsbewußt handelt und einen zweckmäßigen Weg wählt. Wo eine solche Verhaltensweise des Mitarbeiters nicht unterstellt werden kann, gehört es zur Aufgabe des Vorgesetzten, den Mitarbeiter so zu fördern, daß die gewünschte Verhaltensänderung eintritt, damit der Führungsprozeß danach für beide Seiten befriedigender wird. Für die Vorgesetzten wächst ohnehin ganz allgemein dic Notwendigkeit, nach Arbeits- und Führungsformen zu suchen und sie auch anzuwenden, die verstärkt *persönlichkeitsfördernde Elemente* enthalten. Hierzu

zählt auch die Bereitschaft der Führungskräfte, annehmbare Lösungen ihrer Mitarbeiter gelten zu lassen, auch wenn sie selbst möglicherweise anders entschieden hätten.

– Einen wesentlichen Bestandteil des Führungsprozesses bildet die Ausübung von *Kontrolle* durch den Vorgesetzten. Bei der Durchführung der Kontrolle entstehen oft erhebliche Reibungen. Diese lassen sich zu einem großen Teil vermeiden, wenn man sich bemüht, die Überwachungsfunktion so auszuüben, daß sie sach-, personen- und zeitgemäß ist. Kontrollen, die eine Art Selbstzweck sind, können nur belastend wirken und sind meist auch würdelos. So zum Beispiel kleinliche Pünktlichkeitskontrollen, wenn ein pünktliches Erscheinen am Arbeitsplatz keinerlei Indiz für die Arbeitsergiebigkeit ist.
In vielen Fällen ist die Kontrolle durch den Vorgesetzten (= Fremdkontrolle) dadurch abzumildern, daß die Arbeitsaufgabe so vorgegeben bzw. vereinbart wird, daß der Arbeitnehmer Möglichkeiten erhält, seine Aufgabenerfüllung selbst zu kontrollieren (= Selbst- oder Eigenkontrolle). Durch die Selbstkontrolle wird die Fremdkontrolle nicht vollkommen abgeschafft. Sie bekommt vielmehr einen anderen Stellenwert, und dies kann für die Arbeitsplatzinhaber eine wichtige Errungenschaft darstellen.
Die Fremdkontrolle durch den Vorgesetzten kann in zwei Formen durchgeführt werden: entweder als stichprobenartige Verhaltenskontrolle („der Mann ist an seinem Arbeitsplatz und macht einen beschäftigten Eindruck") oder als Ergebnis(Erfolgs)kontrolle. Im zweiten Fall wird nach Ablauf einer festgelegten Zeit das Ergebnis der Arbeit durch den Vorgesetzten kontrolliert. Von den meisten Arbeitnehmern scheint diese Kontrollart als angenehmer empfunden zu werden als die auf das Verhalten abgestellte, unverhofft vorgenommene Kontrolle. In zahlreichen Fällen wird man in der Arbeitswelt (und anderswo) mit der Erfolgskontrolle auskommen können. Es sind aber auch durchaus Arbeitssituationen vorstellbar, in denen die Beschränkung auf die Ergebniskontrolle zu große Risiken in sich birgt.
So lehnt *Höhn* [1977, S. 131] – wie erwähnt – eine Beschränkung der Kontrolle auf die Erfolgskontrolle ab, weil sie oft zu spät komme, um noch Fehlentwicklungen vermeiden zu können; „der Vorgesetzte würde vielfach nur ‚Leichenschau' hinsichtlich der eingetretenen Fehlentwicklungen halten können". An anderer Stelle hatte *Höhn* im Jahre 1967 [S. 48] gemeint, eine Beschränkung auf die Erfolgskontrolle „würde neben der Vermehrung des betrieblichen Risikos eine wesentliche Schwächung der Vorgesetztenstellung bedeuten". Hierzu ist zu bemerken, daß ein Vorgesetzter, der die Verhaltenskontrolle in erster Linie deshalb benötigt, um auf diese Weise seine Führungsfunktion mit Autorität auszustatten, heute wohl immer weniger die an Vorgesetzte zu stellenden Anforderungen erfüllt.

– Die Führung kann weiterhin erleichtert und von Konfliktquellen befreit werden durch das Vorhandensein von gut durchdachten und von der Belegschaft akzeptierten *Personalprogrammen*, die sich beispielsweise auf die

Entgeltfindung, die Mitarbeiterbeurteilung und die Mitarbeiterförderung beziehen. Solche systematisch aufgebauten Programme können Transparenz schaffen und Unsicherheit abbauen sowie Befürchtungen vor Willkür bei innerbetrieblichen Entscheidungen verhindern oder reduzieren. Diese Personalprogramme sind nicht zuletzt ein wichtiges Instrument zur Motivation der Mitarbeiter.

– Man kann davon ausgehen, daß Führungsentscheidungen in der Regel weniger belastend empfunden werden, wenn das Unternehmen einen guten Ruf, insbesondere auch ein *gutes Personalimage* hat. In einer solchen Situation stehen die Mitarbeiter betrieblichen Entscheidungen zweifellos unbefangener gegenüber als in einem gegenteiligen Fall. Ein gutes Image des Unternehmens erhöht zumeist auch das Selbstwertgefühl und damit das Wohlbefinden der dort Beschäftigten. Insofern ist es für die Personalführung und die gesamte Personalpolitik außerordentlich wichtig, daß die Unternehmensleitung sich ständig um ein gutes Ansehen in der Öffentlichkeit bemüht, und zwar durch gute Leistungen, auf die dann auch zu Recht immer wieder hingewiesen werden kann und die dazu führen, daß sich mit der Zeit ein positives Bild einstellt. Beachtung verdient in diesem Zusammenhang auch die Tatsache, daß im Regelfalle davon ausgegangen werden kann, daß ein gutes Image die Autorität und Glaubwürdigkeit der Unternehmensführung erhöht, so daß sich auch hieraus günstige Bedingungen für den Führungsprozeß ergeben.

Im Sinne einer in Humanisierungsüberlegungen einzubeziehenden Führung liegt es auch, daß immer wieder – auch der Öffentlichkeit – deutlich gemacht wird, daß *nicht alle Arbeitsplätze anspruchsvolle Tätigkeiten bieten* und/oder (sonstige) angenehme Arbeitsbedingungen haben können, daß die dort ausgeübten Verrichtungen aber für das Funktionieren des Gesamtprozesses außerordentlich wichtig sind. Da die persönlichen Situationen (Qualifikationen) und die Bedürfnisstrukturen der Menschen sehr unterschiedlich sind, ist es zweifellos begrüßenswert, wenn auch Arbeitsplätze mit geringeren Anforderungen zur Verfügung stehen.

Wichtig ist in diesem Zusammenhang, daß die Unternehmen mit ihrer Öffentlichkeitsarbeit dagegen wirken, daß nicht bestimmte Arbeitsplatzarten insgesamt und pauschal herabgewürdigt werden, wie dies beispielsweise bei der Fließbandarbeit vielfach der Fall ist. Wird in der Öffentlichkeit über die Fließbandarbeit oder bestimmte andere Tätigkeiten, wie z.B. die des Müllwerkes nur äußerst herablassend gesprochen, so muß dies notgedrungen zu Lasten des Selbstwertgefühls der an diesen Arbeitsplätzen Beschäftigten gehen. Damit wird nicht die Arbeit an sich, sondern die Art und Weise, wie über sie in den Medien und damit in der Öffentlichkeit berichtet wird, zu einer inhumanen Belastung.

Abschließend sei zu der Humanisierungsproblematik, die grundsätzlich von der jeweiligen Wirtschaftsordnung unabhängig ist, darauf hingewiesen, daß bei der vielfältigen Beschäftigung mit Humanisierungsprogrammen und ihrer Realisierung nicht übersehen werden darf, daß das, was in der Arbeitswelt tatsächlich an Erleichterungen erreicht wird, zum Teil durch *zunehmende Belastungen in der Freizeit* wieder aufgezehrt zu werden scheint; so zum Beispiel durch Lärm auf den Straßen, in den Wohnanlagen und in den Diskotheken, durch großen Fernsehkonsum oder durch vielfältige anstrengende Freizeitaktivitäten (z.B. lange Autofahrten, übertriebene sportliche Aktivitäten, Schwarzarbeit). Hierdurch nimmt die Belastbarkeit in der Arbeitswelt ab und die Unfall- und Arbeitsplatzgefährdung zu. Über den vielfach vorhandenen Freizeitstreß, der sich auch im Haushalt niederschlagen kann, wird in der Öffentlichkeit relativ wenig diskutiert.

7. Die Personalinformation

In der Literatur zielt der Begriff der Personalinformation in *zwei Richtungen*. Einmal geht es um die systematische Gewinnung und Verarbeitung von Informationen (Daten) über das vorhandene Personal (Personalinformationssystem) und zum anderen um die (laufende) Informierung der Mitarbeiter über betriebliche Sachverhalte und Entwicklungen. Beide Ansätze sind kurz zu charakterisieren und zu problematisieren.

Allgemeine Merkmale zur Person	Kenntnismerkmale	Physische Merkmale	Psychische Merkmale
Personal-Nummer Name Geburtsdatum Einstellungsdatum Nationalität Familienstand Anzahl der Kinder Anschrift Art der Kranken- und Rentenversicherung Arbeitsplatz oder Arbeitsbereich Lohngruppe Austrittsdatum Austrittsgrund . . .	Schulbildung Fachausbildung (Berufsklasse und Ausbildungsniveau) Berufserfahrung Branchenkenntnisse Fremdsprachen Deutschkenntnisse bei Ausländern Weitere Qualifikationen z.B. Führerscheine REFA-Scheine Meisterkurse etc. .	Belastbarkeit (Arbeitsschwere) Nicht zulässige Körperhaltungen Funktionstüchtigkeit der Gliedmaßen Sehschärfe Räumliches Sehen Hörvermögen Wechselschichttauglichkeit Maskentauglichkeit Schwindelfreiheit Einschränkungen gegenüber anderen Umgebungseinflüssen . . .	Auffassungsgabe Urteilsfähigkeit Praktische Anstelligkeit Mech.-techn. Verständnis Rechnerisches Verständnis Organisations- und Dispositionsfähigkeit Ausdrucksfähigkeit Selbständigkeit und Initiative Verantwortungsbereitsch. Ausdauer Reaktionsvermögen Geschicklichkeit Kontaktfähigkeit Führungsfähigkeit .

Nach *Hackstein/Koch* [1975, Sp. 1575] sollen „Personalinformationssysteme alle wichtigen Informationen liefern, die zur Planung, Entscheidung, Durchführung und Kontrolle der Maßnahmen im Bereich des betrieblichen Personalwesens benötigt werden. Hierzu gehören insbesondere Informationen zu den Aufgabenkomplexen

- Personalbedarfsermittlung,
- Personalbeschaffung bzw. -freistellung,
- Personaleinsatz,
- Personalentwicklung und
- Personalerhaltung."

Damit die betrieblichen Personalinformationssysteme ihre umfassenden Aufgaben erfüllen können, müssen sie zunächst dafür sorgen, daß mit Hilfe zweckmäßiger Merkmale eine differenzierte Analyse des vorhandenen Mitarbeiterbestandes (Sozialpotential) möglich wird. *Hackstein/Koch* [1975, Sp. 1575f.] haben für den Lohnempfängerbereich (Arbeiter) den beispielhaften Katalog von solchen Kriterien für eine Ist-Analyse zusammengestellt (siehe S. 158).

Während die Leistungsmöglichkeiten von Management-Informationssystemen und damit auch von Personalinformationssystemen (als Subsystemen von Management-Informationssystemen) noch vor einigen Jahren insbesondere von den Computerherstellern geradezu euphorisch eingeschätzt wurden, ist in dieser Frage inzwischen eine gewisse Ernüchterung vor allem im Hinblick auf die umfassenden computergestützten Personalinformationssysteme eingetreten. Die Gründe hierfür macht *Reber* [1979, S. Vf.] mit folgenden Worten recht deutlich.

„Die Grundvorstellung für den Einsatz von Personaldaten im Sinne der Aufgaben eines Management-Informationssystems liegt in der Lösung eines Zuordnungsproblems zwischen Arbeitsplatzanforderungen einerseits und personalen Eigenschaften andererseits zur Optimierung der mit der Erfüllung der Arbeitsplatzanforderungen angestrebten betrieblichen Leistung. Bei der Realisierung dieser Grundvorstellung sind vor allem drei hartnäckige Probleme aufgetaucht, die diese relativ simple Vorstellung derzeit eher in einen Traum bzw. in ein Trauma verwandelten: 1. Arbeitsplatzanforderungen und Personaldaten ändern sich permanent. 2. Die Systematisierung von Arbeitsplatzdaten ist schwieriger als angenommen und die Technologie (Testpsychologie) der Erfassung von relevanten Personaldaten zeigt trotz intensiver Arbeiten wesentliche Lücken. 3. Optimierungsversuche (und Aktivitäten zur Gewinnung personenbezogener Daten, R.S.) berühren Interessen und können ohne eine pluralistische Interessenanalyse sowie die Berücksichtigung der jeweiligen Macht der Interessenträger in ihrer jeweiligen Organisationsform nicht vollzogen werden."

Zu dem letzten Punkt ist insbesondere auf die Beteiligung der Belegschaftsvertretung bei der Einführung und Praktizierung eines umfassenden Personalinformationssystems sowie auf die allgemeine Problematik des Datenschutzes hinzuweisen. Für eine weitere Beschäftigung mit der Problematik von Personalinformationssystemen sei auf *Hackstein/Koch* [1975], *Nüßgens* [1975], *Reber* [1979], *Heinrich/Pils* [1979], *Marr* [1979], *Domsch* [1980] und *Kittner* [1980, S. 475–501] verwiesen.

Von ganz anderer Art ist der *zweite Ansatz* der Personalinformation, nämlich die *Informierung der Mitarbeiter* durch die Unternehmensführung im weitesten Sinne. Diese Information über betriebliche Zusammenhänge, Hintergründe und Notwendigkeiten fördert ganz allgemein das Interesse der Mitarbeiter an der Arbeit (Motivation) und sie ist auch der Zusammenarbeit sowie der Verbundenheit mit dem Unternehmen zuträglich.

Es ist heute unbestritten, daß die innerbetriebliche Information zu einer immer wichtigeren permanenten unternehmenspolitischen Aufgabe wird, um die Mitarbeiter *bestmöglichst zu motivieren und zu führen*. „Blindes Vertrauen in die Richtigkeit angeordneter Maßnahmen kann nicht mehr vorausgesetzt werden“ [*Wollert*, 1980, S. 11]. Mit informierten Mitarbeitern gelangt der (informierte) Vorgesetzte im allgemeinen schneller zur Lösung komplexer Probleme, insbesondere auch in kritischen Situationen (z.B. bei Rationalisierungen), weil in die Probleme eingeweihte Mitarbeiter dic Möglichkeiten des Vorgesetzten und des Unternehmens realistischer und einsichtsvoller einschätzen als der schlecht informierte Arbeitnehmer. Insofern erleichtert eine leistungsfähige Information nachhaltig den Führungsprozeß.

Allgemein kann davon ausgegangen werden, daß von den Arbeitnehmern ein Mindestmaß an Informationen auch über die eigentliche Arbeitsaufgabe hinaus gewünscht wird. „Mehrere Umfragen in jüngster Zeit haben ergeben, daß das Bedürfnis, mehr über die eigene Firma zu wissen, weit verbreitet ist“ [*Hegels*, 1980, S. 31; s.a. *Friedrichs*, 1978, S. 290]. Wird dieses Bedürfnis nicht befriedigt, so sind regelmäßig negative Auswirkungen auf die Leistungsbereitschaft zu erwarten. Personalführung kann im Grunde nur dort erfolgreich sein, so sich die Mitarbeiter *mit den Zielen der Unternehmung* und mit den Abteilungszielen *identifizieren* und sie akzeptieren. Eine solche Identifikation setzt Kenntnisse (Informationen) über Sinn und Zweck der Arbeit und über andere betriebliche Zusammenhänge (z.B. Aufstiegsmöglichkeiten, Absatz- und Ertragslage, Expansionspläne) voraus.

Außerdem sind Informationen, insbesondere in Form des Gesprächs, in der Lage, einen wichtigen *Beitrag zur Pflege der zwischenmenschlichen Beziehungen* (Human-Relations) zu leisten. Dieser Informationsaspekt ist deshalb besonders wichtig, weil „aus der Nichtmehrüberschaubarkeit vieler wirtschaftlicher und betrieblicher Zusammenhänge viele Konfliktsituationen entstehen, die oft mit den mangelhaften Kenntnissen von dem zusammenhängen, was im Betrieb vorgeht“ [*Bräutigam*, 1975, Sp. 1028]. Immer dann, wenn keine oder keine hinreichende Information der Mitarbeiter erfolgt, entsteht ein Vakuum, das sich erfahrungsgemäß schnell mit Gerüchten füllt – mit all den sich daraus möglicherweise ergebenden Schwierigkeiten.

Im Arbeitsbericht Nr. 6 des Ausschusses für Soziale Betriebsgestaltung bei der *Bundesvereinigung der Deutschen Arbeitgeberverbände* (Neufassung, Oktober 1979, S. 1) heißt es zur innerbetrieblichen Informationsnotwendigkeit: „Umfassende, klare und rechtzeitige Information ist die Voraussetzung jeder Zusammenarbeit im Betrieb. Sie gewinnt um so mehr an Bedeutung, je größer und komplexer die betrieblichen Organisationseinheiten sind und je schwerer sie der einzelne damit überschauen kann. Die Mitarbeiter müssen die Ziele und Maßnahmen der Unternehmensleitung kennen und verstehen, um sich mit ihnen identifizieren und für sie einsetzen zu könenn. Umgekehrt muß aber auch die Unternehmensleitung über die Erwartungen ihrer Mitarbeiter unterrichtet sein und wissen, wie ihre Ziele und Maßnahmen von ihnen aufgenommen werden. Eine solche gegenseitige Information kann nicht zuletzt auch unterschiedliche Interessen sichtbar machen und so zum Verständnis des notwendigen Interessenausgleichs beitragen."

Da davon ausgegangen werden kann, daß ein Grundbedürfnis des Menschen nach verwertbaren Informationen besteht, ist die Mitarbeiter-Information auch Ausdruck der persönlichen Anerkennung des Einzelnen. Aus diesem hat das *Betriebsverfassungsgesetz* neben den zahlreichen Informationspflichten der Unternehmensleitung gegenüber dem Betriebsrat auch die individuelle Information der einzelnen Mitarbeiter zu einer Rechtspflicht gemacht (§§ 81, 82). Die hier begründete Informationsaufgabe obliegt zum großen Teil den Vorgesetzten. In einer *Dokumentation des Bayerischen Staatsministeriums für Arbeit und Sozialordnung* mit dem Titel „Wo drückt uns der Schuh? Arbeitnehmer in Bayern beurteilen ihre Arbeitswelt" (1976, S. 175) wird an den Vorgesetzten insbesondere die unzureichende Information kritisiert. „Fast ein Drittel der Arbeitnehmer fühlt sich nicht ausreichend über die betrieblichen Angelegenheiten informiert. Beinahe 70 v.H. der Befragten klagen, daß sie keine ausreichende oder regelmäßige Information darüber erhalten, wie der Vorgesetzte ihre Leistungen beurteilt."

Im folgenden sind kurz die grundsätzlichen, für einen erfolgreichen Informationsprozeß zu beachtenden Fragestellungen aufzuzeigen.

Neben einem leistungsfähigen *Informationsmittel* (z.B. Information durch den Vorgesetzten, Schwarzes Brett, Betriebszeitung, Gewerkschaftspresse, Informationsveranstaltungen) kommt es vor allem auf den *Umfang der Informationen* an, der einerseits ausreichen muß, um das Informationsziel zu erreichen, andererseits aber auch den Informationsempfänger nicht überfordern bzw. „erschlagen" darf, zumal dieser im allgemeinen ohnehin schon unter einer Informationsflut leidet (Zeitungen, Radio, Fernsehen). Als Faustregel für schriftliche Informationen kann gelten: Je knapper, desto besser, was naturgemäß nicht auf Kosten der Verständlichkeit gehen darf.

Auch der *Zeitpunkt der Information* ist wichtig. Informationen, die zum falschen Zeitpunkt kommen, sind wertlos. Sie verursachen nur Kosten und Ärger. Zu der Frage, welches denn nun der richtige Zeitpunkt (Timing) sei, läßt sich nur sagen, daß die Informationen rechtzeitig kommen müssen. Wann dies ist, wird im konkreten Einzelfall zu entscheiden sein. „Rechtzeitig bedeutet auf jeden Fall zu einem Zeitpunkt, wenn die Unterrichtung noch wirklich neue Tatbestände enthält und diese nicht bereits auf anderen Kanälen inner- und außerhalb des Betriebs als Gerüchte ‚durchgesickert' sind. Hierzu muß die Unternehmensleitung selbst wissen, wie die informellen Informationswege funktionieren, um vor unangenehmen Überraschungen sicher zu sein. Man sollte nie den Fehler begehen, diese Kanäle zu unterschätzen. Sie sind in der Regel um so ‚funktionsfähiger' je größer die Versäumnisse der offiziellen Informationspolitik sind" (*BDA-Arbeitsbericht*, a.a.O., S. 3).

Für den Informationserfolg spielt außerdem die *Aufmachung des* betreffenden *Informationstextes* eine wichtige Rolle. Hierzu ist unabhängig von dem jeweiligen Informationsträger festzustellen, daß die Information für diejenigen, an die sie sich wendet, leicht verständlich sein muß. Eine Information, die wegen schwieriger Formulierungen dreimal gelesen werden muß, wird von den meisten Menschen, wenn überhaupt, so nur widerwillig aufgenommen. Dazu trägt auch der Umstand bei, daß die Menschen im Hinblick auf die Informationsdarbietung von leistungsfähigen außerbetrieblichen Medien (Fernsehen, Zeitschriften, Zeitungen) verwöhnt sind. Aus der Tatsache, daß die meisten Sachverhalte, über die betrieblicherseits berichtet werden soll, komplexer Natur sind, ergibt sich die Notwendigkeit, sie auf hinreichend vereinfachte, verständliche Strukturen und Formulierungen zurückzuführen. Für den Informationstext „gilt als oberstes Gebot, daß die Texte für Laien verständlich sein müssen. Die Sorge mancher Experten vor zu großer Einfachheit ist unbegründet. Klarheit hat mit Allgemeinplätzen und Leerformeln nichts zu tun“ [*Hegels*, 1980, S. 31].

Eine weitere wichtige Gestaltungsfrage liegt in der *Festlegung des Kreises der Informationsempfänger*. Es gibt Informationen, die von der Sache her für alle Mitarbeiter bestimmt sind, während andere sich nur an bestimmte Gruppen (z.B. Vorgesetzte, Meister, Betriebsrat, Jugendliche) wenden. Bei Informationsdifferenzierungen ist folgender diffiziler Zusammenhang zu beachten: „Information wird auch als Statussymbol verstanden. Informiertsein heißt dazuzugehören, heißt hervorgehoben sein gegenüber ‚Nichteingeweihten‘. Informationspolitik im Betrieb muß daher das betriebliche Statusgefüge, das mehr oder weniger ausgeprägt und mehr oder weniger empfindlich sein kann, bei der Auswahl der Zielgruppen mit berücksichtigen. Dabei spielt auch die Einhaltung der funktionsgerechten Reihenfolge sowie die funktionsgerechte Abstufung der Information eine Rolle. Die oberen Führungskräfte müssen und dürfen frühzeitiger und mehr orientiert sein als die mittleren und unteren Führungskräfte sowie die übrigen Betriebsangehörigen“ (*BDA-Arbeitsbericht*, a.a.O., S. 3).

Der *Informationsgegenstand* (-inhalt) wird sich insbesondere auf konkrete *betriebliche Fragen* beziehen, vor allem auf solche personeller Art. Allerdings dürfte es in Zukunft immer wichtiger werden, die betrieblichen Fragen *im gesellschaftspolitischen Zusammenhang* darzustellen, weil die betriebliche und die gesellschaftspolitische Öffentlichkeit immer mehr akute Berührungspunkte bekommen [s.a. *O. Esser*, in: der arbeitgeber, 1980, S. 484]. In diesem Zusammenhang könnte es sinnvoll sein, auch ganz nüchtern die Elemente und Funktionsweise unserer Wirtschafts- und Gesellschaftsordnung – evtl. im Vergleich zu anderen Ordnungen – mit zu verdeutlichen. Es hat den Anschein, daß auf diesem theoretisch nicht einfachen Gebiet ein erhebliches Informationsdefizit besteht.

Ganz ohne Zweifel liegt eine wichtige Aufgabe der innerbetrieblichen Information auch darin, Einfluß auf die *Erwartungshaltung der Mitarbeiter* zu nehmen. „Das gilt für den betrieblichen Alltag, aber auch für die Vermittlung von Grundsatzpositionen. Die Mitarbeiter müssen z.B. lernen, daß heißt gesagt erhalten, daß keiner in einer Welt des Wandels absolut sichere Arbeitsplätze versprechen kann, daß es den gerechten Lohn nicht gibt, daß nicht jeder Vorstand werden kann, daß die Humanisierung sachliche Grenzen hat, daß die Hierarchie nicht überflüssig ist, daß nicht alle Bildungswünsche erfüllbar sind, daß der Freiraum für soziale Leistungen knapper wird, daß die Art und Weise der Zusammenarbeit vom eigenen Dazutun abhängt" [*Wollert*, 1980, S. 11].

Eine effiziente betriebliche Personalinformation leistet zweifellos – gewissermaßen als Nebenprodukt – auch einen wichtigen *Beitrag zur Öffentlichkeitsarbeit*, da das Bild des Unternehmens in der Öffentlichkeit wesentlich von dem Verhalten seiner Mitarbeiter in ihrer Arbeits- und Freizeitwelt geprägt wird, das seinerseits durch die betrieblichen Informationen nachhaltig beeinflußt werden kann. Zudem wird sich ein gutes externes Ansehen des Unternehmens auf die Mitarbeitermotivation günstig auswirken.

Zusammenfassend ist festzuhalten, daß eine betriebliche Informationspolitik letztlich nur dann erfolgreich sein kann, wenn folgende *allgemeine Voraussetzungen* vorliegen:

(1) Es besteht zwischen Unternehmensleitung und Belegschaft eine ausgeprägte Vertrauensbasis und keine Situation des gegenseitigen Mißtrauens.
(2) Es existiert eine große Informationsoffenheit, d.h. es werden Probleme nicht verschwiegen und auch kritische Meinungen wiedergegeben.
(3) Die angesprochenen Fragen werden verständlich, wahrhaftig, nicht schönfärberisch und nicht extrem pessimistisch behandelt.
(4) Es bestehen betriebliche Gelegenheiten und Einrichtungen, die es den Mitarbeitern ermöglichen, umgehend und eingehend über den Informationsinhalt untereinander sowie mit ihren Vertretungen und Vorgesetzten zu sprechen bzw. zu diskutieren.

Für eine weitere Beschäftigung mit der betrieblichen Informationspolitik seien zu den im vorstehenden schon zitierten Quellen noch folgende Veröffentlichungen genannt: *Zander* [1975], *Woll/Wölke* [1979] und *Kalmus/Classen* [1979].

8. Die Personalentwicklung

Mit dem mittlerweile in der deutschsprachigen Literatur üblichen Begriff der Personalentwicklung wird vor allem die Gesamtheit der *betrieblichen Bildungsmaßnahmen* im weitesten Sinne erfaßt. Diese Bildungsaktivitäten richten sich grundsätzlich an alle Mitarbeiter eines Unternehmens, wenngleich sie naturgemäß von einigen Mitarbeitergruppen mehr als von anderen genutzt werden. Die Personalentwicklung konkretisiert sich in der Praxis insbesondere in der beruflichen Aus-, Fort- und Weiterbildung durch das Unternehmen, wobei die Begriffe Fort- und Weiterbildung überwiegend synonym gebraucht werden. Sinnvoll kann eine Personalentwicklung im Grunde nur betrieben werden, wenn sie in recht enger Beziehung zur Personalplanung (s. 9. Kapitel) einschließlich Personalbeschaffung und Personalauswahl steht.

„Ziel der Personalentwicklung ist es, die individuellen Entwicklungs- und Karriereziele mit den Zielen der Organisation (Unternehmung, R.S.) nach Erhaltung jener Qualifikationen, welche die Mitarbeiter zur Bewältigung gegenwärtiger und zukünftiger Leistungsanforderungen benötigen, zu verbinden. Durch Maßnahmen der Aus- und Weiterbildung sowie durch eine individuelle Laufbahnplanung sollen die Fähigkeiten und Kenntnisse der Mitarbeiter im Hinblick auf die Veränderungen der Arbeitsplätze und Tätigkeitsinhalte entwickelt (interne Personalbedarfsdeckung) und den Mitarbeitern die Chance zur weiterreichenden Befriedigung ihrer Wertschätzungs- und Selbstentfaltungsbedürfnisse durch Aufstieg gegeben werden" [*Marr/Stitzel*, 1979, S. 335].

In der Literatur wird vielfach darauf hingewiesen, daß Personalentwicklung sich nicht in der betrieblichen Aus- und Weiterbildung erschöpfe, da zu ihr auch die Förderung der Mitarbeiter, insbesondere des Nachwuchses im Rahmen der Laufbahnplanung, hinzuzurechnen sei. Im Regelfall wird eine solche Mitarbeiterförderung jedoch irgendwie mit betrieblichen Bildungsaktivitäten im weitesten Sinne zusammenhängen.

Unter den Begriff der Personalentwicklung sollten auch zwei andere Sachverhalte gefaßt werden, die möglicherweise in Zukunft an Bedeutung gewinnen. Einmal geht es um das Bemühen, bei struktureller Überqualifikation der Arbeitnehmer zu einer für alle Beteiligten tragbaren Alternative zu kommen. Im zweiten Fall handelt es sich um das Suchen nach Lösungen für den vielfach anzutreffenden Sachverhalt, daß ältere, langjährige Mitarbeiter den bisherigen betrieblichen Belastungen nicht mehr voll gewachsen sind. Hier könnte die von den Mitarbeitern regelmäßig als positiv empfundene Personalentwicklung Problemlösungen anstreben, die zum einen nicht einer Sozialfallösung gleichkommen, zum anderen aber auch nicht das Gefühl des Überflüssigseins hervorrufen. Die beiden angesprochenen Fälle haben mit herkömmlichen betrieblichen Weiterbildungsmaßnahmen nichts oder nur sehr wenig zu tun. Dennoch könnten sie zu wichtigen Aufgaben der Personalentwicklung werden. Zur Personalentwicklung läßt sich auch der Sachverhalt rechnen, daß Mitarbeitern im Laufe von Entwicklungsprozessen verdeutlicht wird, wo ihre eigentlichen, kaum ausweitbaren beruflichen Grenzen liegen. Die folgenden Ausführungen konzentrieren sich auf grundsätzliche Fragen betrieblicher Bildungsmaßnahmen.

Im *RKW-Handbuch* „Praxis der Personalplanung" werden im Teil 5 [1978, S. 13] die *Zielbereiche der betrieblichen Bildungsmaßnahmen* graphisch wie folgt dargestellt.

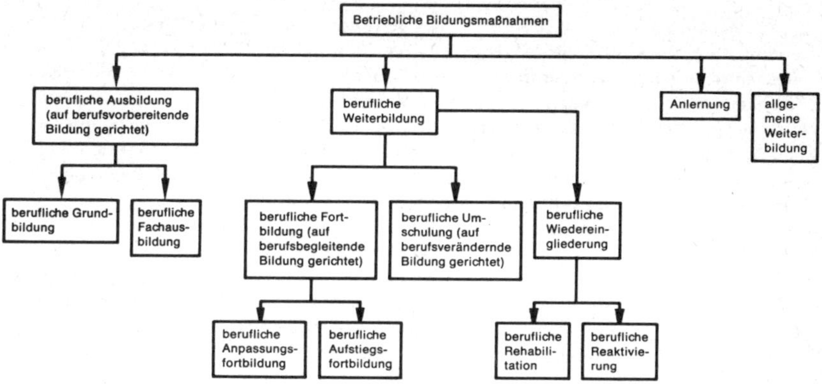

Die vorstehende Gliederung der betrieblichen Bildungsmaßnahmen lehnt sich eng an den *§ 1 des Berufsbildungsgesetzes* von 1969 an, in dem es heißt:

(1) Berufsbildung im Sinne dieses Gesetzes sind die Berufsausbildung, die berufliche Fortbildung und die berufliche Umschulung.

(2) Die Berufsausbildung hat eine breit angelegte berufliche Grundbildung und die für die Ausübung einer qualifizierten beruflichen Tätigkeit notwendigen fachlichen Fertigkeiten und Kenntnisse in einem geordneten Ausbildungsgang zu vermitteln. Sie hat ferner den Erwerb der erforderlichen Berufserfahrungen zu ermöglichen.

(3) Die berufliche Fortbildung soll es ermöglichen, die beruflichen Kenntnisse und Fertigkeiten zu erhalten, zu erweitern, der technischen Entwicklung anzupassen oder beruflich aufzusteigen.

(4) Die berufliche Umschulung soll zu einer anderen beruflichen Tätigkeit befähigen.

Marr/Stitzel [1979, S. 341] unterscheiden in Anlehnung an *Hackstein/Nüssgens/Uphus* [1972, S. 88–93] folgende *Arten von Aus- und Weiterbildung*. (siehe dazu Abbildung S. 166). Mit den von ihnen vorgenommenen Charakterisierungen lassen sich auch die meisten der im vorstehenden RKW-Schaubild enthaltenen Bildungsmaßnahmen verdeutlichen.

Die im RKW-Schaubild zusätzlich aufgeführten Zielbereiche der beruflichen Wiedereingliederung, der Anlernung und der allgemeinen Weiterbildung werden im RKW-Handbuch [1978, S. 14f.] wie folgt umschrieben: „Die *berufliche Rehabilitation* fördert die berufliche Eingliederung von Personen, die körperlich, seelisch oder geistig behindert sind. Die *berufliche Reaktivierung* ermöglicht es Personen, nach längerer Pause im Erwerbsleben wieder an den Arbeitsplatz zurückzukehren. Unter *Anlernen* (betriebliche Anlernverfahren) werden Maßnahmen verstanden, die die Arbeitskräfte innerhalb kürzester Frist ohne besonderen zusätzlichen persönlichen oder pädagogischen Aufwand zu bestimmten, zumeist relativ anspruchslosen Tätigkeiten befähigen . . . Zu der allgemeinen *Weiterbildung* zählen Weiterbildungsmaßnahmen, die

berufliche Ausbildung: umfaßt alle Maßnahmen, die dem Mitarbeiter die notwendigen Kenntnisse, Fähigkeiten und Verhaltensweisen zur erstmaligen Ausübung einer beruflichen Tätigkeit vermitteln. Sie ist abgeschlossen, wenn die zur Ausübung einer bestimmten Tätigkeit notwendige Qualifikation erworben ist.	*berufliche Grundbildung:* Vermittlung von Grundfertigkeiten und Grundkenntnissen sowie Verhaltensweisen, die als breite Grundlage für die weiterführende berufliche Fachbildung dienen und als Vorbereitung auf eine vielseitige berufliche Tätigkeit gelten können (vgl. Berufsbildungsgesetz § 26). *berufliche Fachbildung:* dient der beruflichen Qualifikation, die für die Ausübung eines Berufes typisch ist. Dabei sollte sie nicht auf die Vermittlung und Förderung berufstypischer Fachkenntnisse, -fertigkeiten und -verhaltensweisen beschränkt bleiben, sondern bereits weiterführend das technische, wirtschaftliche, gesellschaftspolitische Verständnis vertiefen und von daher bereits die Fähigkeit und Bereitschaft fördern, sich auf veränderte Arbeitssituationen einzustellen.
berufliche Fortbildung: bezieht sich auf bereits im Arbeitsleben stehende und über eine gewisse Berufserfahrung verfügende Mitarbeiter zur Erhaltung, Erweiterung und Anpassung der beruflichen Kenntnisse und Fertigkeiten sowie zur Förderung des beruflichen Aufstiegs.	*Anpassungsfortbildung:* Aktivierung, Anpassung, Aktualisierung, Erwerb und Vertiefung von Wissen, Können und Verhalten zur Erhaltung der *horizontalen Mobilität.* *Aufstiegsfortbildung:* Maßnahmen zur Vorbereitung der Übernahme qualitativ höherer Funktionen und Berufstätigkeiten zur Förderung der *vertikalen Mobilität.*
berufliche Umschulung: verfolgt das Ziel der Vermittlung von Wissen, Können und Verhalten zur Ausübung von „neuen" Berufen oder qualitativ anderen beruflichen Tätigkeiten. Mitarbeiter, die ihren ursprünglichen Beruf nicht mehr ausüben können oder wollen, werden für eine andere Tätigkeit ausgebildet.	

sich nicht direkt auf gegenwärtige oder zukünftige Arbeitsanforderungen beziehen, sondern mehr den außerberuflichen (z.B. allgemein geistigen oder politischen) Interessen der Arbeitnehmer entsprechen."

Als *Gegenstände (Objekte) betrieblicher Aus- und Weiterbildung* werden regelmäßig Wissen, Können und Verhalten genannt. *Marr/Stitzel* [1979, S. 340] konkretisieren diese Dimensionen der betrieblichen Bildungsmaßnahmen in Anlehnung an *Hackstein/Nüssgens/Uphus* [1972, S. 86–88] wie folgt:

Wissen: Vermittlung theoretischer und praktischer Kenntnisse, Erkenntnisse und Erfahrungen, die zur Ausübung von Tätigkeiten in bestimmten Aufgabenreichen erforderlich sind.	*tätigkeitsspezifisches Wissen:* spezialisiertes Fachwissen, das zur Ausübung ganz bestimmter Tätigkeiten erforderlich ist. Art und Inhalt des Wissens leiten sich unmittelbar aus den spezifischen Tätigkeitsanforderungen ab. *nicht tätigkeitsspezifisches Wissen:* allgemeines Wissen, das zur Ausübung verschiedener Tätigkeiten befähigen soll, beispielsweise auf gleicher hierarchischer Ebene in verschiedenen Aufgabenbereichen (wichtig für das Erkennen von Gesamtsituationen).
Können: Vermittlung von Fähigkeiten zur Umsetzung des theoretisch und praktisch erworbenen Wissens auf die arbeitsplatzbebezogene Tätigkeit.	*manuelles Können:* Entwicklung von Fertigkeiten zum sachgerechten und sachverständigen Umgang mit maschinellen Anlagen und Einrichtungen, Werkzeug und Materialen. *geistiges Können:* Entwicklung von Fähigkeiten zur Durchführung von Planungs-, Entscheidungs-, Realisations- und Kontrolltätigkeiten.
Verhalten: Verhaltensentwicklung inbezug auf die Art und Weise und die Bereitschaft der Ausübung bestimmter Tätigkeiten .	*sachbezogenes Verhalten:* Verhaltensentwicklung inbezug auf die sachbezogene Ausübung von Tätigkeiten. *personenbezogenes Verhalten:* Verhaltensentwicklung inbezug auf die Gestaltung sozialer Beziehungen zu Vorgesetzten, Kollegen, Untergebenen, Kunden etc.

Die weiteren Ausführungen zur Personalentwicklung sollen sich vor allem auf die berufliche Fortbildung konzentrieren. Dieser Zweig der betrieblichen Weiterbildung hat in den letzten Jahrzehnten erheblich an Bedeutung gewonnen, und sein Gewicht wird vermutlich weiter wachsen, was naturgemäß auch eine entsprechende Ausweitung der *Kosten der Personalentwicklung* nach sich ziehen wird. „Im Augenblick geben die meisten mittleren und großen Firmen in der Bundesrepublik Deutschland rund 2,5 % bis 3,5 % der Brutto-Jahres-Lohn- und Gehaltssumme für die Aus- und Fortbildung aus. In einigen Fällen steigert sich dieser Betrag auf 5 bis 8 %. Wenn man sich aber vor Augen führt, daß bereits für die unmittelbare Ausbildung, d.h. in erster Linie für die Ausbildung der Auszubildenden, im allgemeinen bereits 1,8 % der Brutto-Jahres-Lohn- und Gehaltssumme aufgewendet werden müssen, wird deutlich, welcher geringe Betrag in vielen Unternehmen für die laufende Fortbildung zur Verfügung steht. Für den Teil der Bildungsarbeit also, der die weitere Qualifizierung der Mitarbeiter garantiert oder für ihre Persönlichkeitsbildung von Bedeutung ist“ [*Friedrichs*, 1978, S. 229f.].

Die Aufteilung der Weiterbildungsveranstaltungen und ihrer Kosten auf die einzelnen Weiterbildungsbereiche ergab im Jahre 1973 nach *Winterhager* [1973, S. 57] in etwa folgendes Bild.

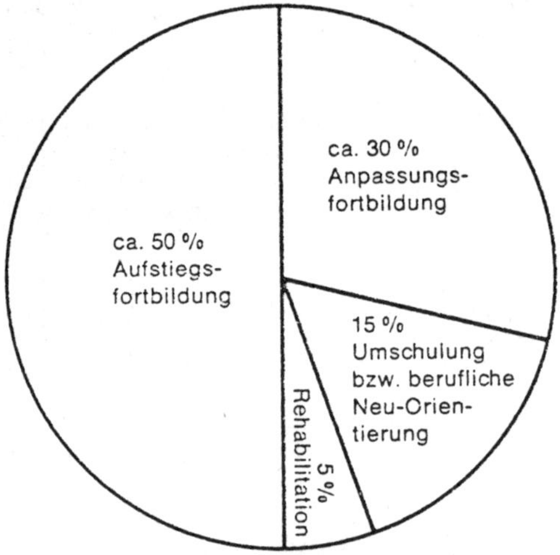

Im folgenden ist kurz auf die wichtigsten bei der betrieblichen Weiterbildung auftretenden grundsätzlichen Fragestellungen und Probleme einzugehen. Dieser Katalog beginnt zwangsläufig mit der Frage nach dem konkreten aktuellen und zukünftigen *Bildungsbedarf der Unternehmung*. Dabei ist die Vorhersage des zukünftigen Entwicklungsbedarfs naturgemäß bedeutend schwieriger als die Ermittlung des aktuellen Bildungsbedarfs. Weil die zukünftigen Entwicklungslinien alles andere als eindeutig sind – andererseits aber davon ausgegangen werden kann, daß die Mitarbeiter-Anforderungen im Durchschnitt steigen – geht man in der betrieblichen Bildungspolitik vielfach den Weg einer breiten Qualifikationsanhebung. Auch wenn damit in Einzelfällen eine Überqualifikation mit ihren negativen Folgen einhergehen kann, „gehen immer mehr Unternehmen dazu über, durch betriebliche Bildungsmaßnahmen den Arbeitnehmern eine breit angelegte Qualifikation zu vermitteln" [*RKW-Handbuch*, Teil V, 1978, S. 22].

Ein neuartiges Beispiel hierfür bietet die *Reemtsma-Gruppe*, die im April 1980 ihren rund 13 000 Mitarbeitern einen firmeninternen Fernkurs mit 99 Tageslektionen offeriert hat, an dem sich rund 7 % der Mitarbeiter beteiligen. „Der Reemtsma-Fernkurs hat nicht die Weiterentwicklung von Fertigkeiten, Wissen oder Können in bezug auf betriebliche Vorgänge zum Ziel. Er bietet vielmehr die Möglichkeit, sich mit der eigenen Person auseinanderzusetzen. . . Herausragendes Ziel dieses Fernkurses ist es, den Teilnehmer als Persönlichkeit zu fördern, Wissen und Können im persönlichen Bereich ein Stück voranzubringen, Selbstsicherheit zu stärken, Eigeninitiative auszulösen und Kräfte zu aktivieren, die zu gesundem Selbstbewußtsein führen" (*H. Schwalbe*, in: REPORT – Zeitschrift für die Mitarbeiter aller Unternehmen der Reemtsma-Gruppe, Febr. '80, S. 5).

Steht der Personalentwicklungsbedarf der Unternehmung fest, so gilt es, den vorhandenen *Bildungsstand* der Mitarbeiter und das *Entwicklungspotential*, d.h. die Bildungsfähigkeit der Mitarbeiter zu erfassen. Der aufgrund bisheriger Aus- und Weiterbildung vorhandene Bildungsstand wird zu einem großen Teil aus den von der Personalabteilung geführten Personaldaten zu entnehmen sein. Für die Ermittlung des Entwicklungspotentials der Mitarbeiter können die Ergebnisse von regelmäßig durchgeführten sorgfältigen Personalbeurteilungen einen wichtigen Beitrag leisten. Noch schwieriger als das Entwicklungspotential ist das *Entwicklungsbedürfnis* zu ermitteln, d.h. die Bildungsbereitschaft der Mitarbeiter.

Es ist durchaus möglich und scheint immer häufiger vorzukommen, daß Mitarbeiter, die ein erhebliches Entwicklungspotential besitzen, was sich unter anderem in guten betrieblichen Leistungsergebnissen zeigt, nicht bereit sind, dieses Potential zu aktualisieren, d.h. weiterzuentwickeln. Diese Arbeitnehmer geben sich mit ihrem augenblicklichen Leistungsstand und dem damit erreichten Einkommen und Ansehen zufrieden. Dies läßt sich vielfach recht deutlich bei notwendig werdenden betrieblichen Versetzungen über den Firmenort hinaus beobachten. Immer mehr Mitarbeiter lehnen unter Verzicht auf Mehr-Einkommen und bessere berufliche Perspektiven einen solchen Wechsel ab, der auch eine Art von Personalentwicklung sein kann.

Da Entwicklungspotential und Entwicklungsbedürfnis der Mitarbeiter somit auseinanderfallen können, ist es außerordentlich wichtig, bei der Auswahl von Personen für betriebliche Bildungsmaßnahmen neben dem Entwicklungspotential auch das Entwicklungsbedürfnis zu erforschen. Bei dieser besonders schwierigen Aufgabe können gut vorbereitete, intensive Mitarbeiter-Beratungs- und Mitarbeiterförderungsgespräche eine wichtige Rolle spielen.

Für die Planung der betrieblichen Bildungsmaßnahmen im einzelnen spielt in der Praxis häufig der konkrete Bildungsbedarf der Mitarbeiter eine erhebliche Rolle, und zwar unabhängig vom Bildungsbedarf der Unternehmung, der meist ohnehin nur schwer exakt ermittelbar ist. Da die Personalentwicklung nicht nur eine Qualifikationsbereitstellungsfunktion, sondern auch eine Förderungsfunktion hat, muß sie auch dafür sorgen, daß die Mitarbeiter Möglichkeiten der Selbstentfaltung und Selbstverwirklichung erhalten. Hierzu kann die Befriedigung von Bildungswünschen beitragen, für die der Betrieb die Voraussetzungen schafft.

Ein weiterer wichtiger Punkt ist die Frage nach dem *Träger der betrieblichen Weiterbildung*. Hier gilt es insbesondere zu entscheiden, ob die Bildungsmaßnahmen vom Betrieb selbst durchgeführt oder ob externe Bildungseinrichtungen in diesen Bildungsprozeß eingeschaltet werden sollen. Diese Frage wird insbesondere von der Art des Bildungsgegenstands, von den anfallenden Kosten und von der Art der Kontrolle der Bildungsbemühungen der Teilnehmer her zu beantworten sein.

Die *Art und Weise der Bildungsvermittlung* spielt ebenfalls eine bedeutende Rolle. Dabei wird zunächst einmal danach unterschieden, ob die Bildungsmaßnahmen in Verbindung mit der regulären Arbeit (on-the-job) oder außerhalb davon (off-the-job) erfolgen soll. Welche der vielen darüber hinaus grundsätzlich möglichen Bildungsmethoden (z.B. Fallmethode, Seminare, Erfahrungsaustausch, Rollenspiele, Vorträge, planmäßiger Arbeitsplatzwechsel) letztlich gewählt werden, hängt von einer ganzen Reihe von Faktoren ab. Dazu gehören vor allem das Lernziel, das Stoffgebiet und der Personenkreis.

Große Schwierigkeiten bereiten regelmäßig die *Erfolgskontrolle betrieblicher Weiterbildungsmaßnahmen*, weil der Bildungserfolg – im Gegensatz zum Bildungsaufwand – meist nicht in eindeutigen Rechengrößen zu fassen ist. Hinzu kommt, daß nicht genau festzustellen ist, wann sich – wenn überhaupt – die Bildungserfolge konkret bemerkbar machen. Dies kann möglicherweise relativ weit nach Abschluß der Bildungsvermittlung sein und auch noch von Mitarbeiter zu Mitarbeiter sehr verschieden sein. Wegen dieser nicht zu beseitigenden Probleme versucht man vielfach den Bildungserfolg anhand von Veränderungen bestimmter Indikatoren zu erfassen, so z.B. im Hinblick auf Kundenreklamationen, Unfallhäufigkeit, Fluktuation, Krankenstand, Betriebsklima. Hierbei ergibt sich dann vielfach das schwierige Problem, den Einfluß der Bildung auf die genannten Indikatoren von anderen möglichen Einflußfaktoren zu trennen.

Bei der Bewertung der Bildungserfolge muß man sich mehr und mehr von der Vorstellung freimachen, daß diese Erfolge in erster Linie ökonomischer Natur zu sein haben, wenngleich dies naturgemäß auch mit anzustreben ist. Vielmehr muß gesehen werden, daß Bildungs(Informations)erwerb bei den meisten Menschen ein ausgesprochenes Grundbedürfnis sein kann, das zu einem erheblichen Teil auch der Betrieb zu befriedigen hat, soll eine Beeinträchtigung der Leistungsmotivation vermieden werden. *Abraham* [1978, S. 235f.] geht soweit, daß er im betriebspädagogischen Raum eine neue Idee von Allgemeinbildung im Entstehen begriffen sieht, zumal das Bildungswesen der Wirtschaft eine innere Einheit besitzt, die sich aus seiner Zweckbestimmung ergibt; im Gegensatz zum staatlichen Schulwesen, dem seiner Meinung nach heute eine zentrale Leitidee fehlt. Auf *Abrahams* Vorstellungen ist im vorliegenden Kapitel noch zurückzukommen.

Zur *Selbstverwirklichung* der Mitarbeiter kann die betriebliche Weiterbildung vor allem insofern beitragen, als sie die Gefahr der Arbeitslosigkeit verringert, bessere Verdienstmöglichkeiten und Aufstiegschancen eröffnet sowie das Ansehen erhöht und es dem Mitarbeiter ermöglicht, seine Erwartungen, die er an das Unternehmen richtet, realistischer einzuschätzen. Auf der anderen Seite darf nicht übersehen werden, daß „auf dem gleichen Wege Personalentwicklung (und Personalinformation, R.S.) auch zur Unzufriedenheit beitragen kann, indem sie das Bewußtsein für die eigene Lage schärft und Bedürfnisse weckt“ [*Remer*, 1978, S. 346].

Bei der zweifellos vorhandenen generellen Weiterbildungsnotwendigkeit, die sich sowohl aus der Bereitstellungs- als auch aus der Förderungsfunktion der Personalentwicklung ergibt, ist es wichtig, die Individualität des einzelnen Mitarbeiters zu wahren. Zur Selbstverwirklichung in diesem Sinne muß auch das Recht gehören, sich mit dem gegebenen Stand zufrieden zu geben, d.h. keine Bildungsaktivitäten zu entfalten, zumal bei manchen Bildungsveranstaltungen auch zweifelhaft ist, ob sie für die Beteiligten „etwas bringen".

Das betriebliche Bildungswesen kann, wenn es nicht mit großer Umsicht betrieben wird, aus vielerlei Gründen schnell zu einem Herd der Unzufriedenheit werden. „Die Bildungsmaßnahmen des Betriebes können ohne böse Absicht mißverstanden werden; es kommt aber auch vor, daß sie mit böser Absicht falsch gedeutet werden. . . Die Bildungspolitik eines Betriebes muß daher so angelegt sein, daß ihre Motive und Ziele von allen Betriebsmitgliedern verstanden werden können" [*Abraham*, 1978, S. 234]. In diesem Zusammenhang sei auch auf die Beteiligungsrechte des Betriebsrats bei der Berufsbildung des Arbeitnehmers hingewiesen, die in den §§ 96–98 BetrVG geregelt sind.

Besondere und zunehmende Bedeutung hat die betriebliche Weiterbildung zweifellos für die *Führungskräfte* und den *Führungsnachwuchs*, und zwar vor allem im Hinblick auf die bedeutend an Gewicht gewinnenden sog. nichttechnischen oder nicht-fachspezifischen Führungskräfte-Anforderungen. Bei der Bildungsvermittlung an Führungskräfte ist vor allem auch die Multiplikatorwirkung zu sehen, die in der Weitergabe von Bildungsinformationen und in der Aktivierung von Mitarbeiterbildungswünschen bestehen kann. In seinem Buch „Betriebspädagogik" hat *Abraham* [1978] auf zwei für die betriebliche Bildungsarbeit besonders wichtige aktuelle Problemkreise hingewiesen, auf die noch näher einzugehen ist und die sich schlagwortartig wie folgt kennzeichnen lassen: (1) Führungskräfte benötigen einen *neuen „Typ der Allgemeinbildung"*; (2) Unternehmen benötigen „wirtschaftsfähige" Mitarbeiter.

Stärker als früher müssen heute bei der Führung von Unternehmen wirtschaftliche, soziale und gesellschaftliche Wertvorstellungen miteinander in Einklang gebracht werden, d.h. es wird zunehmend *interdisziplinäres Wissen* erforderlich. „Führungskräfte benötigen heute, um das komplexe soziotechnische System ‚Unternehmen' steuern zu können,

– fachspezifische Fähigkeiten,
  damit richtige Sachentscheidungen getroffen werden,
– verhaltensorientierte Fähigkeiten,
  damit sie die Einstellungen und die Motivation ihrer Mitarbeiter und generell das Klima im Betrieb positiv beeinflussen,
– gesellschaftspolitisches Wissen,
  damit Entwicklungen der Gesellschaft nicht vom Subsystem Unternehmen isoliert, sondern in notwendigem Maße adaptiert werden" [*Reppel*, 1979, S. 224].

Zweifellos leistet die betriebliche Weiterbildung beachtliche Erfolge bei der Vermittlung fachspezifischer Fähigkeiten. Diese Fähigkeiten werden auch in Zukunft einen hohen Stellenwert bei der Ausübung von Führungsfunktionen haben, da sachkundige Entscheidungen überhaupt nicht anders zu treffen sind. Auch auf dem Gebiet der verhaltensorientierten Fähigkeiten sind umfangreiche Bildungsbemühungen sichtbar, wenngleich auch mit einem etwas weniger deutlichen Erfolg. Diese Fähigkeiten sind ja auch nicht nur schwerer zu umschreiben und zu vermitteln; ihre erfolgreiche Vermittlung ist vielfach nur mühsam und dann erst langfristig feststellbar. Noch schwieriger gestaltet sich das Bildungsvorhaben bei der Vermittlung gesellschaftspolitischer Zusammenhänge, und gerade auf diesem Gebiet zeigt sich, daß „nur ein Teil der Fachleute der Wirtschaft eine gründliche gesellschaftstheoretische Bildung besitzt. Dies ist ein gefährlicher Zustand, denn er kann dazu führen, daß sie in Diskussionen über Grundfragen der modernen Gesellschaft und Wirtschaft unterliegen, obwohl eigentlich die besseren Argumente auf ihrer Seite sind" [*Abraham*, 1978, S. 231].

Diese Unsicherheit geht deutlich aus dem folgenden Statement „Auf ein Wort" in der *WELT* vom 8.6.1980 (S. 11) hervor, das von *Pierre Wack*, verantwortlich für langfristige Planung bei der Shell-Gruppe, London, stammt: „Ein Firmenmanager ist geschult, sich mit objektiven Fakten auf der Ebene der Logik auseinanderzusetzen. Er gerät jedoch häufig ins Schwimmen, wenn es um die Bewältigung subjektiver Meinungen, Empfindungen und Emotionen geht. Verständnis für Denkweisen, wie sie beispielsweise von Umweltschützern vorgetragen werden, setzt Erkenntnisse voraus, die mit der Welt der Fakten nur wenig gemeinsam haben." *Abs* [1976, S. 98] meint, daß die Mächtigen unserer Zeit diejenigen sind, die das Geschäft der Gremienmanipulation am besten beherrschen.

Es ist unverkennbar, daß bei der Ausübung von Führungsfunktionen die Bedeutung des sogenannten *nicht-technischen Wissens* steigt. „Das fachliche Wissen und Können ist eine Selbstverständlichkeit, über die man nicht zu sprechen braucht. Die eigentliche Problematik beginnt erst jenseits dieses Bereiches. Je höher jemand in der Hierarchie des Betriebes steht, um so mehr erwartet man von ihm heute eine zusätzliche Eignung, deren Grundlage eine fundierte allgemeine Bildung ist. Darunter ist nicht eine Allgemeinbildung im Sinne des Neuhumanismus zu verstehen, sondern ein neuer Typ der Allgemeinbildung, der der heutigen Kulturlage entspricht" [*Abraham*, 1978, S. 234f.]. *Abraham* hat den Eindruck, daß hierfür eine philosophische, eine historische und auch eine gesellschaftswissenschaftliche Grundbildung notwendig sind und daß außerdem eine Denkhaltung zu fordern ist, die das Vorhandensein von sittlichen Grundwerten bejaht.

Die zunehmende Bedeutung des nicht-technischen Wissens geht auch aus einer empirischen Untersuchung des *Vereins Deutscher Eisenhüttenleute* in den Jahren 1975/1976 über „Anforderungen an Fach- und Führungskräfte in der Eisen- und Stahlindustrie" hervor (*Stahl und Eisen*, 1978, S. 602–613). Das *Institut der deutschen Wirtschaft* betont in seinem Informationsdienst vom 7.8.1980 (S. 2) ebenfalls, daß richtig verstandene Bildungsarbeit sich nicht darauf beschränken könne, nur funktionsbezogene Fähigkeiten und Fertigkeiten zu trainieren, sie müsse auch die Wertvorstellungen unserer Gesellschafts- und Wirtschaftsordnung verdeutlichen. Deshalb würden sich die Bildungsanstrengungen der Unternehmen auch nicht in das Ghetto der reinen Fachbildung zurückziehen, wie dies die Gewerkschaften wünschten, um ihnen das Feld für ihre Bildungs-Konzeptionen im Interesse der „Lohnabhängigen" zu überlassen.

Längere Schulbildung für immer mehr Menschen und leistungsfähigere sonstige Informationsmöglichkeiten (z.B. Fernsehen, Zeitungen, Mitgliedschaft in Parteien, Vereinen und Gewerkschaften) sowie der relativ hohe Lebensstandard und das Leben in einer offenen, demokratischen Gesellschaft haben die Arbeitnehmer insbesondere auf den sozialen und gesellschaftspolitischen Gebieten qualifizierter, kritischer und selbstbewußter gemacht. Diese Entwicklung stellt höhere Anforderungen an die Führungskräfte, nicht zuletzt auch deshalb, weil die bloße Formalautorität von Führungskräften (und von anderen Amtsinhabern) von immer mehr Menschen immer weniger anerkannt wird.

Die Führungskräfte sehen sich zunehmend von den Mitarbeitern, aber auch von anderen Personen, z.B. von Medien- und Umweltschutzvertretern, Fragen ausgesetzt, die mit der eigentlichen (herkömmlichen) betrieblichen Aufgabe nur noch in sehr lockerer Beziehung stehen. Mit den anspruchsvoller gewordenen Arbeitnehmern müssen sich auch die Gewerkschaftsmitarbeiter auseinandersetzen, wenn sie in Betrieben Gewerkschaftsarbeit betreiben wollen, weshalb *Nell-Breuning* (AGP-Mitteilungen, 1.10.1972, S. 2) meint, daß bei der Vielfalt der heutigen Gewerkschaftsaufgaben niemand Bildungsurlaub nötiger habe als die Gewerkschaftsfunktionäre. Diese Aussage gilt zweifellos auch für eine Reihe anderer Verbandsfunktionäre, zumal (hauptamtliche) Verbandsmitarbeiter zwangsläufig eine gewisse räumliche Distanz zu den Orten des eigentlichen Geschehens haben und daher mancher Entwicklung entweder überhaupt nicht oder nur mit größerer Verzögerung gerecht werden.

Wenn das nicht-technische Wissen an Bedeutung gewinnt, dieser schwierige Wissensstoff, der ständig aktualisiert werden muß, aber nicht oder nicht ausreichend von staatlichen Einrichtungen vermittelt werden kann, so wird die betriebliche Bildung einspringen müssen, um nicht zuletzt den Führungskräften und Führungskräfteanwärtern zu helfen, ihren eigenen Standort zu klären und um sie kritik- und dialogfähig zu machen. Dies sind u.a. auch wichtige Voraussetzungen für eine erfolgreiche Ersetzung der autoritären Mitarbeiterführung durch eine mehr kooperative Führungsform.

Weil die meisten Menschen in Berufen stehen, in denen sie entweder selbst wirtschaftliche Tätigkeiten ausüben oder doch mit ihnen vertraut sein müssen und wegen der „überragenden Bedeutung, die gegenwärtig die Wirtschaft für den Zustand der Kultur hat" verlangt *Abraham* [1978, S. 6, 7, 226] eine *„Erziehung zur Wirtschaftsfähigkeit"*, die den Menschen – insbesondere schon den jüngeren – fähig machen soll

– sich in den Wirtschaftsapparat an der Stelle einzuordnen, welche die meisten Chancen für die Erfüllung der persönlichen Berufswünsche bietet,
– mit Menschen, die man sich nicht selbst ausgesucht hat, einen erheblichen

Teil des Lebens in einer befriedigenden Weise zu verbringen,
- seine Geistigkeit auch in der Wirtschaft zu verwirklichen.

Will man dieses Ziel erreichen, so kann sich auch bei der breiten Mitarbeiterschaft die betriebliche Bildung nicht auf die Verbesserung des fachlichen Wissens und Könnens im engeren Sinne beschränken. Um dem Mitarbeiter einen eigenen Handlungs- und Entscheidungsspielraum geben zu können, muß die betriebliche Bildungsarbeit – und zwar schon bei der Berufsausbildung – auch die Entwicklung zur Persönlichkeit, zum Mitdenken, Mitentscheiden und zur Mitverantwortung fördern, nicht zuletzt auch, um bloße Emotionen und unbegründete Ängste abzubauen.

Reppel [1979, S. 225] berichtet in diesem Zusammenhang von *sozialpädagogischen Einführungsseminaren*, die sich in seinem Unternehmen (Hoesch Hüttenwerke AG, Dortmund) in besonderer Weise bewährt hätten und eine Grundlage für die von *Abraham* geforderte „Erziehung zur Wirtschaftsfähigkeit" bieten können. In diesen Seminaren, die sich vor allem an die Auszubildenden richteten, wurden

- Einsichten in betriebswirtschaftliche, arbeitstechnische, soziologische und psychologische Zusammenhänge im Betriebe vermittelt,
- die unterschiedlichen Interessen der an der „Unternehmenskoalition" beteiligten Gruppen besprochen,
- die „Spielregeln" einer kooperativen Zusammenarbeit erarbeitet und geübt,
- die Bedeutung der Leistungsbereitschaft zur Erreichung von Ausbildungs- und Arbeitszielen aufgezeigt und diskutiert,
- gegenseitiges Kennenlernen und Verstehen ermöglicht.

Abschließend sollen zusammenfassend die wichtigsten Faktoren genannt werden, die der Personalentwicklung, in den letzten Jahren besonderes Gewicht verliehen haben und dies zweifellos auch in Zukunft tun werden.

- Anders als in früheren Jahren ändern sich die Arbeitsanforderungen in immer rascherer Folge (technisch-organisatorischer Fortschritt).
- Die Berufsanforderungen werden immer differenzierter. Diese Anforderungen sind über eine allgemeine Ausbildung immer weniger zu vermitteln.
- Der Arbeitsmarkt für anspruchsvollere Qualifikationen zeigt erhebliche Engpässe. Dies wird sich vermutlich in Zukunft noch verstärken, wenn in den nächsten zehn Jahren die Zahl der Ausbildungs- und Berufsneulinge gegenüber heute um 40 Prozent sinkt.
- In der Arbeitswelt wird die Befriedigung höherrangiger Bedürfnisse immer wichtiger (s. Maslowsche Bedürfnispyramide a.S. 95).

9. Die Personalplanung

Bei der *Planung* handelt es sich ganz allgemein um eine Vorschau, d.h. um die Setzung von zukünftigen Zielen und um die Fixierung der zu dieser Zielerreichung erforderlichen Mittel und Maßnahmen. Die Planung ist – wie die Organisation und Kontrolle – ein wichtiges Führungsmittel. Sie kann wesentlich dazu beitragen, die Führungsentscheidungen auf eine sicherere Basis zu stellen, d.h. das Risiko von Fehlentscheidungen (und damit von Fehlentwicklungen) zu verringern, indem sie den betrieblichen Leistungsprozeß von Zufälligkeiten freimacht bzw. ihn auf vielfältige Eventualitäten vorbereitet.

Der *Personalplanung* geht es darum, den für die Zukunft benötigten qualitativen und quantitativen Personalbedarf zu ermitteln (Personalbedarfsplan) und Wege aufzuzeigen, wie dieser Bedarf gedeckt werden kann (*Personalbeschaffungsplanung*). Dabei sind die unternehmerischen Ziele und die Interessen der Arbeitnehmer soweit wie irgend möglich in Einklang zu bringen. Stellt sich nach der Ermittlung des Personalbedarfs heraus, daß dieser Bedarf geringer ist als der vorhandene Personalbestand, so sind Mittel zum Personalabbau zu erarbeiten (*Personalabbauplanung*). Zur Personalplanung gehört auch die *Personalentwicklungsplanung*, d.h. vor allem die Planung der Aus- und Weiterbildung, um durch betriebliche Bildungsmaßnahmen eine Übereinstimmung von Personalbedarf und Personalbestand in qualitativer Hinsicht sicherzustellen (s. vorst. Kapitel).

Ein weiterer Bestandteil der Personalplanung ist die *Personaleinsatzplanung*. Sie erarbeitet Maßnahmen zur Eingliederung und zum Einsatz der verfügbaren Mitarbeiter (Einführung und Einarbeitung). Dabei hat sie für eine bestmögliche Übereinstimmung von Arbeitsplatzanforderungen und personeller Eignung sowie für eine optimale Gestaltung der Arbeitsplätze und der Arbeitsabläufe zu sorgen. Weiterhin spielt bei der Personalplanung die Planung der Personalkosten eine wichtige Rolle. In der Praxis wird die *Personalkostenplanung* nicht immer als organisatorischer Bestandteil der Personalplanung angesehen, sondern manchmal als Planungsbereich außerhalb des Personalwesens geführt, zum Beispiel im Finanzressort. Mit Hilfe der Personalkostenplanung soll aufgezeigt werden, wie sich die Personalkosten voraussichtlich entwickeln werden und welches die Einflußfaktoren dieser Entwicklung sind. Daneben hat die Personalkostenplanung Maßnahmen zur Steuerung und Kontrolle der Personalkostenentwicklung zu erarbeiten.

Auf einige allgemeine Zielaspekte der Personalplanung ist im Verlauf des vorliegenden Kapitels noch zurückzukommen. Die vorstehend genannten *Teilbereiche der betrieblichen Personalplanung* sind im folgenden Schaubild zusammengefaßt, das dem *RKW-Handbuch* „Praxis der Personalplanung", Teil I [1978, S. 29] entstammt.

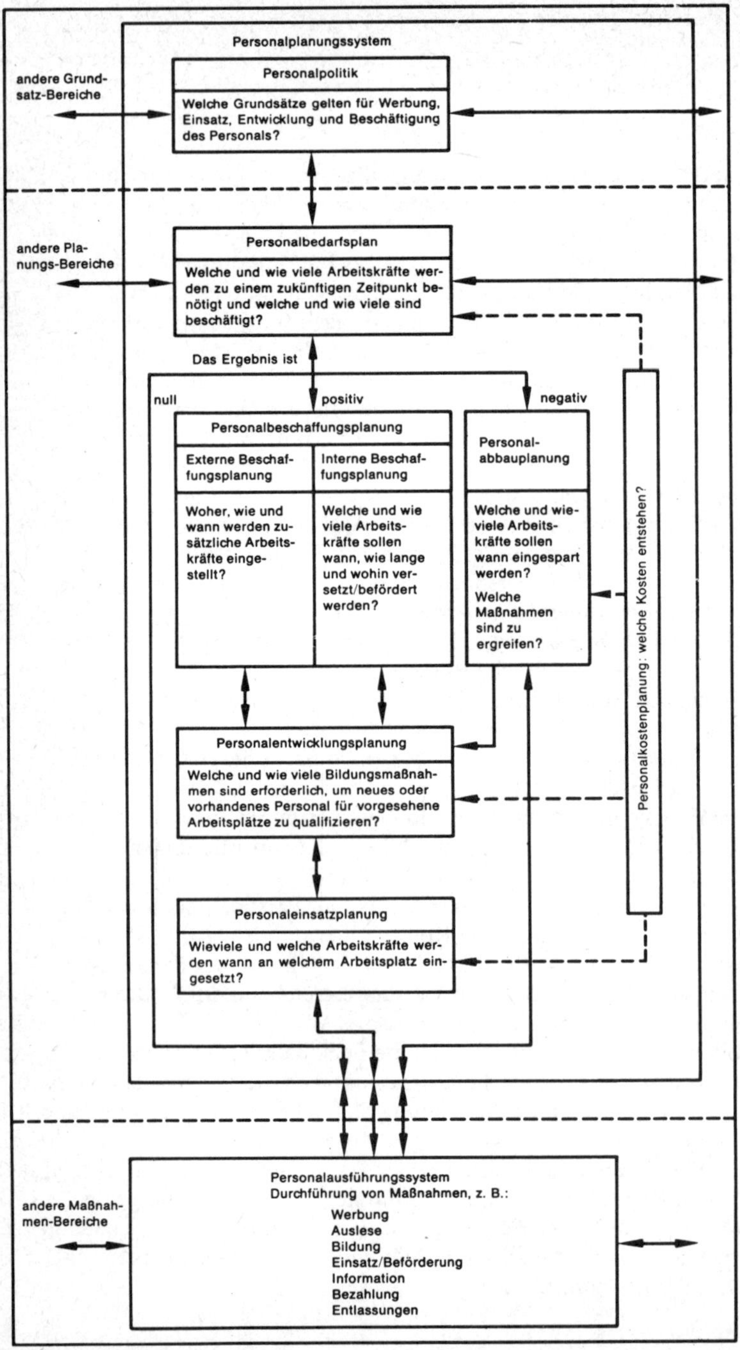
Personalplanungssystem
Personalpolitik
Welche Grundsätze gelten für Werbung, Einsatz, Entwicklung und Beschäftigung des Personals?
andere Grundsatz-Bereiche
andere Planungs-Bereiche
Personalbedarfsplan
Welche und wie viele Arbeitskräfte werden zu einem zukünftigen Zeitpunkt benötigt und welche und wie viele sind beschäftigt?
Das Ergebnis ist
null
positiv
negativ
Personalbeschaffungsplanung
Externe Beschaffungsplanung
Interne Beschaffungsplanung
Woher, wie und wann werden zusätzliche Arbeitskräfte eingestellt?
Welche und wie viele Arbeitskräfte sollen wann, wie lange und wohin versetzt/befördert werden?
Personalabbauplanung
Welche und wieviele Arbeitskräfte sollen wann eingespart werden?
Welche Maßnahmen sind zu ergreifen?
Personalkostenplanung: welche Kosten entstehen?
Personalentwicklungsplanung
Welche und wie viele Bildungsmaßnahmen sind erforderlich, um neues oder vorhandenes Personal für vorgesehene Arbeitsplätze zu qualifizieren?
Personaleinsatzplanung
Wieviele und welche Arbeitskräfte werden wann an welchem Arbeitsplatz eingesetzt?
andere Maßnahmen-Bereiche
Personalausführungssystem
Durchführung von Maßnahmen, z. B.:
Werbung
Auslese
Bildung
Einsatz/Beförderung
Information
Bezahlung
Entlassungen

Das nachstehende Schaubild von *Marr/Stitzel* [1979, S. 109] verdeutlicht die vielfältigen *Interdependenzen der einzelnen Teilbereiche* der Personalplanung (ohne Personalkostenplanung).

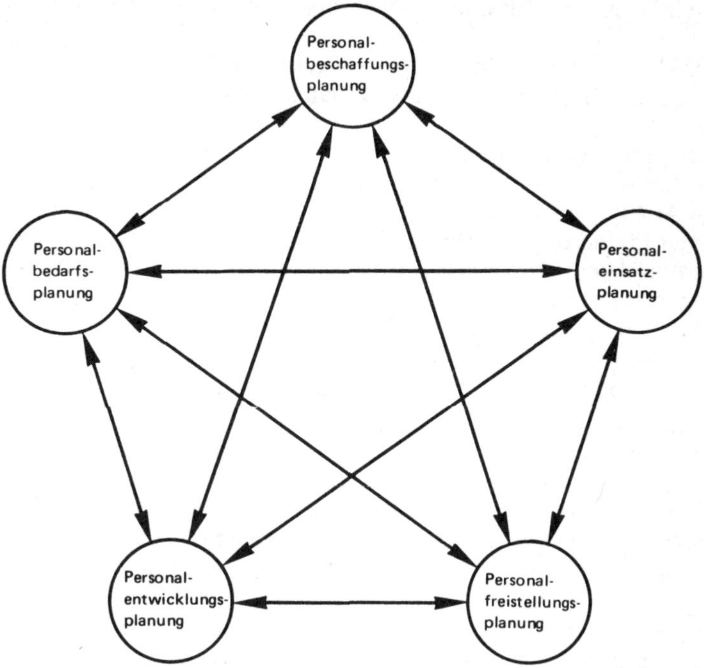

Wenngleich auch die Personalplanung in der Praxis an Bedeutung zu gewinnen scheint, so zeigt sich doch immer noch, daß die *Personalplanung weniger verbreitet* ist als die Investitions-, Produktions- und Absatzplanung, allerdings stärker verbreitet ist als die Forschungs- und Entwicklungsplanung. „Die Existenz schriftlicher Personalpläne hängt von der Betriebsgröße ab. Für Unternehmen mit 2 000 und mehr Arbeitnehmern sind sie praktisch eine Selbstverständlichkeit. Der größte ‚Nachholbedarf' liegt bei Betrieben bis zu etwa 500 Beschäftigten" [*RKW-Handbuch*, Teil I, 1978, S. 17]. Soweit Personalpläne existieren, erfassen sie im Vergleich zu anderen betrieblichen Teilplänen vielfach nur relativ kurze Zeiträume. Zur Verbreitung der Personalplanung sei auch verwiesen auf *Schultz-Wild* [1978]. Auf einige Gründe für den Rückstand der Personalplanung ist noch einzugehen.

Das *RKW-Handbuch*, Teil I [1978, S. 18], plädiert für eine weitere Förderung und Verbreitung der betrieblichen Personalplanung als einer wichtigen Aufgabe mit hoher gesellschaftspolitischer Priorität und nennt dabei folgende Gründe:

– Trotz konjunktureller Schwankungen werden Arbeitskräfte bestimmter Qualifikation betriebswirtschaftlich ein „Engpaß-Faktor" bleiben, mit dem jede Unternehmensleitung sorgfältig umgehen und rechnen muß.

- Gesetzliche und tarifliche Schutzbestimmungen für die Arbeitnehmer machen es zunehmend schwieriger, die Anpassung an wechselnde Konjunktursituationen durch „Herauf- oder Herunterfahren" der Belegschaft vorzunehmen.
- Personalkosten machen einen erheblichen Teil der Gesamtkosten aus. Dieser Kostenblock kann nicht dem Zufall überlassen bleiben, sondern muß geplant werden.
- Technisch-organisatorischer Wandel mit zum Teil erheblichen personellen Auswirkungen erfordert planerische Vorausschau.
- Die Arbeitnehmer und die Betriebsräte werden zunehmend ihr Interesse an der Einführung und Durchführung betrieblicher Personalplanung geltend machen. Die gleiche Tendenz zeigt auch die öffentliche Meinung.
- Bestimmte gesetzliche Vorschriften, wie z.B. die über die Meldepflicht erkennbarer Veränderungen des Betriebes innerhalb der nächsten zwölf Monate an das Arbeitsamt (§ 8 Arbeitsförderungsgesetz), können sinnvoll nur mit Hilfe einer aussagefähigen Personalplanung erfüllt werden.

Zur zunehmenden Bedeutung der betrieblichen Personalplanung tragen im Grunde alle schon im ersten Kapitel dieses Buches genannten Faktoren bei, die dem Personalwesen insgesamt ein größeres Gewicht verleihen.

Zweifellos hat die Personalplanung auch durch das *Betriebsverfassungsgesetz* von 1972 an Gewicht (und an Schwierigkeiten) gewonnen, in dem es in *§ 92* heißt: „Der Arbeitgeber hat den Betriebsrat über die Personalplanung, insbesondere über den gegenwärtigen und künftigen Personalbedarf sowie über die sich daraus ergebenden personellen Maßnahmen und Maßnahmen der Berufsbildung an Hand von Unterlagen rechtzeitig und umfassend zu unterrichten. Er hat mit dem Betriebsrat über Art und Umfang der erforderlichen Maßnahmen und über die Vermeidung von Härten zu beraten. Der Betriebsrat kann dem Arbeitgeber Vorschläge für die Einführung einer Personalplanung und ihre Durchführung machen" (s.a. §§ 96 Abs. 1, 106 Abs. 2 BetrVG).

Nach dem Betriebsverfassungsgesetz von 1952 lag das Schwergewicht der Beteiligung des Betriebsrates (im personellen Bereich) auf den sich häufig kurzfristig ergebenden Einzelmaßnahmen (z.B. Einstellung und Kündigung). Da solche Maßnahmen vielfach aber auf zeitlich viel weiter zurückliegenden Grundsatzentscheidungen beruhen, soll der Betriebsrat nach dem Betriebsverfassungsgesetz von 1972 nun auch schon an der Personalpolitik, insbesondere an der Personalplanung, beteiligt werden. Auf diese Weise wurden seine Mitbestimmungs- und Einflußnahmemöglichkeiten verbessert.

Recht informativ ist die nachstehende Aufstellung des *RKW-Handbuchs*, Teil I [1978, S. 13], über die *Interessenschwerpunkte gesellschaftlicher Gruppen an der Personalplanung*:

Arbeitgeber	Arbeitnehmer	Gesamtgesellschaft (Staat)
• Verfügbarkeit des Produktionsfaktors Arbeit – in der erforderlichen Anzahl – mit den erforderlichen Qualifikationen – zum richtigen Zeitpunkt – am richtigen Ort • Anforderungs- und eignungsgerechter Personaleinsatz • Verbesserung des Qualifikationsniveaus der Mitarbeiter • Vermeidung von Personalbeschaffungskosten durch Stellenbesetzung „aus den eigenen Reihen" • Motivation der Mitarbeiter • Überschaubarkeit der Personalkostenentwicklung	• Sicherheit der Arbeitsplätze bzw. Vermeidung von Härten bei Um- oder Freisetzung • Minderung der Risiken, die sich aus technischem und wirtschaftlichem Wandel ergeben können • Sichere, anforderungs- und leistungsgerechte Arbeitseinkommen • Menschengerechte Arbeitsbedingungen und Vermeidung gesundheitsschädigender Belastungen • Chancen beruflicher Aus- und Weiterbildung • Aufstiegschancen im Unternehmen • Schutz besonderer Arbeitnehmergruppen (Ältere, Behinderte, Jugendliche)	• Vermeidung gesellschaftlicher Belastungen, die auf unzureichend geplanten Personalentscheidungen beruhen (vermeidbare Kündigungen, Inanspruchnahme der Arbeitsgerichte u.a.) • Rechtzeitige Information der zuständigen Arbeitsämter über bevorstehende Nachfrage nach Arbeitskräften oder Entlassungen • Versachlichung der Beziehungen zwischen Arbeitgeber und Arbeitnehmer im Betrieb • Realisierung und Ausfüllung gesetzlicher Vorschriften (§ 92 BetrVG) • Realisierung gesellschaftspolitischer Zielvorstellungen (Empfehlungen der Sozialpolitischen Gesprächsrunde beim Bundesminister für Arbeit und Sozialordnung)

Im folgenden sind kurz die wichtigsten Probleme und Schwierigkeiten der Personalplanung aufzuzeigen. Dabei ist zunächst auf die auch in den anderen Planungsbereichen auftretenden grundsätzlichen Probleme hinzuweisen, die mit in die Personalplanung einstrahlen und die darin bestehen, daß die *Unsicherheiten über die künftige Entwicklung* im allgemeinen außerordentlich groß sind. Da wegen der Interdependenz aller betrieblichen Teilpläne die Personalplanung nicht von den anderen betrieblichen Teilplänen, z.B. dem Absatz-, Produktions- und Investitionsplan, getrennt gesehen werden kann, müssen alle Risiken, die in diesen Sektoren auftreten, auch auf die betriebliche Personalplanung durchschlagen. Zu nennen sind in diesem Zusammenhang beispielsweise die Schwierigkeiten der richtigen Einschätzung des künftigen Abnehmerverhaltens (Bedarfswandel, Bedarfseinschränkung) und an die sich hieran anschließende problemreiche Planung des Absatzes, des Produktions- und Investitionsprogramms. Kaum einzuschätzen und daher mit erheblichen Risiken verbunden sind auch die Entwicklung des Konkurrenzverhaltens, der Beschaffungsmärkte (Rohstoffe), der Energieversorgung, des technisch-organisatorischen Fortschritts und der allgemeinen Konjunktur sowie die auf die Wirtschaftssubjekte einwirkenden gesellschaftspolitischen Aktivitäten von Regierungen und Parlamenten.

Zu den Unsicherheiten, die jeden Planungsprozeß in der Wirtschaft belasten, und zwar umso mehr, je länger die Planungsperiode ist, kommen bei der

Planung des Personalbedarfs noch zahlreiche weitere Probleme hinzu, die sich vor allem aus der für den Arbeitnehmer grundsätzlich bestehenden *freien Wahl des Arbeitsplatzes* und aus den *veränderlichen Verhaltensweisen* der Menschen in der Arbeitswelt ergeben. Zu diesen die Personalplanung erheblich erschwerenden Faktoren gehören vor allem:

- Die Entwicklung der allgemeinen Arbeitsbereitschaft und Arbeitsintensität: je weniger nachhaltig und intensiv in der Zukunft gearbeitet wird, desto mehr Arbeitskräfte werden benötigt.
- Die Entwicklung der Anforderungen, die die Arbeitnehmer an die Arbeitsplätze stellen; bestimmte, als unangenehm oder unzumutbar empfundene Arbeiten werden möglicherweise von den (deutschen) Arbeitnehmern verstärkt abgelehnt.
- Steigende Anforderungen an die Arbeitsplätze können zu neuen Investitionsnotwendigkeiten an den betreffenden Arbeitsplätzen und damit zu einer Erhöhung der arbeitsplatzbezogenen Kapitalkosten führen.
- Die Entwicklung der Bereitschaft der Arbeitnehmer zur zeitlichen Anpassung an Beschäftigungsschwankungen, d.h. zu verminderter oder vermehrter Zurverfügungstellung von Arbeitskraft in zeitlicher Hinsicht.
- Die Entwicklung der Urlaubs- und sonstigen Freistellungswünsche (Bildungsurlaub, unbezahlter Urlaub).
- Die Entwicklung der Arbeitnehmervorstellungen im Hinblick auf Dauer und Lage der wöchentlichen Arbeitszeit (Teilzeitarbeit, Job Sharing) und in bezug auf die Lebensarbeitszeit (flexible Altersrente).
- Die Entwicklung von Fehlzeiten, insbesondere als Folge von Krankheiten und Unfällen.
- Die Entwicklung der Fluktuation.

Erhebliche Probleme können sich für die Personalplanung desweiteren daraus ergeben, daß die *allgemeine Entwicklung des Arbeitsmarktes* nur schwer vorhersehbar ist. So können beispielsweise kaum verläßliche Aussagen darüber gemacht werden, wie sich mittelfristig die Schulabgänger im Hinblick auf die Alternativen von Studium oder praktischer Berufsausbildung und von Lehre oder Tätigkeit ohne Berufsausbildung verhalten und wie sich die Arbeitswünsche der Frauen entwickeln werden. Nachhaltig belastet wird die Personalplanung auch durch den *technisch-organisatorischen Fortschritt*, der in seiner zeitlichen, quantitativen und qualitativen Dimension nur schwer abschätzbar ist, vor allem auch im Hinblick auf seine Auswirkungen auf den erforderlichen Mitarbeiterbedarf. Hierzu ein gravierendes Beispiel: „Im Industrierevier Brunsbüttel am schleswig-holsteinischen Ufer der Elbmündung werden bis 1985 nicht wie 1969 optimistisch erwartet, 14 000 neue Arbeitsplätze (in den anzusiedelnden Chemie-Werken, R.S.) entstehen, sondern nur 3 000, bei unverändertem Investitionsvolumen" (*Deutsches Allgemeines Sonntagsblatt*, 20.2.77, S. 5).

Große Schwierigkeiten im Hinblick auf die Ermittlung des Personalbedarfs, vor allem in zeitlicher Hinsicht, ergeben sich häufig bei *Erweiterungsinvesti-*

tionen, wenn sich ihre Durchführung aus Gründen, die vom Unternehmen nur wenig planbar sind, stark verzögern, wie das seit einigen Jahren häufig der Fall ist. Diese *Verzögerungsfaktoren* sind beispielhaft in der Verschärfung von Umweltschutzbestimmungen, in schleppenden planungsrechtlichen Vorarbeiten und langwierigen Verwaltungsverfahren sowie ebenfalls zeitaufwendigen Auseinandersetzungen mit Anwohnern und Umweltschützern zu sehen.

Ein Risiko für die Personalplanung bildet auch die *Entwicklung von Gesetzgebung, Rechtsprechung* und *Tarifpolitik* und ihre Auswirkungen auf die allgemeinen Arbeitsmarktbedingungen und auf die Beschäftigungsregeln in den Unternehmen.

Die Personalplanung zwingt die Beteiligten, die im Hinblick auf den künftigen Personalbedarf außerordentlich unsichere Zukunft sicherer zu machen, d.h. *mit Annahmen über die künftige Entwicklung des Personalbedarfs* in örtlicher, zeitlicher, quantitativer und qualitativer Hinsicht zu *arbeiten*. Diese Annahmen können sich später als falsch herausstellen, woraus sich unter Umständen erhebliche Probleme für das Unternehmen und für diejenigen Arbeitnehmer ergeben können, die ihr Verhalten nach den Ergebnissen der „falschen“ Personalplanung ausgerichtet haben.

Daß sich alle Annahmen und Maßnahmen, wenn sie umsichtig erarbeitet worden sind, als falsch herausstellen, ist nicht wahrscheinlich. Insofern ist jede Personalplanung, auch wenn sie kaum vollkommen die zukünftige Entwicklung gedanklich vorwegnehmen kann, immer noch besser, als wenn man sich überhaupt keine Gedanken über die voraussichtliche personelle Entwicklung macht. Zwingt man sich, eine Personalplanung aufzustellen, so wird man bei gründlichem Nachdenken und sorgfältiger Analyse in der Regel auf einige Entwicklungslinien stoßen, die – jedenfalls der Tendenz nach – vorhersehbar sind, z.B. Auswirkungen von Mikroprozessoren und Veränderungen der qualitativen Anforderungen, die Arbeitnehmer an Arbeitsplätze stellen. Auf diese Weise erhalten die Beteiligten Gelegenheit, sich rechtzeitig auf die erkennbaren Entwicklungen einzustellen und geeignete Maßnahmen (z.B. auf dem Gebiet der Humanisierung) einzuleiten, so daß nicht alles dem zufälligen Ereigniseintritt überlassen und so stark improvisiert gehandelt werden muß.

Hier liegt trotz aller planerischen Unsicherheiten der eigentliche Vorteil der Personalplanung, insbesondere auch für die Arbeitnehmer. Zu diesem Ergebnis kommt auch *Schultz-Wild* [1978] aufgrund einer umfangreichen empirischen Untersuchung über die Personalplanung aus dem Jahre 1975, zu der er zusammenfassend ausführt: „Diese empirischen Ergebnisse der ‚Betriebserhebung 1975‘ sind dahingehend interpretierbar, daß betriebliche Personalplanung zwar nicht das Auftreten beschäftigungspolitischer Probleme überhaupt oder auch generell das Durchführen von Entlassungsaktionen verhindern kann, sich jedoch insgesamt tendenziell dahingehend auswirkt, daß aufgrund des Zeitgewinns sowie aufgrund der erhöhten Transparenz der möglichen Folgen ein differenzierteres, meist nur über längere Zeiträume wirksames Maßnahmenbündel zum Einsatz kommt. Die Anpassung an eine Situation verminderten Arbeitsbedarfs wird dadurch zu einem längeren und komplexeren Prozeß, durch den zwar Nachteile für die Arbeitnehmer und negative Auswirkungen auf den Arbeitsmarkt, auf die Gesamtbeschäftigung usw. nicht grundsätzlich vermieden, in ihrer Problematik jedoch durch die zeitliche Streckung und differenziertere Verteilung der Anpassungslasten entschärft werden können" [S. 170].

Kommt die Personalplanung zu dem Ergebnis, daß in der Zukunft ein *Personalüberhang* bestehen wird oder daß die *Personalkosten zu hoch* sein werden, so kann dies die Unternehmensleitung veranlassen, rechtzeitig Rationalisierungsüberlegungen anzustellen – mit allen sich daraus möglicherweise ergebenden Konsequenzen. Die durch die Ergebnisse der Personalplanung bekanntwerdende Situation eines Personalüberschusses kann auch dazu führen, daß Arbeitnehmer von sich aus das Unternehmen verlassen, und zwar vielleicht viel zu früh und möglicherweise auch solche, die man lieber gehalten hätte. Das Aufzeigen eines erheblich zu hohen Personalbestandes kann auch zukünftige *Sozialplanverpflichtungen* in beachtlicher Höhe sichtbar machen, die, wenn sie als Rückstellungen in den Jahresabschluß genommen werden, das Bilanzbild erheblich beeinträchtigen können.

Einen guten Überblick über *beschäftigungspolitische Reaktionsmöglichkeiten bei zu großem Personalbestand* gibt das Schaubild von S. 183 aus dem *RKW-Handbuch*, Teil IV [1978, S. 32].

Die darin skizzierten ausgewählten Problemsituationen, die durch die Personalplanung erst entstanden sind, zeigen, daß im Grunde jede (offene) *Personalplanung* mit einem leistungsfähigen *Konfliktmanagement* ausgerüstet sein muß. Mit anderen Worten: Die positiven Wirkungen der Personalplanung werden regelmäßig nur bei Vorhandensein ganz bestimmter Bedingungen eintreten. Personalplanung kann zweifellos Konflikte vermeiden helfen, sie kann aber auch erst Konflikte erzeugen. Aus dieser Gefahr heraus kann sich die Tendenz ergeben, die personelle Situation lieber überhaupt nicht umfassend und offen zu planen, um so sich möglicherweise schon im Planungszeitpunkt ergebenden unbequemen Fragen aus dem Weg zu gehen.

Weniger problemreich wird es sein, wenn die Personalplanung deutlich macht, daß der Personalbestand in Zukunft vergrößert werden und somit die Personalbeschaffungsplanung in Funktion treten muß. Bei der Planung der *Personalbeschaffung* stellt sich die wichtige Frage, ob der Bedarf *extern*, d.h. über den allgemeinen Arbeitsmarkt, oder *intern* aus den Reihen der vorhandenen Mitarbeiter gedeckt werden soll oder kann. Bei dem internen Arbeitsmarkt spielt die innerbetriebliche Stellenausschreibung eine erhebliche Rolle, die nicht zuletzt durch das Betriebsverfassungsgesetz von 1972 an Bedeutung gewonnen hat. Nach § 93 BetrVG „kann der Betriebsrat verlangen, daß Arbeitsplätze, die besetzt werden sollen, allgemein oder für bestimmte Arten von Tätigkeiten vor ihrer Besetzung innerhalb des Betriebes ausgeschrieben werden". Diese neue Vorschrift wird von *Fitting/Auffarth/Kaiser* [1977, S. 999f.] wie folgt kommentiert: „Sie berücksichtigt den Gedanken eines innerbetrieblichen Arbeitsmarktes und soll die im Betrieb selbst vorhandenen Möglichkeiten des Personaleinsatzes aktivieren. Außerdem sollen Verstimmun-

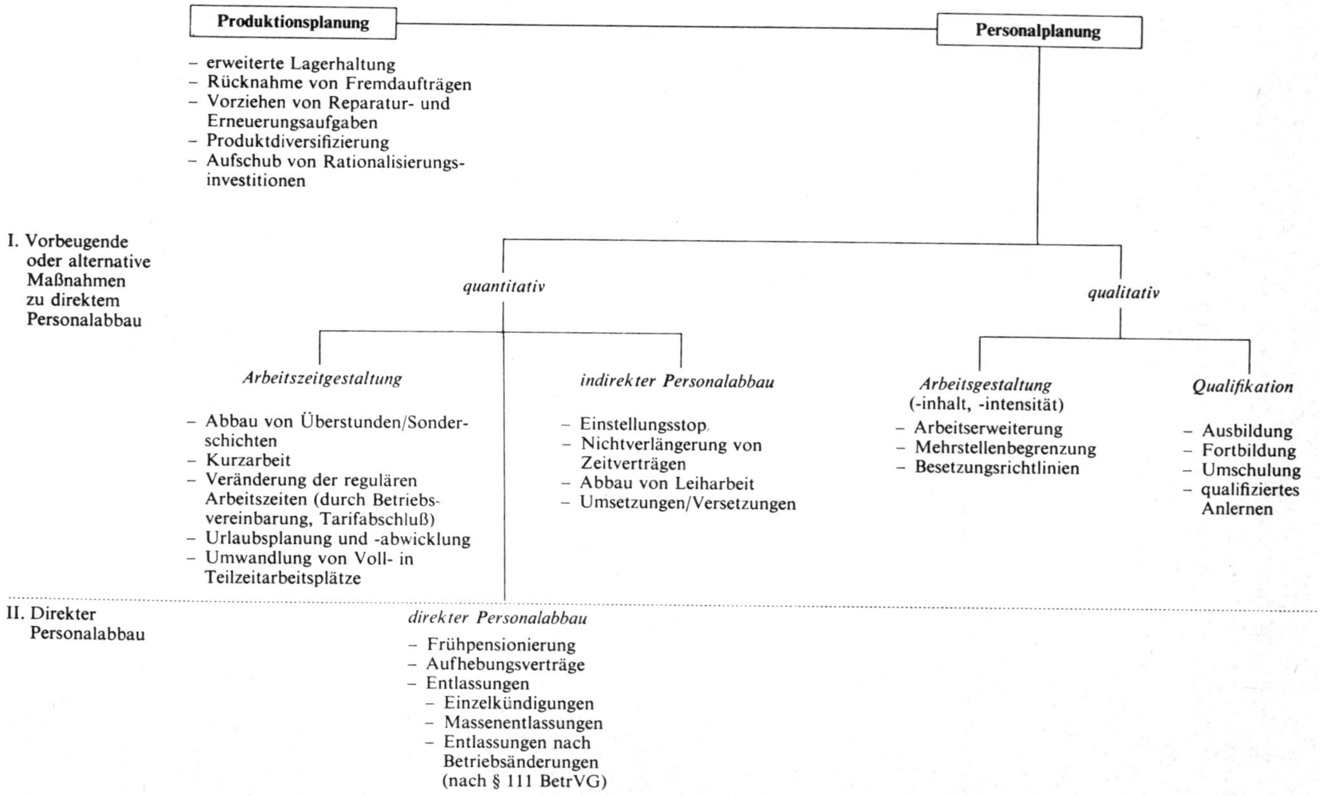
Produktionsplanung
Personalplanung
- erweiterte Lagerhaltung
- Rücknahme von Fremdaufträgen
- Vorziehen von Reparatur- und Erneuerungsaufgaben
- Produktdiversifizierung
- Aufschub von Rationalisierungsinvestitionen
I. Vorbeugende oder alternative Maßnahmen zu direktem Personalabbau
quantitativ
qualitativ
Arbeitszeitgestaltung
- Abbau von Überstunden/Sonderschichten
- Kurzarbeit
- Veränderung der regulären Arbeitszeiten (durch Betriebsvereinbarung, Tarifabschluß)
- Urlaubsplanung und -abwicklung
- Umwandlung von Voll- in Teilzeitarbeitsplätze
indirekter Personalabbau
- Einstellungsstop
- Nichtverlängerung von Zeitverträgen
- Abbau von Leiharbeit
- Umsetzungen/Versetzungen
Arbeitsgestaltung (-inhalt, -intensität)
- Arbeitserweiterung
- Mehrstellenbegrenzung
- Besetzungsrichtlinien
Qualifikation
- Ausbildung
- Fortbildung
- Umschulung
- qualifiziertes Anlernen
II. Direkter Personalabbau
direkter Personalabbau
- Frühpensionierung
- Aufhebungsverträge
- Entlassungen
- Einzelkündigungen
- Massenentlassungen
- Entlassungen nach Betriebsänderungen (nach § 111 BetrVG)

gen und Beunruhigungen der Belegschaft über die Hereinnahme Außenstehender trotz eines möglicherweise im Betrieb vorhandenen durchaus qualifizierten Angebots vermieden werden ... Es ist oft sinnvoller, für die Besetzung von Arbeitsplätzen auf Arbeitnehmer des Betriebes zurückzugreifen, als Außenstehende anzuwerben. Anders u.U. bei Führungskräften."

Die *Bundesvereinigung der Deutschen Arbeitgeberverbände* wies schon in ihrem Jahresbericht 1971 (S. 143) darauf hin, daß viele Betriebe es vorziehen, offene Stellen im Betrieb vorrangig aus den eigenen Reihen zu besetzen, wobei die Gründe hierfür nicht so sehr in der angespannten Arbeitsmarktlage zu suchen seien als vielmehr in einer modernen Personalpolitik, die darauf abziele, die im Betrieb vorhandenen Aufstiegs- und Verdienstchancen in erster Linie den eigenen Mitarbeitern zu erschließen. Als vorteilhaft sieht es die Bundesvereinigung an, „daß mit Hilfe der internen Stellenausschreibung bisher brachliegende Fähigkeiten von Betriebsangehörigen aufgedeckt und die Mitarbeiter entsprechend ihrer persönlichen und fachlichen Eignung beschäftigt werden können ... Dadurch wird die Arbeitsfreude beim einzelnen erhöht und die Fluktuation vor allem qualifizierter Mitarbeiter gesenkt."

Die Nutzung der Möglichkeiten der innerbetrieblichen Aufstiegschancen kann durch eine leistungsfähige betriebliche Personalplanung gefördert werden, indem die Daten der freiwerdenden und zu besetzenden Stelle rechtzeitig transparent gemacht werden.

Naturgemäß ist die innerbetriebliche Personalbeschaffung nicht nur mit Vorteilen verbunden. Sie hat auch Nachteile gegenüber einer außerbetrieblichen Personalbeschaffung. *Kador/Pornschlegel* [1977, S. 79f.] haben die *Vor- und Nachteile innerbetrieblicher und außerbetrieblicher Personalbeschaffung* wie folgt gegenübergestellt.

Innerbetriebliche Personalbeschaffung

Vorteile	Nachteile
– Eröffnung von Aufstiegschancen (erhöht Bindung an den Betrieb, verbessert Betriebsklima)	– Weniger Auswahlmöglichkeiten – Ggf. hohe Fortbildungskosten
– Geringe Beschaffungskosten	– Mögliche Betriebsblindheit
– Betriebskenntnis – Kennen des Mitarbeiters, Kenntnis seines Könnens	– Enttäuschung bei Kollegen, evtl. weniger Anerkennung bei Aufrücken in Vorgesetztenfunktionen, ggf. auch Spannungen/Rivalitäten
– Einhaltung des betrieblichen Entgeltniveaus (bei externer Einstellung ggf. überhöhtes Marktgehalt)	– Zu starke kollegiale Bindungen, Sachentscheidungen werden „verkumpelt"

Vorteile	Nachteile
– Schnellere Stellenbesetzungsmöglichkeit – Anfangsstellungen für Nachwuchs werden frei (und qualifizierter besetzbar, R.S.) – Transparentere Personalpolitik	– Stellenbesetzungen/Beförderungen „um des lieben Friedens willen". Man will dem langgedienten Mitarbeiter nicht „nein" sagen. – Nachlassende Mitarbeiteraktivität wegen Beförderungsautomatik, man verläßt sich auf Nachfolge (Vertreter wird immer Nachfolger!) – Versetzung löst Bedarf quantitativ nicht; qualitativ oft nur in Verbindung mit Fortbildung und bei vertikaler Beförderung mit Führungsschulung.

Außerbetriebliche Personalbeschaffung

Vorteile	Nachteile
– Breitere Auswahlmöglichkeit – Neue Impulse für den Betrieb – Der Externe wird leichter anerkannt – Einstellung löst Personalbedarf direkt	– Größere Beschaffungskosten – Hohe externe Einstellungsquote wirkt fluktuationsfördernd („Hier kann man nichts werden!") – Negative Auswirkungen auf Betriebsklima – Höheres Risiko Probezeit – Keine Betriebskenntnis (allgemeine Einführung erforderlich – Kosten/Zeit) – Stellenbesetzung zeitaufwendiger – Der „vor die Nase gesetzte" neue Mann muß erst Spannungen abbauen – das bedeutet Kräfteverlust für den Betrieb – Bei Stellenwechsel höhere Gehaltsvorstellungen als bei innerbetrieblicher Aufstiegsversetzung – Blockierung von Aufstiegsmöglichkeiten

Für die Durchführung einer leistungsfähigen Personalplanung und insbesondere auch für die Ausschöpfung der Möglichkeiten des innerbetrieblichen Arbeitsmarktes sind einige wichtige organisatorische Voraussetzungen erforderlich, die häufig in der betrieblichen Praxis nicht gegeben sind. Dazu gehört, daß für die vorhandenen Arbeitsplätze (aktuelle) Stellenbeschreibungen existieren und weiter, daß Stellen- und Stellenbesetzungspläne vorhanden sind. Im *Stellenplan* wird ausgewiesen, welche Arbeitsplätze überhaupt existieren, unabhängig davon, ob sie besetzt sind oder nicht. Der *Stellenbesetzungsplan* zeigt auf, welche Arbeitsplätze tatsächlich mit Arbeitnehmern besetzt sind. Die *Stellenbeschreibung* (auch Arbeitsplatz- und Tätigkeitsbeschreibung genannt) als die schriftliche Darstellung der kleinsten Einheit in der Organisationsstruktur enthält vor allem Angaben über die Anforderungen an den Stelleninhaber, seine Aufgaben, Befugnisse und Verantwortlichkeiten sowie die organisatorische Einordnung der Stelle (Unterstellungsverhältnisse).

Weiterhin ist wichtig, daß es im Hinblick auf den vorhandenen Mitarbeiterbestand aktuelle aussagefähige personenbezogene Daten gibt (*Personalinformationssysteme*), so zum Beispiel in bezug auf den Altersaufbau der Belegschaft, die Fluktuation und den Krankenstand, den Ausbildungsstand und das Entwicklungspotential der Mitarbeiter, um nur einige Daten zu nennen. Auf dem Gebiet der personenbezogenen Informationsgewinnung und -verarbeitung müssen Personalplanung und Personalverwaltung besonders eng zusammenarbeiten.

Eine erfolgreiche Personalplanung setzt außerdem voraus, daß die in der Unternehmung *mit* der Durchführung der *Personalplanung betraute Stelle oder Person mit großer Autorität ausgestattet* ist, da sie nur so die für die Planung erforderlichen Daten von den zuständigen Abteilungen erhält und nur so die Chance hat, mit ihren eigenen planerischen Vorstellungen bei den Verantwortlichen Gehör zu finden, die ihrerseits die Notwendigkeit einer Personalplanung bejahen müssen.

10. Tarifvertrag und Arbeitskampf

In der Arbeitswelt wird die individuelle Vertragsfreiheit, die im Prinzip auch für das Arbeitsverhältnis gilt, weitgehend durch einen Kollektivvertrag (Gesamtvereinbarung) – den Tarifvertrag – ersetzt, den die voneinander unabhängigen Tarifvertragsparteien in eigener Verantwortung und im wesentlichen ohne staatliche Einflußnahme abschließen (*Tarifautonomie*) und dessen rechtliche Grundlage vor allem das Tarifvertragsgesetz (TVG) bildet.

Der schriftlich zu schließende *Tarifvertrag* regelt die Rechte und Pflichten der Tarifvertragsparteien und enthält Rechtsnormen, die den Inhalt, den Abschluß und die Beendigung von Arbeitsverhältnissen sowie betriebliche und betriebsverfassungsrechtliche Fragen ordnen können. *Tarifvertragsparteien* sind Gewerkschaften, einzelne Arbeitgeber sowie Vereinigungen von Arbeitgebern. In der Bundesrepublik herrscht der großräumige (regionale) Tarifvertrag vor; ein Vertrag also, der für eine Vielzahl von Unternehmen einer Branche abgeschlossen wird.

Eine zweite Form des Kollektivvertrages ist die *Betriebsvereinbarung*, die zwischen dem Arbeitgeber und dem Betriebsrat für die von ihm vertretene Belegschaft schriftlich geschlossen wird (§ 77 BetrVG). Die Betriebsvereinbarung regelt vor allem solche Fragen, die üblicherweise nicht von einem Tarifvertrag erfaßt werden. Sie gilt nicht für leitende Angestellte.

Die eigentliche Domäne des Tarifvertrages ist die Regelung von *Lohnfragen*. Zunehmend erfaßt der Tarifvertrag aber auch *andere Arbeitsbedingungen*, wie das nachstehende Schaubild zeigt.

An den Tarifvertrag gebunden sind die Mitglieder der Tarifvertragsparteien, d.h. auf Arbeitnehmerseite alle diejenigen Arbeitnehmer, die Mitglied der den Tarifvertrag abschließenden Gewerkschaft sind. In der Praxis werden die im Tarifvertrag vereinbarten Leistungen regelmäßig auch den Nicht-Organisierten gewährt. Das Bundesarbeitsgericht führt hierzu in seinem Aussperrungs-Urteil vom 10.6.1980 aus: „Der erkämpfte Tarifvertrag entfaltet zwar seine normative Wirkung nur für die tarifgebundenen Arbeitnehmer, praktisch werden jedoch die Nichtorganisierten stets gleichgestellt. Unter anderem aus koalitionspolitischen Gründen vermeiden die Arbeitgeber jede Schlechterstellung derjenigen Arbeitnehmer, die sich keiner Gewerkschaft angeschlossen haben."

Die Gewerkschaften haben rechtlich keine Möglichkeit, die Arbeitgeber davon abzuhalten, den Tarifvertrag auch auf Unorganisierte anzuwenden, worauf noch einzugehen sein wird. Andererseits sind die Unternehmen aber nicht verpflichtet, die im Tarifvertrag vereinbarten Leistungen auch den Unorganisierten zu gewähren, es sei denn, daß im Einzelarbeitsvertrag ein bestimmter Tarifvertrag zum Bestandteil des Arbeitsvertrages gemacht worden ist oder daß ein anderer Rechtsanspruch, z.B. kraft betrieblicher Übung, besteht oder daß der Bundesminister für Arbeit und Sozialordnung den Tarifvertrag für allgemeinverbindlich erklärt hat. Eine solche Möglichkeit bietet – unter bestimmten Voraussetzungen – das Tarifvertragsgesetz, von der im Hinblick auf die Lohnfestsetzung aber nur relativ wenig Gebrauch gemacht wird. Der Tarifvertrag gilt für alle Arbeitnehmer, wenn und soweit es sich um tarifvertragliche Normen handelt, die betriebliche und betriebsverfassungsrechtliche Fragen regeln, z.B. soziale Einrichtungen betreffend.

Die im Tarifvertrag fixierten Rechtsnormen zur Regelung der Arbeitsbedingungen haben den Charakter von *Mindestbedingungen*, die unmittelbar und zwingend den beiderseits Tarifgebundenen gelten. Ein Verzicht auf tarifliche Rechte ist nur durch einen von den Tarifvertragsparteien gebilligten Vergleich möglich. Vom Tarifvertrag abweichende individuelle oder kollektive Abmachungen sind zulässig, soweit sie durch den Tarifvertrag gestattet sind (Öffnungsklausel). Für den Arbeitnehmer günstigere Lohn- und Arbeitsbedingungen, als sie der Tarifvertrag vorsieht, können die Parteien des Arbeitsvertrages, also Arbeitgeber und Arbeitnehmer, auch ohne das Vorliegen einer Öffnungsklausel vereinbaren (Günstigkeitsprinzip). Solche Besserstellungen sind in der Praxis weit verbreitet. Dies ergibt sich zum großen Teil daraus, daß beim Abschluß der großräumigen Tarifverträge auf die Verhältnisse der weniger leistungsfähigen Unternehmen Rücksicht genommen werden muß, wodurch die ertragskräftigen Unternehmen die Möglichkeit erhalten, über die Mindestbedingungen des Tarifvertrages hinauszugehen. Hierzu werden sie vielfach auch vom Betriebsrat gedrängt.

Übertarifliche Löhne werfen bei denjenigen, die sie erhalten, manchmal die Frage auf, wozu man denn eigentlich Gewerkschaften brauche, wenn diese Tarifverträge vereinbarten, die von den Arbeitgebern übererfüllt würden. Übertarifliche Löhne führen überdies dazu, daß der von den Gewerkschaften propagierte Grundsatz „gleicher Lohn für gleiche Arbeit“ verletzt wird. Aus diesen Gründen werden übertarifliche Löhne grundsätzlich von den Gewerkschaften nicht gerne gesehen. Hinzu kommt ein weiteres Problem, das ebenfalls durch die Zahlung übertariflicher Löhne hervorgerufen wird.

Bei Tariflohnerhöhungen ist die Arbeitnehmerseite naturgemäß daran interessiert, daß die vereinbarten neuen Lohnerhöhungen auf die tatsächlich gezahlten Löhne aufgestockt werden. Man will verhindern, daß im Falle von Tariflohnerhöhungen die bisher (freiwillig) gezahlten Zulagen „aufgesaugt“, d.h. auf den neuen, höheren Tariflohn angerechnet werden. Die Lohnerhöhungen sollen also auf den bisherigen Effektivlohn draufgezahlt werden. Zu diesem Zweck sind die Gewerkschaften bestrebt, in den Tarifverträgen mit den Arbeitgebern sogenannte *Effektivklauseln* zu vereinbaren. Diese werden jedoch von der Rechtsprechung des Bundesarbeitsgerichts für unzulässig gehalten. Nach Meinung des Gerichts greifen sie in den den Parteien des Einzelarbeitsvertrages vorbehaltenen übertariflichen Raum ein. Die ablehnende Haltung des Bundesarbeitsgerichts zu dieser Frage ist stark umstritten. Von Gewerkschaftsseite wird seit langem, insbesondere auf den Gewerkschaftskongressen, die Zulassung von Effektivklauseln verlangt.

Nach der ständigen Rechtsprechung des Bundesarbeitsgerichts können außertarifliche Zulagen auf Tariflohnerhöhungen grundsätzlich angerechnet werden, es sei denn, daß nach Vereinbarung der Parteien dem Arbeitnehmer die übertarifliche Zulage als selbständiger Lohnbestandteil (z.B. für besondere Leistung) neben dem jeweiligen Tariflohn zustehen soll.

Aus der Tatsache, daß die meisten Arbeitnehmer nicht gewerkschaftlich organisiert sind, andererseits aber die Ergebnisse gewerkschaftlicher Arbeit genießen, ohne einen finanziellen Beitrag zu den entstehenden Organisationskosten zu leisten, wird von gewerkschaftlicher Seite immer wieder gefordert, in Tarifverträgen die Vereinbarung von sogenannten *Differenzierungsklauseln* zuzulassen. Durch diese Klauseln sollen die tariflichen Erfolge entweder nur den Organisierten vorbehalten werden, oder es sollen die nicht Organisierten verpflichtet werden, einen finanziellen Solidaritätsbeitrag an die Gewerkschaften abzuführen. Das *Bundesarbeitsgericht* hat solche Differenzierungsklauseln für unzulässig erklärt und hierzu in seiner *Grundsatzentscheidung vom 29.11.1967* folgendes ausgeführt:

„Es gibt kein allgemeines Rechtsprinzip, das die Anlehnung an die Früchte fremder Arbeit ohne weiteres ausgleichspflichtig macht. Ohne eine gewisse Freiheit auch in der Ausnutzung der Arbeit anderer wäre ein Fortschritt nicht denkbar. Jeder, der sich irgend etwas erarbeitet, steht schließlich irgendwie auf den Schultern seiner Vorgänger. Deshalb darf niemand von Dritten ohne gesetzliche Ermächtigung oder vertragliche Unterwerfung veranlaßt werden, für das, was er seit jeher kostenlos in Anspruch nahm und daher als Gemeingut ansehen darf, einen Ausgleich zu erbringen ...

Sämtliche Differenzierungsklauseln haben den völlig unverhohlenen, nirgendwo verborgenen oder geheimgehaltenen und ganz ausdrücklich ausgesprochenen Zweck, mit Hilfe des Arbeitgebers die Außenseiter zum gewerkschaftlichen Beitritt und damit zur Stärkung der gewerkschaftlichen Macht zu veranlassen ... Differenzierungsklauseln jedweder Art ... sind ... aus zwei Gründen nicht mehr durch die Tarifmacht der Koalitionen gedeckt. Sie enthalten im Ergebnis eine nach allgemeinen Gesetzen unzulässige Beitragserhebung und überschreiten im Verhältnis zur Arbeitgeberkoalition die Grenze des Zumutbaren ... Nach demokratischen Grundsätzen sind Steuern, Beiträge und sonstige Lasten ... nur zulässig aufgrund eines unter parlamentarischer Kontrolle zustandegekommenen Gesetzes ...

Die Gewerkschaft verlangt ... Unzumutbares, wenn sie von der Arbeitgeberseite fordert, bei der tariflichen Durchsetzung der Differenzierung zwischen Organisierten und Außenseitern mitzuwirken ... Die Gleichbehandlung von Organisierten und nicht Organisierten in Entgeltfragen wird heute weitgehend als ein Ausdruck der sozialen Gerechtigkeit empfunden.“

Das Bundesarbeitsgericht meint, zu dieser Gleichbehandlung sei der Arbeitgeber häufig schon deshalb genötigt, um den unternehmerischen Erfolg nicht zu gefährden und fährt fort: „Wenn die Arbeitgeberseite diesen Erfolg mittels Gleichbehandlung der Organisierten und Außenseiter anstreben will oder gar anzustreben gezwungen ist, so darf sie diesem Ziel nach den Maßstäben der sachgerechten Güterabwägung den Vorrang vor der Rücksichtnahme auf die Belange des Sozialpartners geben. Sie braucht ihre ureigensten Interessen nicht zurückzustellen ... Es ergibt sich somit, daß die Verbands- und Tarifmacht nicht so weit reicht, um im Interesse der Stärkung der Organisation der Gewerkschaften und im Interesse der finanziellen Entlastung der Gewerkschaften und der Organisierten tarifvertraglich die Außenseiter anders zu behandeln als die Organisierten; die Tarifmacht der Koalitionen kann auch im Wege der Rechtsfortbildung nicht entsprechend ausgedehnt werden."

Zu den gewerkschaftlichen Forderungen an den Gesetzgeber bzw. an die Rechtsprechung, Vorteilsregelungen für Gewerkschaftsmitglieder zuzulassen, sei noch darauf hingewiesen, daß solche Forderungen nicht von allen Gewerkschaften erhoben werden. Manche lehnen Differenzierungsklauseln ausdrücklich ab; so die ÖTV und die IG Metall [s. *Seitenzahl/Zachert/Pütz*, 1976]. Diese ablehnende Haltung wird vor allem damit begründet, daß die Gewerkschaften von jeher für sich in Anspruch nähmen, Vertreter und Sprecher *aller* Arbeitnehmer zu sein. Gesehen werden muß in diesem Zusammenhang aber noch ein weiteres wichtiges Problem: Da durch Vorteilsregelungen für die Gewerkschaftsmitglieder die Arbeitskraft der Organisierten teurer wird als die der Nichtorganisierten, könnte dies im Falle von erforderlich werdenden Entlassungen dazu führen, daß verstärkt Gewerkschaftsmitgliedern gekündigt würde bzw. bei Beschäftigungsausweitung bevorzugt Nicht-Organisierte eingestellt würden. Wegen dieser Gefahr haben sich die Gewerkschaften früher dafür eingesetzt, auch die nicht tarifgebundenen Arbeitnehmer zu den tariflichen Bedingungen zu beschäftigen.

Verwandt mit dem Bestreben, Vorteilsregelungen für die Gewerkschaftsmitglieder zu schaffen, ist das gewerkschaftliche Bemühen, für ihren betrieblichen *Vertrauensleutekörper* materielle Hilfen der Betriebe (z.B. bezahlte Freistellungen zur Erledigung der gewerkschaftlichen Aufgaben und evtl. einen besonderen Kündigungsschutz) vertraglich zu vereinbaren. Zu den Aufgaben der Vertrauensleute gehört es, die Arbeit des Betriebsrates zu unterstützen. Es wird auch die Auffassung vertreten, daß es mit zu den Funktionen der Vertrauensleute gehöre, den Betriebsrat bei seiner Tätigkeit zu überwachen. Ein Abkommen zum Schutz solcher gewerkschaftlicher Funktionsträger ist beispielsweise im Jahre 1975 zwischen der Deutschen Postgewerkschaft und dem Bundespostminister (dem ehemaligen Vorsitzenden der Deutschen Postgewerkschaft) abgeschlossen worden. Die Arbeitgeberseite wehrt sich sehr gegen die Vereinbarung solcher Verträge; u.a. mit dem Hinweis, es könne nicht Aufgabe der Unternehmen sein, der Gewerkschaft die Kosten für ihre Arbeit abzunehmen.

Der Abschluß von Tarifverträgen geht häufig mit Arbeitskämpfen einher. Beim *Arbeitskampf* stören die Parteien des Arbeitslebens den Arbeitsfrieden mit kollektiven Maßnahmen, um durch diesen Druck ein bestimmtes Ziel zu erreichen. Dabei sind Streik und Aussperrung die wichtigsten Erscheingsformen des Arbeitskampfes. Während es sich beim *Streik* um die gemeinsame und planmäßig durchgeführte Arbeitseinstellung einer größeren Anzahl von Arbeitnehmern handelt, geht es bei der *Aussperrung* darum, daß der oder die Arbeitgeber planmäßig eine Gruppe von (arbeitswilligen) Arbeitnehmern von der Erbringung ihrer Arbeitsleistung ausschließen. Grundsätzlich kann die Aussperrung auch von solchen Betrieben angewandt werden, die selbst zwar (noch) nicht bestreikt werden, aber der betreffenden (Tarif)Branche angehören und in dem umkämpften Gebiet liegen. Sowohl beim Streik als auch bei der Aussperrung ist davon auszugehen, daß im Normalfall nach Beendigung des Arbeitskampfes die Arbeitsverhältnisse fortgesetzt werden sollen. Beim Streik wie auch im Falle der Aussperrung erhält der Arbeitnehmer keinen Lohn.

Nach wohl herrschender Auffassung ist das für organisierte und nichtorganisierte Arbeitnehmer bestehende Streikrecht verfassungsrechtlich garantiert. *Streiks* müssen, wie andere Arbeitskampfmaßnahmen auch, allerdings *sozialadäquat* sein oder – wie es später hieß – dem Gebot der Verhältnismäßigkeit entsprechen. Unter diesen Gesichtspunkten hat die höchstrichterliche Rechtsprechung bisher auch die *Aussperrung* anerkannt.

Zur Beantwortung der Frage, unter welchen Voraussetzungen ein Arbeitskampf sozialinadäquat und damit rechtswidrig ist, haben *Hueck/Nipperdey* [1970, S. 300] die nachstehenden *Prinzipien* herausgearbeitet:

1. Der Arbeitskampf muß ein Kampf tariffähiger[1]) Parteien sein. Damit ist der „wilde", nicht von einer Gewerkschaft getragene Streik sozialinadäquat.
2. Der Arbeitskampf muß ein tariflich regelbares Ziel verfolgen.
3. Arbeitskämpfe dürfen nicht gegen die Grundregeln des Arbeitsrechts, insbesondere des kollektiven Arbeitsrechts, verstoßen.
4. Der Arbeitskampf muß das äußerste Mittel („ultima ratio") sein.
5. Der Arbeitskampf darf nicht gegen die Prinzipien fairer Kampfführung verstoßen; die Beteiligten dürfen insbesondere nicht Gewalt anwenden.
6. Werden Arbeitskämpfe zur Abwehr eines kollektiven sozialinadäquaten Angriffs geführt (Abwehrstreik, Abwehraussperrung), so sind diese Arbeitskampfmaßnahmen – gleichsam als Notwehr – auch dann rechtmäßig, wenn sie keine kollektivrechtlich regelbaren Ziele verfolgen.

Mit dem Wesen und der grundsätzlichen Zulässigkeit von Streiks und Aussperrungen hat sich der Große Senat des *Bundesarbeitsgerichts* ausführlich in seinen Beschlüssen vom 28.1.*1955* und 21.4.*1971* sowie in seinen Aussperrungsurteilen vom 10.6.*1980* auseinandergesetzt. In seinem Beschluß vom 28.1.1955 stellt das Bundesarbeitsgericht ausdrücklich fest, daß die Teilnahme des Arbeitnehmers an einem legitimen Streik keinen Arbeitsvertragsbruch darstellt und daß für eine Teilnahme an einem solchen Streik nicht – wie es

[1]) Das Recht, Tarifverträge abzuschließen (= Tariffähigkeit) haben Gewerkschaften, Arbeitgeberverbände und einzelne Arbeitgeber.

früher die herrschende Meinung war – die Kündigung des Arbeitsverhältnisses durch den Arbeitnehmer erforderlich ist. An dem Beschluß von 1971 ist die Feststellung besonders wichtig, daß mit einer Aussperrung die Arbeitsverhältnisse der Beschäftigten im allgemeinen nicht – wie bis dahin angenommen – aufgelöst werden, sondern unter dem Ruhen der Rechte und Pflichten fortbestehen (suspendierende Wirkung); die lösende Aussperrung wird nur noch in besonderen Fällen für zulässig gehalten, z.B. bei einer Verschärfung des Arbeitskampfes durch einen sehr langen Streik.

Die beiden höchstrichterlichen Entscheidungen von 1955 und 1971 zum Streik und zur Aussperrung brachten für die Arbeitnehmerseite zweifellos einen rechtlichen Fortschritt. Das Bundesverfassungsgericht hat am 19.2.1975 festgestellt, daß mit der erwähnten Entscheidung des Bundesarbeitsgerichts von 1971, wonach die Aussperrung im allgemeinen nur suspendierende und keine vertragslösende Wirkung hat, keine Grundrechte der Arbeitgeber verletzt worden sind.

Der grundsätzlichen Bedeutung wegen sollen nachstehend einige wichtige Passagen der Entscheidungen des Bundesarbeitsgerichts von 1955 und 1971 wörtlich wiedergegeben werden, zumal sie in ihrer Substanz auch durch die Aussperrungsurteile von 1980 nicht angetastet worden sind. In dem Beschluß des *Bundesarbeitsgerichts* vom 28.1.*1955* heißt es u.a.:

„Arbeitskämpfe (Streik und Aussperrung) sind im allgemeinen unerwünscht, da sie volkswirtschaftliche Schäden mit sich bringen und den im Interesse der Gesamtheit liegenden sozialen Frieden beeinträchtigen; aber sie sind in bestimmten Grenzen erlaubt, sie sind in der freiheitlichen, sozialen Grundordnung der Deutschen Bundesrepublik zugelassen. Unterbrechungen der betrieblichen Arbeitstätigkeit durch einen solchen Arbeitskampf sind sozialadäquat, da die beteiligten Arbeitnehmer und Arbeitgeber mit solchen kampfweisen Störungen auf Veranlassung und unter der Leitung der Sozialpartner von jeher rechnen müssen und die deutsche freiheitliche Rechtsordnung derartige Arbeitskämpfe als ultima ratio anerkennt. Es besteht Freiheit des Arbeitskampfes, Streikfreiheit und Aussperrungsfreiheit . . .

Das deutsche Arbeitsrecht erkennt . . . die sozialadäquaten Arbeitskämpfe als legitimes Mittel zur Erreichung kollektiv-rechtlicher Vereinbarungen an.

Der Staat verhält sich den Arbeitskämpfen der Sozialpartner gegenüber neutral . . .

Die Anerkennung des Arbeitskampfes, das Prinzip der Neutralität und der Gleichheitsgrundsatz des Art. 3 GG verbieten es dem Staat, d.h. seiner Gesetzgebung, seiner Verwaltung und Rechtsprechung, die Kampfmittel der beiden Sozialpartner ungleichmäßig zu behandeln. Es gilt der Grundsatz der Waffengleichheit, der Kampfparität.

Im Rahmen der sozialen Adäquanz gilt aber auch der Grundsatz der Kampffreiheit, genauer der Freiheit der Wahl der Kampfmittel . . . (Es) darf jede Gruppe in den Grenzen des legitimen Kampfes das ihr gemäße historisch überkommene, der Natur der Sache entsprechende Kampfmittel wählen.

Dem Streik der Gewerkschaften entspricht die Aussperrung . . .

Die sachgerechte Verteilung des Risikos des Arbeitskampfes in der Hand der Sozialpartner ist . . . ein Gebot der Kampfparität, gleichzeitig aber eine staatspolitische Notwendigkeit, die es gebietet, Arbeitskämpfe im Interesse des Gemeinwohls nicht zu erleichtern. Das Risiko der Arbeitnehmer, beim Streik ihre Arbeitsstellen zu verlieren, darf ihnen nicht abgenommen werden. Streik ist Kampf. Wer sich zum Kampf entschließt, muß auch das Risiko des Kampfes tragen."

Zur Frage der Kampfparität hat sich das *Bundesarbeitsgericht* auch in seinem Beschluß vom 21.4.*1971* geäußert. Es heißt dort: „Vorbehaltlich der konkreten, insbesondere auch der wechselnden wirtschaftlichen Situation, die vorgegeben ist, muß im Prinzip sichergestellt sein, daß nicht eine Tarifvertragspartei der anderen von vornherein ihren Willen aufzwingen kann, sondern daß möglichst gleiche Verhandlungschancen bestehen. Auf andere Weise kann die Tarifautonomie unter Ausschluß der staatlichen Zwangsschlichtung nicht funktionieren."

Weiterhin hat das Bundesarbeitsgericht in seinem Beschluß vom 21.4.1971 die Forderung erhoben, daß Arbeitskämpfe unter dem obersten *Gebot der Verhältnismäßigkeit* stehen müssen. Der Begriff der Sozialadäquanz, der in der BAG-Entscheidung vom 28.1.1955 eine zentrale Rolle gespielt hatte, wird in der Entscheidung von 1971 nicht mehr herausgestellt; an seiner Stelle wird vielmehr der Grundsatz der Verhältnismäßigkeit als Maßstab für die Legitimität der Arbeitskämpfe und für die Rechtmäßigkeit einzelner Arbeitskampfmaßnahmen verwandt. Im einzelnen heißt es hierzu in dem Beschluß vom 21.4.1971:

„Arbeitskämpfe müssen zwar nach unserem freiheitlichen Tarifvertragssystem möglich sein, um Interessenkonflikte über Arbeits- und Wirtschaftsbedingungen im äußersten Fall austragen und ausgleichen zu können. In unserer verflochtenen und wechselseitig abhängigen Gesellschaft berühren aber Streik wie Aussperrung nicht nur die am Arbeitskampf unmittelbar Beteiligten, sondern auch Nichtstreikende und sonstige Dritte sowie die Allgemeinheit vielfach nachhaltig. Arbeitskämpfe müssen deshalb unter dem obersten Gebot der Verhältnismäßigkeit stehen. Dabei sind die wirtschaftlichen Gegebenheiten zu berücksichtigen, und das Gemeinwohl darf nicht offensichtlich verletzt werden . . . Das führt im wesentlichen zu drei Folgerungen:

(1) Arbeitskämpfe dürfen nur insoweit eingeleitet und durchgeführt werden, als sie zur Erreichung rechtmäßiger Kampfziele und des nachfolgenden Arbeitsfriedens geeignet und sachlich erforderlich sind. Jede Arbeitskampfmaßnahme – sei es Streik, sei es Aussperrung – darf ferner nur nach Ausschöpfung aller Verständigungsmöglichkeiten ergriffen werden; der Arbeitskampf muß also das letzte mögliche Mittel (ultima ratio) sein . . . Deshalb ist auch ein Schlichtungsverfahren erforderlich.

(2) Auch bei der Durchführung des Arbeitskampfes selbst, und zwar sowohl beim Streik als auch bei der Aussperrung, ist der Grundsatz der Verhält-

nismäßigkeit zu beachten. Die Mittel des Arbeitskampfes dürfen ihrer Art nach nicht über das hinausgehen, was zur Durchsetzung des erstrebten Zieles jeweils erforderlich ist. Das Prinzip der Verhältnismäßigkeit betrifft also nicht nur Zeitpunkt und Ziel, sondern auch die Art und Durchführung und die Intensität des Arbeitskampfes. Der Arbeitskampf ist deshalb nur dann rechtmäßig, wenn und solange er nach Regeln eines fairen Kampfes geführt wird. Ein Arbeitskampf darf nicht auf Vernichtung des Gegners abstellen, sondern er hat den gestörten Arbeitsfrieden wieder herzustellen.

(3) Nach beendetem Arbeitskampf müssen wegen des Grundsatzes der Verhältnismäßigkeit beide Parteien ebenfalls dazu beitragen, daß sobald wie möglich und in größtmöglichem Umfang der Arbeitsfriede wieder hergestellt wird."

Nicht nur das – relativ vage – Gebot der Verhältnismäßigkeit der Mittel, sondern vor allem die grundsätzliche *Zulässigkeit der Aussperrung* wird von den *Gewerkschaften* heftig *kritisiert*. Auf dem 9. Ordentlichen DGB-Bundeskongreß 1972 in Berlin haben mehrere Gewerkschaften Entschließungsanträge eingebracht und verabschieden lassen (und auf späteren Kongressen wiederholt), in denen der DGB aufgefordert wird, sich für ein gesetzliches Verbot der Aussperrung einzusetzen. Die IG Metall, die zu den Antragstellern gehörte, begründete ihren Antrag mit dem Satz: „Es widerspricht dem Geist des Grundgesetzes, wenn dem Streikrecht der wirtschaftlich Schwachen das Aussperrungsrecht der wirtschaftlich Starken als gleichrangig gegenübergestellt wird." Zur Untermauerung ihrer Forderung nach einem Verbot der Aussperrung hat die IG Metall eine wissenschaftliche Veranstaltung vom 13. bis 15.9.1973 in München zum Thema „Streik und Aussperrung" durchgeführt [s. *Kittner*, 1974]. Auch von einigen Parteigliederungen der SPD wird ein gesetzliches Aussperrungsverbot gefordert.

In der Diskussion um ein Aussperrungsverbot spielen *zwei Aussperrungsformen* eine besondere Rolle: die Angriffs- und die Abwehraussperrung. Bei der *Angriffsaussperrung* sind die Arbeitgeber die Initiatoren des Arbeitskampfes, d.h. sie greifen von sich aus an, ohne daß ein Streik in dem betreffenden Tarifgebiet vorausgegangen ist. Diese Form hat seit langem mehr theoretische als praktische Bedeutung; sie ist auch rechtlich problematisch. Bei der *Abwehraussperrung* handelt es sich um eine Arbeitgeber-Reaktion auf vorangegangene Streiks, wobei diese Streiks im Regelfall Schwerpunktstreiks in Schlüsselbereichen sind; eine Streikform, die die gewerkschaftliche Streikkasse schont und dennoch großen Druck ermöglicht.

Nach der *Verfassung* des *Landes Hessen* ist die Aussperrung rechtswidrig. Dennoch wird auch dort gelegentlich von der Aussperrung Gebrauch gemacht. Das Bundesarbeitsgericht hat in seinen Aussperrungsurteilen vom 10.6.1980 festgestellt, daß die Aussperrungsproblematik in allen Bundesländern die gleiche sein müsse, in Hessen also keine Sonderregelung gelte.

Däubler [1976, S. 157], der ebenfalls für ein generelles Aussperrungsverbot eintritt, weist zunächst auf den mit einem Arbeitskampf verbundenen Lohnwegfall hin, der eine fühlbare Einbuße an Lebensstandard darstelle. „Die im besten Fall eintretende Verringerung des Einkommens auf zwei Drittel (= gewerkschaftliche Streikunterstützung, R.S.) ist insbesondere dort von verheerender Wirkung, wo längerfristige Verbindlichkeiten aus Abzahlungskäufen, hohe Mieten oder sonstige feste Kosten (wie für ein Auto oder die Ausbildung der Kinder) die ‚freie Spitze' ganz gering werden oder gar wegfallen lassen."

Die Arbeitskampfsituation der Gegenseite schildert *Däubler* wie folgt: „Auf der Seite der Arbeitgeber gibt es keinerlei Nachteile, die auch nur entfernt die ‚Persönlichkeitsnähe' und Fühlbarkeit der beim Arbeitnehmer eintretenden Streikfolgen besitzen. In vielen Fällen ist der Eintritt eines Vermögensschadens von vornherein zweifelhaft, ein echter Gewinnentgang kaum zu befürchten. Was den Arbeitgeber trifft, ist daher allein das Risiko, über einen bestimmten Zeitraum hinweg nichts zu verdienen; sein Lebensstandard wird hingegen so gut wie nie berührt. Eine Gefährdung seiner wirtschaftlichen Existenz ist praktisch nicht zu befürchten, da die Streikenden mit dem Unternehmen ja auch ihre eigenen Arbeitsplätze vernichten würden."

Auch im Falle von *Schwerpunktstreiks* sieht *Däubler* [1976, S. 158] keinen Anlaß, der Arbeitgeberseite ein (Abwehr)Aussperrungsrecht zu geben: „Der These von der Überlegenheit der Arbeitnehmerseite (beim Schwerpunktstreik, R.S.) kann nicht zugestimmt werden, da sie die faktische Ausdehnung des Arbeitskampfes mit Hilfe von Betriebsrisikolehre[1]) und Sphärentheorie[1]) völlig außer acht läßt. Ein isolierter, andere Unternehmen auch nach längerer Zeit nicht in Mitleidenschaft ziehender Streik ist so gut wie ausgeschlossen, so daß über kurz oder lang immer eine ‚kalte Aussperrung'[1]) anderer Arbeitnehmer eintreten wird. Da sich ihr Umfang von Gewerkschaftsseite her kaum kontrollieren läßt, ist das ‚Druckpotential' des Arbeitgeberverbandes auch in einem solchen Fall erheblich." Weiter werde die Vormachtstellung der Arbeitgeberseite noch dadurch verstärkt, daß diese Arbeitgeber in ihrer Eigenschaft als Unternehmer das „Umfeld" des „Systems Tarifautonomie" allein nach eigenen Vorstellungen gestalten könnten: „Durch Investitionen oder Produktionsverlagerungen können Arbeitsplätze eingespart, durch Preiserhöhungen sämtliche Steigerungen des Nominallohnes zunichte gemacht werden."

Hier übersieht *Däubler* zweierlei: Einmal die wirtschaftlichen Interdependenzen solcher Entscheidungen, die von den Unternehmensleitungen nicht kurzerhand außer Kraft gesetzt werden können, und zum anderen die Tatsa-

---

[1]) Nach der vom Reichsgericht entwickelten und vom Bundesarbeitsgericht übernommenen *Betriebsrisikolehre* muß der Arbeitgeber grundsätzlich auch dann den Lohn fortzahlen, wenn beispielsweise wegen Auftragsmangels oder technischer Störungen nicht weitergearbeitet werden kann, der Grund also in der *Sphäre des Betriebs* liegt. Anders ist dies, wenn Arbeitnehmer deshalb nicht weiterbeschäftigt werden können, weil die Störung, wie beim Streik, aus der *Sphäre der Arbeitnehmer* kommt. Dann braucht das bestreikte Unternehmen ebenso wie das durch Fernwirkungen eines Streiks lahmgelegte oder nachhaltig beeinträchtigte Unternehmen grundsätzlich auch an nicht streikende Arbeitnehmer keinen Lohn zu zahlen. Diese Situation bezeichnen *Däubler* und andere als *„kalte Aussperrung"*. Das Bundesarbeitsgericht hat am 22.12.1980 nach Presseberichten die Kernsubstanz der Betriebsrisikolehre erneut bestätigt.

che, daß Willensbildungsprozesse über Investitionen und Produktionsverlagerungen sich regelmäßig recht schwierig und langwierig gestalten. Zudem wird eine einheitliche erfolgversprechende Reaktion der Unternehmer auf einen Teilstreik regelmäßig erheblich dadurch beeinträchtigt, daß die betroffenen bestreikten und nicht bestreikten Unternehmen Konkurrenten sind.

Im Frühjahr 1978 begannen die *Industriegewerkschaften Metall* und *Druck und Papier* den Versuch, gegen die Aussperrung gerichtlich vorzugehen, und zwar über *Massenklagen* ihrer Mitglieder aufgrund von zwei vorangegangenen Aussperrungen. Als in der Tarifauseinandersetzung in der Metallindustrie von Nordwürttemberg/Nordbaden die IG Metall im März 1978 Schwerpunktstreiks mit etwa 80 000 – 90 000 Arbeitnehmern durchführte, hat die Arbeitgeberseite hierauf mit Aussperrungen in anderen Unternehmen desselben Tarifbezirks reagiert, wovon etwa 120.000 Arbeitnehmer betroffen waren. Als die im Frühjahr 1978 für das gesamte Bundesgebiet geführten Tarifverhandlungen in der Druckindustrie nicht zügig genug vorankamen, wurden von der IG Druck und Papier Schwerpunktstreiks in sechs Betrieben ausgerufen, worauf die Arbeitgeber mit einer bundesweiten Schließung (Aussperrung) von 415 Betrieben reagierten. 1976 hatte es schon einmal eine bundesweite Abwehr-Aussperrung in der Druckindustrie gegeben.

Die beiden Gewerkschaften haben nach diesen Arbeitskämpfen im Frühjahr 1978 ihre Mitglieder angehalten, die betreffenden Unternehmen auf Lohnzahlung für die ausgesperrten Tage zu verklagen. Aufgrund dieser Prozesse, in der die jeweils unterlegene Partei Rechtsmittel einlegte, mußte sich das *Bundesarbeitsgericht* erneut grundsätzlich mit der Aussperrungsproblematik beschäftigen. Das Gericht hat hierzu am 10.6.*1980* drei Urteile verkündet. Davon betreffen zwei Urteile die Druckindustrie und ein Urteil die Metallindustrie von Nordwürttemberg/Nordbaden. Während die IG Metall mit ihren Prozessen unterlegen ist, hat die klagende IG Druck und Papier mit den beiden Urteilen obsiegt. Das Bundesarbeitsgericht hat die unbefristete bundesweite Aussperrung der Druckindustrie als Reaktion auf eng begrenzte Teilstreiks für unzulässig erklärt, weil eine solche Aussperrung unverhältnismäßig sei. In dem zweiten obsiegenden Urteil der IG Druck und Papier wird vom Bundesarbeitsgericht festgestellt, daß – wie in dem betreffenden Arbeitskampf geschehen – eine Aussperrung nur der Gewerkschaftsmitglieder unzulässig sei. Wörtlich meint das Bundesarbeitsgericht: „Es ist zu begrüßen, wenn möglichst wenige Arbeitnehmer ausgesperrt werden. Die Verschonung bestimmter Arbeitnehmergruppen oder Produktionssparten kann durchaus sachlich gerechtfertigt sein. Nur die Differenzierung nach der Gewerkschaftszugehörigkeit ist rechtlich zu mißbilligen und gemäß Artikel 9 Abs. 3 Satz 2 Grundgesetz als koalitionsfeindliche Maßnahme rechtswidrig." Das Bundesarbeitsgericht sieht in der Verschonung von Außenseitern von der Aussperrung einen gefährlichen Anschlag auf den gewerkschaftlichen Mitgliederbestand.

Im Hinblick auf die allgemeine Aussperrungsproblematik hat das *Bundesarbeitsgericht* am 10.6.1980 unter anderem folgendes ausgeführt und damit zwar die *grundsätzliche Zulässigkeit der Aussperrung weiterhin anerkannt*, dieser aber engere Grenzen gesetzt: Es „sind Kampfformen denkbar, die die Gewichte übermäßig zugunsten der Gewerkschaften verschieben. Arbeitsniederlegungen, die etwa taktisch geschickt räumlich oder zeitlich begrenzt werden, können zu einer so starken Unterlegenheit der angegriffenen Arbeitgeber führen, daß diese ihrerseits um der Verhandlungsparität willen ein Abwehrkampfmittel benötigen. Das ist der Grund für die Anerkennung der Befugnisse zur Abwehraussperrung . . .

Wenn die Arbeitnehmer um des Verhandlungsgleichgewichts willen Arbeitskämpfe führen dürfen, kann für die Arbeitgeber prinzipiell nichts anderes gelten. Das bedeutet nicht, daß Streik und Aussperrung schematisch gleichbehandelt werden müßten, Differenzierungen also verboten wären. Vielmehr ist gerade aus Gründen der Parität die unterschiedliche Interessenlage der beiden sozialen Gegenspieler zu beachten. Aber wenn etwa bestimmte Kampfformen, wie zum Beispiel Teilstreiks, zu einem Verhandlungsübergewicht der Gewerkschaften führen, kann ein Abwehrkampfmittel nicht als koalitionsfeindliche Maßnahme im Sinne des Art. 9 Abs. 3 Satz 2 GG bewertet werden, sofern es nur der Wiederherstellung des Gleichgewichts dient . . .

Ein funktionierendes Tarifvertragssystem setzt annähernd gleichgewichtige Verhandlungschancen der sozialen Gegenspieler voraus. Das erforderliche Verhandlungsgleichgewicht läßt sich aber weder formal fingieren noch normativ anordnen, es muß wenigstens in groben Zügen tatsächlich feststellbar sein . . .

Während die Interessen der Mitglieder einer Gewerkschaft weitgehend übereinstimmen und zu einem hohen Maße an Solidarität führen, sind die Mitglieder eines Arbeitgeberverbandes normalerweise potentielle oder tatsächliche Konkurrenten. Zwar verbindet sie das Interesse an günstigen Tarifabschlüssen, und diese Gemeinsamkeit läßt sie im Arbeitskampf zusammenrükken, aber die marktbedingten Interessengegensätze werden dadurch nicht aufgehoben. Daraus ergibt sich ein Interessenkonflikt, wenn die Lasten eines Arbeitskampfes, der um einen Verbandstarifvertrag geführt wird, nur einzelne Mitglieder des Verbandes trifft.

Diese sehen sich in die Lage versetzt, im gemeinsamen Arbeitgeberinteresse stellvertretend standhalten zu müssen, während ihre streikverschonten Verbandskollegen die Gunst der Stunde nutzen und Marktanteile hinzugewinnen können. Man wird davon ausgehen müssen, daß dieser Konflikt zwar nicht zwangsläufig, aber doch typischerweise bei eng begrenzten Teilstreiks auftritt . . .

Die Arbeitgeber müssen in der Lage sein, den Kampfrahmen nach taktischen Gesichtspunkten angemessen zu erweitern, um Wettbewerbsverzerrungen oder besondere Belastungen der Solidarität auszugleichen . . .

Als geeignet, erforderlich und proportional (= Grundsatz der Verhältnismäßigkeit = Übermaßverbot, R.S.) können nur solche Abwehraussperrungen gelten, die die Herstellung der Verhandlungsparität bezwecken. Damit ist zugleich der Rahmen für die Zulässigkeit von Abwehraussperrungen bezeichnet."

Bei umfassender Würdigung des Gesamtkomplexes Aussperrung ist *Nell-*

Breuning [1980, S. 15] zuzustimmen. „Völlig aus der Welt schaffen lassen sich Streik und Aussperrung wohl nur *beide zusammen*."

Nach den vorstehenden, etwas ausführlicheren Betrachtungen zur generellen Arbeitskampfproblematik ist abschließend noch kurz auf die rechtliche Seite einer besonderen Streikform einzugehen, nämlich die *Warnstreiks*.

In zwei Entscheidungen vom 17. 12. 1976 hat sich das *Bundesarbeitsgericht* mit Warnstreiks beschäftigt und sie unter der Voraussetzung für zulässig erklärt, daß sie nach Ablauf der Friedenspflicht des Tarifvertrages erfolgen und von der Gewerkschaft getragen werden. Nur wenn die Gewerkschaft den Warnstreik trage, d.h. ihn organisiere, sei institutionell gewährleistet, daß von ihm – wie von jedem anderen Streik auch – ohne Übermaß und ohne irgendwelche Ausschreitungen Gebrauch gemacht werden. Weiter heißt es wörtlich in dem betreffenden Urteil (1 AZR 605/75): „Für derartige Warnstreiks (kurze Arbeitsniederlegung in sachlichem und zeitlichem Zusammenhang mit laufenden Tarifverhandlungen) gilt nicht uneingeschränkt der vom Großen Senat des Bundesarbeitsgerichts im Beschluß vom 21.4.1971 aufgestellte Grundsatz, daß Arbeitskampfmaßnahmen nur nach Ausschöpfung aller Verständigungsmöglichkeiten ergriffen werden dürfen. Dieser Grundsatz ist erkennbar für den Regelfall aufgestellt worden, daß zeitlich längerfristige oder unbegrenzte Arbeitskampfmaßnahmen erfolgen. Handelt es sich dagegen nach Ablauf der tariflichen Friedenspflicht und während des Laufs von Tarifverhandlungen nur darum, den Abschluß dieser Verhandlungen dadurch zu beschleunigen, daß dem Tarifpartner die Bereitschaft, hier der Arbeitnehmerschaft, gegebenenfalls auch der nichtorganisierten Arbeitnehmer, zu einem intensiveren Arbeitskampf vor Augen geführt werden soll, so kann dieser ‚milde' Druck in Form eines kurzen Warnstreiks auch vor Ausschöpfung aller Verständigungsmöglichkeiten ausgeübt werden."

Mit der anderen Entscheidung vom selben Tage (1 AZR 772/75) wurde hingegen eine spontane Arbeitsniederlegung, mit der der Abschluß einer Betriebsvereinbarung über eine Arbeitszeitregelung erzwungen werden sollte, verurteilt. Hierzu hat das Bundesarbeitsgericht in Übereinstimmung mit § 74 Abs. 2 BetrVG festgestellt, daß Arbeitskämpfe zur Erzwingung von Betriebsvereinbarungen ohne Rücksicht auf die Frage, wer sie organisiert, rechtswidrig sind; „in der Betriebsverfassung scheidet der Arbeitskampf als Rechtsinstitut aus". Hier gebe es bei Meinungsverschiedenheiten nur die Anrufung der Einigungsstelle oder die Durchführung eines arbeitsgerichtlichen Beschlußverfahrens.

Zu den unterschiedlichen Situationen und Möglichkeiten des Arbeitskampfes im westlichen Europa sei verwiesen auf die Studie des *Instituts der deutschen Wirtschaft* „Streitsache: Streik, Aussperrung, Schlichtung. Ein Überblick über Systeme in Westeuropa" (1976) und auf die von dem früheren Bundesarbeitsminister *Walter Arendt* für den Bundesvorstand der SPD im Juli 1978 angefertigte (vervielfältigte) Untersuchung „Rechtsgrundlagen und Praxis der Aussperrung in der Bundesrepublik Deutschland und in vergleichbaren westeuropäischen Ländern". Mit der Aussperrungsproblematik aus gewerkschaftlicher Sicht beschäftigen sich *Zachert/Metzke/Hamer* [1978] sowie *Kittner* [1978]. Der Arbeitgeberstandpunkt zur Aussperrung ist in der im Oktober 1978 von der *Bundesvereinigung der Deutschen Arbeitgeberverbände* veröffentlichten Dokumentation „Chancengleichheit im Arbeitskampf – Streik und Aussperrung" enthalten.

11. Wesen und Problematik eines Rechts auf Arbeit

In der im 2. Kapitel dieser Einführung vorgenommenen Charakterisierung des *Arbeitsmarktes*, auf die hier ausdrücklich verwiesen wird, wurde auf die von den jeweiligen Regierungen zu verfolgende staatliche Vollbeschäftigungspolitik hingewiesen. Unsere Regierungen sind gesetzlich (Stabilitätsgesetz) und noch mehr aus wahltaktischen Gründen gehalten, dafür zu sorgen, daß möglichst alle Menschen, die einer Erwerbstätigkeit nachgehen wollen, dies auch tatsächlich tun können.

Mit der *Vollbeschäftigung* der Volkswirtschaft wird nicht nur die *finanzielle Basis der Arbeitnehmer gesichert*, die Vollbeschäftigung selbst hebt auch sehr stark das *Selbstwertgefühl* der Menschen, weshalb *Šik* [1972, S. 425] die Vollbeschäftigung als eine „progressive Stufe der Humanisierung in der Gesellschaft" bezeichnet. Diese Charakterisierung der Vollbeschäftigung ist im Prinzip richtig, weil alle sozialpolitischen Maßnahmen einschließlich der Mitbestimmung nur wenig positive Wirkung haben können, wenn große Teile der Bevölkerung ständig um ihren Arbeitsplatz bangen müssen bzw. gar keine berufliche Beschäftigung haben *und* über kein ausreichendes Einkommen verfügen. Ob allerdings jede Art von Vollbeschäftigung als „progressive Stufe der Humanisierung" bezeichnet werden kann, ist fraglich. Dieses Prädikat wird eine Vollbeschäftigung nur bekommen können, wenn auch die Bedingungen, unter denen die Vollbeschäftigung stattfindet, selbst human sind, und dies muß nicht immer der Fall sein.

Für den Fall drohender oder tatsächlicher *Arbeitslosigkeit* erhalten die Betroffenen heute in der Regel beachtliche *staatliche Hilfen*, für die die Arbeitslosen – in der Zeit, als sie selbst im Arbeitsprozeß standen – und die Arbeitgeber finanzielle Beiträge (je zur Hälfte) an die Arbeitslosenversicherung geleistet haben. Anders als zu Zeiten der Weltwirtschaftskrise der 30er Jahre steht den Arbeitslosen heute ein dichtes Netz sozialer Sicherungen zur Verfügung, wodurch der Entstehung großer materieller Not während der Arbeitslosigkeit vorgebeugt wird.

Ein Erwerbsloser hat grundsätzlich Anspruch auf eine *Arbeitslosenunterstützung*, und zwar in Form von *Arbeitslosengeld*, wenn er in den letzten drei Jahren mindestens 26 Wochen versicherungspflichtig gearbeitet hat, oder *Arbeitslosenhilfe* entweder im Anschluß an Arbeitslosengeld oder nach einer zehnwöchigen versicherungspflichtigen Beschäftigung in den letzten zwölf Monaten vor der Erwerbslosigkeit und wenn der Arbeitslose zusätzlich bedürftig ist. Das *Arbeitslosengeld* beträgt 68 Prozent des letzten Nettoverdienstes (ohne Überstunden) bis zu einem Höchstbetrag von 370,– DM je Woche. Hinzu kommt das gesetzliche Kindergeld und häufig auch Wohngeld. Hat der Erwerbslose ein Jahr lang Arbeitslosengeld bezogen, kann er anschließend unbefristet *Arbeitslosenhilfe* beziehen, wenn er von seiner Vermögenslage und den Einkommens- und Vermögensverhältnissen seiner Angehörigen her unterstützungsbedürftig ist. Die Arbeitslosenhilfe beträgt bis zu 58 Prozent des letzten Nettoarbeitseinkommens (ohne Überstunden), jedoch nur bis zu einem wöchentlichen Höchstbetrag von 315,– DM. Hinzu kommen Kindergeld und evtl. Wohngeld. Grundsätzlich *keinen Anspruch* auf Arbeitslosenunterstützung haben Personen, die noch nicht arbeitslosenversicherungspflichtig berufstätig waren und damit die Anwartschaft nicht erfüllen konnten, so z.B. Jugendliche bei Eintritt ins Erwerbsleben und Studenten nach Abschluß oder Abbruch des Studiums.

Das nachstehende linke Schaubild macht die im ersten Halbjahr 1978 gezahlten durchschnittlichen Beträge des Arbeitslosengeldes und der Arbeitslosenhilfe deutlich. In den genannten Beträgen sind Kinder- und Wohngeld nicht enthalten. Das rechte Schaubild zeigt, in welche Weise ein Erwerbsloser mit Arbeitslosengeld oder Arbeitslosenhilfe im Durchschnitt des Jahres 1978 den öffentlichen Haushalt belastet.

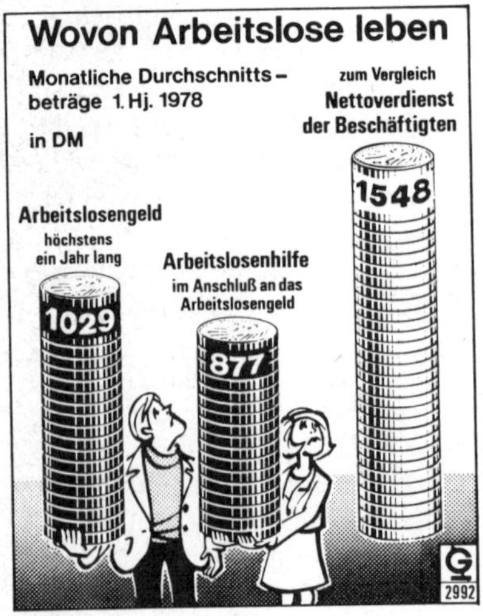

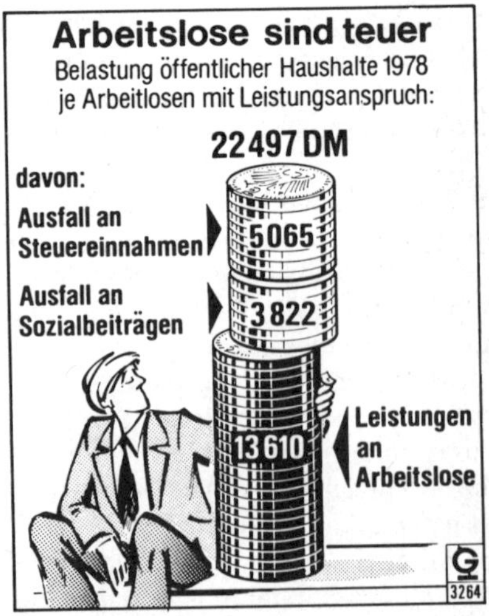

Bei der insgesamt relativ guten Absicherung der Erwerbslosen darf das Problem nicht übersehen werden, daß die *Arbeitslosigkeit* nicht nur ein materielles, sondern vor allem auch ein menschliches, d.h. ein *psycho-soziales Problem* ist [s. *Brinkmann*, 1976], weshalb die Förderung des Selbstbewußtseins der Arbeitslosen und damit ihre Persönlichkeitsbildung und Motivation eine nicht zu unterschätzende Aufgabe ist. Die Arbeitslosigkeit kann leicht, insbesondere wenn sie länger anzuhalten droht und für die Betroffenen zu einem strukturellen Problem wird (zum Beispiel bei älteren Angestellten), zur Demoralisierung und zur Depression führen. Dies wiederum mag – wenn die Arbeitslosigkeit ein bestimmtes Maß überschreitet – die Anfälligkeit für radikale politische Ideen fördern.

Die Gefahr der Radikalisierung der Arbeitslosen ist bei uns in den letzten Jahren nicht wirksam geworden, was wohl auch mit der relativ guten finanziellen Absicherung der Arbeitslosen zusammenhängt sowie mit darauf zurückzuführen ist, daß das, was von extremen politischen Gruppierungen als Alternativen zur bestehenden Gesellschaftsordnung angeboten wird, von der Arbeitnehmerschaft und insbesondere auch von den Erwerbslosen selbst als nicht attraktiv empfunden wird. Hinzu kommt, daß die Zusammensetzung der Arbeitslosen außerordentlich heterogen ist (Ungelernte; gesundheitlich Beeinträchtigte; Teilzeitarbeitsuchende; Ältere, Jugendliche) und daß viele Erwerbslose nur eine relativ kurze Zeit arbeitslos sind, d.h. es findet innerhalb der Gesamtzahl der Arbeitslosen eine ständige Umschichtung statt.

Die eigentliche Gefahr langanhaltender (Massen)Arbeitslosigkeit dürfte bei uns darin liegen, daß politisch einflußreiche Kräfte versuchen, das marktwirtschaftliche System als Ganzes für die Arbeitslosigkeit verantwortlich zu machen. Sie tun dies, obgleich sich die Schuldfrage so eindeutig gar nicht beantworten läßt. „Vieles von dem, was man Widersprüche des Kapitalismus nennt, sind nicht Widersprüche des Kapitalismus, sondern Widersprüche der Wirtschafts(Gesellschafts- und Tarif-, R.S.)politik im Kapitalismus" (*Giersch*, in: FAZ 26.4.75, S. 11). Diesen Kräften ist die offizielle Politik, die Arbeitslosigkeit mit marktwirtschaftlichen Mitteln zu bekämpfen, suspekt, die naturgemäß nur langsam Erfolge zeigen kann, weil sie auf zahlreiche wirtschaftliche und politische Interdependenzen Rücksicht nehmen und vor allen Dingen auch die anderen, ebenfalls wichtigen wirtschaftspolitischen Ziele (z.B. Preisstabilität) beachten muß. Eine Außerachtlassung dieser Ziele kann sich wiederum arbeitsplatzgefährdend auswirken.

Erschwert wird die Lösung des Arbeitslosenproblems durch die relativ geringe räumliche (und berufliche) *Mobilität der Erwerbslosen*. Mehr als 80 Prozent der Erwerbslosen sind an ihren Wohnort gebunden. Alt-Bundespräsident Scheel meinte auf dem DGB-Bundeskongreß im Mai 1978 in Hamburg: „Man kann fast sagen, daß die Mobilität der Arbeitnehmer in dem Maße abnimmt, in dem ihre soziale Sicherheit zunimmt." Bei der Arbeitsvermittlung zeigt sich außerdem das von Parteien und Verbänden vielfach nicht genügend beachtete Phänomen, daß sich die per Gesetz oder Tarifvertrag eingeführten sozialen Arbeitnehmer-Schutzmaßnahmen bzw. sonstigen arbeitsrechtlichen Verbesserungen manchmal gerade gegen diejenigen wendet, die rechtlich begünstigt werden sollen. Mit anderen Worten: *Soziale Absichten* führen oftmals zu *unsozialen Folgen* [s. *Soltwedel/Spinanger*, 1976], jedenfalls für diejenigen, die einen Arbeitsplatz suchen; sie werden wegen der für sie geschaffenen besonderen Schutzvorschriften (z.B. Kündigungsschutz für ältere Arbeitnehmer und besondere Schutzgesetze für Frauen) möglicherweise gar nicht erst eingestellt.

Seit es in der Bundesrepublik wieder eine große Anzahl von Arbeitslosen gibt, wird auch wieder über das *Recht auf Arbeit* diskutiert. In der Voll- und

Überbeschäftigungsphase war diese grundsätzliche Frage in den Hintergrund, wenn nicht gar in Vergessenheit geraten.

In den *Partei- und Gewerkschaftsprogrammen* wird dem Recht auf Arbeit hohe Priorität eingeräumt, und zwar regelmäßig in dem Sinne, daß der Staat eine besondere Verpflichtung habe, für eine Vollbeschäftigung der Volkswirtschaft zu sorgen.

Anders als in der *Weimarer Reichsverfassung* ist im Grundgesetz nicht von einem irgendwie gearteten ausdrücklichen Recht auf Arbeit die Rede. In der Weimarer Reichsverfassung hieß es in Artikel 163: „Jedem Deutschen soll die Möglichkeit gegeben werden, durch wirtschaftliche Arbeit seinen Unterhalt zu erwerben."

Im *Grundgesetz* muß man, wenn man nach Anhaltspunkten zum Recht auf Arbeit sucht, außer auf die recht allgemein gehaltene Sozialstaatsbestimmung (Art. 20, 28) vor allem auf Artikel 12 hinweisen, der das Grundrecht der Berufsfreiheit enthält. Im Gegensatz zum Grundgesetz ist in *sieben* von elf *Länderverfassungen ein Recht auf Arbeit* enthalten, so beispielsweise im Saarland: „Jeder hat nach seinen Fähigkeiten ein Recht auf Arbeit" (Art. 45). Die betreffenden Länderverfassungen (Bayern, Berlin, Bremen, Hessen, Nordrhein-Westfalen, Rheinland-Pfalz, Saarland) sind größtenteils vor dem Grundgesetz verabschiedet worden. „Die Mehrheit des Parlamentarischen Rates lehnte den Antrag, das Recht auf Arbeit im Grundgesetz zu verankern, mit dem Argument der Ungewißheit künftiger Entwicklungen ab" [*Friedrich-Ebert-Stiftung*, 1976, S. 29].

Trotz dieser verfassungsrechtlichen Bestimmungen ist die Arbeitslosenquote in den betreffenden Bundesländern nicht geringer als in den übrigen Bundesländern, und auch in der Weimarer Zeit gab es trotz des in der Verfassung enthaltenen Rechts auf Arbeit zeitweilig hohe Arbeitslosenzahlen. Insofern ist es nicht ganz verständlich, wenn eine grundgesetzliche *Verankerung des Rechts auf Arbeit* als ein Mittel zum Abbau und zur Vermeidung von Arbeitslosigkeit angesehen wird. Mit einem solchen Verfassungsrecht möchten ihre Befürworter das im Grundgesetz bestehende *Sozialstaatlichkeitsprinzip bekräftigen* und der staatlichen Beschäftigungspolitik im Rahmen des gesamtwirtschaftlichen Zielsystems (Stabilitätsgesetz) den höchsten Rang einräumen.

Die herrschende juristische Lehrmeinung billigt den Bestimmungen zum Recht auf Arbeit in den Länderverfassungen keine anspruchsbegründende subjektive öffentlich-rechtliche Qualität zu. Bei richtiger Auslegung des in den Länderverfassungen enthaltenen Rechts auf Arbeit kann es sich nur darum handeln, daß dem Arbeitswilligen ein vom Staat nicht einschränkbares Recht gewährt wird, „arbeiten zu dürfen".

Ein mehr als deklaratorisches Recht auf Arbeit führt zwangsläufig dazu, den Freiheitsspielraum des Arbeitnehmers vor allem im Hinblick auf die Wahl seines Berufes und Arbeitsplatzes einzuschränken, oder mit anderen Worten: Ein strenges *Individual-Recht auf Arbeit* setzt eine intensive zentrale *staatliche Planung und Lenkung* voraus.

„Wirtschaftlich läßt sich die Realisierung eines Rechts auf Arbeit nicht isoliert nur entsprechend der Anzahl der Arbeitswilligen durchführen. Die Verwirklichung erfordert eine ausschließlich auf das Ziel absoluter Vollbeschäftigung ausgerichtete Kombination der Produktionsfaktoren, wie sie nur in einer totalen Planwirtschaft möglich ist. Dies führt in unausweichlicher Konsequenz zur Aufhebung der Freizügigkeit am Arbeitsmarkt, zu Berufslenkung und Arbeitszwang. Die Gefahr allgemeinen wirtschaftlichen Rückschritts kann nicht ausgeschlossen werden. Die mit der Realisierung des Rechts auf Arbeit verbundenen wirtschaftlichen Maßnahmen führen im Ergebnis dazu, daß der mit Garantie verfolgte Zweck, dem einzelnen einen sinnvollen Gebrauch seiner Freiheit zu ermöglichen, ins Gegenteil verkehrt wird. . . Das Recht auf Arbeit kann nicht durch eine Verfassungsgarantie, sondern nur im Wege einer auf Stabilität und Wachstum mit dem Ziel anhaltender Vollbeschäftigung ausgerichteten Wirtschafts- und Sozialpolitik indirekt gewährleistet werden" [*Rath*, 1974, S. 145f.].

Wenn bei uns in Diskussionen um das Arbeitslosenproblem das Fehlen eines (verfassungsmäßigen) Rechts auf Arbeit bedauert wird, so wird zumeist gleichzeitig positiv hervorgehoben, daß ein solches Recht in den *sozialistischen Ländern* existiere. Dabei wird dann aber regelmäßig nicht deutlich, daß dieses Recht mit erheblichen negativen Begleiterscheinungen versehen ist, wie schon die entsprechenden Gesetzestexte und mehr noch die Verfassungswirklichkeit zeigen.

In der *DDR-Verfassung* aus dem Jahre *1974* heißt es in Artikel 24:

(1) Jeder Bürger der Deutschen Demokratischen Republik hat das Recht auf Arbeit. Er hat das Recht auf einen Arbeitsplatz und dessen freie Wahl entsprechend den gesellschaftlichen Erfordernissen und der persönlichen Qualifikation . . .

(2) Gesellschaftlich nützliche Tätigkeit ist eine ehrenvolle Pflicht für jeden arbeitsfähigen Bürger. Das Recht auf Arbeit und die Pflicht zur Arbeit bilden eine Einheit.

(3) . . .

Ähnliche Formulierungen finden sich in der *Verfassung der Sowjetunion* aus dem Jahre *1977*. In der UdSSR-Verfassung von *1936*, die bis 1977 in Kraft war, hatte es im Zusammenhang mit der Pflicht zur Arbeit auch noch geheißen: „Wer nicht arbeitet, soll auch nicht essen."

Bei sorgfältigem Lesen der betreffenden Verfassungsregelungen der DDR und der UdSSR wird deutlich, daß ein uneingeschränktes *Recht auf einen bestimmten Arbeitsplatz auch in den sozialistischen Ländern nicht besteht*. Zum einen steht zum Beispiel in der DDR und der UdSSR das Recht auf Arbeit unter dem Vorbehalt der „gesellschaftlichen Erfordernisse". Da der sozialistische Staat über die Produktionsmittel verfügt und den gesamten gesellschaftlichen Reproduktionsprozeß – die Einkommensverteilung eingeschlossen – plant und lenkt und dabei auch autonom festlegt, was „gesellschaftlich nützlich" ist, reglementiert er auf diese Weise recht intensiv das Arbeitsplatzangebot in quantitativer, qualitativer, zeitlicher und räumlicher Hinsicht.

Auch die Erwähnung der Bildung und Weiterbildung in Artikel 24 der DDR-Verfassung macht deutlich, daß hiermit ein Instrument geschaffen worden ist, mit dem die Arbeitskräfte so zu lenken sind, daß ihr Einsatz dem Ausgleich von Angebot und Nachfrage entspricht. „Damit geht das ‚Recht' des einzelnen, Beruf und Arbeit frei zu wählen, tatsächlich ins Leere bzw. das ‚Recht auf Arbeit' wird erkauft um den Verlust der Berufs- und Bildungsfreiheit" [*Barth*, 1976, S. 42].

Die Beeinflussung und Lenkung der Arbeits-, Schul- und Ausbildungsverhältnisse durch den (allmächtigen) sozialistischen Staat engt naturgemäß die freie Entwicklung persönlicher und damit auch wirtschaftlicher Kräfte stark ein, so daß die *Friedrich-Ebert-Stiftung* [1976, S. 21] feststellt: „Was auf der einen Seite an Sicherheit für die Arbeitsplätze gewonnen wird, geht auf der anderen an Dynamik der wirtschaftlichen Entwicklung verloren." Dieser Sachverhalt zeigt sich unter anderem darin, daß ein sehr weitgehendes Recht auf Arbeit die *Arbeitsmoral* und damit auch die *Arbeitsproduktivität* negativ beeinflussen kann.

„In persönlichen Gesprächen geben DDR-Wirtschaftsfunktionäre häufig dem Gedanken Ausdruck, daß die sehr umfassend durch das Recht auf Arbeit ausgebaute Sicherheit des Arbeitsplatzes sogar ein gewisser Hemmschuh sei, weil sie bei manchen Arbeitnehmern eine Art ‚Beamtenmentalität' geschaffen habe nach dem Motto: ‚Was soll ich mich anstrengen, mir kann doch nichts passieren.' Je mehr sich diese Mentalität ausbreite, desto mehr materielle Anreize müßten in den Betrieben geboten werden, weil die ideologischen Appelle keine große Wirksamkeit zeigten. Da diese Möglichkeiten jedoch beschränkt seien, könne man in der DDR mit der Entwicklung einer höheren Arbeitsmoral nur sehr langsam vorankommen" [*Friedrich-Ebert-Stiftung*, 1976, S. 25].

Diese negative Beziehung zwischen absoluter Arbeitsplatzsicherung und Arbeitsmoral in der DDR hat auch *Voigt* [1973, S. 161] in seiner in der DDR durchgeführten *empirischen Untersuchung* festgestellt: „Das Fehlen eines aktuellen Bedürfnisses nach Sicherheit des Arbeitsplatzes schränkt wichtige Triebkräfte der Arbeitsleistung und -moral ein."

In diesem Zusammenhang ist auch das Urteil von *Bahro* [1977, S. 82] recht aufschlußreich: „Bürgerliche Propagandisten machen nicht erst aus Gehässigkeit, sondern schon aus Dummheit den Fehler, von der sozialistischen Propaganda für bessere qualitative und vor allem quantitative Ausnutzung der Arbeitszeit auf einen starken Leistungsdruck in unseren Betrieben zu schließen. In Wirklichkeit ist natürlich nicht nur die Arbeitsintensität, sondern auch die Arbeitsdisziplin niedriger als im Kapitalismus. Unsere Ordnung gibt der ‚natürlichen' menschlichen Trägheit und Nachlässigkeit größeren Raum als der Kapitalismus, und zwar nicht nur ‚unten', sondern auch ‚oben': Die Indolenz (Gleichgültigkeit, R.S.) des Bürokraten korrespondiert mit der Interesselosigkeit des Arbeiters, der Unlust des Spezialisten. Fast alles, was unternommen wird, ist durch ein charakteristisches Mißverhältnis zwischen Aufwand und Ergebnis gekennzeichnet."

Zu dieser unbefriedigenden Gesamtsituation trägt sicher die Tatsache bei, daß *sozialistische Betriebe nicht Konkurs gehen können* und daß der Staat als oberster Planer letztlich für alles selbst verantwortlich ist und im Grunde auch alles besser weiß, so daß die Werktätigen sich auch kaum eigene Gedanken über den bestmöglichen Arbeitsprozeß machen. Hinzu kommt, daß selbständiges, neuartiges Handeln für die betreffenden Arbeitnehmer notwendigerweise risikobehafteter ist als das Beschreiten herkömmlicher Wege. *Schmidt-Häuer*, der länger als ein Jahrzehnt Korrespondent im Ostblock war, schreibt in diesem Zusammenhang zur Situation der Sowjetunion: „Niemand hat Angst, etwas zu verlieren, da die Betriebe nicht pleite gehen, Arbeitskräfte gehortet und Arbeitsplätze nicht wegrationalisiert werden; sie bleiben oft doppelt und dreifach besetzt. Das ganze System der materiellen Anreize zur Steigerung der Arbeitsdisziplin ist ohne Wirkung geblieben. Hier liegt das Dilemma Breschnews. Es ist das Dilemma Rußlands seit Peter dem Großen" (*DIE ZEIT*, 20.4.79, S. 3).

Der in den *kapitalistischen Ländern* bestehende *Wettbewerb* in der Wirtschaft bringt einerseits zweifellos beachtliche güterliche Leistungen hervor, die auch der breiten Masse zugute kommen. Andererseits ist das Konkurrenzprinzip für alle, die dem Wettbewerb ausgesetzt sind, naturgemäß *unbequem*. Man muß ja prinzipiell immer – d.h. auch dann, wenn man derzeit dem Konkurrenzkampf gewachsen ist – damit rechnen, daß ein anderer mit besseren Leistungen auf den Markt kommt. Der Wettbewerb zeigt unerbittlich die ökonomischen Schwächen des einzelnen auf, seien diese Schwächen nun selbst verschuldet oder nicht.

Bei uns kann man mehr und mehr die Beobachtung machen, daß zwar fast alle die Früchte der Wettbewerbsgesellschaft genießen möchten, daß im Grunde aber immer weniger Menschen bereit sind, die mit dem Konkurrenzprinzip verbundenen unbequemen Konsequenzen zu tragen. Dies gilt für Unternehmer genauso wie für Arbeitnehmer. Bei einer solchen Verhaltensweise muß man sich darüber im klaren sein, daß überall dort, wo der Wettbewerb fehlt, leicht die Gefahr einer Stagnation aufkommen kann.

Die vorstehenden Stimmen werden deutlich gemacht haben, daß bei einem sinnvollen *Beschäftigungsvergleich* mit anderen Ländern die dort vorhandene *Arbeitsproduktivität mit berücksichtigt* werden muß. Ist sie relativ gering, können verhältnismäßig mehr Arbeitskräfte beschäftigt werden, wenngleich auch mit der Folge, daß sich dies auf den allgemeinen Lebensstandard negativ auswirkt. Besteht ein umfassendes staatliches Planungs- und Leitungsrecht des Wirtschaftsprozesses, so haben es diese Länder in der Hand, zur Vermeidung von Arbeitslosigkeit auch dort noch Arbeitnehmer zu beschäftigen, wo sie eigentlich nicht (mehr) benötigt werden. Durch eine solche extensive Wirtschaftsweise gibt es dann zwar keine (offizielle) Arbeitslosigkeit, dafür aber eine vergleichsweise geringe Arbeitsproduktivität, d.h. es liegt in Wirklichkeit eine *verdeckte Arbeitslosigkeit* vor. *Kisielewski* [1978, S. 34] meint: „Die Arbeitslosigkeit im Kapitalismus zeugt von einer hohen Produktivität der Arbeit, die Vollbeschäftigung im Sozialismus von einer niedrigen."

Wenn das Recht auf Arbeit in der DDR und die in der DDR auch tatsächlich fehlende Arbeitslosigkeit (von den Ausnahmen der bei der politischen Allmacht in Mißkredit geratenen Bürger abgesehen) so stark herausgestellt werden, so muß dabei auch gesehen werden, daß „sich der absolute Beschäftigungsanspruch des DDR-Bürgers bisher nie in der Praxis bewähren mußte, da es in der DDR – nicht zuletzt durch die Abwanderung von Arbeitskräften in den Westen (vor dem Mauerbau 1961, R.S.) – bislang generell ein Beschäftigungsüberangebot gab" [*Barth*, 1976, S. 43]. Allerdings gibt es in der DDR, wie auch in anderen sozialistischen Ländern, zahlreiche Beispiele vergleichsweiser niedriger Arbeitsproduktivität.

Däubler [1979, S. 34f.] weist darauf hin, daß sich bürgerliche wie marxistische Autoren darin einig sind, daß es in der kapitalistischen Wirtschaft kein Recht auf Arbeit geben kann. Dem kann nicht grundsätzlich widersprochen werden. Allerdings sollte aber doch hinzugefügt werden, daß es auch in bestehenden sozialistischen Gesellschaftsordnungen nicht möglich ist, ein individuelles Recht auf einen *bestimmten*, vom Werktätigen gewünschten Arbeitsplatz zu verwirklichen, wie die Realität solcher Systeme deutlich zeigt.

Wenngleich ein gesicherter Arbeitsplatz zweifellos von den meisten Menschen als etwas sehr Positives empfunden wird, darf andererseits nicht übersehen werden, daß eine *garantierte Beschäftigungsmöglichkeit*, wie sie in den sozialistischen Ländern besteht, *für ein umfassendes Wohlbefinden vielfach nicht ausreicht*. Da in diesen Ländern viele andere, mehr immaterielle Bedürfnisse nicht erfüllt werden, nach denen der Mensch ebenfalls strebt und die er besonders intensiv zu erlangen versucht, sobald seine Grundbedürfnisse (wie zum Beispiel Essen, Wohnung, Kleidung, Auto) befriedigt sind, wird gerade in Ländern mit einem absoluten Beschäftigungsanspruch mit wachsendem Lebensstandard das Fehlen anderer elementarer Rechte und Möglichkeiten immer störender empfunden, wodurch der Zufriedenheitsgrad sinkt, was sich wiederum negativ auf die Arbeitsmotivation auswirken kann.

Die Tatsache, daß *wirkliche Veränderungen und Anpassungen* an sich ändernde Bedingungen im Grunde *nur in „offenen Gesellschaften"* (*Popper*) möglich sind und die Menschen hier so genommen werden wie sie sind und nicht Ziel einer obrigkeitlichen Umerziehung zum „vollkommenen" Menschen sind, übt auf Personen, die in anderen Gesellschaftsordnungen zu leben gezwungen sind, eine große Anziehungskraft aus. Sie schätzen eine solche Freiheit höher ein als den in ihrem System ihnen praktisch garantierten Arbeitsplatz, den sie in dieser Absolutheit in offenen Gesellschaftsordnungen nicht vorfinden. Deshalb kann es auch nicht zulässig sein, die Verletzung oder Abwesenheit von elementaren (politischen) Menschenrechten in zahlreichen planwirtschaftlichen Staaten schlichtweg gegen das Arbeitsplatzrisiko in marktwirtschaftlichen Gesellschaften aufzurechnen, wie es gelegentlich hier versucht wird.

Wenn dennoch bei uns zahlreiche Menschen – insbesondere jüngere – ihre Sympathie für planwirtschaftliche Staaten nicht verhehlen, so ist dies wohl auch mit darauf zurückzuführen, daß die *theoretischen Grundlagen und Funk-*

tionsweisen der kapitalistischen Wirtschafts- und Gesellschaftsordnung außerordentlich *schwer überschaubar* und daher auch nur wenig verständlich sind, im Gegensatz zu der theoretisch einfachen und deshalb leicht eingängigen Wirkungsweise von Zentralverwaltungswirtschaften. In der Praxis ist die Funktionsweise der Planwirtschaft aber sehr kompliziert, woraus sich auch ihre permanenten strukturellen Schwierigkeiten ergeben. Dagegen gestaltet sich – anders als in der Theorie – der praktische Ablauf marktwirtschaftlicher Prozesse im allgemeinen recht einfach und zuverlässig. Aber „nur wenige verstehen es noch, die ideellen und humanen (sowie ökonomischen, R.S.) Grundwerte dieser Ordnung allgemeinverständlich, klar und attraktiv zu formulieren. Gerade davon aber hängt in nicht unwesentlichem Maße die Überlebenschance einer sozialen Ordnung in einer Massengesellschaft ab" (*B. Rüthers*, in: FAZ, 28.10.78, S. 15).

Auf die vorstehenden Zusammenhänge macht auch der in Polen lebende Publizist *Kisielewski* [1978, S. 59f.] aufmerksam: „Während der ökonomische Inhalt des Kapitalismus einfach ist, sind die Argumente zu seinen Gunsten, besonders in der Polemik mit seinen Kritikern, kompliziert und wenig populär. Dagegen klingen die im Westen benutzten Argumente für den Sozialismus (dessen Komplikationen dort niemand begreift, der sie nicht mit eigenen Augen dort zu sehen bekommt, wo sie schon unumkehrbar geworden sind) auf eine demagogische Art einfach und einleuchtend. Eine spezifische Rolle spielt dabei die mächtige westliche Presse. Im Westen darf man den Kapitalismus kritisieren – und alle machen gern davon Gebrauch. Den Sozialismus darf man im Prinzip auch kritisieren, aber das tun nur wenige, weil man nicht genau weiß, was das eigentlich ist. Deshalb ist er für viele Nicht-Informierte weiterhin eine geheime Hoffnung oder Alternative geblieben (wozu natürlich die Verschwommenheit des Wortes ‚Sozialismus' beiträgt). Im Osten dagegen darf man nur den Kapitalismus kritisieren. Also ist dieser einer zweifachen Kritik ausgesetzt, auf beiden Seiten der Welt."

Zu den in unserer Gesellschaft insgesamt recht *geringen Kenntnissen ökonomisch-politischer Zusammenhänge* trägt zweifellos der Umstand bei, daß ökonomische Fragestellungen lange Zeit keinen Bildungswert hatten und deshalb auch nicht in allgemeinbildenden Schulen gelehrt wurden. Ob sich diese Situation mittlerweile wesentlich gebessert hat, ist zweifelhaft. Es erscheint vielmehr notwendig, die im 7. und 8. Kapitel skizzierten betrieblichen Informations- und Bildungsbemühungen auf breiter Front zu aktivieren. Wie anders als auf diesem Wege wäre ansonsten das dringend erforderliche Verständnis für wirtschaftliche Prozesse und reale gesellschaftliche Zusammenhänge zu wecken?

Bei den Versuchen, die tatsächlichen Strukturen und die Funktionsweise der Wirtschaft aufzuzeigen, wird es nicht genügen, die in der Vergangenheit von der sozialen Marktwirtschaft erbrachten, nicht zu übersehenden materiellen Leistungen herauszustellen. Es muß auch gelingen, wenigstens ansatzweise deutlich zu machen, daß die existierende Wirtschafts- und Gesellschaftsordnung, weil von freiheitlichen Grundbedingungen ausgehend, in erheblichem Maße auch persönlichkeitsfördernd wirken kann.

Daher ist es außerordentlich wichtig, immer wieder fundiert die offenkundigen *Interdependenzen zwischen wirtschaftlichem und politischem System* deutlich zu machen. Wenn hinreichend bekannt wäre, daß die Alternativen zur Marktwirtschaft nach allen bisherigen Erfahrungen immer auch die Grundrechte und Selbstentfaltungsmöglichkeiten des einzelnen negativ tangieren, würde mancher, der heute der Marktwirtschaft mit gemischten bis ablehnenden Gefühlen gegenübersteht, sicher zu einem etwas wohlwollenderem Verhältnis zu ihr kommen. Dieses verbesserte Verhältnis würde einen höheren Zufriedenheitsgrad und eine stärkere Identifikation mit dem bestehenden, entwicklungsfähigen Wirtschafts- und Gesellschaftssystem nach sich ziehen und dadurch zweifellos die Berufs- und Lebensbewältigung des einzelnen günstig beeinflussen.

Literaturverzeichnis

Abraham, K.: Betriebspädagogik – Grundfragen der Bildungsarbeit der Betriebe und der Selbstverwaltungsorgane der Wirtschaft. Berlin 1978.

Abs, H.J.: Lebensfragen der Wirtschaft. 3. Aufl. Düsseldorf–Wien 1976.

Achten, U., K.-J. Bieback, W. Däubler, Chr.U. Schminck-Gustavus, G. Stuby und *U. Zachert*: Recht auf Arbeit – eine politische Herausforderung. Neuwied–Darmstadt 1978.

Albach, H.: Stand und Aufgaben der Betriebswirtschaftslehre heute. Zeitschrift für betriebswirtschaftliche Forschung **19**, 1967, 446–469.

Albach, H., und *Th. Gabelin*: Mitarbeiterführung. Text und Fälle. Wiesbaden 1977.

Amsterdamer Thesen zur analytischen Arbeitsbewertung. afa Informationen **20**, 1970, 76–78.

Andersen, U.: Einführung in die Vermögenspolitik. München 1976.

Arbeitskreis „Neue Arbeitsstrukturen der deutschen Automobilindustrie" (Hrsg.): Gestaltung der menschlichen Arbeit. Beispiele aus der deutschen Automobilindustrie. Stuttgart 1976.

Arndt, E.: Theoretische Grundlagen der Lohnpolitik. Tübingen 1957.

Bahrdt, H.P., H. Kern, M. Osterland und *M. Schumann*: Zwischen Drehbank und Computer. Industriearbeit im Wandel der Technik, Reinbek bei Hamburg 1970.

Bahro, R.: Eine Dokumentation. Köln–Frankfurt/M. 1977.

Baierl, F.: Lohnanreizsysteme – Mittel zur Produktivitätssteigerung. 5. Aufl. München 1974.

Barth, D.: Recht auf Arbeit. Köln 1976.

Bartölke, K., E. Kappler, St. Laske und *P. Nieder* (Hrsg.): Arbeitsqualität in Organisationen. Wiesbaden 1978.

Baumgarten, R.: Führungsstile und Führungstechniken. Berlin–New York 1977.

Bayer, H.: Gewinnbeteiligung. Wien 1952.

Beckerath, P.G.von: Personalleiter. Handwörterbuch des Personalwesens. Hrsg. v. E. Gaugler. Stuttgart 1975, Sp. 1588–1592.

Berichte des Deutschen Industrieinstituts zur Sozialpolitik **1** (12), 1967: Der Beitrag der Arbeitswissenschaft zur Versachlichung der Lohnpolitik.

Berthel, J.: Personal-Management. Stuttgart 1979.

Bieding, F.: Leistungsbewertung für Angestellte. Wirtschaft und Wissen – Die deutsche Angestellten-Zeitschrift **21** (6), 1970, 11–12.

Bieding, F., und *F. Wendler*: Analytische Arbeitsbewertung von Angestelltentätigkeiten. Köln 1970.

Bieding, F., und *K. Scholz*: Personalführungssysteme. Köln 1971.

Bieding, F., K. Scholz, W. Steiner und *F. Wendler*: Leistungsbewertung und Leistungsentlohnung für Angestellte. Köln 1971.

Bihl, G.: Von der Mitbestimmung zur Selbstbestimmung. Das skandinavische Modell der selbststeuernden Gruppen. München 1973.

Birkwald, R., und *H. Pornschlegel*: Handlungsanleitung zur menschengerechten Arbeitsgestaltung nach den §§ 90 und 91 Betriebsverfassungsgesetz. Köln 1976.

Bisani, F.: Das Personalwesen in der Bundesrepublik Deutschland. Teil 1, Ergebnisse einer empirischen Untersuchung. Köln 1976.

– : Personalführung. Wiesbaden 1977.

– : Personalwesen. 2. Aufl. Opladen–Wiesbaden 1980.

Bisani, F., und *H. Friedrichs* (Hrsg.): Das Personalwesen in Europa. Teil 1. Königstein/Ts. 1979.

Blake, R.R., und *J.S. Mouton*: Verhaltenspsychologie im Betrieb. Das Verhaltensgitter, eine Methode zur optimalen Führung in Wirtschaft und Verwaltung. Düsseldorf–Wien 1971.

Bleicher, K., und *E. Meyer*: Führung in der Unternehmung. Formen und Modelle. Reinbek bei Hamburg 1976.
Blume, O., und *W.M. Breuer*: Das „Harzburger Modell“ – ein Modell für den öffentlichen Dienst? Ein Gutachten für die Gewerkschaft ÖTV. Stuttgart 1972.
Böhnisch, W.: Personale Widerstände bei der Durchsetzung von Innovationen. Stuttgart 1979.
Böhrs, H.: Leistungslohngestaltung, 3. Aufl. Wiesbaden 1980.
Bolte, K.M.: Die gesellschaftliche Bedeutung des Harzburger Modells. Bad Harzburg 1972.
Bornemann, E.: Betriebspsychologie. Wiesbaden 1967.
Bräutigam, G.: Informationswesen, innerbetriebliches. Handwörterbuch des Personalwesens. Hrsg. v. E. Gaugler. Stuttgart 1975, Sp. 1027–1039.
Braun, W.: Die betriebliche Lohnfindung. Lohnpolitik und Einkommensverteilung, Schriften des Vereins für Socialpolitik, N.F. Bd. 51. Berlin 1969, 540–587.
Brinkmann, Ch.: Finanzielle und psycho-soziale Belastungen während der Arbeitslosigkeit. Mitteilungen aus der Arbeitsmarkt- und Berufsforschung **9**, 1976, 397–413.
Bruggemann, A., P. Groskurth und *E. Ulich*: Arbeitszufriedenheit. Bern–Stuttgart–Wien 1975.
Bundesminister für Forschung und Technologie (Hrsg.): Programm Forschung zur Humanisierung des Arbeitslebens. 4. Aufl. Bonn 1979.
Bundesvereinigung der Deutschen Arbeitgeberverbände (Hrsg.): Unternehmerische Personalpolitik. Köln 1978.
Chmielewicz, K.: Arbeitnehmerinteressen und Kapitalismuskritik in der Betriebswirtschaftslehre. Reinbek bei Hamburg 1975.
Däubler, W.: Das Arbeitsrecht. 2 Bde. Reinbek bei Hamburg 1976 u. 1979.
Debatin, O.: Gewinnbeteiligung der Arbeitnehmer. Stuttgart 1951.
DGB, ÖGB, SGB: Menschengerechte Arbeitsgestaltung. Köln 1978.
Deutsche Gesellschaft für Personalführung e.V.: Personalplanung – Empfehlungen für die Praxis. Königstein/Ts. 1979.
Dörge, F.-W.: Lohnpolitik in der wachsenden Wirtschaft. Wirtschafts- und Sozialpolitik – Modellanalysen politischer Probleme. Hrsg. v. H.D. Ortlieb, F.-W. Dörge. 4. Aufl. Opladen 1969, 189–212.
Domsch, M.: Systemgestützte Personalarbeit. Wiesbaden 1980.
Draheim, G.: Die Genossenschaft als Unternehmungstyp. 2. Aufl. Göttingen 1955.
Drucker, P.F.: Die Praxis des Management. München–Zürich 1970.
Eckardstein, D.von, und *F. Schnellinger*: Betriebliche Personalpolitik. 3. Aufl. München 1978.
Eckert, H.: Die Personalzusatzkosten in der Wirtschaft. Köln 1977.
Ehrenberg, H., und *P. Streichan*: Dokumente zur Vermögenspolitik. Bonn–Bad Godesberg 1974.
Engel, P.: Betriebliche Sozialleistungen. Köln 1977.
Esser, K., und *K. Faltlhauser*: Beteiligungsmodelle. München 1974.
Euler, H.: Leistungsentlohnung bei mechanisierter Fertigung. Leistungslohn heute und morgen. Hrsg. v. Verband für Arbeitsstudien REFA e.V. Berlin–Köln–Frankfurt/M. 1965, 163–192.
Fabian, F. (Hrsg.): Arbeiter übernehmen ihren Betrieb oder Der Erfolg des Modells Süßmuth. Reinbek bei Hamburg 1972.
Fiedler, F.E., M.M. Chemers und *L. Mahar*: Der Weg zum Führungserfolg. Ein Selbsthilfeprogramm für Führungskräfte. Stuttgart 1979.
Fitting, K., F. Auffarth und *H. Kaiser*: Betriebsverfassungsgesetz (Kommentar). 11. Aufl. München 1974, 12. Aufl., 1977.
Flach, K.-H., W. Maihofer und *W. Scheel*: Die Freiburger Thesen der Liberalen. Reinbek bei Hamburg 1972.
French, W.L., und *C.H. Bell*: Organisationsentwicklung. Bern 1977.

Friedmann, G.: Zukunft der Arbeit. Köln 1953.
– : Grenzen der Arbeitsteilung. Frankfurt/M. 1959.
Friedrich-Ebert-Stiftung (Hrsg.): Die beiden deutschen Staaten und das Recht auf Arbeit. Bonn–Bad Godesberg 1976.
Friedrichs, H.: Moderne Personalführung. 5. Aufl. München 1978.
Friedrichs, H., E. Sarfert und *H.E. Schreiber* (Hrsg.): Personalwirtschaft in Fällen. München 1978.
Gaitanides, M.: Industrielle Arbeitsorganisation und technische Entwicklung. Berlin–New York 1976.
Gaugler, E.: Betriebliche Sozialleistungen. AGP-Mitteilungen **20** (174), 15.5.1972, 1–2.
– : Betriebliche Personalplanung. Eine Literaturanalyse. Göttingen 1974.
– (Hrsg.): Handwörterbuch des Personalwesens. Stuttgart 1975.
Gaugler, E., und *H. Kuchinka*: Mitarbeiterbeteiligung und Steuerrecht. Köln 1972.
Gaugler, E., M. Kolb und *B. Ling*: Humanisierung der Arbeitswelt und Produktivität (Literaturanalyse/Praktizierte Beispiele/Empfehlungen für die Praxis). 2. Aufl. Ludwigshafen/Rh. 1977.
Gaugler, E., G. Lay und *W. Schilling*: Einführung und Auswertung von Leistungsbeurteilungssystemen. Baden-Baden 1979.
Gaugler, E., H. Kolvenbach, G. Lay, M. Ripke und *W. Schilling*: Leistungsbeurteilung in der Wirtschaft. Baden-Baden 1978.
Gebert, D.: Organisationsentwicklung. Stuttgart–Berlin–Köln–Mainz 1974.
Gellermann, S.W.: Motivation und Leistung. 3. Aufl. Düsseldorf–Wien 1973.
Glasl, F., und *B.C. Lievegoed*: Führungstechniken. Handwörterbuch des Personalwesens. Hrsg. v. E. Gaugler. Stuttgart 1975, Sp. 917–928.
Gohl, J. (Hrsg.): Arbeit im Konflikt: Probleme der Humanisierungsdebatte. München 1977.
Goossens, F.: Personalleiter-Handbuch. 6. Aufl. München 1974.
Grätz, F., und *K. Mennecke*: Handbuch der betrieblichen Zusatz- und Sozialleistungen. 2. Aufl. Wiesbaden 1979.
Grothus, H.: motiviert – engagiert – produktiv. Dorsten 1972.
Grunow, D.: Personalbeurteilung. Stuttgart 1976.
Grunwald, W., und *H.-G. Lilge* (Hrsg.): Partizipative Führung. Bern–Stuttgart 1980.
Guserl, R., und *M. Hofmann*: Das Harzburger Modell. Idee und Wirklichkeit und Alternative zum Harzburger Modell, 2. Aufl. Wiesbaden 1976.
Guski, H.-G.: Mitarbeiterbeteiligung. Köln 1978.
Guski, H.-G., und *H.J. Schneider*: Betriebliche Vermögensbeteiligung in der Bundesrepublik Deutschland. Eine Bestandsaufnahme. Köln 1977.
Gutenberg, E.: Grundlagen der Betriebswirtschaftslehre. Bd. I: Die Produktion, 21. Aufl. Berlin–Heidelberg–New York 1975.
– : Einführung in die Betriebswirtschaftslehre. Wiesbaden 1958.
Haberkorn, K.: Zeitgemäße betriebliche Sozialleistungen. München 1973.
Hackstein, R., K.H. Nüssgens und *P.H. Uphus*: Personalentwicklung im System Personalwesen. Fortschrittliche Betriebsführung **21**, 1972, 85–106.
Hackstein, R., und *G.A. Koch*: Personalinformationssysteme. Handwörterbuch des Personalwesens. Hrsg. v. E. Gaugler. Stuttgart 1975, Sp. 1571–1582.
Hartmann, H., und *P. Meyer*: Soziologie der Personalarbeit. Stuttgart 1980.
Hartmann, R.S.: Die Partnerschaft von Kapital und Arbeit. Köln–Opladen 1958.
Hasenack, W.: Arbeitshumanisierung und Betriebswirtschaft. München–Wien 1977.
Hax, H.: Sozialpolitik, betriebliche. Handwörterbuch der Wirtschaftswissenschaft, Bd. 7, 1977, 76–85.
Hax, K.: Personalpolitik der Unternehmung. Reinbek bei Hamburg 1977.
Hecking-Binder, E.E.: Führungsmodelle und Marketingorganisation. Wiesbaden 1974.
Hegels, W.: Der informierte Mitarbeiter ist der bessere Mitarbeiter. Das Mitarbeiter-Lexikon. Eine Anregung zur Verbesserung der innerbetrieblichen Information. Personalführung **13**, 1980, 31–32.

Heinrich, L.J., und *M. Pils*: Betriebsinformatik im Personalbereich. Die Planung computergestützter Personalinformationssysteme. Würzburg–Wien 1979.
Hentze, J.: Personalwirtschaftslehre. 4 Bde. Bern–Stuttgart 1977/79.
– : Arbeitsbewertung und Personalbeurteilung. Stuttgart 1980.
Hertog, F.J.den: Arbeitsstrukturierung. Experimente aus Holland. Bern–Stuttgart–Wien 1978.
Herzberg, F.: One more time: How do you motivate employees? Harvard Business Review **46**, Jan.-Febr. 1968, 53–62.
– : Work and the nature of man. London 1968.
Herzberg, F., B. Mausner und *B. Bloch Snyderman*: The Motivation to work. 2. Aufl. New York–London–Sydney 1967.
Hetzler, H.W.: Arbeitszufriedenheit. Handwörterbuch des Personalwesens. Hrsg. v. E. Gaugler. Stuttgart 1975, Sp. 455–459.
Hilf, H.H.: Arbeitswissenschaft. München 1957.
Hillmann, G.: Die Befreiung der Arbeit. Die Entwicklung kooperativer Selbstorganisation und die Auflösung bürokratisch-hierarchischer Herrschaft. Reinbek bei Hamburg 1970.
Höhn, R.: Die Dienstaufsicht und ihre Technik. Bad Harzburg 1967.
– : Führungsbrevier der Wirtschaft. 9. Aufl. Bad Harzburg 1977.
Hueck, A., und *H.C. Nipperdey*: Grundriß des Arbeitsrechts. 5. Aufl. Berlin–Frankfurt/M. 1970.
Humble, J.: MBO-Fibel. Grundsätze des Management by Objectives. Frankfurt/M.–New York 1973.
Institut der deutschen Wirtschaft (Hrsg.): Die Humanisierung. Industriearbeit im Wandel. Köln 1976.
Jungblut, M.: Nicht vom Lohn allein. Elf Modelle für Mitbestimmung und Gewinnbeteiligung. Hamburg 1973.
Kador, F.-J., und *H. Pornschlegel*: Handlungsanleitung zur betrieblichen Personalplanung. Frankfurt/M. 1977.
Kalmus, M., und *D. Classen*: Zielgruppe unbekannt? Neue Wege der Internen Information. Köln 1979.
Kaminsky, G.: Praktikum der Arbeitswissenschaft. 2. Aufl. München 1980.
Kasteleiner, R.H.: Humane Arbeitswelt. Schlagwort oder Realität? Düsseldorf 1974.
Kern, H., und *M. Schumann*: Industriearbeit und Arbeiterbewußtsein. Teil I und II. Frankfurt/M. 1970.
Kern, H., E. Brumlop, H. Heine, B. Kern, M. Müller und *H.J. Sperling*: Neue Formen betrieblicher Arbeitsgestaltung. Darstellung relevanter Veränderungsprojekte in Großbritannien, Italien, Norwegen, Schweden. Bonn 1976.
Kilger, W.: Lohnformen. Handwörterbuch der Sozialwissenschaften, Bd. 7, 1961, 26–31.
Kilian, H.: Betriebliche Kapitalbeteiligungsmodelle. Wiesbaden 1978.
Kisielewski, St.: Polen – oder die Herrschaft der Dilettanten. Sozialismus und Wirtschaftspraxis. Zürich 1978.
Kittner, M. (Hrsg.): Streik und Aussperrung. Protokoll der wissenschaftlichen Veranstaltung der Industriegewerkschaft Metall vom 13. bis 15. September 1973 in München. Frankfurt/M.–Köln o.J. (1974).
– : Verbot der Aussperrung. Frankfurt/M. o.J. (1978).
– : Arbeits- und Sozialordnung. 5. Aufl. Köln 1980.
Klöfer, F.: Betriebliches Bildungswesen. Bielefeld–Köln 1977.
Kohl, H. (Hrsg.): Betriebliche Beschäftigungspolitik und Personalplanung. Köln 1978.
Kolbinger, J.: Das betriebliche Personalwesen. 2 Bde., 2. Aufl. Stuttgart 1972.
Kosiol, E.: Leistungsgerechte Entlohnung. 2. Aufl. Wiesbaden 1962.
Kossbiel, H.: Personalbereitstellung und Personalführung. Wiesbaden 1976.
Krelle, W., J. Schunck und *J. Siebke*: Überbetriebliche Ertragsbeteiligung der Arbeitnehmer. 2 Bde. Tübingen 1968.
Kuchinka, H.: Die Gewinn- und Vermögensbeteiligung der Arbeitnehmer in Einzelunternehmen und Personengesellschaften als steuerliches Problem. Köln 1975.

Küller, H.-D.: Personalnebenkosten-Rechnungen. Information oder Manipulation. WSI-Mitteilungen **32**, 1979, 688–695.
Kupsch, P.U., und *A. Picot*: Das Problem des optimalen Führungsstils. Blätter für Genossenschaftswesen **119**, 1973, 373–379.
Kupsch, P.U., und *R. Marr*: Personalwirtschaft. Industriebetriebslehre. Hrsg. v. E. Heinen. 3. Aufl. Wiesbaden 1974, 445–574.
Kurz, R., und *L. Rall*: Probleme einer konjunktur- und vermögenspolitisch optimalen Sparquote. (Gutachten im Auftrag des Bundesministers für Wirtschaft.) Tübingen 1980.
Lattmann, Ch.: Das norwegische Modell der selbstgesteuerten Arbeitsgruppe. Ein Beitrag zur Verwirklichung der Mitbestimmung am Arbeitsplatz. Bern 1972.
– : Leistungsbeurteilung als Führungsmittel. Bern–Stuttgart 1975a.
– : Organisation des Personalwesens. Handwörterbuch des Personalwesens. Hrsg. v. E. Gaugler. Stuttgart 1975b, Sp. 1427–1442.
Lawler, E.E.: Motivierung in Organisationen. Bern–Stuttgart 1977.
Liebel, H.: Führungspsychologie. Theoretische und empirische Beiträge. Göttingen–Toronto–Zürich 1978.
Likert, R.: Neue Ansätze der Unternehmungsführung. Bern–Stuttgart 1972.
– : Die integrierte Führungs- und Organisationsstruktur. Frankfurt/M.–New York 1975.
Lukasczyk, K.: Zur Theorie der Führer-Rolle. Psychologische Rundschau **11**, 1960, 179–188.
MacClelland, D.C.: Die Leistungsgesellschaft. Psychologische Analyse der Voraussetzungen wirtschaftlicher Entwicklung. Stuttgart–Berlin–Köln–Mainz 1966.
MacGregor, D.: Der Mensch im Unternehmen. 3. Aufl. Düsseldorf–Wien 1973.
Macharzina, K., und *W.A. Oechsler*: Personalmanagement. 2 Bde. Wiesbaden 1977.
Maher, J.R. (Hrsg.): Job Enrichment. Motivierung durch Arbeitsgestaltung. München 1976.
Maier, N.: Teilautonome Arbeitsgruppen. Möglichkeiten und Grenzen eines Modells zur Humanisierung der Arbeit. Meisenheim am Glan 1977.
Maier, W., und *W. Medinger*: Führt Humanisierung der Arbeit zu veränderten Lohnsystemen? PERSONAL, 1980, 61–64.
Man, H.de: Der Kampf um die Arbeitsfreude. Jena 1927.
Mann, A.: Aus der Praxis einer Ertragsbeteiligung. Bonn–Frankfurt/M. 1954.
March, J.G., und *H.A. Simon*: Organisation und Individuum. Menschliches Verhalten in Organisationen. Wiesbaden 1976.
Marr, R.: Das Sozialpotential betriebswirtschaftlicher Organisationen. Zur Entwicklung eines Personalinformationssystems auf der Grundlage der innerbetrieblichen Einstellungsforschung. Berlin 1979.
Marr, R., und *M. Stitzel*: Personalwirtschaft. München 1979.
Marx, A. (Hrsg.): Personalführung. 4 Bde. Wiesbaden 1969/72.
Marx, K.: Das Kapital. Bd. I, 8. Aufl. Berlin(Ost) 1959.
Maslow, A.H.: Motivation und Persönlichkeit. Olten 1977.
Matthöfer, H.: Humanisierung der Arbeit und Produktivität in der Industriegesellschaft. 3. Aufl. Köln–Frankfurt/M. 1980.
Matuschewski, U.: Organisationsentwicklung – Wunderdroge oder . . . ? Personalführung **10**, 1979, 209–210.
Maucher, H.: Zeitlohn, Akkordlohn, Prämienlohn. 4. Aufl. Neuwied/Rh.–Berlin 1968.
Mayer, A. (Hrsg.): Organisationspsychologie. Stuttgart 1978.
Meier, B.: Humanisierung der Arbeit in der Sozialen Marktwirtschaft. Köln 1979.
Mellerowicz, K.: Allgemeine Betriebswirtschaftslehre. Bd. V: Die betrieblichen sozialen Funktionen. Berlin–New York 1971.
Menningen, W. (Hrsg.): Ungleichheit im Wohlfahrtsstaat – Der Alva-Myrdal-Report der schwedischen Sozialdemokraten. Reinbek bei Hamburg 1971.
Mentzel, W.: Personalentwicklung. Handbuch für Förderung und Weiterbildung der Mitarbeiter. Freiburg/Br. 1980.

Merle, G.: Der freiwillige soziale Aufwand in der Industrie. Berlin 1963.
Mohl, R.von: Über die Nachtheile, welche sowohl den Arbeitern selbst, als dem Wohlstande und der Sicherheit der gesammten bürgerlichen Gesellschaft von dem fabrikmäßigen Betriebe der Industrie zugehen, und über die Nothwendigkeit gründlicher Vorbeugungsmittel. Archiv der politischen Oekonomie und Polizeiwissenschaft. Hrsg. v. K.H. Rau. 2. Bd. Heidelberg 1835, 141–203.
Mohr, A.: Personalplanung und Betriebsverfassungsgesetz. Beteiligungsmöglichkeiten des Betriebsrates. Köln 1977.
Molitor, B.: Fehltritt in der Vermögenspolitik. „Handelsblatt", 28.3.1974, S. 3.
Natzel, B.: Menschengerechte Arbeitsgestaltung und Gewerkschaftspolitik. Antwort auf eine gewerkschaftliche Handlungsanleitung zu den §§ 90 und 91 Betriebsverfassungsgesetz. Bergisch-Gladbach o.J. (1979).
Naylor, R., und *D. Torrington* (Hrsg.): Administration of Personnel Policies. Epping/Essex 1974.
Nell-Breuning, O.von: Mitbestimmung. Frankfurt/M. 1968.
– : Der Alleingang der mächtigen IG Metall. Deutsches Allgemeines Sonntagsblatt v. 29.4.1973, S. 3.
– : Aussperrung. Stimmen der Zeit, H. 1, 1980, 3–16.
Neuberger, O.: Theorien der Arbeitszufriedenheit. Stuttgart–Berlin–Köln–Mainz 1974a.
– : Messung der Arbeitszufriedenheit. Stuttgart–Berlin–Köln–Mainz 1974b.
– : Führungsverhalten und Führungserfolg. Berlin 1976.
– : Organisation und Führung. Stuttgart–Berlin–Köln–Mainz 1977.
Nick, F.R.: Management durch Motivation. Stuttgart–Berlin–Köln–Mainz 1974.
Nicklisch, H.: Wirtschaftliche Betriebslehre. 6. Aufl. Stuttgart 1922.
– : Die Betriebswirtschaft. 7. Aufl. Stuttgart 1932.
– : Neue Deutsche Wirtschaftsführung. Stuttgart 1933.
– : Ertragsverteilungsprozeß. Handwörterbuch der Betriebswirtschaft, 2. Aufl. Bd. I, 1938, Sp. 1611–1614.
Nieder, P. (Hrsg.): Führungsverhalten im Unternehmen. München 1977.
Nieder, P., und *Ch. Naase*: Führungsverhalten und Leistung. Stand der Forschung und Konsequenzen für die betriebswirtschaftliche Praxis. Bern–Stuttgart 1977.
Nüßgens, K.-H.: Führungsaufgabe Personalwesen. Analyse und Maßnahmen eines Personalinformationssystems. Berlin–New York 1975.
Odiorne, G.S.: Management mit Zielvorgabe. Management by Objectives. München 1971.
Oechsler, W.A.: Konfliktmanagement. Theorie und Praxis industrieller Arbeitskonflikte. Wiesbaden 1979.
Oehme, W.: Führen durch Motivation. Essen 1979.
Oppenheimer, F.: Die Siedlungsgenossenschaft. Versuch einer positiven Überwindung des Kommunismus durch Lösung des Genossenschaftsproblems und der Agrarfrage, 3. Aufl. Jena 1922.
– : Theorie der reinen und politischen Ökonomie. 2.Halbband. 5. Aufl. Jena 1924.
Paasche, J.: Zeitgemäße Entlohnungssysteme. Essen 1978.
Panne, H., und *G. Schult*: Personalwesen. Bielefeld 1978.
Panse, W., K.-D. Müller und *P. Schulz*: Betriebliche Personalwirtschaftslehre. Baden-Baden–Bad Homburg v.d.H. 1980.
Pausenberger, E.: Führungsstile. Organisationsleiter-Handbuch. Hrsg. v. A. Degelmann. 2. Aufl. München 1972, 165–181.
Peter, L.J., und *R. Hull*: Das Peter-Prinzip oder die Hierarchie der Unfähigen. Reinbek bei Hamburg 1970.
Pfeiffer, W., U. Dörrie und *E. Stoll*: Menschliche Arbeit in der Produktion. Göttingen 1977.
Pfromm, H.-A.: Solidarische Lohnpolitik. Zur wirtschaftlichen und sozialen Problematik tariflicher Lohnstrukturnivellierung. Köln–Frankfurt/M. 1978.

Pigors, P., und *Ch.A. Myers*: Personnel Administration. 8. Aufl. New York 1977.
Pigors, P., Ch.A. Myers, und *F.T. Malm* (Hrsg.): Management of Human Resources. Readings in Personnell Administration. 3. Aufl. New York 1973.
Pitz, K.H. (Hrsg.): Das Nein zur Vermögenspolitik. Gewerkschaftliche Argumente und Alternativen zur Vermögensbildung. Reinbek bei Hamburg 1974.
Pöhler, W. (Hrsg.): ... damit die ARBEIT menschlicher wird. Fünf Jahre Aktionsprogramm Humanisierung des Arbeitslebens. Bonn 1979.
Pornschlegel, H.: Grundlohndifferenzierung nach analytischen Verfahren. Köln 1979.
Potthoff, E.: Betriebliches Personalwesen. Berlin–New York 1974.
Preller, L.: Praxis und Probleme der Sozialpolitik. 2 Bde. Tübingen–Zürich 1970.
Pullig, K.-K.: Personalwirtschaft. München–Wien 1980.
Pulte, P. (Hrsg.): Vermögensbildung, Vermögensverteilung. (Aktuelle Dokumente.) Berlin–New York 1973.
Raschke, H.: Taschenbuch für Personalbeurteilung. 5. Aufl. Heidelberg 1977.
Rath, M.: Die Garantie des Rechts auf Arbeit. Gutachten für die Kommission für wirtschaftlichen und sozialen Wandel. Göttingen 1974.
Reber, G.: Personales Verhalten im Betrieb. Analyse entscheidungstheoretischer Ansätze. Stuttgart 1973.
– (Hrsg.): Personalinformationssysteme. Stuttgart 1979.
REFA Verband für Arbeitsstudien: Methodenlehre des Arbeitsstudiums.
Teil 2: Datenermittlung. 6. Aufl. München 1978;
Teil 4: Anforderungsermittlung (Arbeitsbewertung). 3. Aufl. München 1975;
Teil 5: Lohndifferenzierung. 2. Aufl. München 1977.
Remer, A.: Personalmanagement. Berlin–New York 1978.
Remer, A., und *R. Wunderer*: Personalarbeit und Personalleiter im Großunternehmen. Ein Forschungsbericht. Berlin 1979.
Reppel, R.: Gedanken zur betrieblichen Bildungsarbeit. Personalführung, 1979, 224–225.
Richter, K., W. Pfeiffer, und *E. Staudt* (Hrsg.): Einführung neuer Formen der Arbeitsorganisation in Industriebetrieben. Göttingen 1978.
RKW-Handbuch: Praxis der Personalplanung. Neuwied–Darmstadt 1978.
Roethlisberger, F.J.: Betriebsführung und Arbeitsmoral. Köln–Opladen 1954.
Rohmert, W.: Psycho-physische Belastung und Beanspruchung von Fluglotsen. Berlin–Köln–Frankfurt/M. 1973.
Rohmert, W., und *J. Rutenfranz*: Arbeitswissenschaftliche Beurteilung der Belastung und Beanspruchung an unterschiedlichen industriellen Arbeitsplätzen. (Gutachten, auf Veranlassung des Bundesministers für Arbeit und Sozialordnung erstattet.) Bonn 1975.
Rohmert, W., und *F.J. Weg*: Organisation teilautonomer Gruppenarbeit. Betriebliche Projekte – Leitregeln zur Gestaltung. München–Wien 1976.
Rohmert, W., und *K. Landau*: Das arbeitswissenschaftliche Erhebungsverfahren zur Tätigkeitsanalyse (AET). Handbuch. Bern–Stuttgart–Wien 1979.
Rosenstiel, L.von: Die motivationalen Grundlagen des Verhaltens in Organisationen – Leistung und Zufriedenheit. Berlin 1975.
– : Grundlagen der Organisationspsychologie. Stuttgart 1980.
Rosenstiel, L.von, und *M. Weinkamm* (Hrsg.): Humanisierung der Arbeitswelt – Vergessene Verpflichtung? Eine kritische Bestandsaufnahme anläßlich einer Fachtagung des Kolping-Bildungswerkes. Stuttgart 1980.
Rühl, G.: Untersuchungen zur Arbeitsstrukturierung. Industrial Engineering – Zeitschrift für moderne Methoden der wirtschaftlichen Betriebsführung 3, 1973, 147–197.
Rüttinger, B., L.von Rosenstiel und *W. Molt*: Motivation des wirtschaftlichen Verhaltens. Stuttgart–Berlin–Köln–Mainz 1974.
Salowski, H.: Personalzusatzkosten in westlichen Industrieländern. Köln 1977.

Sarges, W.: Empirische Untersuchung zum Zusammenhang zwischen Führungsstil und Leistung in Arbeitsgruppen. Diss. Hamburg 1974.
Schäfer, E.: Die Unternehmung. 8. Aufl. Opladen 1974.
Schanz, G.: Verhalten in Wirtschaftsorganisationen. München 1978.
Schanz, H.: Betriebliches Ausbildungswesen. Wiesbaden 1979.
Scharmann, Th.: Teamarbeit in der Unternehmung. Theorie und Praxis der Gruppenarbeit. Bern–Stuttgart 1972.
Schein, E.H.: Organisationspsychologie. Wiesbaden 1980.
Schelsky, H.: Industrie- und Betriebssoziologie. Soziologie. Hrsg. v. A. Gehlen und H. Schelsky. Düsseldorf–Köln 1955, 157–197.
Schlaffke, W., G. Rühl und *R. Weil*: Qualität des Lebens am Arbeitsplatz. Köln 1974.
Schmidt, H., H. Hagenbruck, und *W. Sämann* (Hrsg.): Handbuch der Personalplanung. Frankfurt–New York 1975.
Schneider, H.J. (Hrsg.): Handbuch der Mitarbeiter-Kapitalbeteiligung. Köln 1977.
Schoeck, H.: Der Neid und die Gesellschaft. Freiburg–Basel–Wien 1971.
– : Umverteilung als Klassenkampf. Osnabrück 1973.
Schreyögg, G., H. Steinmann und *B. Zauner*: Arbeitshumanisierung für Angestellte. Job-Enrichment im Verwaltungs- und Dienstleistungsbereich. Stuttgart–Berlin–Köln–Mainz 1978.
Schultz, R.: Betriebswirtschaftliche Aspekte einer Gewinnbeteiligung der Belegschaft. Hamburger Jahrbuch für Wirtschafts- und Gesellschaftspolitik. Hrsg. v. H.-D. Ortlieb, B. Molitor. **13.** Jahr, 1968, 298–317.
– : Genossenschaftswesen (Sammlung Göschen). Berlin 1970.
– : Grundfragen der gleitenden Arbeitszeit. Der Betrieb **24**, 1971, 249–253.
– : Analyse neuerer Entwicklungen der betrieblichen Lohnpolitik. Betriebswirtschaftliche Beilage des Betriebs-Beraters zu Heft 22/1972, 10.8.1972, 78–88.
– : Arbeitnehmer in der Marktwirtschaft. München 1976.
Schultz-Wild, R.: Betriebliche Beschäftigungspolitik in der Krise. Frankfurt/M.–New York 1978.
Schwerdtner, P.: Die Garantie des Rechts auf Arbeit – ein Weg zur Knechtschaft? Zeitschrift für Arbeitsrecht **8**, 1977, 47–86.
Seidel, E.: Betriebliche Führungsformen. Stuttgart 1978.
Seifert, K.H.: Führungseffizienz. Handwörterbuch des Personalwesens. Hrsg. v. E. Gaugler. Stuttgart 1975, Sp. 866–876.
Seitenzahl, R., U. Zachert und *H.-D. Pütz*: Vorteilsregelungen für Gewerkschaftsmitglieder. Köln 1976.
Šik, O.: Der dritte Weg. Die marxistisch-leninistische Theorie und die moderne Industriegesellschaft. Hamburg 1972.
– : Marktwirtschaft ohne Kapitalismus. Demokratisierung der Wirtschaft. Hrsg. v. W. Fricke und A. Geißler. Hamburg 1973, 283–313.
– : Humane Wirtschaftsdemokratie. Hamburg 1979.
Soltwedel, R., und *D. Spinanger*: Beschäftigungsprobleme in Industriestaaten. Nürnberg 1976.
Spiegelhalter, F.: Gewinnbeteiligung – Illusionen und Möglichkeiten. München–Düsseldorf 1951.
Staehle, W.H.: Organisation und Führung sozio-technischer Systeme. Grundlagen einer Situationstheorie. Stuttgart 1973.
Stangl, A.: Führen muß man können. Die Psychologie der Menschenführung. Düsseldorf–Wien 1979.
Steinle, C.: Leistungsverhalten und Führung in der Unternehmung. Das Harzburger Führungsmodell im Vergleich mit einem motivationstheoretisch fundierten Leistungs-Verhaltensmodell. Berlin 1975.
– : Führung. Grundlagen, Prozesse und Modelle der Führung in der Unternehmung. Stuttgart 1978.

Steinmann, H., M. Heinrich und *G. Schreyögg*: Theorie und Praxis selbststeuernder Arbeitsgruppen. Eine Analyse der Erfahrungen in Skandinavien. Köln 1976.
Stopp, U.: Betriebliche Personalwirtschaft. 6. Aufl. Grafenau–Stuttgart 1980.
– : Betriebliche Sozialpsychologie. Grafenau–Stuttgart 1979.
Strauss, G., und *L.R. Sayles*: Personnel. The Human Problems of Management. 3. Aufl. Englewood Cliff, N.J., 1972.
Strauss-Fehlberg, G.: Die Forderung nach Humanisierung der Arbeitswelt. Eine Analyse aus der Sicht der Tarifvertragsparteien. Köln 1978.
Taylor, F.W.: Die Grundsätze wissenschaftlicher Betriebsführung (The Principles of Scientific Management). München–Berlin 1913.
Timmermann, M. (Hrsg.): Personalführung. Berlin–Stuttgart–Köln–Mainz 1977.
Tittel, R.: Kosten, die keiner kennt – Der unsichtbare Lohn. 4. Aufl. Köln 1979.
Tlach, P.: Führungsstile. Handwörterbuch des Personalwesens. Hrsg. v. E. Gaugler. Stuttgart 1975, Sp. 905–917.
Türk, K. (Hrsg.): Organisationstheorie. Hamburg 1977.
– : Instrumente betrieblicher Personalwirtschaft. Neuwied 1978.
Ulich, E., P. Groskurth und *A. Bruggemann*: Neue Formen der Arbeitsgestaltung. Möglichkeiten und Probleme einer Verbesserung der Qualität des Arbeitslebens. Frankfurt/M. 1973.
Vetter, H.O. (Hrsg.): Humanisierung der Arbeit als gesellschaftspolitische und gewerkschaftliche Aufgabe. Frankfurt/M.–Köln 1974.
Vilmar, F.: Mitbestimmung am Arbeitsplatz. Neuwied–Berlin 1971.
– (Hrsg.): Menschwürde im Betrieb. 2 Bde. Reinbek bei Hamburg 1973/75.
Voigt, D.: Montagearbeiter in der DDR. Eine empirische Untersuchung über Industrie-Bauarbeiter in den volkseigenen Großbetrieben. Darmstadt–Neuwied 1973.
Vroom, V.H.: Work and motivation. New York–London–Sydney 1964.
Wächter, H.: Einführung in das Personalwesen. Herne–Berlin 1979.
Wagner, H.: Die Bestimmungsfaktoren der menschlichen Arbeitsleistung im Betrieb. Wiesbaden 1966.
Weber, W.: Personalplanung. Stuttgart 1975.
Wibbe, J.: Arbeitsbewertung. 3. Aufl. München 1966.
– : Leistungsbeurteilung und Lohnfindung. München–Wien 1974.
Wiesner, H.: Techniken des Personalmanagements. Wiesbaden 1980.
Wild, J.: Management-Konzeptionen und Unternehmungsverfassung. Probleme der Unternehmungsverfassung. Gedanken zum 70. Geburtstag von *Martin Lohmann*. Hrsg. v. R.-B. Schmidt. Tübingen 1971, 57–95.
– : Betriebswirtschaftliche Führungslehre und Führungsmodelle. Unternehmungsführung. Festschrift für Erich Kosiol zu seinem 75. Geburtstag. Hrsg. v. J. Wild. Berlin 1974, 141–179.
Willgerodt, H.: Vermögensbildung. Handwörterbuch des Personalwesens. Hrsg. v. E. Gaugler. Stuttgart 1975, Sp. 1989–2002.
Willgerodt, H., K. Bartel und *U. Schillert*: Vermögen für alle. Düsseldorf–Wien 1971.
Winter, H., und *H.H. Tholen*: Betriebliche Weiterbildung. Köln 1979.
Winterhager, W.D.: Weiterbildung in der Bundesrepublik Deutschland. Jahrbuch für Wissenschaft, Ausbildung, Schule, WAS '74. Hrsg. v. O. Peters, H. Gollhardt. Köln 1973, 55–64.
– : Humanisierung der Arbeitswelt (Aktuelle Dokumente). Berlin–New York 1975.
Wiswede, G.: Motivation und Arbeitsverhalten. Basel 1980.
Wöhe, G.: Einführung in die Allgemeine Betriebswirtschaftslehre. 13. Aufl. München 1978.
Wolf, K.: Die Leichtlohngruppen. Köln 1974.
Woll, U., und *G. Wölke*: Informationswege im Unternehmen. Motivation durch Information? Köln 1979.
Wollert, A.: Aktionsfelder einer zeitgemäßen Personalarbeit. Personalführung **13**, 1980, 9–15.

WSI-Studien: Nr. **23** Projektgruppe im WSI: Grundelemente einer Arbeitsorientierten Einzelwirtschaftslehre. Köln 1974.

Wunderer, R. (Hrsg.): Humane Personal- und Organisationsentwicklung. Festschrift für Guido Fischer zu seinem 80. Geburtstag. Berlin 1979.

Wunderer, R., und *W. Grunwald*: Führungslehre, Bd. I. Berlin–New York 1980.

Zachert, U., M. Metzke und *W. Hamer*: Die Aussperrung – Zur rechtlichen Zulässigkeit und praktischen Durchsetzungsmöglichkeit eines Aussperrungsverbots. Köln 1978.

Zander, E.: Taschenbuch für betriebliches Informationswesen. 2. Aufl. Heidelberg 1975.

– : Handbuch der Gehaltsfestsetzung. 4. Aufl. Heidelberg 1980a.

– : Arbeiter = Angestellte. 2. Aufl. Freiburg/Brsg. 1980b.

Zander, E., und *H. Knebel*: Taschenbuch für Arbeitsbewertung. Heidelberg 1978.

– : Taschenbuch für Leistungsbeurteilung und Leistungszulagen. Heidelberg 1980.

Zerche, J.: Arbeitsökonomik. Berlin 1979.

Zwiedineck-Südenhorst, O.von: Gewinnbeteiligung. Handwörterbuch der Staatswissenschaften. 4. Aufl. Bd. 4, 1927, 1150–1161.

Personenregister

Sachregister